U0867390

中国现代国际关系研究院
CHINA INSTITUTES OF CONTEMPORARY INTERNATIONAL RELATIONS

国际战略与安全形势评估

STRATEGIC AND SECURITY REVIEW

|2021/2022|

中国现代国际关系研究院

时 事 出 版 社
北京

国家高端智库
CHINA TOP THINK TANKS

CICIR
中国现代国际关系研究院
CHINA INSTITUTES OF CONTEMPORARY INTERNATIONAL RELATIONS

国际战略与安全形势评估

STRATEGIC AND SECURITY REVIEW

|2021/2022|

中国现代国际关系研究院

时事出版社
北京

主　编：袁　鹏

编委会：袁　鹏　傅梦孜　胡继平　傅小强
　　　　张　力　王鸿刚　张　健

主要撰稿人：（按拼音顺序排列）

陈文鑫　陈向阳　陈　旸　丁晓星
樊小菊　付　宇　郭春梅　黄　莺
李　东　李　锴　黎文涛　李　艳
刘　冲　楼春豪　倪建军　秦　天
曲　兵　王　力　王世达　严　帅
杨首国　袁　冲

卷首语

时代把中华民族伟大复兴战略全局和世界百年未有之大变局融于同一个过程。在这一过程中，“两个大局”同频共振，相互激荡。2021 年，一系列重大事态在继续深刻演变。

一

2021 年之于中国，可谓波澜壮阔。这一年，中国共产党迎来了百年华诞。作为世界上最大的政党，中国共产党历经百年沧桑，几度绝处逢生，几度柳暗花明，最终走向辉煌。7 月 1 日，习近平总书记在天安门城楼庄严宣告：经过全党全国各族人民持续奋斗，我们实现了第一个百年奋斗目标，在中华大地上全面建成了小康社会，历史性地解决了绝对贫困问题，正在意气风发向着全面建成社会主义现代化强国的第二个百年奋斗目标迈进。在这一背景下召开的十九届六中全会，通过了《中共中央关于党的百年奋斗重大成就和历史经验的决议》，这是继 1945 年和 1981 年之后，中国共产党作出的第三份历史决议。决议站在新的历史起点上，回顾过去，展望未来，以中华民族伟大复兴为主线，以党和人民百年奋斗为主题，书写了中华民族几千年历史上最恢宏的史诗，发出了第二个百年征程继续前进的“动员令”。

把中国共产党带领中国人民百年来取得的伟大成就放在更宏大的时空背景去看，会更见其光芒。在遭遇两次鸦片战争重创之后，李鸿章曾发出千年一叹：“时至今日，地球诸国通行无阻，实为数千年未有之变局。”那时的变局是惨烈的，悲壮的，更是被动的，无助的，不堪回首。今天我们讲“百年未有之大变局”，是超越中国看世界，是站在中国复兴的新高度把脉天下大势，是主动的迎变、应变甚至求变。对世界的态度，既不自卑，也不自大，而是自信；既不仰视，也不蔑视，而是平视，体现的是一种从容、主动、进取。中国在世界民族之林的被动局面全面改观，正以强起来的面貌傲立于世界的东方。

太平洋彼岸的美国，从特朗普誓言“让美国重新伟大（MAGA）”，到拜登“重建更好未来（BBB）”，也在努力打拼。拜登老骥伏枥，高呼“美国回来了”，拨乱反正、扶大厦之将倾的使命感和紧迫感溢于言表。执政一年来，通过《美国救援计划法案》《基础设施投资与就业法案》，实现经济增速超5%，回归巴黎气候变化协议，重返世界卫生组织，修复与盟友伙伴关系，成绩单不可谓不抢眼。但放在历史长河和世界全局看，同冷战后美

国一超盛世时的“阳春景象”比，此刻的美国更像是“晚秋晴日”。较之当年克林顿的顾盼自雄，小布什的不可一世，奥巴马的踌躇满志，面对两党撕裂、社会对立、疫情反复、枪支泛滥，特别是特朗普的虎视眈眈，拜登虽志在千里，却显得捉襟见肘。失业率下降与劳动力不足并存的怪象，经济增速背后高达6%的通胀率，乃过去30年所未见，美联储主席鲍威尔也不得不承认，这“不是暂时现象”，一言既出，全球哗然，美国经济前景让人心中无底。加之疫情、社情、政情不尽人意，拜登支持率陡然下滑，可谓事出有因。

究其根本，乃在于，冷战后疏于改革的美国积弊相沿，积重难返。从呼唤变革的奥巴马，到想打破旧秩序的特朗普，再到有心重振美国的拜登，都想对政治极化、社会分化、经济虚化、霸权弱化的美国动大手术，但他们往往可以造成很大的声势，却难以汇聚成改革的力量，更缺乏中国共产党刮骨疗伤、壮士断腕式自我革命的勇气和条件。美国近20年的变革，“人事的新旧更替，机构的新旧更替，并不与思想上的新旧交替同步”，结果，或来回折腾，或甩锅推责，声势之大同果实之小不成正比。随着2022年中期选举临近，以及2024年“特朗普们”期待班师回朝，留给拜登的时间窗口已经不多。

拜登说“美国回来了”，但世界已不是原来那个世界。跟不上世局的巨变，则变化的世局必然会脱出美国的控驭；期望像当年那样随心所欲为我所用实现一己私利，已不那么容易。法国、德国等欧洲大国对特朗普背信弃义“心有余悸”，所以坚持“战略自主”，在美俄欧、美中欧等三边互动中保持自身节奏，最终紧跟美国的还是英国、澳大利亚等“盎格鲁－撒克逊”国家（所谓“AUKUS”），以及个别抵不住威逼利诱的小国；东盟各国也没有附和美日印澳所谓“印太联盟”，反倒加快同中国的“区域全面经济伙伴关系协定”（RCEP）合作进程，已经用行动表明了他们的态度；美国以自我设定的标准拼凑所谓“全球民主峰会”，将全球一半的国家和地区排拒在外，最终很可能搬起石头砸自己的脚；为了聚焦“更大的地缘战略目标”，仓皇撤离阿富汗，再现当年“西贡时刻”，不啻一种历史的调侃，留给苦难深重的阿富汗人民的，则是一种历史的悲怆。可以说，美国在阿富汗的狼狈收场，既是其过度干涉的结果，也是其过度干涉的报应。

从几十年后的眼光评判今日美国大战略，其最大的错误可能是选择与中国为敌。在对华战略上，拜登政府同特朗普政府的政策连续性明显大于差异性。坚持以“战略竞争”界定中美关系，将同中国的战略合作置于次要地位，以“赢得中国”为中心重塑内外战略，人为地将中美关系推向对立、对抗甚至冲突的边缘，给世界和平稳定发展留下浓重的阴影。孟晚舟回归，“小院高墙”依旧，美国对华高科技的封堵围剿更为精准；对台政策仍一意孤行，不肯回头；以国会为中心的美国仇华反华疑华大环境未见好转。拜登反复宣称美国不同中国搞“新冷战”，但中国时时处处感受的仍是阵阵寒意。如果说中方在“安克雷奇会晤”中表明了原则立场，在“天津会晤”中亮明了政策底线，那么习近平主席同拜登总统的视频峰会则彰显了中方对中美关系的愿景和希望。习近平主席说：“过去50年，国际关系中一个最重要的事件就是中美关系恢复和发展，造福了两国和世界。未来50年，国际关系中最重要的事情是中美必须找到正确的相处之道。”在中国看来，“正确的相处之道”就是“相互尊重，和平共处，合作共赢”。拜登回应称，“中美关系只能搞好，不能搞砸”，“美方不寻求改变中国的体制，不寻求通过强化同盟关系反对中国，无意同中国发生冲突”。期待美国言而有信，摆脱中国威胁这一“心魔”，同中国相向而行，还世界一份安宁。

二

2021年的世界，仍然在世纪疫情和百年变局的交叉叠加状态中蹒跚前行。

年初，科学家们数度预言，新冠肺炎疫情将很快过去，许多国家也放松管控，开始“与病毒共存”，中国的“清零”政策一度遭到质疑。但病毒就像天边的乌云，看似烟消云散，又不时突然涌来，“德尔塔”还未完全得控，“奥密克戎”又不期而至，各国不得不调整政策，甚至重新关闭国门。

回溯一个世纪前与之相类的“西班牙大流感”，一度觉得当时全球超 5 亿人感染、数千万人死亡的数字匪夷所思。再看如今在高科技如此发达，人们已经开始谈论“元宇宙”的时代，小小病毒竟使全球 2 亿多人感染、500 多万人死亡，不禁感慨万千，痛心疾首！凸显生物安全等非传统安全的威胁性和危害性远比人们想象的厉害，也远未得到人类的重视。新冠肺炎疫情发展至此，实乃“三分天灾，七分人祸”。特朗普掀起“疫情政治化”“疫苗政治化”逆流，拜登未能拨乱反正，对内令行禁不止，对外雷声大雨点小，没有在关键时刻担起“领导”责任。大国合作不兑现，不尽快形成全球性抗疫联盟，则疫情之控制恐将遥遥无期；疫情控制不住，何谈全球经济复苏？

在大国博弈的夹缝和东西文明的折冲中，一批中等强国开始自行其是，另辟蹊径。2021 年 11 月 12 日，土耳其联合哈萨克斯坦、土库曼斯坦、乌兹别克斯坦、吉尔吉斯斯坦及阿塞拜疆等六国组建所谓“突厥国家组织”，引人关注。该组织从此前的“突厥语国家首脑会议”“突厥语国家合作委员会”迅速演变至今，其志向显然不止于“组织”，而在效法欧盟、东盟、阿盟最终形成所谓“突厥国家联盟”。这意味着，在世界地缘战略的心脏地带，继欧盟、欧亚经济联盟、上合组织之后，一支新的特殊的力量异军突起，其与既有的组织既有重合，又有分别。联系到当前俄欧龃龉、俄乌较量、土耳其的雄心、阿富汗的变局，可以预见，欧亚大陆正在告别冷战后30年的过渡期，进入一个充满极大不确定性的新时代。

形形色色的国内分裂和国际分化，林林总总的力量排列和国家组合，远不止在欧亚腹地上演，在全球各区域、各领域都有表现，诸如二十国集团（G20）内的中等强国合作体“MIKTA”（墨西哥、印度尼西亚、韩国、土耳其、澳大利亚），颇有另起炉灶自我图强的意味。这种国与国之间的互动、流动和躁动，组织和组织之间的交叉、重叠、错位，或许正是世界百年未有之大变局的另一种表现形式。

当全球的目光聚焦印太之时，远离全球地缘战略中心的非洲板块在2021年非比寻常。埃塞俄比亚的内战，南非的大骚乱，马里、苏丹、几内亚的政变，萨赫勒地区的恐情，以及年末“奥密克戎”的突发，搅得非洲大陆不得安宁，不仅经济增速全球最低，而且大动荡为过去20年之最。这一动向如不及时加以应对，非洲迟早会成为国际安全形势的暴风眼，非洲大陆理应成为大国合作的试验地而非大国博弈的竞技场。习近平主席在第八届“中非合作论坛”中宣布对非提供10亿剂疫苗和惠非“九项工程”，作出了表率，这既是中国人民为非洲兄弟尽的一份情谊，也是同为发展中国家的中国对非洲各国尽的一份责任，更是构建人类命运共同体的具体实践。

相较而言，美军撤离后的中东地区呈现出多年来少有的平静。多个国家开始缓慢转型，伊朗核问题开始重回谈判轨道，以色列和阿拉伯国家的关系整体出现缓和。长期战乱的中东难得短暂的平静，是中东人民之福，也是世界人民之幸。全球能源价格的波动，“双碳时代”的开启，使得以沙特为代表的传统能源大国处在战略十字路口。中东能否把握机遇，彻底走出“黑暗时代”，我们拭目以待。

2021 年，俄罗斯发布新版《国家安全战略》，欧洲告别“默克尔时代”，日本换了岸田文雄执政，大国关系似乎蕴含着某种新的变局。朝鲜劳动党“八大”、老挝人民革命党“十一大”、越南共产党“十三大”、古巴共产党“八大”相继召开，世界社会主义事业焕发出新的生机。全球化与反全球化的较量，“脱钩”与“再挂钩”的论争，芯片之战、疫苗分配、气候变化、人口老化……不一而足。国事家事天下事从来没有像今天这样缠绕在一起，传统安全与非传统安全相互转换，内部安全与外部安全的界限日益模糊，统筹发展和安全两件大事任重道远。现代院的同仁们本着这样的思考，汇聚集体的力量，用了 21 章的篇幅尽览 2021 年的天下大势，并单用一章对 2022 年乃至未来一个时期全球战略趋势和安全风险作出十点展望。期待各位读者品读、评判。

中国现代国际关系研究院院长　袁鹏

目　录

第一篇　世界政治与经济形势

第二篇　大国战略与对华关系

第三篇　地区格局与战略走势

第四篇 国际安全与全球治理

第五篇 全球趋势评估

第一篇
世界政治与经济形势

第一章　世界“大分化”中呼唤“大合作”*

2021 年是冷战结束 30 周年，世纪疫情与百年变局深度叠加共振，加速国际格局演变与大国关系重组，世界呈现“大分化”。中国积极践行真正的多边主义，对国际合作的引领塑造作用更显突出。

一、全球抗疫与发展失衡加剧

2021 年，新冠肺炎疫情在全球持续蔓延，发展中国家与发达国家之间的“疫苗鸿沟”“复苏鸿沟”“融资鸿沟”等不断扩大，严重威胁全球发展与稳定。

（一）世纪疫情步入第二年

新冠肺炎疫情蔓延已近两年，全球确诊病例与死亡数量均十分惊人。据美国约翰斯·霍普金斯大学统计，截至 11 月初，全球已有近 2.5 亿人感染，死亡病例总数超 500 万，其中一半死亡病例在过去 8 个月内发生。[①] 自 2020 年 3 月世卫组织宣布新冠肺炎疫情全球大流行以来，全球疫情几经起伏，先后于 2020 年底至 2021 年初、2021 年 4 月、8 月出现三波疫情高峰。

主要大国和地区均遭受疫情的严重冲击。美国沦为全球疫情

---

* 本章撰稿人：付宇、姚琨、孙茹、韩一元、李岩。

① “约翰斯·霍普金斯大学：全球累计新冠死亡病例超 500 万例”，http://www.news.cn/world/2021－11/01/c_1128019331.htm。（上网时间：2021 年 11 月 4 日）

的“震中”，人口虽仅占全球人口4.3%左右，累计确诊病例占比却高达18%。欧洲确诊和死亡病例数量巨大且仍在大幅上升，英国、俄罗斯等仍位列新增病例最多的国家。印度疫情一度失控，被迫搁置疫苗出口计划近半年，印尼、泰国、马来西亚等亚洲国家也在夏季遭遇疫情高峰。巴西累计新冠肺炎死亡人数突破60万，位居全球第二。南非成为非洲疫情最严重国家之一，“国家灾难状态”持续一年有余。因疫情而延期的东京奥运在紧急状态下举办，成为首届“没有观众和掌声的奥运会”。

病毒变异是疫情持续蔓延的重要原因。自2020年底首次在印度出现以来，变异病毒德尔塔毒株已成当前世界大部分地区流行的主要毒株，具有传染性强、病毒载量高等特点。多国被迫调整或出台新的防疫措施，重拾宵禁、封城等举措。随着北半球进入冬季及年底节假季来临，不排除出现新一轮感染高峰。特别是随疫情发展，新变异病毒仍可能层出不穷。号称“奥密克戎”的亚变异株感染病例已在多国出现，世卫组织警告其蔓延风险不容低估。

（二）疫苗分配严重不均

美欧等发达国家为疫苗研发进行大量投资，囤积疫苗数量巨大，并优先为本国民众接种。广大发展中国家特别是最不发达国家则面临一针难求的困境。根据牛津大学研究平台“我们的数据世界”，截至2021年11月7日，已有51%的世界人口至少接种了一剂新冠肺炎疫苗，高收入国家达72%，低收入国家仅为4.2%；完全接种两剂疫苗的人口在欧洲、北美、南美、大洋洲均超过50%，亚洲为44%，而在非洲仅为6.2%。[①] 世卫组织总

① “Share of People Vaccinated against COVID－19，Nov 2，2021，” https：//ourworldindata.org/covid－vaccinations.（上网时间：2021年11月9日）

干事谭德塞坦言，疫情之所以持续，主要是抗疫工具分配不平等现象依然存在。由于严重的供应不均和资金限制，“获取抗击新冠肺炎工具加速计划”（ACT－A）作用有限。目前全球接种目标是到2022年中至少70%人口接种，但要跨越“疫苗鸿沟”仍需切实可行的方案，特别是美欧等发达经济体需要加大支援力度并切实履行已有的疫苗捐赠承诺。与此同时，治疗新冠肺炎的特效药物研发亦主要由美国默克、辉瑞、瑞士罗氏和日本盐野义制药等西方大型跨国药企把持。国际舆论普遍担忧，由于特效药物价格不菲，发展中国家的患者未来可能难以负担。

（三）全球复苏增长出现危险分化

新冠肺炎疫情大流行触发了全球“战疫”的超级量宽政策。发达国家大规模举债印钞，反应速度和力度远超2008年国际金融危机期间。拜登政府连续推出多个万亿美元级刺激法案，欧盟推出名为“下一代欧盟”的复苏基金，英、日等均推出巨额刺激计划。但是，发展中国家大部分人口仍未接种疫苗，财政政策空间较小，难以有效推动经济重现活力。相关统计显示，当前全球约86%的刺激措施都集中在高收入国家。[①] 未来，随着发达国家逐步收紧货币政策，发展中国家还将蒙受恶性通胀和资本外流的双重冲击，可能成为疫情影响延宕的新“震中”。

一方面，疫情下南北差距或再度拉大。多家国际机构和组织不约而同发出警告称，由于新冠肺炎疫情前景不确定性增加，疫苗生产和分配不均、各经济体应对政策的空间和力度差异巨大，全球经济复苏势头放缓、分化加剧，新兴市场和发展中国家前景严峻。联合国报告坦承，自《联合国2030年可持续发展议程》

---

① “劳工组织：新冠疫情冲击全球就业的严重程度远超预估”，https://news.un.org/zh/story/2021/10/1093412。（上网时间：2021年11月4日）

实施以来，人类发展首度减缓，发达与发展中国家间及各国内部的贫富差距、阶层分化拉大。[①] 目前，多数发展中国家经济普遍面临通货膨胀率高企，就业机会减少，食品、水、电力短缺，工厂和港口关闭，物流及供应链遭遇瓶颈等问题。2021 年发达国家人均收入预计增长近 5%，而低收入经济体人均收入仅增长 0.5%。[②] 国际货币基金组织（IMF）、世界银行等均下调 2021、2022 两年对发展中国家经济复苏的预期；国际劳工组织报告指出，发展中国家就业恢复明显慢于发达国家，若无切实的财政和技术支持，发达国家和发展中国家间的复苏趋势将持续存在巨大差异。[③] IMF 首席经济学家吉塔·戈皮纳特指出，发达经济体总产出预计将在 2022 年恢复至疫情前的趋势水平，在 2024 年超出疫情前趋势水平的 0.9%；而新兴市场和发展中经济体（不包括中国）到 2024 年的总产出预计仍将比疫情前的预测值低 5.5%，这意味着这些国家在提高生活水平方面的进展将出现倒退。[④]

另一方面，发展中国家在抗疫和经济领域的困难已开始传导至社会政治领域。发展中国家本就基础设施条件差、政治生态与治理机制不成熟，难以有效应对冲击。在抗疫艰难、复苏黯淡的背景下，一些长期积聚的矛盾被激化、放大。2021 年，乌克兰、印尼、缅甸、泰国、南非、埃塞俄比亚、古巴、几内亚等数十国

---

① "COVID - 19 and Human Development," UNDP, May 20, 2020, http://hdr.undp.org/sites/default/files/covid_19 - _and_human_development_o.pdf.（上网时间：2021 年 11 月 8 日）

② "世行行长称疫情已导致近亿人陷入极端贫困", http://www.news.cn/world/2021 - 10/14/c_1127956712.htm。（上网时间：2021 年 11 月 4 日）

③ "劳工组织：新冠疫情冲击全球就业的严重程度远超预估", https://news.un.org/zh/story/2021/10/1093412。（上网时间：2021 年 11 月 4 日）

④ 国际货币基金组织，"全球'断层'加深，复苏举步维艰", https://www.imf.org/zh/News/Articles/2021/10/12/blog - global - prospects - and - policies。（上网时间：2021 年 11 月 4 日）

爆发大规模骚乱或动荡，印度、巴西、南非等新兴大国亦面临严峻执政危机。未来几年发展中国家的社会政治动荡或呈现长期化、常态化之势，21世纪前20年新兴国家群体性崛起的态势恐怕难以呈现简单、线性的延续，这将对国际格局产生复杂深刻影响。

二、西方团结与分化并行

在疫情全球大流行背景下上台的拜登政府，高举所谓“美国归来”旗号，着力加强美欧日团结，试图依托西方阵营赢得大国竞争主导权。但拜登政府并未完全抛弃“美国优先”，西方抱团仍然难掩内部分歧与矛盾。

（一）西方呈现团结景象

2021年，西方各层级对话与合作持续热络。美欧、美日、美日韩、美日澳印“四边机制”（QUAD）、西方七国集团（G7）、北约等一系列双多边工作层级会议、部长级会议、峰会密集上演。

一是美欧关系修复初见成效。拜登一改特朗普质疑北约、敲打盟友的粗暴做法，上任初始即郑重宣示对北约的安全承诺，给欧洲盟友吃定心丸。美国与欧盟峰会多年未开，拜登上任不到半年就举行美欧峰会，双方宣布迈向新的跨大西洋合作关系。美国还着力修复因军费分摊、贸易、能源问题而恶化的美德关系，重新审查撤退近万驻德美军的决定，豁免对参与“北溪2号”项目德国企业的制裁，美德关系转暖。此外，拜登与英国首相约翰逊签署《新大西洋宪章》，重申西方价值观和同盟团结，企图共同“引领”世界。

二是美国与“印太”盟友关系加码升级。拜登政府高官出访首选“印太”，国务卿布林肯和国防部长奥斯汀联袂出访日韩，分别举行外长与防长参加的“2+2”会议。日本首相菅义伟和韩国总统文在寅先后访美，成为获拜登政府接待的前两位外国领导人。拜登就任不到一个月即举行美日澳印四国机制外长会，随后将之提升到峰会级，首次主办四国领导人视频会议和线下峰会，首次发表四国联合声明，合作领域大幅拓展。美日韩展开交流对话，首次举行三方国家安全顾问会议。美英澳还新建三边安全伙伴关系奥库斯（AUKUS），[①] 在“印太”安全、网络、人工智能、量子技术等领域加强合作，美国还公然损害国际核不扩散努力，向澳大利亚转让核潜艇技术。

三是西方多边对话与合作取得突破。G7 力图弥合特朗普时期的纷争，就国际热点问题频繁发声，时隔两年首次举行线下峰会，邀请澳韩印参加，谋求组建所谓的“民主十国”（D10），增强代表性和影响力。欧日加强对话和合作，双方视频峰会宣布建立“日本—欧盟绿色联盟”，并首提“台湾问题”；日英举行外长和防长参加的“2+2”视频会谈；日德举行首次“2+2”视频会谈。日本防卫大臣岸信夫首次出席欧洲议会安全与防务小组委员会会议，大谈强化欧日合作、共同应对中俄等新兴大国崛起。此外，美欧日还利用联合国、二十国集团（G20）、联合国人权理事会等多边平台发声造势，欲重振西方领导地位。

（二）西方合力应对世界大变局

面对新冠肺炎疫情与大国博弈叠加，美欧日举集体之力维护优势地位，试图确保西方对既有国际秩序的主导权。

一是重新抢夺全球治理领导权。在疫苗问题上，美日澳印四

① “Joint Leaders Statement on AUKUS,” https://www.whitehouse.gov/briefing-room/statements-releases/2021/09/15/joint-leaders-statement-on-aukus/.（上网时间：2021 年 9 月 28 日）

国宣布建立“疫苗伙伴关系”，印度宣布在美日澳资助下生产疫苗，疫苗分发重点面向东南亚和南太平洋国家。[①] G7 峰会承诺向发展中国家提供 10 亿剂疫苗，[②] 欧盟亦表示将在非洲建立疫苗制造中心，力图加强在非洲、拉美等地区的影响力。在经济合作上，G7 峰会通过“重建更美好世界”（B3W）的全球性基建计划，建立价值观驱动、“高标准和透明的”基础设施伙伴关系，在发展中国家推进大型基建项目，意在与“一带一路”倡议相抗衡。

二是共同维护在高科技领域的竞争优势。北约加大对新兴和颠覆性技术的战略投资，试图维护网络、太空、5G 技术等领域的优势。美欧成立贸易和技术委员会（TTC），下设 10 个工作组，覆盖技术标准、人工智能、气候和清洁技术、通信技术安全、供应链安全、出口管制、投资审查等领域，以协调全球贸易、经济和科技监管，促进技术创新和投资，阻止第三方获得敏感技术。美日澳印四国机制亦设立关键和新兴技术工作组，以维护供应链安全。

三是在多领域联手对华施压。美欧日借各种双多边平台、围绕多个领域对华施压。美日澳印四国机制峰会声明“反对中国改变现状”，支持所谓法治、航行和飞越自由、和平解决争端，维护“自由开放的印太”。美欧以所谓人权、新疆问题为由联合出台对华制裁。G7 外长会和峰会诬蔑中国侵犯人权，在涉疆、涉港、涉藏、涉台等问题上粗暴干涉中国内政，对东海和南海局

---

① “Fact Sheet: Quad Summit,” https://www.whitehouse.gov/briefing-room/statements-releases/2021/03/12/fact-sheet-quad-summit/.（上网时间：2021 年 3 月 14 日）

② “Carbis Bay G7 Summit Communique,” https://www.whitehouse.gov/briefing-room/statements-releases/2021/06/13/carbis-bay-g7-summit-communique/.（上网时间：2021 年 6 月 15 日）

势表达关切，指责中国实行“胁迫性经济政策”和不公平贸易行为。北约峰会公报指责中国对北约基本价值观构成挑战，对中国“扩大核武库”“军事现代化”“中俄军事合作”表示担忧。在地缘领域，法英德等欧洲大国加大介入“印太”，欧盟出台“印太战略”，北约也提出与日、澳、韩、新（西兰）等国加强合作。欧洲大国频频与美日澳在“印太”地区举行军演。例如，法国与美日澳印四国在孟加拉湾联演，法日美首次举行三国陆上联演，英国“伊丽莎白女王”号航母在孟加拉湾与美国“卡尔·文森”号航母、日本“加贺”号航母举行史无前例的三航母联演。

（三）西方内部纷争凸显分化

西方虽然试图营造团结氛围，但内部矛盾分歧依然复杂难解。

一方面，美国修补对盟友关系表里不一。欧洲盟友长期出钱出兵维护阿富汗稳定，但美国置盟友安全于不顾，未与盟友充分磋商就自行撤军，引发西方盟友广泛质疑。法国总统马克龙称，“美国不再是一个完全可靠的安全伙伴。”① 美国还挖墙脚、抢生意，重创美法关系。美英澳三国核潜艇协议抢夺法澳高达600多亿美元的常规潜艇大单，法国指责拜登的做法与特朗普无异、对盟友背后插刀，并召回驻美、澳两国大使，导致双边关系趋冷。法国原将澳印视为其“印太战略”两大支点，核潜艇事件令法“印太战略”的一个支点坍塌，法澳关系大倒退。在法国看来，核潜艇事件再次表明美国的不可靠，刺激其更坚定地追求欧洲“战略自主”，推动欧盟军事建设。

① “The Sharp U. S. Pivot to Asia Is throwing europe off Balance,” *New York Times*, Sept. 17, 2021.

另一方面，美欧日在对华政策、安全、经济、科技及全球治理等领域分歧犹存。在对华关系上，中国已取代美国成为欧盟最大贸易伙伴，众多欧洲国家与中国存在深厚的经济联系，不愿在中美之间彻底选边站。美欧在军费分摊、关税上的矛盾并未消除，双方在数据流动、数字税以及大型科技企业信息安全和垄断等方面立场仍存在明显分歧，在数字经济领域的竞争亦很激烈。美欧日在疫苗、气候、基建等领域的倡议承诺雷声大，但在提供资金上相互推诿，口惠而实不至。

此外，英国脱欧后积极推行“全球英国”政策，向“印太倾斜”，进一步偏离欧洲，英欧矛盾在此背景之下亦有发酵。例如，英欧爆发渔业争端，英国对欧盟国家渔民捕鱼设置障碍，引发法国等欧盟国家不满。加之英国与美澳签订核潜艇协议，加深法国对英国憎恶情绪，更突显西方内部英语国家与非英语国家呈现分化。

三、真伪多边主义较量

面对世界经济脆弱复苏、新冠肺炎疫情持续蔓延、气候变化等多重挑战，世界主要力量都在重拾多边主义，但各方围绕多边主义的主张和践行多边主义的举措存在很大区别，引发真伪多边主义的激烈较量。

（一）美国奉行有选择性的“小圈子”多边主义

“重返多边”是拜登政府执政首年对外战略调整的重要内容。美国不仅高调重返《巴黎协定》和世卫组织，政府高官更借各种场合宣扬其多边主义主张，意在重新抢占在多边领域的话语权和领导权。一是强调“基于规则的国际秩序”。美国务卿布林肯出席七国集团外长会时表示，西方将捍卫“以国际规则为基础的秩序”，“要确保中国遵守这种秩序”[①]。二是强调“自由、开放和共同价值观”。拜登9月21日在联大一般性辩论上的讲话中称，美国要“振兴并捍卫民主”“恢复美国在世界事务中的领导地位”，以实现“自由、平等、机会和普世人权信念”。

在实践中，美国的“多边主义”有以下鲜明特征：首先，美国的多边主义是“小圈子的多边主义”，实际上是重弹冷战时期价值观之争的老调，通过打造各式“小圈子”搞意识形态对抗。在政治上，拜登上台后，有意在国际关系中搞“民主对威权”的阵营划分，加紧推动举办所谓“全球民主峰会”，召集所谓“志同道合的伙伴国家”组建“民主同盟”，与中俄等“威权国家”竞争。在安全上，固守排他性的同盟安全和集团安全，以促进“自由开放的印太”为借口，打造美英澳三边安全联盟，不断升级美日澳印四方机制。在经济上，强化七国集团作用，提出“重建更美好世界”计划，在国际投资、供应链产业链安全等方面编织“小圈子”。其次，美国的多边主义是“有选择性的多边主义”，实际上是打着“规则”旗号破坏多边体系，制造对抗和分裂。美国长期拖欠联合国会费，将是否按美意愿改革联合国作为缴纳会费的条件，其拖欠的会费已占联合国未缴纳会费总额的73%，严重加剧联合国财政危机。[②] 美国还将安理会视为大国角力的博弈场，为维护盟国以色列的利益，曾一周内3次否决有关巴以冲突停火的安理会声明，致战事不断升级。在全球经济治理问题上，美国拒绝放弃特权，导致IMF改革受阻，WTO多

---

① “美国务卿称美国目的不是遏制中国而是维护国际秩序，外交部回应”，https：//baijiahao. baidu. com/s？ id = 1699086936308566789&wfr = spider&for = pc。（上网时间：2021年11月8日）

② “细数美国对世卫组织的‘三重霸凌’”，https：//news. ifeng. com/c/88jIWqkzxsy。（上网时间：2021年11月8日）

哈回合陷入困局。美国还联合欧日加紧重构国际经贸机制与规则，试图以“对等贸易”“信息披露”等条件建立起“小院高墙”式的经贸机制，颠覆 WTO 现有规则体系。在高科技方面，美国加速推进“民主技术政策联盟”，从 5G、芯片拓展到金融科技、电信服务等领域，破坏网络空间国际治理合作氛围，加剧数字空间恶意竞争。俄罗斯外长谢尔盖·拉夫罗夫批评美国遵循冷战思维、对异见者发起新意识形态“十字军东征”，令国际社会走向“你我有别”的分裂。[①] 最后，美国的多边主义是“本国优先的多边主义”，实际上是漠视国际责任担当，仍然固守“美国优先”“双重标准”的霸权逻辑。拜登上台后，美国迅速宣布重返《巴黎协定》和世卫组织等，以展示所谓“全球领导力”，但实际贡献却乏善可陈。在抗疫方面，美国迄今为止仍然严格限制疫苗出口，并过度囤积疫苗，加剧全球范围内的“疫苗鸿沟”。在应对气变方面，美国政府仍未落实“发达国家 2020 年前每年向发展中国家提供 1000 亿美元资金”的承诺，总额达 1.75 万亿美元的支出计划又因党内分歧前景不明，拜登被批以“两手空空前往 COP26”。正如曾参与制定《巴黎协定》的法国外交官劳伦斯·图比亚纳所说，美国存在“历史性的气候可信度问题”。[②]

（二）中国努力践行真正的多边主义

面对多边主义与国际合作遭遇的空前考验，中国通过共同维护联合国等多边机制权威、在全球性议题上积极作为等方式，成为维护多边主义的中流砥柱。

在理念上，习近平主席在达沃斯论坛、第 76 届联大、G20

---

① “俄痛批美搞‘民主峰会’分裂世界”，《参考消息》，2021 年 9 月 27 日。

② “G20 公报将全球变暖幅度控制在 1.5℃内 背后有哪些国际博弈？”https：//news. ifeng. com/c/8As9HPWuXab。（上网时间：2021 年 11 月 8 日）

峰会等多个国际场合阐明中国坚定奉行多边主义的主张，驳斥部分国家在多边主义上的错误言论和做法。面对单边主义、霸权主义等逆流，习近平主席强调，多边主义的要义是“国际上的事由大家共同商量着办，世界前途命运由各国共同掌握”①；面对全球治理遭遇的困境，习近平主席呼吁各方秉持共商共建共享原则，携手破解治理赤字、信任赤字、和平赤字、发展赤字，推动全球治理体系朝着更加公平合理的方向发展；面对新冠肺炎疫情给世界经济带来的强烈冲击，习近平主席主张将发展置于全球宏观政策框架的突出位置，推动全球发展迈向平衡协调包容新阶段。② 可以说，中国一以贯之，始终坚持国际规则由各国共同书写，全球事务由各国共同治理，发展成果由各国共同分享，积极回应全球各国人民对和平发展的殷切期盼、对公平正义的强烈呼声和对合作共赢的坚定追求。

在实践上，中国坚定践行多边主义，推动一系列务实举措和倡议。一是坚定维护联合国的地位和权威。习近平主席接连在第76届联大、纪念中国重返联合国50周年大会上宣示，中国将坚定维护“以联合国为核心的国际体系、以国际法为基础的国际秩序、以《联合国宪章》宗旨和原则为基础的国际关系基本准则”③，反对在联合国和多边合作领域采取“合则利用，不合则

① “高擎命运与共旗帜 指引共同发展方向——习近平外交思想的世界感召力”，http：//www. news. cn/politics/2021 - 11/07/c_1128039340. htm。（上网时间：2021年11月8日）

② “推动实现更加强劲、绿色、健康的全球发展”，https：//news. ifeng. com/c/89kIS6HEAUj；“外交部：‘全球发展倡议’面向全球开放 欢迎各国共同参与”，http：//news. china. com. cn/txt/2021 - 11/08/content_77859843. htm。（上网时间：2021年11月8日）

③ “习近平在中华人民共和国恢复联合国合法席位50周年纪念会议上的讲话”，http：//www. chinanews. com/gn/2021/10 - 25/9594325. shtml。（上网时间：2021年11月8日）

弃”，甚至“搞排他性小圈子”的行为。二是在全球性重要议题上坚持包容普惠，引领多边合作。在全球公共卫生治理问题上，中国明确提出摒弃“疫苗民族主义”，支持联合国与世卫组织推动的“新冠肺炎疫苗实施计划”；成功举办“新冠肺炎疫苗国际合作论坛”，积极倡导和实施“全球疫苗合作行动倡议”。在全球气候治理问题上，习近平主席在联大宣布将不再新建境外煤电项目，支持发展中国家绿色低碳能源发展，重申力争在2030年前实现碳达峰、2060年前实现碳中和；主办联合国《生物多样性公约》第十五次缔约方大会（COP15），为推动形成更加公正合理、各尽所能的全球生物多样性治理体系发挥重要作用。在推动世界经济复苏问题上，中国强调加强大国间宏观经济政策协调，完善全球经济治理格局，推动IMF增发特别提款权、帮助受疫情影响的发展中国家；倡议举办产业链供应链韧性与稳定国际论坛，以畅通世界经济运行脉络。在数字与网络领域问题上，中国提出《全球数据安全倡议》，积极营造开放、公平、公正、非歧视的数字发展环境，帮助发展中国家消除“数字鸿沟”。

四、中国影响力进一步凸显

2021年是中国加入世贸组织20周年、恢复在联合国的合法席位50周年，也是中国共产党建党百年、全面开启“十四五”规划与社会主义现代化国家建设新征程的重要年份。中国站在新的历史方位，与世界的关系呈现历史性新变化，国际影响力进一步彰显。

（一）中国成功统筹国内抗疫与国际联防联控，成为全球公共卫生治理的中流砥柱

一方面，中国疫情防控成效显著，获得国际社会高度认同。

面对世纪疫情，中国政府双管齐下，在积极强化公共卫生防控措施的同时，加紧推动疫苗接种。截至2021年11月初，各级政府为抗疫投入近万亿元，国内累计接种疫苗近23亿剂，超过80%的国内民众接种至少一剂疫苗，每百人接种比例超英美等发达国家，初步建立起国内免疫屏障。[①] 世卫组织报告指出，自疫情暴发以来，中国新冠肺炎病死率仅为0.016%，明显低于全球2%以上的平均水平；无论是社交管控，还是疫苗接种，中国都处于领先地位。[②] 英国《金融时报》援引牛津大学相关研究报告称，中国已确立一套行之有效的措施，虽然德尔塔变异毒株引发确诊病例激增，但中国迅速组织数千万居民接受大规模检测和追踪，如果这种趋势持续，中国未来或成世界上首个控制住德尔塔变异毒株疫情暴发的国家。[③] 另一方面，中国积极推动对外疫苗和抗疫援助，在全球公共卫生治理中的引领作用突出。目前中国已累计向近90个发展中国家提供疫苗援助，向150多国提供抗疫物资援助；2021年全年中国将努力向全球提供20亿剂疫苗，目前已成为世界上对外提供新冠肺炎疫苗最多的国家。[④]

（二）中国以构建新发展格局为牵引，充分发挥了拉动世界经济复苏的火车头作用

2021年是“十四五”开局之年，也是全面建设社会主义现

---

① “专访中疾控首席专家邵一鸣：中国免疫屏障已初步建立 疫情防控不可松”，https：//news. china. com. cn/o/2021 -10 -20/doc - iktzscyy0737410. shtml。（上网时间：2021年11月8日）

② “‘零容忍’彰显人民立场制度优势”，https：//news. people. com. cn/c/2021 -11 -08/doc - iktzscyy4258706. shtml。（上网时间：2021年11月8日）

③ “外媒：中国或成首个控制住德尔塔的国家”，http：//news. china. com. cn/2021 -08/25/content_77712713. htm。（上网时间：2021年11月8日）

④ “外交部：中国已成为世界上对外提供新冠疫苗最多的国家”，https：//baijiahao. baidu. com/s？ id = 1716226529107717735&wfr = spider&for = pc。（上网时间：2021年11月13日）

代化国家新征程的起步之年，中国以构建国内国际双循环发展格局为抓手，推动经济发展增质提速。世界银行、IMF 等国际组织均预测，2021 年中国经济增速有望达到8%以上。美国《华尔街日报》援引世界银行首席经济学家赖因哈特的话说，2020 年中国是全球唯一实现经济正增长的主要经济体，随着 2021 年出口与国内消费的恢复，中国经济增长复苏将进一步提速。[①] 与此同时，伴随中国更自信地走近世界舞台中央，与世界经济的互动呈现出更丰富内涵，成为拉动世界经济增长的关键力量。习近平主席在博鳌亚洲论坛、第四届中国国际出口博览会开幕式等场合多次宣示，将以中国发展促进世界发展，与世界共享发展机遇。2021 年头 10 个月中国货物贸易进出口总值达 31. 67 万亿元，同比增长 22. 2%，成为世界产业链和价值链的重要组成部分。英国智库牛津经济研究院报告指出，在疫情背景下的全球贸易中，中国表现最佳，在世界贸易出口市场中所占份额从疫情前的15%左右升至目前的 18%；未来中国巨大内需的影响力将持续显现，预计今后五年中国将进口超过 10 万亿美元的商品和服务。[②] 世界银行、IMF 预测，2021 中国对世界经济增长的贡献率仍将位居全球首位。[③]

（三）中国积极推动构建新型国际关系，彰显维护世界稳定与合作的压舱石地位

首先，中国积极构建新型大国关系，成为牵动大国关系调整的主要力量。对美，积极应对、引导新时期中美竞合博弈，中美

① 曲颂等：“外媒普遍看好中国经济韧性”，《人民日报》，2021 年 10 月 21 日。

② “国际社会：中国经济长期向好的基本面没变”，http：//www. people. com/a/494107271_162758。（上网时间：2021 年 11 月 8 日）

③ “中国是全球贸易复苏的重要贡献者”，http：//news. china. com. cn/2021 - 10/26/content_77833396. htm。（上网时间：2021 年 11 月 8 日）

元首数次通话，在战略、经贸、军事、安全等领域加强对话磋商，就管控分歧、避免冲突对抗、举行元首会晤等达成一致，努力使中美关系重回稳定轨道。对俄，以庆祝《中俄睦邻友好合作条约》签署20周年为契机，两国元首多次举行线上会晤，宣示将深化各领域合作，接连举行海陆联合军演，携手展示维护国际安全的意愿和能力。对欧，针对拜登加强美欧合作、欧对华消极情绪上升等新情况，积极推动同欧高层交流，举行中欧第11次战略对话，推动中欧关系稳步向前。

其次，中国在全球治理领域主动承担大国责任、提供公共产品。在抗疫、气候变化、全球经济复苏、加快落实《联合国2030年可持续发展议程》等议题上，中国均展现出不可替代的重要作用，以实际行动引领全球治理。同时，习近平主席多次就推动全球治理改革发表重要讲话，系统提出新时期中国参与和引领多边治理的路线图。

最后，中国成为维护地区稳定的关键力量。中国积极推动《区域全面经济伙伴关系协定》（RCEP）尽快生效，不断深化“东盟+1”“东盟+3”等机制，申请加入《全面与进步跨太平洋伙伴关系协定》（CPTTP），对周边合作的引领作用进一步提升。同时，中国积极因应阿富汗“变天”、半岛形势、南海等周边热点，加强磋商沟通，推动国际合作。

习近平主席在第76届联合国大会一般性辩论上指出，世界百年未有之大变局和新冠肺炎疫情全球大流行交织影响，各国人民对和平发展的期盼更加殷切，对公平正义的呼声更加强烈，对合作共赢的追求更加坚定。展望未来，世界站在历史的十字路口，各国更应在“大分化”中展开“大合作”。其一，中美对世界和平发展负有不可替代的关键作用。面对中美力量对比与竞合博弈的新态势，双方应加强协调沟通，探索新的共处之道，推动构建中美新型大国关系。其二，要积极适应国际关系多极化、民主化大势，提升新兴和发展中国家在国际秩序中的影响力，促进南北、南南合作。其三，要顺应各国积极探索自身发展模式及国际社会文化多元化的新现实，推动各方求同化异、包容互鉴，合作共赢，凝聚合力突破各类发展与安全难题。

（审定：张健）

第二章　世界经济“复苏年”中现困局*

2021年，世界经济自疫情大衰退中“非典型”复苏，全球贸易强劲反弹，国际投资大幅上扬，数字经济迅猛发展，但同时复苏不均衡、不同步特点明显。着眼于疫后经济稳健增长，主要经济体开始收紧货币刺激政策，调整产业结构，加快绿色转型，推进贸易新规。展望2022年，世界经济隐忧难消，“疫苗鸿沟”、通胀压力、供应链紊乱、地缘政治等风险或将多点散发、交织强化，从而抑制全球经济复苏势头。

一、复苏“非典型”

与以往危机后的经济复苏不同，本轮疫情大衰退后的经济复苏和挑战风格转换快、呈现面向多，包括南北经济增速差距缩小、全球供应链紊乱、通胀压力持续增大、多国能源供应风险上升等，危机隐现。

（一）世界经济双轨复苏，但增长动力后劲不足

全球经济自疫情衰退中强劲反弹，发达与发展中经济体增速差距明显收窄。2020年世界经济大幅萎缩了3.1%，而2021年则出现80年来最强劲的衰退后复苏。国际货币基金组织（IMF）最新预测，2021年全球经济将增长5.9%；其中，发达经济体增

* 本章撰稿人：黄莺、张运成、苑春强、赵宏图、徐刚、陈文林。

长5.2%，美国、欧元区和日本分别增长6.0%、5.0%和2.4%；新兴市场和发展中经济体增长6.4%，中国、印度、巴西、南非和俄罗斯分别增长8.0%、9.5%、5.2%、5.0%和4.7%。[①]

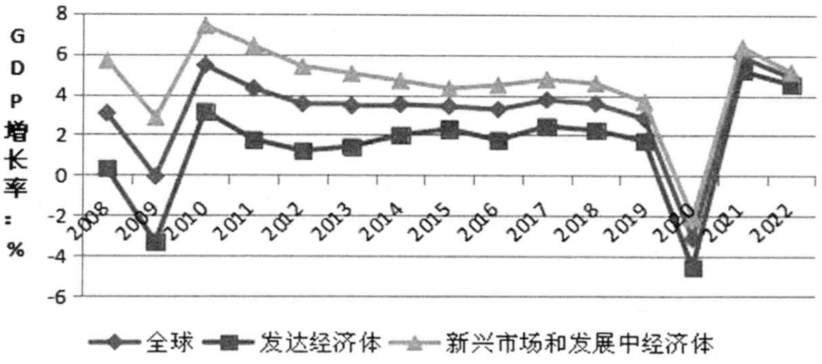

图2-1　全球经济增长态势

数据来源：IMF“世界经济展望数据库”。

“疫苗鸿沟”加剧全球复苏不均衡。全球新冠肺炎死亡人数已超500万。目前，发达国家完全接种疫苗人口约占58%，而低收入国家不到2.5%。[②] IMF报告称，由于疫苗获取和政策支持力度不同，2021年全球经济复苏出现显著分化，发达经济体形势迅速好转，新兴市场和发展中经济体则因接种率低和政策空间小而复苏受阻、形势严峻，拉美面临全球最严重衰退。[③]

通胀压力和供应链困局持续削弱全球复苏动能。首先，2021年4月起，美欧通胀压力明显增大。10月，美国消费者价格指

① *World Economic Outlook*, IMF, October 2021, pp. 1-5.

② Kristalina Georgieva, “International Organizations, Vaccine Manufacturers Take Stock of COVID-19 Vaccine Roll out, Share Views for 2022,” https://www.imf.org/en/News/Articles.（上网时间：2021年11月10日）

③ *Asian Development Outlook 2021 Update: Transforming Agriculture in Asia*, ADB, September 2021, pp. 5-7.

数（CPI）同比上涨6.2%，创30年来新高；欧元区CPI同比上涨4.1%，创13年来新高。据经济合作与发展组织估算，2021年二十国集团通胀率将达3.7%，2022年升至3.9%。IMF预测，发达经济体通胀率将在2021年最后数月达到峰值，2022年年中将降至约2%；新兴市场和发展中经济体通胀率也将于2021年达到6.8%的峰值，随后降至约4%。从整体看，全球通胀短期可控，但中期风险上行。① 其次，全球供应链堵塞严重。全球制造业受疫情反复冲击，产能恢复滞后；芯片荒席卷全球，众多产业受到波及；国际航运拥堵频现，部分港口劳动力紧缺、货物堆积，物流系统不堪重负。全球供应链存在短期冲击向长期结构性危机演化的风险。

受疫情反复、通胀上升、供应链混乱、极端天气等多重因素影响，全球经济复苏动能不足，中、美等多国第三季度增速放缓。IMF预测，2022年全球经济增长4.9%，发达经济体增长4.5%，新兴市场和发展中经济体增长5.1%。

（二）国际贸易强劲反弹，直接投资大幅上升

全球贸易强劲复苏。2020年下半年以来，发达经济体强劲增长持续助力全球贸易复苏。联合国贸发会议（UNCTAD）预测，2021年全球商品和服务贸易量将增长9.5%。一方面，制成品需求增加，全球商品贸易环比强劲反弹，特别是亚洲出口导向型经济体外贸反弹较快。2021年初，中国香港和台湾地区以及越南月度出口量均超疫前水平，并持续飙升；2021年上半年，中国月度贸易量已超疫前水平10%以上。10月世界贸易组织（WTO）最新预测，2021年全球商品贸易量将增长10.8%，高于该组织3月预测的8.0%。另一方面，服务贸易遭受重创，恢

① *World Economic Outlook*, IMF, October 2021, p. 46.

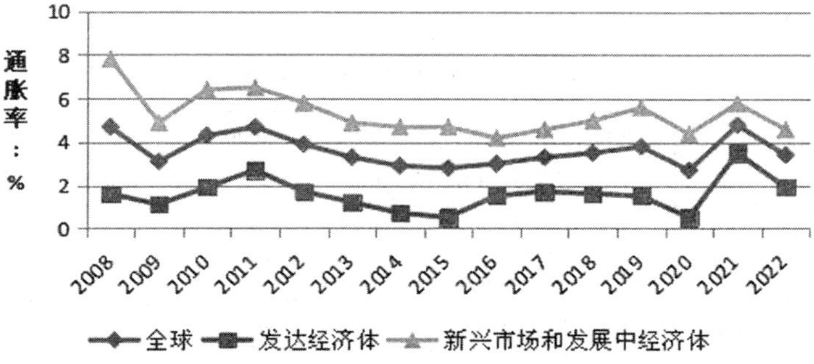

图2-2 通胀率变化趋势

数据来源：IMF“世界经济展望数据库”。

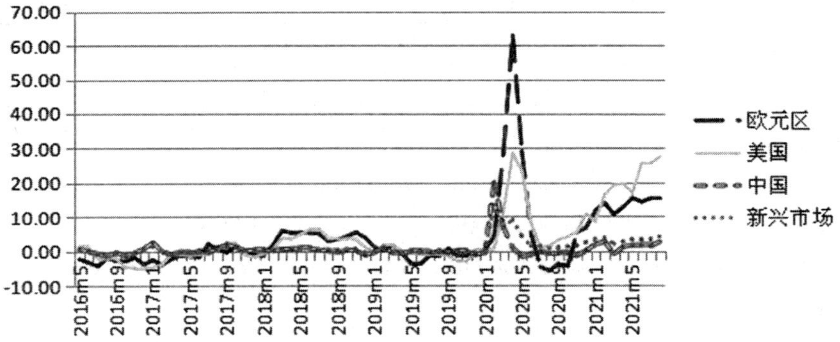

图2-3 供应链中断指数

数据来源：IMF《世界经济展望》2021 年 10 月。

复明显慢于商品贸易，但存在行业分化。2021 年前 5 个月，全球国际游客人数仍比 2019 年同期低 85%，商业、建筑业、文化、休闲娱乐、餐饮等领域持续低迷；信息和通信技术（ICT）

贸易、保险、养老及金融服务则受惠于疫情。[①]

表2－1　2017～2022年全球商品贸易增速（%）

		2017	2018	2019	2020	2021	2022
全球商品贸易量		4.8	3.1	0.1	－5.3	10.8	4.7
出口	北美洲	3.4	3.8	0.3	－8.6	8.7	6.9
	南美洲	2.2	－0.2	－2.2	－4.7	7.2	2.0
	欧洲	4.1	1.9	0.6	－7.9	9.7	5.6
	独联体国家	3.9	4.1	－0.3	－1.5	0.6	8.5
	非洲	5.3	3.6	－0.7	－8.8	7.0	6.0
	中东	－2.2	4.8	－2.2	－11.6	5.0	9.6
	亚洲	6.7	3.7	0.8	0.3	14.4	2.3
进口	北美洲	4.4	5.1	－0.6	－6.1	12.6	4.5
	南美洲	4.4	5.6	－2.6	－9.9	19.9	2.1
	欧洲	3.9	1.9	0.3	－7.6	9.1	6.8
	独联体国家	13.9	4.0	8.5	－5.6	13.8	－0.8
	非洲	－1.7	5.3	2.8	－11.1	11.3	4.1
	中东	1.2	－4.1	2.4	－13.9	9.3	8.7
	亚洲	8.5	5.0	－0.5	－1.2	10.7	2.9

注：南美洲指中、南美洲及加勒比海地区；2021年和2022年为预测值。

数据来源：*Global Trade Rebound Beats Expectations but Marked by Regional Divergences*, WTO, October 4, 2021。

国际投资显著回升和分化。2020年全球外国直接投资（FDI）大幅跳水，从2019年的1.5万亿美元跌至约1万亿美元，降幅达35%。[②] 2021年上半年全球FDI超预期反弹，同比增长78%，达8520亿美元，弥补了2020年疫情造成的70%以上损失。其中，发达经济体增幅最大，达4240亿美元，为2020年同

① *Trade and Development Report 2021*, UNCTAD, September 2021, pp. 27－28.

② *Global Investment Trend Monitor*, No. 38, UNCTAD, January 2021, pp. 1－2.

期的3倍多。由于跨境并购活跃，美国FDI流入同比增长90%。发展中经济体也大幅增加，东亚和东南亚增长25%。疫情下多国纷纷出台大规模刺激计划，基础设施投资前景较好，但工业投资依然疲软。其中，绿地投资项目数和总金额双双走低；高度依赖全球价值链的行业（如电子产品、汽车和化学产品制造等）新投资项目数也进一步下降。[①]

（三）数字经济高歌猛进，平台企业顺势扩张

疫情加速全球经济数字化转型。在疫情冲击下，保持社交距离的需要促使远程工作、在线支付和线上消费迅速发展。数字贸易正推动全球供应链和价值链深刻变革，成为全球贸易复苏的重要引擎。

ICT商品贸易蓬勃发展。ICT商品贸易占商品进口总额的比重由2019年约13%升至2020年近16%，创2000年以来最大年度涨幅。2020年，全球ICT商品出口额增长4%，超过2.3万亿美元，进口额增长1.1%，达近2.5万亿美元。[②] 同期，全球ICT服务出口额达6760亿美元，占服务出口总额的比重由2019年的10%增至近14%；数字化交付服务占服务出口总额近64%。[③]

全球数字经济稳步增长。据测算，2020年全球47个国家数字经济总规模达32.6万亿美元，同比增长3%，占这些国家GDP的43.7%。从总量看，美国数字经济规模居全球之首，达13.6万亿美元；其次是中国，达5.4万亿美元；第三至第五位依次为德国、日本和英国，分别为2.54万亿、2.48万亿和

---

① *Global Investment Trend Monitor*, No. 39, UNCTAD, October 2021, pp. 1 – 2.

② UNCTAD, “Pandemic Drives ICT Goods Trade Rebound but Steep Declines Occur in Least Developed Countries and Africa,” https://unctad.org/news/.（上网时间：2021年11月10日）

③ UNCTAD, “Trade Data for 2020 Confirm Growing Importance of Digital Technologies during COVID – 19,” https://unctad.org/news/.（上网时间：2021年11月2日）

1.79 万亿美元。从比重看，德国、英国和美国数字经济均超 GDP 的 60%，中国为 38.6%。从增速看，中国数字经济全球增长最快，达 9.7%。[1]

平台经济快速扩张。海量数据和高新技术构成数字平台的强大竞争优势，网络效应则进一步强化其市场地位。疫情下，平台企业加速向经济社会展开全方位渗透，大力拓展线上到线下、消费到生产、服务到制造的全融合业务模式。尤其是中美平台企业，新型业务发展迅速，利润和市值显著攀升。2020 年，美国顶尖数字平台净营收达 1924 亿美元。2020 年 1 月至 2021 年 11 月初，美国纽约证券交易所综合指数上涨了 24%，其中字母表、苹果、奈飞、亚马逊和脸书 5 家公司股价分别上涨约 119%、103%、101%、90% 和 61%。同期，中国顶尖数字平台也获得了快速发展。以腾讯为例，2020 年其总营收和净利润分别增长 28% 和 30%，2021 年上半年分别增长 23% 和 46%。

（四）大宗商品价格飙升，多国隐现“能源危机”

受疫情冲击，2020 年上半年国际大宗商品价格保持低位。之后，随着中国工业产值回升和美国需求强劲复苏，全球工业大宗商品价格面临持续上涨压力。2020 年年中至 2021 年年中，所有种类大宗商品价格均已恢复至、部分甚至远超疫前水平。IMF 预测，2021 年国际石油平均价格上涨近 60%，非石油大宗商品价格上涨近 30%，其中金属和食品价格近几个月上涨尤为迅猛。[2]

“能源危机”袭扰多国。2021 年年初以来，国际能源价格涨势迅猛。布伦特原油期货价格三年来首次冲破 80 美元/桶；亚洲

---

① 《全球数字经济白皮书》，中国信通院，2021 年 8 月。

② *World Economic Outlook*, IMF, October 2021, p. 9.

液化天然气现货价格一年内暴涨近600%；自年初以来，美国天然气现货价格上涨130%，创7年多新高，居民电价也连带上涨；欧洲天然气价格已达年初3倍以上，电价从50欧元/兆瓦时上涨至150欧元/兆瓦时，破历史纪录。世界多地出现能源供应短缺和限电现象，例如，印度因煤炭供应不足而闹“电荒”；巴西干旱严重，导致水电大幅减产；日本、印度等国开始在国际市场抢购天然气。

疫情下多因共振，推高能源价格。2021年开始，随着各国经济复苏势头增强，世界能源需求大幅上升，能源供需矛盾加剧，国际能源价格不断上涨。发达国家推出大规模刺激政策，导致全球流动性过剩，亦加剧能源期货市场投机。在极端天气条件下，丰水期水不丰、风电风不给力，加之光伏组件价格暴涨，使得可再生能源生产受限，短期内无力弥补化石能源巨大供应缺口。此外，全球碳中和大潮亦推动气、电价飙升。根据《巴黎协定》，2020年是缔约方提交净零排放目标的期限年，欧盟、中国、日本等世界主要经济体纷纷宣布碳中和目标和减排战略，并出台更严厉的减排措施。壳牌、道达尔、埃克森美孚等跨国石油巨头也纷纷优化业务结构，削减传统业务支出。煤炭消费减少、气代煤项目推进等因素，使得短期内天然气消费大增。2021年10月6日，欧盟气候行动负责人蒂默曼斯表示，碳市场并非欧洲天然气和电力价格飙升的主因，“顶多要负1/5的责任”。他的话从侧面印证，此轮能源价格上涨与低碳转型相关。

二、政策谋转向

疫情迫使主要经济体实施大规模刺激政策，以期为急停“速冻”的经济“输血”“供氧”。随着疫情得到控制，各国渐次解封，但均面临两方面任务：一是维持刺激政策力度，应对疫情反复对经济造成的冲击；二是减缓超常规政策带来的负面影响，如全球性通胀对经济复苏的严重挑战。另外，供应链紊乱愈演愈烈以及电力市场罕见动荡等现实难题，也给各国政策带来空前压力。

（一）确保供应链安全成多国施政重点

疫情在一定意义上成为各国经济政策的“测试器”。疫前，美西方人为干预全球供应链布局，导致部分高技术产业芯片断供、发展受阻。过去两年，疫情冲击和政策失误加剧全球供应链混乱。受主要港口封锁及劳动力短缺等因素影响，全球海运拥堵频现、集装箱短缺、运费飞涨。10 月初，拥堵在美国洛杉矶港和长滩港的集装箱船数量达创纪录的 100 多艘，美国政府被迫采取“7 + 24”措施纾困，但收效尚需时日。疫情封锁、极端天气还导致芯片工厂接连关闭，其影响已从汽车等下游产业蔓延至消费电子等生活领域。

各国更加重视解决结构性短板。疫情肆虐时，美国总统拜登签署 1.9 万亿美元纾困法案，欧盟推出 7500 亿欧元复苏计划。疫情缓解后，英国和欧洲放开边界，美国经济也渐趋活跃。在此形势下，各国施政重点从“撒钱”转向基础设施和供应链建设。11 月 5 日，美国众议院通过总额达 1.2 万亿美元的基建法案，拟在五年内新增 5500 亿美元投资，用于修建道路、桥梁、港口等交通基础设施，并投入 650 亿美元用于改善宽带互联网的相关设施。此外，包括促进就业在内的着眼于长期增长的法案正在路上。目前，欧盟理事会已批准 16 个成员国的经济复苏计划，推动数字化和绿色转型、加强财政政策可持续性和加大劳动力市场改革等结构性措施成为重点。

发达经济体纷纷出台供应链及再工业化战略。2021 年 6 月，美、日、澳三国召开“蓝点网络”会议，吸引 96 国逾 150 家机构参加。会议试图在国际技术认证等标准上达成共识。同月，拜登在七国集团（G7）峰会上提出“重建更美好世界”计划，欲组建“民主阵营”，在发展中国家市场与中国展开基建竞争。7 月，欧盟正式启动“全球联通欧洲战略”，拟从 2022 年起构建以欧洲为中心的科技基础设施网络，以减少对外部的战略依赖。9 月底，美欧贸易与技术委员会同意加强跨大西洋合作以保障半导体供应链安全，同时启动通信技术安全、数据治理等 10 个工作组。

美国经济保护主义政策有所松动。一方面，为刺激经济复苏，美国接连推出大规模基建计划，对钢铁等商品需求激增。而疫情导致供应链瓶颈出现，美国国内遭遇“钢铁荒”，钢铁价格暴涨逾 200%。苦于产能不足，美国只能依靠进口。为减少本国制造商成本和消费者支出，缓解民意压力，10 月 30 日美国同意取消特朗普时期对欧盟开征的额外关税。另一方面，随着美国国内消费反弹，其制造业空心化等现实问题凸显，对华贸易回归常态不容回避。美国各界提出，应在相互依赖的新常态下处理美中竞争关系。主流战略界对此多持理性客观看法，现行强硬政策引起反弹声音升高。[①] 美国拜登政府也在反思政策效果。贸易代表戴琦形容中美关系已如一堆干柴，双方误解或引发烈火，需“把温度降下来”。她表示，中美贸易症结在于结构性失衡而非数值，声称“美国不寻求贸易对抗”。总之，世界上最大的两个经济体改善经贸关系，对稳定全球供应链乃至世界经济的重要性不言而喻。

---

① 如布鲁金斯学会于 2021 年 8 月发表的文章《中美关系新常态：竞争加剧，依存加深》认为，在这场大国竞争中，中美整体国力与世界其他国家的差距不断扩大，两国将在竞争与合作中共同发展。

（二）全球货币政策转向趋紧

疫情暴发后，美联储为纾困救市“开闸放水”，其他主要国家纷纷跟进，从而掀起全球货币宽松潮。2021 年中期之后，随着全球经济明显复苏，特别是通胀压力持续增大，市场对美联储收紧货币政策的预期不断升温。为对抗通胀压力以及美国货币政策转向将引发的全球流动性收缩效应，多个经济体被迫在美国之前抢先出台货币紧缩政策。

美联储开始缩减“量宽”规模。2020 年初美联储紧急调降基准利率至零附近，并通过直接购债向市场注入大量流动性。2020 年 12 月，其购债规模达每月至少 800 亿美元美国国债和 400 亿美元抵押债券。2021 年 6 月，随着美国经济明显反弹和通胀压力持续上升，美联储开始释放缩减“量宽”信号。11 月 3 日，美联储正式宣布将把每月购债规模削减 150 亿美元，并计划在 2022 年 6 月结束“量宽”。国际市场普遍预期，全球流动性拐点即将来临。届时，融资条件将进一步收紧，全球经济风险或随之而至。

新兴经济体纷纷加息以对抗通胀压力和资本外流。由于内需反弹较快、能源价格飞涨，新兴经济体不得不在防止经济下滑和遏制通胀上行之间艰难抉择。2021 年 3 ~ 10 月，巴西央行连续 6 次加息，将基准利率从 2% 提升至 7. 75%，达 2017 年以来最高水平；俄罗斯央行亦连续 6 次加息，将基准利率从 4. 25% 提升至 7. 5%。6 月以来，市场对美联储缩减“量宽”的预期不断升温，资本大规模流出新兴市场。6 ~ 7 月，墨西哥、土耳其、智利等新兴经济体相继加息。

发达经济体也陆续加入货币紧缩阵营。尽管多数发达经济体认为，通胀压力将随着供应链问题的解决而得到缓解，但面对远超政策目标的通胀率，各国不得不出手收紧货币政策。9 月，挪威央行打响发达经济体加息“第一枪”，将基准利率从0%上调至0.25%，并表示为遏制金融失衡加剧，12月或再次加息。新西兰和捷克央行也分别于10月初和11月初首次提息。10月底，加拿大央行宣布提前结束债券购买计划，称鉴于经济复苏取得进展，该行“量宽”将转入再投资阶段，即仅购买足额新债券取代到期债券，不再扩大央行债券持有规模。欧洲央行也表示，四季度将适度减少根据“紧急抗疫购债计划”购入的债券规模。11月初，澳大利亚央行确认，购买政府证券的措施将持续到2022年2月，但不再坚守三年期国债收益率目标，同时不再坚称2024年前不会加息。

（三）全球共推绿色经济转型

近年来，碳中和与碳达峰已成国际经济政策新趋势，不但树立了更高道义标杆，而且具有重大经济意义。围绕绿色产品、低碳技术、排放标准和环境规制的全球竞争将全面铺开。整合统一的碳市场交易机制，会在一定程度上强化产业链的区域化倾向，并引发绿色标准体系主导权之争。同时，对碳含量的规定也将催生新的贸易保护措施。

2021年是《巴黎协定》全面实施之年。5月，国际能源署发布《2050年净零排放：全球能源行业路线图》报告，提出为保证2050年实现全球净零排放，需立即停止油气等化石能源项目新投资。8月，联合国政府间气候变化专门委员会（IPCC）第六次评估报告指出，除非立即、迅速和大规模地减少温室气体排放，否则21世纪末将升温限制在接近1.5℃或甚至是2℃将无法实现。10月31日至11月13日，《联合国气候变化框架公约》第26次缔约方大会在英国召开。大会在最后关头通过《格拉斯哥气候公约》，提出分阶段削减煤电和化石燃料补贴的目标，并承诺到2025年将援助贫穷国家应对气候灾害的基金扩大至2019

年的两倍。世界主要经济体纷纷出台更高减排目标和更积极减排政策。在此背景下，全球化石能源投资进一步承压，这无疑加剧了新冠肺炎疫情冲击下的能源供需失衡，导致2021年下半年欧洲等多地出现能源价格飙升和电力短缺。

国际“能源危机”凸显可再生能源的不稳定性以及能源低碳转型的长期性和艰巨性，促使国际社会反思并回调部分能源转型政策。一是调整激进的弃煤、弃核政策。欧洲开始出现呼吁重启燃煤电厂的声音。法国、保加利亚、克罗地亚、匈牙利、波兰等十国要求欧盟委员会将核能列为鼓励投资的绿色能源。英国宣布将在2035年前新建十几座核反应堆。二是增加能源基础设施投资。美国业界呼吁政府加大对天然气管道等基础设施投资，重启此前因环保及监管问题而被叫停的项目。美国页岩油气公司纷纷计划明年增加投资。三是加大能源改革力度。法国和西班牙等国呼吁欧盟改革能源和电力市场。欧盟能源事务委员西姆森表示，将在2021年年底提出天然气市场改革方案，重点考虑天然气存储及供应安全等问题。

（四）多边贸易机制有望重启

时隔四年，WTO第12次部长级会议将于2021年11月底召开。这将成为决定多边贸易机制走向的关键性事件，受到各方高度关注。WTO总干事伊韦阿拉期望本次大会能取得“早期收获”，包括：有效应对疫情，表达对疫苗民族主义的反对立场，在多边合作框架下促进相关技术转让；提出争端解决机制路线图，包含专家组构成、第三方权利、上诉机构发回权等，改革方案应具体化、系统化；贸易规则现代化早期成果，推动投资便利化和服务业国内监管谈判，电子商务谈判力争取得“实质性进展”。

WTO改革和谈判牵动世界经济走向。一是提升贸易影响的社会属性。部分成员提出工作计划，希望推动部长级会议发表“贸易与性别”宣言，通过 WTO 规则增强妇女经济权力。欧盟等渥太华小组成员主张针对疫情采取贸易支持措施，共推 WTO 出台“贸易和健康”计划。二是推动气候变化和环境议题。拜登政府首次将气候变化写入美国贸易议程，表示将开展双、多边合作。欧盟推动将《巴黎协定》有关内容纳入 WTO 谈判，明确碳边境规则，设定 WTO 应对贸易和气候变化的制度框架等。三是关注电子商务与数字经济。数字议题兼具第一、二代贸易政策特征，各方均高度关注未来利益分配，目前已有 86 个成员加入谈判。发达成员极力抢占规则制定先机，主要经济体均高度重视强化平台企业监管。美、欧、日主张跨境数据自由流动，对数字税、知识产权等制定统一规则和标准。中国强调保护数据安全，发展中成员因“数字鸿沟”对谈判踌躇不前。围绕《与贸易有关的知识产权协定》下的义务减免，南非、印度等 50 多国与美欧分歧突出。

各大经济板块的一体化进程持续推进。疫情推动产业链重构，东亚、北美、欧洲三大市场均致力于深耕内部建设，并呈现若干新特点。第一，各大自贸区域的规则统筹已超越传统自贸协定，尤其是经济产业安全、社会稳定、环境保护等领域比重加大。第二，对原产地规则提出更严苛标准，域内价值成分比例要求更高。例如，《美墨加三国协议》（USMCA）、《全面与进步跨太平洋伙伴关系协定》（CPTPP）均专门针对纺织服装产品设定了“从纱开始”的原产地标准。CPTPP 要求非原产纤维和纱线重量不能超过使用该原料部件重量的 10%，而非一般贸易协定中规定的货物总重量的 10%；USMCA 要求 75% 的汽车配件须在北美生产，方能享受零关税待遇，而《北美自由贸易协议》中的要求是 62.5%。第三，亚太地区供应链体系在疫情后显现出较高效率和活力，其内部技术和制度驱动型 FDI 将部分替代全球范围内的成本和效率驱动型跨国投资。全球最大自贸区《区域全面经济伙伴关系协定》（RCEP）将于 2022 年生效运行。第四，中美均提出申请加入《数字经济伙伴关系协定》（DEPA）。今后，两国如何在亚太区域共处以及 RCEP、CPTPP 和 DEPA 如何对接，将成为影响区域发展的重要因素。

三、风险多点散发

展望 2022 年，疫情走势不明、大国博弈加剧、绿色转型加速、融资环境趋紧，上述风险因素或进一步加剧全球经济乱象，给并不稳固的世界经济复苏带来新挑战。

（一）疫情仍是制约经济复苏的最大变量

新冠肺炎疫苗大范围接种加快了各国政府开放边境的步伐，但未能有效抑制疫情的全球传播和蔓延。数据显示，2021 年 1 月疫苗开打后，全球每日新增确诊人数结束单边上行态势；但自 6 月起，高传播性、高感染率的德尔塔变异毒株席卷全球，疫苗接种率高的国家和地区如以色列、新加坡等也未能幸免。世界对病毒短期消失的希望破灭，多国重新恢复隔离、封锁等严格防疫措施，刚有起色的经济复苏再遇“顶头风”。咨询机构 HIS 指出，8 月以来全球经济明显放缓与德尔塔毒株的蔓延密切相关。此外，疫苗分配高度不均将加剧疫情对世界经济的冲击。世界卫生组织数据显示，高收入国家进行检测和疫苗接种的次数几乎为低收入国家 61 倍。例如，G7 预购了近 24 亿剂疫苗，人均逾 5 剂，而非洲仅不足 5% 的人口完成全程接种。

（二）全球供应链危机短期难解推高通胀压力

受疫情反复影响，全球供需失衡恐将持续较长时间。惠誉指出，消费者对耐用品的需求空前旺盛，供应商产能却力不从心。供应链瓶颈正拖累增产速度，从而加剧短期通胀压力。如美国半导体企业供应交货延误已达50年最差水平；全球汽车零部件短缺或持续至2022年。同时，随着西方圣诞购物季到来，全球主要航运港口拥堵频发、集装箱匮乏、工人短缺、运费高涨的状况恐难有效缓解。高盛预计，美国港口积压或至少持续到2022年中期。穆迪警告，供应链问题或会变得更糟，各行业供应链中断正抬高消费价格，并迟滞全球经济复苏步伐。短期通胀“高烧不退”，对饱受疫情打击、经济萎靡不振的中低收入国家来说，或造成严重社会后果。2021年以来，南非爆发大规模社会骚乱，突尼斯、几内亚和苏丹相继发生政变，均与当地食品和能源价格上涨过快密切相关。未来，部分脆弱国家因民生问题爆发大规模社会动荡乃至政治危机的可能性较高。

（三）主要发达经济体超预期紧缩货币极易引发金融震荡

全球主要央行加快收紧货币政策的预期正在升温。尽管目前美联储和欧洲央行继续发布刻意淡化加息预期的前瞻指引，但随着主要国家通胀数据出炉，市场对美欧提前加息的押注正在增加。8月以来，美欧十年期国债收益率一路攀升。债券市场走势表明，美联储等央行政策失误的风险在上升，“要么是取消刺激动作太慢，要么是转向收紧速度太快”。[①] 一旦美联储和欧洲央行在通胀压力下货币政策转向超预期，后果或很严重：一方面，货币紧缩刺破资产价格泡沫，屡创新高的美欧股市或现大幅回调甚至崩盘，从而引发全球金融风暴；另一方面，再现2013年伯南克时期的“缩减恐慌”，之前热钱大规模涌入的新兴市场将迎

---

① Nick Timiraos, “Central Banks Fuel New Bets on Tighter Money as Inflation Rises Globally,” *Wall Street Journal*, November 1, 2021.

来新一轮资本出逃，股、汇、债遭受“三杀”，冲击将扩散至全球主要金融市场。

（四）全球债务“灰犀牛”或加速到来

2021 年 10 月 IMF《财政监测报告》显示，各国政府为抗击疫情提供的财政支持已达 16.9 万亿美元，天量支出虽有助经济复苏，却留下相当于战争时期的巨额债务。① 根据国际金融协会统计，2021 年第二季度全球债务升至 296 万亿美元的创纪录新高，占全球 GDP 的353%，比疫前增加36 万亿美元。② 尽管全球债务与 GDP 之比自疫情以来首次下降，但经济复苏程度尚不足以将负债稀释至疫前水平，结构性风险凸显。在美欧货币政策转向引发实际利率上行的情况下，新兴市场债务风险值得警惕。2021 年新兴市场债务水平依旧快速上升，占全球新增债务七成以上，总额达 91.5 万亿美元，仅 9 月主权债务发行量就高达 240 亿美元。由于主要央行货币收紧几成定局，新兴经济体外部融资环境趋于恶化，部分脆弱国家如斯里兰卡、土耳其、阿根廷和撒哈拉以南非洲地区爆发国际收支危机和债务危机的可能性上升。此外，家庭债务风险正成为各国央行的新忧。2021 年上半年，全球房地产市场火爆使得家庭债务规模飙升 1.5 万亿美元，超出同期政府与企业债务增量。10 月，瑞士银行发布全球房地产泡沫指数，警告欧洲及中国香港的楼市泡沫风险正加速上升，加拿大、澳大利亚等也不容乐观。③ 一旦利率上行导致房价跳水，或将引爆房地产领域债务危机。

---

① *Fiscal Monitor*: *Strengthening the Credibility of Public Finances*, IMF, October 2021, p. 1.

② “Global Debt Is Fast Approaching Record ＄300 Trillion—IIF,” Reuters, September 14, 2021.

③ “UBS Global Real Estate Bubble Index 2021,” UBS, October 5, 2021.

（五）全球绿色转型背景下“能源危机”或将频现

美国拜登政府绿色新政获全球响应，各国纷纷制定相对激进的碳中和目标和减排路线图，大力推动可再生能源替代化石能源。全球能源体系将进入较长的转轨混乱期，面临传统能源产能日益萎缩和绿色能源生产波动较大的供给困境。由于储能设备距离大规模应用尚远，各国缺乏有效手段平抑季节性供需波动。类似 2021 年 9 ~ 10 月欧洲气、电价格飙涨的“能源危机”或频繁爆发，尤其在冬夏两季以及极端天气出现时更易触发。同时，受地缘政治因素影响，天然气和电力等清洁能源武器化风险上升，突发国际政治性事件抑或对能源供应稳定造成显著冲击。

（六）地缘政治紧张将拖累增长预期

随着世界经济逐步适应疫情冲击，地缘政治因素或再度提升国际贸易和投资面临的不确定性，全球供应链加速重构，美西方挑动“去中国化”动作频频。中美关系在拜登政府任内并未得到有效改善，美国不断提出针对中国的立法，双方在贸易、科技领域摩擦持续，资本市场和关键产品供应链加速脱钩，“一带一路”倡议遭到美国牵头的 G7 围堵打压，围绕新疆、香港、台湾和南海等问题双方冲突持续升级。经济学人智库发布的《2022 年风险展望》将中美关系恶化导致双方完全脱钩列为首要风险，中美围绕台湾爆发冲突、中欧关系显著恶化等亦在其中。[①] 同时，俄罗斯与北约对抗升级、土耳其威胁驱逐十国大使等事件表明，地缘政治紧张不只限于中美，国际体系整体处于矛盾高发的重塑期，全球化正遭遇越来越强的“回头浪”，政治局势恶化将显著拖累世界经济增长。

---

① “Risk Outlook for 2022,” EIU, October 27, 2021.

（七）极端天气对世界经济的破坏性上升

IPCC 最新报告认为，未来 20 年全球升温 1.5℃几乎不可避免，极端天气事件将大幅增加。过去一年，极端天气撼动世界：美国得州极寒天气引发大停电，全球石油市场为之大震，芯片荒雪上加霜；西欧和中国创纪录暴雨引发的洪水显著冲击全球汽车、科技和电子产品供应链；历史性的高温干旱袭击北美和巴西等“世界粮仓”，大豆、玉米等减产已成定局，国际粮价一路飞涨。极端天气的频率和烈度不断上升，不但造成触目惊心的人员和财产损失，而且对粮食和能源安全以及全球供应链的正常运行带来显著干扰和破坏。与气候变化有关的经济和金融风险，正被越来越多国家和企业纳入监管和投资考虑的范围。

2021 年 9 月，UNCTAD 发布《2021 年贸易与发展报告》指出，2001～2007 年世界经济平均增长 3.5%，2010～2019 年为 3.1%，2023～2030 年将为 2.5%①，暗示世界经济将进入低速增长期。两年来，疫情、大国博弈下的世界经济“下跳”“上蹿”动荡不止，处于格局转变的重要十字路口。疫情终将过去，世界经济荣景或将一时难现。

（审定：张健）

① *Trade and Development Report 2021*, UNCTAD, September 2021, p. 56.

第二篇
大国战略与对华关系

第二篇

[illegible]

第三章　重振美国拜登遇困*

2021 年 1 月 20 日，拜登在一场史无前例的选举乱局后入主白宫。其接手的美国正处于疫情肆虐、经济衰退、政治极化、社会分裂、国力受损的多重危机之中。拜登政府试图以抗击疫情为前提，以经济复苏为依托，以绿色、科创、基建、产业链重塑为牵引，以“大政府”为导向，化危为机，“重振中产阶级”“重建更好未来”“重新领导世界”。执政首年，拜登在内外议程上虽有所斩获，但前进路上困难重重。

一、内政蓝图前途未卜

面对美国历史上“罕有的困难和挑战”①，拜登政府提出野心勃勃的施政计划，试图兼顾短期的经济复苏和长期的结构性改革，系统解决美国内在的诸多严重问题，为“重振世界领导地位”夯实根基。这一被冠以“重建更好未来”的内政蓝图包括“救助计划”“就业计划”和“家庭计划”三大计划。其着眼于抗击疫情、复苏经济、创造就业、改善民生，通过重振中产阶级缓解美国政治极化和社会分裂，恢复民众对美国制度的信心。该

* 本章撰稿人：陈文鑫、张文宗、李峥、孙立鹏、杨文静、程宏亮、贾春阳。

① “Inaugural Address by President Joseph R. Biden, Jr.,” https://www.whitehouse.gov/briefing-room/speeches-remarks/2021/01/20/inaugural-address-by-president-joseph-r-biden-jr/.（上网时间：2021 年 11 月 11 日）

蓝图具有鲜明的民主党特色，核心部分触及两党政治理念上的关键分歧。在共和党阻击和民主党内进步派掣肘下，拜登政府凭借民主党在国会参众两院的微弱多数，艰难推进议程。

首先，走出疫情是拜登内政蓝图的优先目标。2021 年 3 月，拜登签署 1.9 万亿美元的“美国救助计划”，基本延续了上届政府的抗疫和救济经济举措。在为受疫情冲击严重的行业和机构提供财政援助的基础上，继续为民众提供一次性补助、发放失业救济金，并为地方政府应对疫情、重开学校和疫苗分发提供资金支持。拜登还改变上届政府失败的抗疫举措，通过发布联邦雇员“口罩令”、强制政府和企业推行疫苗接种等举措，试图将疫情的影响降至最低。

其次，创造就业是拜登内政蓝图的核心。相比经济和资本市场的表现，拜登更关注产业转型和就业问题。疫情对美国中小企业和传统商业造成巨大冲击，暴露美国在供应链上的短板，凸显美国产业转型的紧迫性。拜登政府寻求打通美国产业链及产业与就业转化的关键环节，使经济表现更直接地转化为高薪岗位。其注重发挥政府在产业回流和塑造新产业中的作用，推出包括投资科技和“买美国货”等在内的多项举措。拜登重点提出三项主张：一是增加劳动力培训。拜登推进建筑和医疗保健等行业的职业培训，力图使更多就业人口向这些行业转移，以弥补数百万个岗位空缺。二是创造新能源岗位。拜登抛出“绿色基建”计划，将新能源产业作为创造就业岗位的重要抓手，包括大力发展清洁能源和新能源汽车及其相关产业。2020 年竞选期间，拜登就提出要创造 1000 万个清洁能源就业岗位，可见其雄心勃勃。三是弥补教师缺口。美国在该领域存在 10 万个岗位缺口，主因是婴儿潮一代的退休，若补充不足将严重影响美国青少年教育。

最后，家庭计划是拜登内政蓝图的根本保障。该计划最能直接地将政策转化为选票，也是支撑其“重建美国”的基础。拜登在该领域的目标最为激进，包括推动普及公立学龄前教育，保障12周的带薪育儿假和医疗假，为高中毕业生提供免费社区大学教育，降低处方药和医保开支，通过建设廉租房降低低收入家庭住房成本等。这些措施被美国媒体称为20世纪70年代约翰逊总统“伟大社会”计划以来最激进的社会福利政策。[①] 在拜登看来，上述措施主要为美国数百万“三明治一代”（即上有老、下有小的一代）提供支持。据美国民调机构统计，1/7的美国中年人需要为孩子和父母提供经济支持，到2030年这一比例还将继续提高。[②]

上述施政蓝图需要从三个层面实现。一是推动相关立法措施，为国内投资和福利政策提供资金支持，并调整税收，保障财政可持续性；二是在美国国内展开动员；三是通过对外投资、多边协调和贸易谈判为“创造就业岗位”和重塑产业链提供海外市场，提升经济竞争力。拜登为此推出一系列措施。2021年6月起，拜登与国会就两个关键性法案开展密集互动，分别为初定规模为1.2万亿美元的基建投资计划和初定规模为3.5万亿美元的社会支出计划。前者侧重于基础设施投资和能源转型，后者主要包括支持就业和家庭计划。缓解种族矛盾和管控移民问题也是拜登的重要议程。上任当日，拜登即通过行政命令成立种族平等委员会，研究确立“种族平等”标准。6月，拜登宣布将通过政府采购倾向性支持少数族裔的小微企业。这些措施在一定程度上

① “How Biden’s $3.5 Trillion Economic Plan Compares to LBJ’s Great Society and FDR’s New Deal,” https://www.cnbc.com/2021/10/02/how-bidens-economic-plan-compares-to-the-great-society-and-new-deal.html.（上网时间：2021年10月15日）

② “The Sandwich Generation,” https://www.pewresearch.org/social-trends/2013/01/30/the-sandwich-generation/.（上网时间：2021年9月10日）

减缓了美国种族矛盾激化的势头。

然而，拜登的内政蓝图无法脱离美国政治气候及社会环境。拜登"大政府"的执政理念难以为共和党认同。国会共和党议员在阻挠拜登的两项立法中保持团结，特朗普支持者和保守媒体则持续渲染"边境难民危机""白人被替代"等议题，试图继续煽动右翼民粹情绪。同时，拜登亦面临民主党温和派和进步派的质疑。民主党参议员曼钦以否决票为威胁，施压拜登缩小两个法案的支出规模；众议院议长佩洛西在党内进步派压力下，坚持将两个法案打包通过，而非先通过分歧较少但可立刻兑现的"基础设施投资与就业法案"。

在多方压力下，民主党高层最终选择了妥协，不顾部分激进进步派反对，将修改版本后的 1.2 万亿基建法案率先表决。拜登也作出了让步，主动提出 1.75 万亿美元的"重建更好未来法案"，替代先前的 3.5 万亿美元社会支出法案。截至 2021 年 11 月中旬，国会两院投票通过了"基建法案"，并计划在年底前审议并表决"重建更好未来法案"。由于总体投入规模减半，拜登的宏伟蓝图大打折扣，其民意支持率也大受影响。民调显示，拜登任期前 9 个月的支持率跌幅高达 11.3%，创下二战以来美国历任总统支持率跌幅最大的纪录。[①] 由于议程受阻，民众普遍不满拜登在经济方面的表现。这已影响到民主党 2022 年中期选举的前景。一旦民主党丢掉两院多数席位，拜登宏伟蓝图的执行将受到更大掣肘。

---

① Andrew Mark Miller, "Biden Has Lost More Approval at Start of Term than Any Other President since World War II, Poll Finds," https://www.foxnews.com/politics/biden-has-lost-more-approval-at-start-of-term-than-any-president-since-world-war-ii-poll-finds.（上网时间：2021 年 10 月 1 日）

二、经济复苏道阻且长

2021 年，美国经济延续上一年第三季度以来的复苏增长态势。前三个季度分别增长 6.3%、6.7% 和 2%。[①] 2021 年一季度美国 GDP 达到 22.03 万亿美元，超过 2020 年疫情冲击前的经济规模。支撑经济增长的主要动力在于：

（一）疫情影响相对可控

拜登政府执政之初，颁布多个行政令，试图减少疫情影响，尽快恢复正常经济活动。2021 年 10 月 25 日，白宫又发布推进全球旅行安全恢复的公告。餐饮、航空等服务行业再次回暖，消费者信心也随之提升。据美国经济咨商局统计，美国消费者信心指数从 9 月的 109.8 攀升至 10 月的 113.8。[②]

（二）大规模财政刺激

2021 年 3 月 11 日，拜登签署《2021 年美国救助计划法》，在特朗普政府救助计划的基础上，实施新一轮价值 1.9 万亿美元的刺激措施，直接对陷入困境的家庭、企业和地方政府实施救助，并加大抗疫资金投入，力求推动美国经济尽快反弹。此轮措施是美国疫情以来第 6 轮经济刺激措施，而疫情以来累计经济刺激规模已高达 5.94 万亿美元，对经济快速止跌反弹提供了重要支撑。

（三）美联储保持极度宽松货币政策

虽然面临通胀压力和潜在泡沫风险，美联储力排众议，年内

---

① BEA, "National Income and Product Accounts," https://apps.bea.gov/iTable/iTable.cfm? reqid = 19&step = 2#reqid = 19&step = 2&isuri = 1&1921 = survey.（上网时间：2021 年 10 月 20 日）

② The Conference Board, "Consumer Confidence Survey," https://www.conference-board.org/data/consumerconfidence.cfm.（上网时间：2021 年 10 月 30 日）

前6次议息会议均按兵不动，将联邦基金利率保持在0～0.25%，维持每月1200亿美元的资产购买计划，为经济活动提供充裕流动性和低利率融资环境。

（四）全球经济进入缓慢复苏期

据IMF数据，2021年世界经济将增长5.9%，其中发达国家增长5.2%，发展中国家增长6.4%，世界贸易将增长9.7%。[①] 国际经济环境改善，也对美国经济复苏起到一定推动作用。

在美国经济短期快速反弹的同时，增长后劲不足的问题也集中凸显。一是财政政策显著“退坡”。美国应对疫情的多项重要刺激措施陆续到期，对经济托底作用日益减弱。9月6日，每周失业救助300美元的政策到期；9月30日，补充营养援助项目（SNAP）等到期；12月31日，疫情期间儿童税收抵扣到期。据美国尽责联邦预算委员会统计，2021年共有12项重要的刺激措施相继到期，2025年前还有另外18项措施“退出”。[②] 为此，拜登政府试图通过推出“一代人仅有一次”的大规模基建计划，继续托底美国经济，布局长期经济增长。但作为拜登政府核心经济主张的新基建计划规模不断缩水，难以支撑经济持续复苏。美联储预计，2022～2024年美国经济年增长率将分别为3.8%、2.5%、2%，长期经济增长区间仅为1.8%～2%。[③]

二是潜在“大通胀”风险上升。5月以来，美国消费者物价指数（CPI）已连续5个月增长超过5%，具有严重通胀迹象。宽松货币政策是产生通胀的重要原因。为应对疫情对经济的冲

---

① IMF, “Global Recovery Continues, but the Momentum Has Weakened and Uncertainty Has Increased,” https://www.imf.org/en/Publications/WEO/Issues/2021/10/12/world-economic-outlook-october-2021.（上网时间：2021年10月30日）

② CRFB, “The Nation's Upcoming Fiscal Challenges,” https://www.crfb.org/papers/nations-upcoming-fiscal-challenges.（上网时间：2021年11月1日）

③ *Summary of Economic Projections*, Federal Reserve, September 22, 2021, p. 2.

击，缓解联邦大规模支出的债务负担，美联储保持极度宽松货币政策。2021 年 8 月，美国狭义货币供应量（M1）、广义货币供应量（M2）分别高达 19.67 万亿美元和 20.8 万亿美元，与 2020 年 12 月相比分别增长了 14% 和 11.5%。[①] 短期内货币供应量飙升，是美国通胀产生的第一个原因。第二个原因是财政支出过度透支。据国会预算办公室（CBO）统计，2020 年 4 季度美国产出缺口为 8100 亿美元。[②] 若以 2 倍产出缺口来设计经济刺激计划，实际需要规模为 1.62 万亿美元，但 2020 年特朗普已通过 9000 亿美元刺激措施，再加上拜登的 1.9 万亿美元救助计划，实际规模远高于刺激经济需要的资金，导致复苏阶段出现通胀压力。第三个原因是产业链紧张。疫情影响物流运输、企业生产和全球分工合作，加之拜登政府谋求重塑美国主导下“安全且有弹性”的全球产业链，供需两端都承受了结构性通胀压力。

通胀推动汽油、食品和其他生活必需品价格上涨，加剧美国消费者负担，抵消经济复苏带来的好处。20 世纪 70 年代出现“大通胀”时，美国不得不以牺牲经济增长为代价，强行采取极端紧缩货币政策以应对通胀，导致 1982 年美国经济陷入衰退，“大通胀”导致“大紧缩”。当前态势与历史已有几分相似，通胀问题或再次成为美经济复苏的最大拦路虎。

三是债务形势日益恶化。截至 2021 年 9 月 30 日，美国联邦债务总额已高达 28.4 万亿美元，成为美国经济难以承受之重。[③] 虽然拜登经济团队认为经济刺激可以加快经济复苏与增长，进而

---

① United States Government Publishing office, *Economic Indicators*, September 2021, p. 26.

② CBO, “Budget and Economic Data,” https://www.cbo.gov/data/budget-economic-data#6.（上网时间：2021 年 10 月 30 日）

③ Bureau of the Fiscal Service, *Monthly Statement of the Public Debt of the United States*, Treasury Department, September 30, 2021, p. 1.

增加财政收入，最终弥补前期刺激性支出，但多数研究机构对美国联邦债务规模的不断膨胀感到担忧。宾夕法尼亚大学预测，1.9万亿美元的刺激措施会导致美国政府长期的额外债务。2022年公共债务上涨会导致经济增长率损失0.2%，直至2040年美经济增长还将损失0.3%。[①] CBO预测，2030年美国联邦债务总额将达33.33万亿美元，其中仅利息支付一项就超过6950亿美元。[②] 这意味着财政“挤出效应”将大幅压缩美国应对下一轮危机或推出变革性支出的财政政策空间。此外，巨额债务必将推高美国政府发债融资成本。为控制国债利率、稳定美债市场，美联储不得不在更长时间内保持较低利率水平，持有较大规模政府债券等资产，进而拖累经济复苏阶段美联储货币政策正常化进程。

四是两党纷争给经济带来不确定性。一方面，政府关门风险仍在。由于国会未能在2021年10月1日前通过全年拨款法案，联邦政府不得不依靠“持续决议”开始新财年的临时性运营，但在12月3日前，两党必须达成新的“持续决议”，继续维持政府运营。一旦府会、两党无法达成一致，政府关门危机将再次来袭。另一方面，债务上限危机并未解除。8月1日，美国为期两年的暂停债务上限到期，两党未就提高债务上限达成新共识，财政部不得不依靠“非常规措施”防止美国债务违约。直至10月13日，两党才达成暂时性协议，将债务融资额度提升至28.9万亿美元，并再次暂停债务上限。政府关门与债务上限问题，看似每次都能化险为夷、起死回生，但问题症结始终得不到解决，

① “Macroeconomic Effects of the ＄1.9 Trillion Biden Covid Relief Plan,” https://budgetmodel.wharton.upenn.edu/issues/2021/2/3/macroeconomic-effects-of-19-trillion-biden-covid-relief-plan.（上网时间：2021年5月1日）

② CBO, “Summary Data for the Extended Baseline,” https://www.cbo.gov/system/files/2021-03/51119-2021-03-LTBO.xlsx.（上网时间：2021年5月1日）

成为长期悬在美国经济头上的“达摩克利斯之剑”，意外风险或不期而至。

三、“领导世界”力不从心

早在2020年竞选总统期间，拜登便投书《外交》杂志，详细阐释“美国为何必须重新领导世界”。[①] 上任不久，拜登即向美国盟友和全世界高调宣称，“美国回来了”“外交回归了”。[②] 其对外以重塑美国“全球领导力”为目标，矢志消除“特朗普主义”对美国全球信誉的损害，恢复美国“受信任的领导地位”。[③] 为此，拜登政府在外交领域进行诸多调整，作了不少努力，但美国“领导世界”已越来越力不从心。

拜登政府的对外战略构想集中体现在2021年3月初推出的《临时国家安全战略指南》之中。在拜登政府看来，美国面临全球疫情、经济衰退、气候变化、“民主倒退”、中俄竞争及技术革命等“前所未有的挑战”，须调动“所有形式和维度的权力资源塑造国际政治的未来”，以实现“保护和培育国内力量根基”“形成对美有利的国际力量对比”“领导和维护稳定与开放的国际体系”等三重目标。[④] 为此，拜登政府采取如下举措。

---

① Joseph R. Biden, Jr., "Why America Must Lead Again: Rescuing U. S. Foreign Policy After Trump," *Foreign Affairs*, Vol. 99, No. 2, March/April 2020, pp. 64 – 76.

② "Remarks by President Biden on America's Place in the World," https://www.whitehouse.gov/briefing – room/speeches – remarks/2021/02/04/remarks – by – president – biden – on – americas – place – in – the – world/. （上网时间：2021年11月11日）

③ "Remarks by President Biden at the 2021 Virtual Munich Security Conference," https://www.whitehouse.gov/briefing – room/speeches – remarks/2021/02/19/remarks – by – president – biden – at – the – 2021 – virtual – munich – security – conference/. （上网时间：2021年11月11日）

④ *Interim National Security Strategic Guidance*, the White House, March 2021, p. 9.

一是内外并举。在拜登政府出台《临时国家安全战略指南》的当天，国务卿布林肯发表首个外交政策讲话。在这个题为“为美国人民服务的外交政策”讲话中，布林肯指出，“外交和内政密不可分”。① 要重振美国的全球领导力，必须投资于美国“人民、经济和民主”。控制新冠肺炎疫情、重振民主制度、改革移民制度、发展本国新技术等都被纳入对外政策考量之中。拜登政府一方面在国内推进“重建更好未来”议程，抗击疫情、复苏经济、搞新基建，着眼于长远提升国力；一方面在国际推进“重建更美好世界”，促使“民主国家”共同加强国内建设，合作助力世界发展。在内政与外交的结合点上，拜登政府提出所谓的“中产阶级外交”，强调美国外交必须服务于中产阶级利益，为其创造就业机会、提高工资和福利，反映其诉求和民主价值观。重振民主被拜登政府视为提升全球领导力的重中之重。

二是“外交优先”。在外交安全事务中，拜登政府强调保持军力绝对优势，为保护“核心国家利益”绝不迟疑使用武力；但强调外交、发展、经济手段是首要选择，武力是最后手段。因此，拜登政府着眼于未来大国竞争，持续加大颠覆性技术与先进武器装备研发投入，推进美军装备升级换代，加大网络和太空等新兴军事领域投入。在“印太”地区，美投入近51亿美元用于“太平洋威慑计划”，通过投资雷达、卫星和导弹系统增强美国在该地区战备水平，更好应对中国“步步紧逼的挑战”。② 在外

① Antony J. Blinken, “A Foreign Policy for the American People,” https://www.state.gov/a-foreign-policy-for-the-american-people/.（上网时间：2021年11月11日）

② “Official Talks DOD Policy Role in Chinese Pacing Threat, Integrated Deterrence,” https://www.defense.gov/News/News-Stories/Article/Article/2641068/official-talks-dod-policy-role-in-chinese-pacing-threat-integrated-deterrence/.（上网时间：2021年11月11日）

交与军事的关系上，拜登政府主张慎用武力，试图通过“榜样的力量”而不是“力量的榜样”来领导世界。

三是重整盟友体系。“重新激活”和实现盟友体系“现代化”是拜登政府对外政策的重要目标。拜登政府希望借此与盟友建立共同阵线，形成共同愿景，应对共同挑战。为此，拜登政府以“印太”和欧洲为重点，构建多层次联盟体系。欧亚盟友是美国最重要的倚重对象，其次是印度、越南、中东欧等新型伙伴，此外美国还广泛拉拢东南亚、南亚、中亚、拉美、非洲等地区伙伴。其手法包括聚焦“共同利益、安全与价值观”，以经济、科技、规则、军事、民主等不同议题牵引盟友合作；对盟友说服、妥协、离间三管齐下；深耕合作平台。在欧洲倚重北约、欧盟与 G7 机制，在“印太”完善美日澳印“四边机制”（QUAD），重新激活美日韩对话，构建美英澳三边安全伙伴关系（AUKUS）。此外，促进欧洲与“印太”机制兼容，实现北约东顾，搭建“G7 +”与“QUAD +”机制。在具体实践中，拜登政府以中俄“威胁”为由，促北约改善军事能力与战备；以应对中国为目的，与日本加强网络、太空等领域威慑与反应能力建设，与印度构建“全面前瞻性防务伙伴关系”。

四是重塑国际机制。拜登政府改变其前任毁约、退群举措，“重返”国际机制并谋求发挥主导作用，并借规则、机制重塑来主导国际秩序。在经济领域，拜登政府力推“市场主导”“基于民主”的贸易模式，重塑国际产业分工新格局；在高科技领域，加强联合研发与标准制订；在基建领域，以“程序透明、环境与社会可持续发展”鼓吹“高标准”合作；在数字领域，塑造新的“全球网络规范”，确保“开放、互操性、可信赖、安全的互联网”；在民主人权领域，通过召开全球“民主峰会”，兜售

“反腐败、反威权、促人权”的社会治理“标准”。

上述举措一定程度上有利于重塑美国国际形象，但拜登政府想“重新领导世界”却显得力不从心。首先，美国民主样板风光不再。新冠肺炎疫情暴露了美国国家治理的痼疾。美国在新冠肺炎疫情中的死亡人数已经超过越南战争、海湾战争、阿富汗战争和伊拉克战争中伤亡人数的总和。一个“政治衰败”的美国很难发挥其“榜样的力量”。其次，美国与盟友嫌隙增多。拜登政府在阿富汗撤军过程中与盟友缺少协调，在组建AUKUS的过程中对盟友背信弃义，使美国与欧洲传统盟友的嫌隙暴露在世人面前。盟友对美国的未来走向还存在一定的不确定。在对华、对俄问题上，盟友并不能全然跟着美国走。最后，美国“领导世界”的权力资源日益捉襟见肘。囿于内部阻碍和资金限制，拜登“重建更美好世界”的愿望有可能落空。

四、中美博弈进入相持

拜登上台后基本继承前任对华战略竞争的政策框架，继续对华遏制打压；中方坚决捍卫自身利益，与美国进行有理有利有节的斗争。双方各有攻守，互有进退，中美博弈进入战略相持期。在这一阶段的博弈中，元首外交发挥了重要战略引领作用，各层级对话逐步恢复，双边关系有所缓和。

（一）拜登政府延续以竞争为主导的对华政策框架

拜登上台不久发布的《临时国家安全战略方针》将中国定位为“唯一能综合运用经济、外交、军事和技术实力对国际体系发起持续挑战的潜在竞争对手”，提出美国将基于“实力地位”对华展开战略竞争。[1] 国务卿布林肯在其上任后的首次外交政策讲话中也将中国视为“21 世纪最大地缘政治挑战”，强调要从“实力地位出发”对华采取“三分法”，即“该竞争时竞争，能合作时合作，须对抗时对抗”。[2] 美国防部则提出动用所有手段应对中国的“一体化威慑战略”。[3] 美国对华政策未因新政府上台呈现新气象，其延续性大于变化性。

在涉台问题上，拜登政府不断向岛内“台独”势力传递错误信号，与台当局配合炒作大陆“军事威胁论”，公然以各种形式助台扩大所谓“国际空间”，承认在岛内有“军事存在”，挑动其他国家和地区插手台湾问题，人为加剧台海局势紧张并冲撞两国关系政治基础；在涉疆、涉港问题上，继承前任基调和所谓“认定”，裹挟盟友围攻并对华制裁；在涉藏问题上，持续炒作达赖转世等议题，加大对达赖集团的支持，在 2021 年 5 月首次以美国政府名义向所谓“藏人行政中央”新“司政”表达“祝贺”；在南海问题上，与前任一样否认中方合法主权声索，持续展示军力并制裁中方企业机构，试图挑动该议题再度升温；在高科技领域，延续对华遏压和脱钩做法，加大对华为等中国高科技企业的制裁和打击，同时谋求以“民主”为旗帜构建针对中国的所谓“民主高科技同盟”。在新冠肺炎病毒溯源问题上，拜登政府一改大选期间相对超脱的态度，操弄并炒作前任制造的

---

① *Interim National Security Strategic Guidance*, the White House, March 2021, p. 8.

② Antony J. Blinken, “A Foreign Policy for the American People,” https://www.state.gov/a-foreign-policy-for-the-american-people/.（上网时间：2021 年 11 月 11 日）

③ “Official Talks DOD Policy Role in Chinese Pacing Threat, Integrated Deterrence,” https://www.defense.gov/Explore/News/Article/Article/2641068/official-talks-dod-policy-role-in-chinese-pacing-threat-integrated-deterrence/.（上网时间：2021 年 10 月 20 日）

“中国实验室泄漏病毒论”，不顾主流科学界态度和世界卫生组织赴华调查报告结论，下令美国情报机构在3个月内拿出报告。尽管最终报告不支持“泄漏论”，可美方仍不时借此对华发难。此外，拜登政府还加紧推进在中国周边的军事部署和战略布局，鼓动其他地区和国家选边站。这些都对中美关系造成严重伤害，使双边关系更加敏感脆弱。

（二）中国既坚决斗争，又以对世界和历史负责任的态度与美方务实接触，促使双边关系迎来缓和契机

中方通过2021年2月11日和9月10日两次元首通话，告诫美方在涉及中方核心利益问题上要慎重行事，强调中美合作可以办成许多有利于两国和世界的大事，对抗对两国和世界肯定是场灾难，中美应重新建立各种对话机制，准确了解彼此政策意图，避免误解误判；美方对华政策导致中美关系遭遇严重困难，而中美能否处理好彼此关系，攸关世界前途命运，是两国必须回答好的“世纪之问”和“必答题”。中方还通过3月安克雷奇会晤、7月天津会谈、10月苏黎世会晤回击了美方以“实力地位”打交道的做法，正告美方要在相互尊重的基础上与中国打交道，提出中美关系“三条底线”和“两份清单”，明确反对以“竞争”定义中美关系等。

这对中美关系回到正轨起到巨大作用。如，经过中方的斗争和努力，持续近3年的“孟晚舟事件”落幕。10月4日，美国贸易代表戴琪称要在经贸领域对华“再挂钩”。① 11月8日，美

① “Remarks as Prepared for Delivery of Ambassador Katherine Tai Outlining the Biden – Harris Administration’s ‘New Approach to the U. S. – China Trade Relationship’,” https://ustr.gov/about – us/policy – offices/press – office/press – releases/2021/october/remarks – prepared – delivery – ambassador – katherine – tai – outlining – biden – harris – administrations – new.（上网时间：2021年10月15日）

国国家安全顾问沙利文公开承认美国此前试图改变中国体制的政策错误，强调拜登政府并非以此作为对华政策目标，而是寻求创立与中国共存的有利条件。[①] 拜登政府开始出现明显有别于特朗普政府对华政策的变化。

（三）中美加快恢复对话与合作步伐，双方有望探索新的交往模式和互动框架

双方工作层根据两国元首达成的共识，陆续在外交和战略、经贸、军事等领域重启接触和对话，为双边关系持续改善提供了条件。其中，两国在联合国气候变化格拉斯哥大会期间达成并发布《中美关于在21世纪20年代强化气候行动的格拉斯哥联合宣言》，对外传递出双边关系改善和就国际重大问题开展合作的重要信号。11月16日的中美元首视频峰会为下阶段中美关系走向，特别是就回答如何搞好中美关系这个“必答题”和“世纪之问”进一步指明了方向。

通过这一年来的博弈，中美都已经意识到由于彼此庞大的体量，任何一方都无法彻底打倒对方。在相持阶段，两国的磨合或许更加艰难，双边关系为此会有反复甚至再度激烈对抗，但唯有共存与合作才是既符合双方各自利益，又符合世界发展潮流的正确做法。因此，随着两国关系态势的转变，中美或有望探索出一条良性互动的相处之道，构建既符合两国利益，又有利于世界和平发展的互动新模式和新框架，这对世界和平和发展具有重大的现实和历史意义。

展望2022年，由于美国国内政治走向不明，两党仍偏执地集体对华强硬，且中美在2022年都有极为重要的国内政治议程，

---

① “On GPS: How the Biden White House Views China,” https://edition.cnn.com/videos/tv/2021/11/07/exp-gps-1107-jake-sullivan-on-china-policy.cnn.（上网时间：2021年11月8日）

若再加上一些其他难以预料的影响因素，不排除中美关系再度生变甚至剧烈动荡的可能。因此，中美需要更审慎地管控双边关系。

（审定：王鸿刚）

第四章　俄罗斯处乱不惊开新局*

2021年，俄罗斯形势总体平稳。政局稳字当头，在变局中化解挑战孕育新局；经济逆势复苏，在困局中着眼未来探索新发展路径；外交主动有为，在乱局中稳定大国关系，拓展外交空间。中俄生动诠释新型大国关系，推动双边关系再上新台阶。

一、政局化解挑战保持稳定

2021年，俄政局持续保持平稳。国家杜马（议会下院）选举顺利举行，统一俄罗斯党（统俄党）再度取胜，为新一轮政治周期奠定良好开局。同时，俄坚决反击西方干涉，打压极端反对派，严打恐怖活动，维护社会稳定，保障国家安全。

（一）议会选举顺利举行，统俄党再获大胜

2021年9月17～19日，俄举行第八届国家杜马选举，执政党再次获胜。选举结果有助于俄政局保持稳定，推进落实新宪法，开创政治新局面。

杜马政党格局“四变五”，展现新气象。此次大选投票率为51.68%，共有五党进入新杜马：统俄党、俄共、自民党、公正俄罗斯党和新人党。新人党首次入围杜马，其他四党均为杜马老党。统俄党实现竞选目标：获党派选票49.82%，在198个单席

---

* 本章撰稿人：李东、蒋莉、尚月、王遒、苗嵩、韩奕琛、陈宇、李静雅。

位选区胜出，赢得杜马450个席位中的324席，虽比2016年少19席，但仍保持72%的宪法多数地位。俄共得票率超过上届：获党派选票18.93%，单席位选区中的9席，共赢得57席（上届42席），这是自2011年以来俄共取得的最好成绩。公俄党保持原状：获党派选票7.46%，在8个单席位选区获胜，共赢得27席。自民党惨败：获党派选票从上届的13.14%降至本届7.55%，仅拿下2个单席位选区，获21席（上届39席），这是该党自1990年中期以来最差成绩。新人党成为“黑马”：该党2020年才成立，凭借5.32%的选票进入杜马，赢得13席。①

此次选举是在俄疫情蔓延、经济困顿、民众不满、俄西关系严峻背景下举行的，统俄党胜选实属不易，是普京及俄高层多方努力的结果。其一，总统力挺。选前，普京多次出席统俄党大会，为其站台支持，② 并推荐外长拉夫罗夫、防长绍伊古两位重量级人物领衔该党参选，抬升了其竞选优势。③ 其二，统俄党竞选有方。该党竞选纲领突出民生导向，聚焦民众关心的减贫、医疗、教育、住房等问题；同时通过专门网站收集民意，以“更好地了解公民的期望和优先工作”，并在各地组织专家讨论，制定“人民纲领”。④ 该党还精心挑选48名现任地区领导人出任各

---

① Результаты выборов – 2021. Главные цифры，https：//www. kommersant. ru/doc/4996303.（上网时间：2021年10月15日）

② Выступление Президента РФ Владимира Путина на XX Съезде партии «Единая Россия» 19 июня；Путин выступает на съезде «Единой России»，https：//ria. ru/20210824/putin – 1747048074. htmlhttps：//moscow. er. ru/multimedia/video/vystuplenie – prezidenta – rf – vladimira – putina – na – xx – sezde – partii – edinaya – rossiya – 19 – iyunya.（上网时间：2021年10月15日）

③ Путин назвал Шойгу и Лаврова кандидатами в лидеры списка ЕР на выборах，https：//ria. ru/20210619/kandidaty – 1737696500. html.（上网时间：2021年10月15日）

④ Народная программа «Единой России». https：//er. ru/party/program.（上网时间：2021年10月15日）

参选小组负责人，加强与地方精英联系，充分调动地方行政资源，增强影响力。其三，出台多项法律，严格管控极端反对派参选闹选。近期俄政府实施多项法律修正案，加强对媒体和网络监管，强化对反对派的管控，收押反对派领袖纳瓦利内，认定其领导的“反腐败委员会”为极端组织，其亲信亦无权参选。

（二）抗疫取得阶段性成果，但总体形势依旧严峻

2020 年 5 月，米舒斯京在杜马作政府工作报告时称，2021 年将成为俄战胜疫情的转折点。[①] 为此，俄政府加大防控投入，自疫情暴发以来，俄联邦预算抗疫支出已达 2.86 万亿卢布，占预算总支出的 12.5%，其中仅医疗系统方面支出就超过 1 万亿卢布。[②] 然而，今年疫情形势未完全按总理意愿发展，总体呈“前低后高”态势。

上半年疫情平稳，管制逐步放开。年初以来，俄政府根据疫情变化采取灵活管控措施，总体上未放松警惕，特别是对莫斯科和圣彼得堡市等疫情较严重地区实施相对严厉举措；其他地区则视情而定。在俄政府及各地卫生部门努力下，上半年俄疫情总体平稳，且患者以无症状及轻症为主，政府于是逐步放开防疫管制，恢复经济和社会正常生活。

下半年疫情“低开高走”，形势异常严峻。自 7 月以来俄疫情明显反弹，全俄 85 个联邦主体中近 70 个地区疫情卷土重来，住院人数大幅增加；特别是 10 月中下旬开始每日新增病例突破 4 万，累计感染人数超过 855 万，单日死亡人数过千，累计死亡

---

① В Государственной Думе состоялся отчет Правительства, http://duma.gov.ru/news/51455/.（上网时间：2021 年 10 月 15 日）

② “俄罗斯在抗击冠状病毒上花费了 1 万亿卢布”，https://www.rbc.ru/society/28/06/2021/60d9c9b99a794716e17fd944。（上网时间：2021 年 10 月 14 日）

总数突破 24 万，均创疫情暴发以来的新高。[①] 普京称，俄疫情严峻形势前所未有，[②] 副总理戈利科娃也称俄正经历疫情反弹上升期，并告诫民众遵守防疫规定，保护好自己和家人。鉴此，俄被迫再度收紧管控，自 10 月 30 日至 11 月 7 日全境休全民带薪假，各地政府还可视情延长假期，同时严格限制公共餐饮和娱乐服务，鼓励企业采取远程办公模式。此外，普京呼吁加快疫苗接种速度，[③] 以应对疫情蔓延。米舒斯京则表示，尽管全俄4000 多万人已完成两剂新冠肺炎疫苗接种，但这不足以形成群体免疫，[④] 因此接种疫苗仍是俄抗击疫情的重要手段。总体看，疫情的快速发展和长期化趋势将给俄脆弱的经济形势和社会稳定造成一定冲击。

（三）坚决反击西方干涉，严控极端反对派活动

首先，加大与西方反俄势力斗争的力度。一是驳斥不实指控。2020 年 12 月中旬，美国有线电视新闻网（CNN）、英国调查性新闻机构贝灵猫（Bellingcat）、德国《明镜周刊》（Der Spiegel）等西方媒体大肆炒作纳瓦利内“中毒”事件，称俄联邦安全局参与其中，妄图借此攻击俄民主、人权。对此，普京明确予以驳斥，称指控纯属子虚乌有，俄愿与德、法、瑞士等国开

---

① 田冰：“俄罗斯疫情形势严峻，普京指‘前所未有’”，https：//t. ynet. cn/baijia/31666798. html。（上网时间：2021 年 11 月 3 日）

② “普京：俄罗斯新冠疫情形势复杂”，https：//sputniknews. cn/covid – 2019/20211101103473521 7/。（上网时间：2021 年 11 月 3 日）

③ “俄罗斯新冠病毒感染率上升，俄总统普京呼吁加快疫苗接种速度”，http：//henan. china. com. cn/m/2021 – 10/13/content_41698532. html。（上网时间：2021 年 10 月 14 日）

④ “俄总理：1/3 俄民众已接种新冠疫苗”，https：//m. gmw. cn/2021 – 10/13/content_1302637376. htm。（上网时间：2021 年 10 月 14 日）

展联合调查以澄清事实。[①] 二是严惩西方违法媒体。近年，脸书、推特、谷歌等社交媒体配合西方政府支持俄反对派，干涉俄内政，俄政府给予坚决打击。截至目前，俄通信监管部门已对脸书、推特和谷歌分别罚款 6600 万卢布、3840 万卢布和 2600 万卢布。[②] 2021 年 10 月，谷歌因拒不删除非法视频而再度被重罚，罚金高达 2.4 亿美元。同时，俄进一步严管外国科技及网络公司活动，限制其获取网上信息等。[③]

其次，严控国内极端反对派。一是逮捕纳瓦利内，限其组织活动。2021 年 1 月下旬，纳瓦利内从德国返俄后在机场被捕，2 月被判刑 3.5 年（后改为 2.5 年）。6 月，莫斯科市法院宣布，纳瓦利内领导的"反腐基金会""公民权利保护基金会"及纳氏的活动总部为极端组织，禁止开展活动；[④] 如违反规定，将面临最高 10 年监禁刑罚，提供资助也须承担刑事责任等。[⑤] 二是对"开放俄罗斯"负责人提起诉讼。霍多尔科夫斯基亦是俄极端反对派代表人物，虽身在海外，但他创建的"开放俄罗斯"（2017 年被认定为不受欢迎组织）仍在执行主任皮沃洛夫领导下开展

① Михаил Климентьев, Путин рассказал о поддержке Навального американскими спецслужбами, https://ria.ru/20201217/podderzhka-1589801207.html.（上网时间：2020 年 12 月 20 日）

② Иван Черноусов, В Роскомнадзоре объяснили, за что Facebook грозит оборотный штраф, https://rg.ru/2021/10/05/v-roskomnadzore-obiasnili-za-chto-facebook-grozit-oborotnyj-shtraf.html; Суд признал законной блокировку интернет-ресурсов Навального, https://www.rbc.ru/rbcfreenews/616432639a794741a5f4e361.（上网时间：2021 年 11 月 1 日）

③ "俄罗斯称月底前对谷歌开出巨额罚单：最高可达 2.4 亿美元"，https://www.sohu.com/a/496021753_100117963。（上网时间：2021 年 11 月 1 日）

④ Суд признал ФБК и штабы Навального экстремистскими организациями, https://www.kommersant.ru/doc/4849381.（上网时间：2021 年 10 月 25 日）

⑤ Минюст включил ФБК и «Штабы Навального» в список запрещенных организаций, https://www.rbc.ru/politics/06/08/2021/610d46fb9a794735d39bde70?.（上网时间：2021 年 10 月 28 日）

反政府活动。10 月，俄司法部门指控皮沃洛夫犯有经营“不受欢迎组织”罪，根据刑法判其 6 年监禁。[①] 三是果断处置街头抗议。年初，全俄多地爆发持续数日的支持纳瓦利内的大规模抗议活动，数千人走上莫斯科、圣彼得堡街头。警方迅速出击，驱散示威人群，逮捕万余人，并对活动组织者、参与者提起 90 多起刑事诉讼。[②] 同时，警方还采取特别行动，搜查、逮捕大量可疑人员。[③] 另外，俄政府还加强舆论引导，谴责西方提供幕后支持等卑劣手段。因处置及时、果断，此轮抗议活动较为顺利地得到平息。

（四）严打恐怖活动，维护国内安全

2021 年，俄继续保持高压反恐态势，多措并举严打恐怖活动。9 月，俄杜马安全和反腐委员会主任皮斯卡列夫指出，系统性的反恐工作使俄恐袭数量较十几年前大幅减少。[④]

一是立法保护反恐战士。4 月初，普京签署关于国家保护反恐战士的法律。规定参加反恐工作的军人及参与维护公共秩序、确保公共安全的国民近卫军成员都将得到国家保护。该法旨在为

---

① Ксения Назарова, Бывшему директору «Открытой России» предъявили окончательное обвинение, https: //lenta. ru/news/2021/10/12/pivovarov/.（上网时间：2021 年 10 月 12 日）

② Виктория Полякова, ФБК объявил о новом митинге в поддержку Навального, https: //www. rbc. ru/politics/18/04/2021/607c1b179a794762955ea69d.（上网时间：2021 年 4 月 23 日）

③ Евгений Фельдман, Хроника политических преследований в апреле 2021 года: главное, https: //ovdinfo. org/news/2021/05/24/hronika – politicheskih – presledovaniy – v – aprele – 2021 – goda – glavnoe.（上网时间：2021 年 11 月 1 日）

④ Марина Совина, В Госдуме назвали число предотвращенных терактов за первую половину 2021 года, https: //lenta. ru/news/2021/09/03/predotvratili/? from = RCM – 0782.（上网时间：2021 年 9 月 10 日）

参与反恐行动的公务人员建立统一保护体系。①

二是强化联邦中央与地方协作。9 月，联邦安全局与地方行政机构代表举行会议，中心议题是防止在北高加索居民中形成恐怖主义支持基地，并制定联邦中央与该地区提高反恐合作效率的措施。②

三是举办全俄反恐论坛。11 月初，在国家反恐委员会支持下，莫斯科教育和科学部举办“打击教育领域和青年群体中的恐怖主义意识形态”全俄论坛，重点讨论培养青年人反恐意识及在教育机构打击恐怖主义意识形态等问题。③

四是开展国际合作。2021 年上半年，俄反恐部门成功阻止 18 起恐袭，其中 14 起与“伊斯兰国”“伊斯兰解放军”等国际恐怖组织有关联。④ 为更好地打击国际恐怖势力、维护国内安全，俄积极开展国际反恐合作。9 月，在集体安全条约组织的防长、外长理事会及安全局长理事会的联席会议上，以俄为首的成员国就加强主管机构和特勤部门合作以查明和消除极端主义和恐怖主义团伙达成协议。⑤ 10 月，普京在瓦尔代国际论坛上强调，

---

① Татьяна Замахина, Президент подписал закон о госзащите борцов с терроризмом, https://rg.ru/2021/04/05/prezident-podpisal-zakon-o-goszashchite-borcov-s-terrorizmom.html.（上网时间：2021 年 4 月 20 日）

② В Москве прошло заседание Национального антитеррористического комитета, http://nac.gov.ru/nak-prinimaet-resheniya/v-moskve-proshlo-zasedanie-nacional-nogo-26.html.（上网时间：2021 年 10 月 20 日）

③ О Всероссийском форуме «Противодействие идеологии терроризма в образовательной сфере и молодежной среде», http://nac.gov.ru/terrorizmu-net/o-vserossiyskom-forume-protivodeystvie-ideologii-terrorizma-v.html.（上网时间：2021 年 10 月 28 日）

④ Случаи предотвращения терактов на территории России в 2021 году, https://ria.ru/20210927/terakty-1751964830.html.（上网时间：2021 年 9 月 28 日）

⑤ Страны ОДКБ усилят взаимодействие по борьбе с терроризмом, https://tj.sputniknews.ru/20210915/csto-vzaimodeystvie-borba-terrorizm-1042270046.html.（上网时间：2021 年 9 月 20 日）

俄美反恐合作非常必要，恐怖威胁是全球性的，只有各国联手才能有效应对威胁。[①]

二、经济逆势复苏谋长远

2021 年，俄政府在抓疫情防控的同时，积极推动经济重启步入复苏轨道。同时，顺应形势谋长远发展，探索新增长路径。

（一）经济稳步复苏，暂时渡过疫情大考

2021 年，随着疫情趋缓，俄经济活力渐渐恢复，第二季度 GDP 大增 10.5%，前 9 个月 GDP 增幅达到 4.6%。[②] 普京多次表示，俄经济已经恢复至疫情前水平。

俄此轮经济回暖的原因在于：一是各行业“重启”给力。自春季以来，俄逐步放松管控，市场渐趋活跃，1～9 月，俄工业生产增长 4.7%，其中制造业和采掘业增长率分别达到 5.2% 和 3%；建筑业强劲复苏，新建住房面积增长 29.7%；[③] 内需潜力持续释放，第二季度居民最终商品和服务消费增长 28.1%，

---

① Максим Блинов, Путин рассказал о сотрудничестве с США в борьбе с терроризмом, https：//ria. ru/20211021/putin – 1755689414. html. （上网时间：2021 年 10 月 28 日）

② Социально – экономическое положение России Москва январь – сентябрь 2021 года, https：//rosstat. gov. ru/storage/mediabank/osn – 09 – 2021. pdf; О текущей ситуации в российской в российской экономике Сентябрь – октябрь 2021 года, https：//www. economy. gov. ru/material/file/bffc6cc5eadc71d91c685e2fe5908112/29102021. pdf. （上网时间：2021 年 11 月 1 日）

③ Социально – экономическое положение России Москва январь – сентябрь 2021 года, https：//rosstat. gov. ru/storage/mediabank/osn – 09 – 2021. pdf. （上网时间：2021 年 11 月 1 日）

达到疫情前水平。[①] 二是投资拉动明显。俄政府启动“新投资周期”，通过实施保护和鼓励投资协议、特别投资合同制度，以及建立新开发机构和地方统一投资支持机制等一系列措施改善营商环境，吸引投资，为经济恢复注入活力。上半年，俄投资增势明显，固定资本投资同比增长 7.3%（2020 年下降 1.8%），外商直接投资达到 110 亿美元。[②] 三是外贸驱动强劲。全球疫后复苏带动大宗商品价格上涨，利好俄商品出口。1～8 月，俄进出口总额增长 37.8%，其中出口增长 44%，进口增长 29.2%。[③] 四是能源行业发挥“托底与引擎”的双功效。能源行业为俄维系政府财源、保障民生支出、维护政权稳定的支柱，俄经济形势与国际能源市场行情高度相关。2021 年，世界经济逐渐走出衰退，推动全球能源市场转暖。极端天气状况频现进一步推高全球能源需求。同时，各国能源库存整体紧张，能源产能和供应因疫情反复难以全面恢复。在多种因素的共同作用下，石油、天然气、煤炭、电力价格一路上涨，布伦特原油价格 3 年来首次突破 85 美元/桶，天然气价格一度飙升至 1200 美元/千立方米以上，动力煤和电力价格亦打破历史记录。多国面临能源不足困境，俄传统客户欧洲更是深陷能源短缺“危机”。在此背景下，俄石油、天然气、电力、煤炭出口大幅提升，有力带动经济恢复。今年 1～

① Первая оценка ВВП во II квартале 2021 года методами использования доходов и формирования по источникам доходов, https://rosstat.gov.ru/folder/303/document/136875.（上网时间：2021 年 11 月 4 日）

② 5－е заседание Консультативного совета по иностранным инвестициям в России, http://government.ru/news/43569/.（上网时间：2021 年 10 月 29 日）

③ О внешней торговле, в январе－августе 2021 года, https://rosstat.gov.ru/storage/mediabank/193_27－10－2021.html.（上网时间：2021 年 11 月 1 日）

8月，俄原油出口额增长36.5%；[①] 煤炭出口额增长23.3%；[②] 电力出口额同比增长125.7%。[③] 天然气1~10月对非独联体国家出口1588亿立方米，同比增长10.4%。[④] 根据惠誉国际评级机构的评估，若以2021年布伦特原油均价（70美元/桶）和俄气公司天然气出口均价（320美元/千立方米）计算，俄全年油气收入将达到9万亿卢布（约合1250亿美元），较2020年多出500亿美元。[⑤]

（二）探索发展新路径

2021年，俄政府一手抓疫情防控、经济重启，一手谋长远发展，探索新形势下经济增长路径。

一是维持纾困力度不减。俄政府整体延续了2020年的反危机方案，重点支持困难民众、企业和行业，最大限度降低疫情负面影响，防止企业破产。一方面，扶助家庭，为困难家庭提供补助，为此向6~18岁的孩子，以及18~23岁的患病青年提供1万卢布的补贴；推出优惠抵押贷款和家庭抵押贷款计划，支持购房家庭；增加失业补助金。另一方面，扶持企业，推出优惠贷款计划3.0版，向受损最严重的酒店、餐饮、文娱、旅游等行业企

① О внешней торговле в январе – августе 2021 года, https：//rosstat. gov. ru/storage/mediabank/193_27 – 10 – 2021. html.（上网时间：2021年11月1日）

② Экспорт угля и кокса, 8 месяцев 2021：в августе вывоз угля и кокса значительно вырос, https：//seanews. ru/2021/10/13/ru – jeksport – uglja – i – koksa – 8 – mesjacev – 2021 – v – avguste – vyvoz – uglja – i – koksa – znachitelno – vyros/.（上网时间：2021年11月2日）

③ Экспорт электроэнергии из РФ в январе – августе вырос почти вдвое, https：//www. interfax. ru/business/796455.（上网时间：2021年11月2日）

④ Добыча и поставки газа：итоги за 10 месяцев, https：//www. gazprom. ru/press/news/2021/november/article541893/.（上网时间：2021年11月2日）

⑤ В Fitch оценили дополнительный доход РФ от роста цен на нефть и газ в 2021 году в $50 млрд, https：//tass. ru/ekonomika/12634295.（上网时间：2021年11月2日）

业提供低息贷款，要求企业保留至少90%的工作岗位；向相关行业中小企业的300万名员工每人发放一个月的最低工资；为骨干企业提供贷款担保，发放优惠贷款；减税降费，减少对企业的审查措施。

二是制定战略规划。疫情暴发之后，俄调整发展计划，制定了2030年前国家经济社会发展目标。为促进目标落实，俄政府广泛征集各界意见，制定了42项战略倡议，涉及社会（10项）、建筑（7项）、生态（4项）、数字化转型（5项）、技术突破（15项）和国家公民（1项）6个领域。其中，重点项目包括加速数字化转型，发展低碳经济，发展基础设施，开发核能、氢能源、电动汽车技术等。每一项举措都设定了2024年和2030年的两阶段目标，第一阶段的总投资额将达4.6万亿卢布。[①] 俄经济发展部部长称，全面落实项目将使俄2025年GDP提升0.3个百分点。

三是加速能源转型，布局碳中和时代。2021年，俄顺应全球能源转型大势，提出力争在2060年之前实现碳中和的目标，并提前布局碳中和时代，欲趁势推动本国经济转型，维持大国地位。11月，俄政府发布《俄罗斯2050年前实现温室气体低排放的社会经济发展战略》，称俄低碳发展的关键任务是保持在全球能源转型背景下的竞争力和可持续经济增长。[②] 为此，俄一面开发低碳和无碳技术，提高生态系统的固碳能力，开发温室气体回收利用技术，发展绿色金融，一面积极投身可再生能源开发，计

---

① Правительство утвердило 42 стратегические инициативы развития РФ, https://rg.ru/2021/10/07/pravitelstvo-utverdilo-42-strategicheskie-iniciativy-razvitiia-rossii.html.（上网时间：2021年11月1日）

② Правительство утвердило Стратегию социально-экономического развития России с низким уровнем выбросов парниковых газов до 2050 года, http://government.ru/news/43708/.（上网时间：2021年11月3日）

划2040年前将太阳能、风能等可再生资源发电份额提升10倍，将核能发电份额提升至25%，开拓小型核电站出口市场。[①] 俄尤其看好氢能源前景，密集出台氢能源发展规划，欲利用本国资源、管道和技术优势，发展氢经济，竞逐全球氢能源市场。

四是大力开发北极。俄将北极视为国家战略资源基地和经济发展重要依托。2020年10月，俄出台《2035年前俄罗斯联邦北极地区发展和国家安全保障战略》，明确指出北极地区提供了俄80%以上的天然气和17%的石油，为俄矿产资源的战略储备基地。俄将开发新矿产，发展北方海航道基础设施。[②] 2021年3月，俄政府批准《北极地区社会经济发展国家计划》，规定将在未来3年投入35亿卢布，通过改善投资环境、创造新就业等措施，提高北极地区对俄经济的贡献率。[③] 尽管低碳转型势不可挡，但俄各大企业纷纷进军北极，希望尽早将北极资源变现。俄石油公司启动储量超60亿吨的东方石油项目，计划2024年投产，2030年年产量达到1亿吨；诺瓦泰克公司加快推进北极LNG－2号项目，设计年产能1980万吨；卢克石油公司与俄气公司签署合作协议，将共同开发北极油气项目。

（三）经济发展仍存不稳定因素

俄经济虽已恢复至疫情前水平，但疫情起伏、通胀高企等短期风险和经济结构的长期痼疾仍将制约俄经济增长。

一是疫情反复。入秋以来，俄新一波疫情汹涌来袭。政府加强防控，重启隔离措施将对俄经济造成严重影响。据俄政府评

① Россия увеличит долю возобновляемых источников энергии в 10 раз, https://tass.ru/ekonomika/11787295.（上网时间：2021年11月3日）

② Путин утвердил Стратегию развития Арктической зоны России до 2035 года, https://tass.ru/politika/9821455.（上网时间：2021年11月3日）

③ Правительство утвердило государственную программу развития Арктики, http://government.ru/news/41894/.（上网时间：2021年11月3日）

估，从事居民服务业的企业每日损失约40亿卢布。[①] 疫情卷土重来削弱了俄复苏动力，服务业和工业再次出现停滞风险。俄经济发展部部长坦承，俄经济复苏总体上已经结束，经济回到了正轨，但因疫情恶化，今年很难有更高的增长率。[②]

二是通胀高企。受世界大宗商品价格上涨、疫情趋稳后消费反弹以及供应不足等因素影响，俄通胀率达到5年来最高水平，基本生活品、工业原料部件和制成品价格不断上涨。2021年度通胀率或达7.4%～7.9%，远高于4%的预定目标。[③] 与此相对，俄居民可支配收入连续7年下降。统计数据显示，俄居民9月用于购买食品和生活必需品的支出占比达到44%，全社会对疫情的恐惧和物价上涨的焦虑不断发酵。[④] 为压低通胀，俄政府通过限制出口、增加供给等方式调控价格，并启动了试点系统，监测特定商品价格对全球通胀的依赖性，预测国内市场价格。央行连续6次提高基准利率至7.5%。然而，紧缩的货币政策难免对经济产生抑制作用，央行实际已处于控通胀和保经济的两难之中。俄第一副总理别洛乌索夫表示，高企的通胀率已成为经济增长中的关键问题。

三是全球能源转型威胁俄能源经济前景。近年来，在气候问

---

① Совещание с членами Правительства, http://www.kremlin.ru/events/president/news/66972.（上网时间：2021年10月27日）

② “俄经济发展部长：俄罗斯经济复苏已结束 2021年GDP增长率不会超过4.2%”, https://sputniknews.cn/russia/202110181034663425/.（上网时间：2021年11月2日）

③ Инфляционные ожидания и потребительские настроения, http://www.cbr.ru/Collection/Collection/File/38999/Infl_exp_21-10.pdf.（上网时间：2021年11月2日）

④ Ковид и растущие цены порождают потребительские фобии, https://www.ng.ru/economics/2021-10-26/4_8287_phobias.html.（上网时间：2021年10月27日）

题的助推下，全球能源转型提速，威胁化石能源地位，使俄深感忧虑不安。从近期看，欧盟碳边境税政策呼之欲出，俄出口恐遭重创，不仅每年将损失数十亿美元，而且部分企业或因缺乏竞争力永远失去欧盟市场份额。从远期看，俄虽将能源转型视为转变发展模式的机遇，但在低碳转型带来的外界压力和预算缩水的共同影响下，俄转型将受多重不确定因素的影响。

三、外交主动经略盘活困局

2021 年，俄外交主动有为，抓住国际格局演变之机，拓展外交空间，稳定大国关系，巩固大国影响力。

（一）对美外交有成效，双边关系渐趋稳定

拜登上台初期，俄美关系经历了过山车般的跌宕起伏。拜登刚上任，就迅速延长了《新削减战略武器条约》，但 3 月当记者问拜登是否认为普京是“凶手”时，拜登给出了肯定的答复。此后，俄美矛盾迅速激化，双方大使回国。俄在乌克兰边境军演，美则决定派两艘驱逐舰前往黑海。4 月中旬，局势突然缓和，拜登致电普京，希望与其面谈，并暂停向黑海派驱逐舰。但随后美又出台一系列对俄制裁措施。这一系列互动实际上是俄美在拜登政府初期的第一轮过招，为双方高层对话进行试探摸底。5 月，俄美举行外长会和安全首长会晤。6 月 16 日，拜登与普京在日内瓦举行峰会，双方均高度重视，拜登将与普京的会面作为首次出访的主要行程之一，普京也是疫情后首次出国，首次会见非独联体国家的领导人。

峰会后，俄美首先在军控、安全领域展开了一系列互动。双方先后开展两轮战略稳定对话，并建立起两个专家工作组，对话内容超越传统的核军控，拓展到网络安全、新技术和人工智能等

领域。9 月，美参谋长联席会议主席米利与俄总参谋长格拉西莫夫在芬兰会晤，讨论改善沟通、加强军事透明度等问题。10 月，美副国务卿纽兰访俄，俄负责对外经济合作的副总理奥维尔丘克访美，显示俄美互动由军控对话向外交、经贸等更广领域拓展。“拜普会”后俄美一系列互动显示，双方关系正趋向稳定，其直接原因是双方都有稳定关系的需求，并在放低对双边关系预期的基础上采取了务实政策，从而阻止了双边关系不断下滑的态势。但俄美矛盾过于深刻、互信丧失殆尽，短期内很难实现双边关系的真正稳定和可预测性。未来俄美角力仍将继续，关系随时可能紧张。

（二）对欧争取求同存异

欧洲与俄地理上相连、文化上相通、经济上相依，始终是俄外交重点，但双方在国际秩序、地缘政治、人权价值观等方面龃龉不断。2021 年初，因俄逮捕反对派领导人纳瓦利内，欧盟对俄官员实施制裁。2 月，乌克兰局势再度紧张，英国驱逐舰与俄战机差点儿在克里米亚附近擦枪走火。

俄欧虽存在分歧，但从自身利益出发，俄仍力求拉紧共同纽带，管控俄欧分歧。2021 年新冠肺炎疫情持续，俄在危机中寻找与欧洲合作机会，力求维持双方关系稳定。其一，加强疫苗合作。全球疫苗供应短缺使匈牙利、奥地利、捷克、斯洛伐克等东欧国家将目光转向俄“卫星 V”疫苗。俄意达成疫苗协议，意大利决定在境内生产俄“卫星 V”疫苗，这也是俄在欧洲达成的首个疫苗生产协议。其二，巩固能源合作。受全球能源供求不平衡影响，欧洲天然气价格居高不下。作为欧洲天然气最主要供应商，俄在 2021 年 1 ~9 月向欧洲增供 15%[①]。普京还指示俄气

① Пленарное заседание международного форума «Российская энергетическая неделя», http://kremlin.ru/events/president/news/66916.（上网时间：2021 年 10 月 27 日）

公司增加欧洲储气库气量，打造可靠供应商形象。此外，“北溪—2”天然气管道于9月建成并完成首次注气测试。该管道设计年输气能力约为550亿立方米，将成为俄欧能源合作的大动脉。其三，探索气变合作。气候问题是欧洲外交中的核心议题，俄作为传统油气能源大国和第四大碳排放国，近年根据本国利益不断适应全球绿色议程，不仅出台多项相关文件，普京还明确表态俄将不晚于2060年实现碳中和，受到欧洲欢迎。气候领域越来越成为俄与欧洲各国领导人交谈的重点话题之一，特别是极地环境保护离不开俄罗斯。

（三）顺势而为拓展在独联体影响

一是加速与白俄罗斯的一体化。2020年白俄罗斯国内动荡后，总统卢卡申科寻求俄帮助。俄为白俄罗斯提供支持，并借此进一步推动两国一体化。2021年9月初，卢卡申科访俄，俄、白就加快一体化达成共识。11月4日，俄、白正式签署《联盟国家一体化法令》《联盟国家军事学说》等一系列文件。《法令》涵盖28个领域的一体化计划，明确了2021～2023年落实《俄罗斯和白俄罗斯联盟条约》的基本方向。双方将重点在金融信贷、工业和农业领域执行共同政策，统一协调能源和运输服务市场。

二是利用阿富汗问题拓展对中亚影响。2021年5月，普京要求俄国防部、外交部同塔吉克斯坦谈判并签署建立联合区域防空系统的协议国，双方将划定一个单独的区域，由俄空天军协调联合行动。来自阿富汗威胁的上升还推动了此前对俄军事影响力颇为警惕的乌兹别克斯坦与俄合作。2021年4月，俄乌签署《2021至2025年军事领域战略伙伴关系发展纲要》，这是双方首次签署此类文件。同年7月，乌国防部称俄已经开始培训乌方军事人员。[1] 俄还利用阿富汗局势强化在中亚的多边军事协调。2021 年 8 月，俄、乌、塔三国在塔西南部举行联合军事演习，距离阿富汗边境仅 20 千米。

三是继续强化对南高加索地区影响。2020 年，第二次纳卡战争在俄调停下得以停火，但仍有诸多问题未决。这也成为俄对南高加索地区施加影响的杠杆。2021 年以来，阿塞拜疆和亚美尼亚多次爆发冲突。俄再次扮演调停人角色，促成俄、亚、阿三方外长 10 月会晤和 11 月在莫斯科举行峰会。同时，由于亚美尼亚身处困境，俄不断加强对其安全和经济影响力，彻底扭转了帕希尼扬政府上台初期的亲西方倾向。

（四）巩固“东方”外交发展势头

一是稳定俄印关系。随着印美走近、印加入美日印澳“四方安全对话机制”（QUAD），俄印关系发展的不确定性上升。为稳定关系，2021 年 4 月俄外长拉夫罗夫访印，探讨进一步加强俄印特惠战略伙伴关系。印顶住美压力，将于年内接收俄首批 S—400 防空导弹系统。此外，两国继续防疫合作，俄为印提供数十万支“卫星 V”疫苗，以及大量制氧机、呼吸机和药品等。

二是谋求俄日关系回归常轨。俄日关系因历史问题、领土争端停滞不前。7 月，俄总理米舒斯京登岛引起日方不满。8 月，俄日外长通话就南千岛群岛问题进行沟通，不仅讨论了南千岛群岛联合经济活动计划，以及俄远东氢能联合项目，还就俄日政府间经贸合作委员会会议、俄日地方及友好城市交流年

---

① Россия подготовит гранатометчиков и водителей БТР армии Узбекистана, https: //uz. sputniknews. ru/20210706/rossiya – podgotovit – granatometchikov – i – voditeley – btr – armii – uzbekistana – 19555126. html? utm_source = yxnews&utm_medium = desktop.（上网时间：2021 年 10 月 29 日）

开幕式等活动进行对表。9 月，普京在东方经济论坛中宣布一系列对南千岛群岛的税收优惠政策，鼓励日本与俄合作开发南千岛群岛。10 月，俄日关系因领土争端再起波澜，普京与日本新首相岸田文雄紧急通话“灭火”，双方确认将继续就和平条约进行谈判。

三是抓住庆祝俄韩建交 30 周年①契机，加快双边合作步伐。3 月，俄外长拉夫罗夫访韩，为“韩俄交流年”拉开序幕。10 月，韩外长郑义溶访俄，双方就两国关系、半岛和国际事务等广泛交换意见。尽管两国经济活动仍受疫情影响，但 2021 年 1～8 月俄韩贸易额同比增长 55% 以上，② 双边经济合作快速复苏。在朝核问题上，俄外交部副部长、朝核问题代表莫尔古洛夫 8 月访韩，韩外交部半岛和平交涉本部长鲁圭德积极评价俄为重启朝美对话和增进韩朝合作提供的支持和帮助。10 月鲁圭德启程访俄，双方再就稳控朝鲜半岛局势、重启朝鲜半岛和平进程等交换意见。

（五）积极介入阿富汗问题拓展影响力

自 4 月拜登宣布从撤军阿富汗后，阿形势出现重大变化。8 月 15 日，阿富汗塔利班（阿塔）进入阿首都喀布尔引发全球震动。俄对阿局势表示担忧。普京称，阿局势对中亚和整个独联体地区造成风险，特别是在反恐和禁毒领域。③ 为此，俄多措并举：

一是通过军事合作筑牢地区安全篱笆。8 月以来，俄与中亚

① 2020 年为俄韩建交 30 年，受疫情影响，两国建交活动延续至 2021 年。

② “韩俄外长在莫斯科举行会谈”，https：//cn. yna. co. kr/view/ACK20211028000100881。（上网时间：2021 年 10 月 29 日）

③ Заседание Совета глав государств СНГ，http：//kremlin. ru/events/president/news/66937.（上网时间：2021 年 10 月 26 日）

国家在与阿接壤地区多次举行联合军演，俄驻塔吉克斯坦第201军事基地进入作战演习状态。

二是利用与阿塔早年建立的沟通渠道，加大对阿塔影响。在阿塔取得首都控制权后，俄驻阿使馆积极与阿塔对话，承认阿塔为稳定局势所作的努力，支持阿内部和解进程，呼吁国际社会对阿提供援助。但是，俄并未承认阿塔的合法性，而是借此推动阿塔在反恐反毒问题上作出承诺。俄总统阿富汗问题特别代表卡布洛夫表示，“俄不会急于承认阿新政府，一切取决于其所作所为。”①

三是适时通过双边和多边对话发挥调解者作用。目前由俄组织的“莫斯科模式”阿富汗会议成为协调各国与阿塔关系的重要平台。

四是俄与相关国家围绕阿富汗问题积极互动。8月中旬以来，普京分别同德国、法国、中国、印度、土耳其等多国领导人就阿富汗问题进行密切沟通，打开外交“机会之窗”。

四、中俄生动诠释新型大国关系

2021年是《中俄睦邻友好合作条约》签署20周年，两国元首决定将条约延期并赋予其新的时代内涵。中俄本着《中俄睦邻友好合作条约》精神和原则，生动诠释了极具自身价值和内生动力的新型大国关系模式，推动新时代的中俄关系迈向前所未有的高水平。

（一）中俄新型大国关系的基础是平等尊重、守望相助

2021年6月28日，习近平主席和普京总统举行视频会晤，

① В МИД ответили на вопрос о признании новых властей Афганистана, https://ria.ru/20210816/priznanie-1745882208.html.（上网时间：2021年10月26日）

正式将《中俄睦邻友好合作条约》延期，发表中华人民共和国和俄罗斯联邦关于《中俄睦邻友好合作条约》签署20周年的联合声明，[①] 为构建新时代的中俄全面战略协作伙伴关系指明了方向。

一是相互尊重道路选择。中俄汲取历史教训，超越国情、国力、意识形态和价值观等差别，始终平等相待、和睦共处。《声明》中强调，“俄罗斯需要繁荣稳定的中国，中国需要强大成功的俄罗斯”。这与美国在国际舞台上唯我独尊、动辄从实力地位出发以势压人形成了鲜明对比，树立起大国交往的典范和标杆。

二是相互“力挺”核心诉求。双方建立起完备的高层交往和各领域合作机制。两国领导人深入坦诚交流，元首外交持续发挥战略引领作用。今年以来，习近平主席和普京总统多次视频、通话，并就俄罗斯客机失事、河南洪水灾情互致慰问电。普京总统确定出席北京冬奥会开幕式，将成为2020年疫情以来访问北京的首位外国领导人。两国通过总理会晤、副总理级委员会等各合作机制，努力倾听对方重要关切。中方“坚定支持俄方为维护国家主权安全所采取的举措”；俄方“坚定奉行一个中国政策，坚定支持中方在涉台、涉港、涉疆和南海等问题上维护自身核心利益的正当立场，坚决反对任何外部势力干涉中国内政”。双方有越来越广泛的共同利益诉求，战略信任和默契不断深化。

三是坚决恪守“不结盟、不对抗、不针对第三方”原则。当前的中俄关系既不同于先结盟、后对抗的中苏关系，也有别于美西方在冷战后形成的结盟关系，更不会陷入大国争霸的“修昔底德陷阱”。中俄关系已经完全超越了狭隘的“结盟对抗、拉

---

① “中华人民共和国和俄罗斯联邦关于《中俄睦邻友好合作条约》签署20周年的联合声明（全文）”，《人民日报》，2021年6月29日。

一打一”逻辑，既不囿于意识形态的限制，也不受百年变局下大国关系深刻调整的影响；既最大限度适应了两国共同利益的需要，又保持了各自政策的灵活性和自主性，这为双方处理国际事务和发展与他国关系提供宽广的空间。普京总统表示，中俄并不需要过时的结盟形式。拉夫罗夫外长也称，中俄关系完全有别于传统军事同盟关系，这种关系甚至更加紧密。这是中俄关系长期坚如磐石的秘诀所在，也是中俄关系自身价值和内在动力的体现。

（二）中俄新型大国关系的核心是互利、合作、共赢

两国本着互利原则，始终做彼此发展振兴道路上最重要、最可靠、最优先的伙伴。

一是双边贸易创新高。2021 年 1 ~9 月，中俄贸易额克服疫情影响达到 1025. 3 亿美元（接近 2020 年全年水平），同比增长 29. 8%，预计全年将再创历史新高。其中，中国对俄出口 474 亿美元，增长 32. 4%；自俄进口 551. 3 亿美元，增长 27. 6%。[①]

二是战略性能源合作压舱领航。中俄原油管道保持稳定供应，俄罗斯是我国仅次于沙特的第二大石油进口国；中俄东线天然气管道有序增供，预计全年供气量将增至 100 亿立方米。2021 年上半年，俄对华煤炭出口已增长 50%（2410 万吨）。[②] 5 月，两国领导人还见证了田湾核电站和徐大堡核电站开工仪式，共同推动低碳背景下的中俄能源合作，助力双方顺利实现本国的碳中和目标。

---

① “2021 年 9 月进出口商品主要国别（地区）总值表（美元值）”，http：//www. customs. gov. cn/customs/302249/zfxxgk/2799825/302274/302275/3946693/index. html。（上网时间：2021 年 11 月 3 日）

② Россия наращивает свое присутствие на энергетическом рынке Китая，https：//rueconomics. ru/549707 – rossiya – narashchivaet – svoe – prisutstvie – na – energeticheskom – rynke – kitaya.（上网时间：2021 年 11 月 2 日）

三是农业合作续添助力。近年来，中国对俄高性价比农产品需求日增，俄出口意愿强烈，农产品及食品贸易成为两国经贸合作一大亮点。2021 年，这一趋势得以保持。1～10 月，中国成为俄最大的牛肉进口国，进口量同比约增长 3 倍。[①] 在此基础上，双方积极推动农产品物流配送链建设：5 月，中俄开通新的冷链铁路班列；目前，俄罗斯加紧联合哈萨克斯坦、白俄罗斯研究面向中国的"农品快线"物流运输项目，以期为中俄农业合作增添助力。

四是物流运输项目成效显著。扩大本币结算规模是近年中俄深化金融合作的主要方向之一。俄自乌克兰危机后加速外贸"去美元化"进程，中方亦积极推动与俄方持续深化本币结算和完善跨境支付系统建设与对接。近 7 年来，中俄本币结算占比增长近 9 倍。2021 年 9 月起，中俄间往返飞机加油费支付货币不再为美元，取而代之以人民币和卢布。

五是科技合作深入推进。两国以科技创新年为契机，加大对新产业、新业态投入，推动中俄经贸合作规模和质量双提升。在数字经济领域，2021 年 9 月，中俄数字经济研究中心揭牌，将服务于中俄两国、金砖国家、"一带一路"国家和地区在数字经济领域的深度合作与长期发展。在航空航天领域，双方于 2021 年 3 月签署《关于合作建设国际月球科研站的谅解备忘录》，将共同推进全人类和平探索利用太空。在生物制药方面，中国康希诺生物公司于 8 月在俄完成 Ad5 - nCoV 疫苗三期临床试验，俄彼得罗瓦克斯生物制药公司计划 2021 年内投资逾 20 亿卢布投产

---

① Экспорт продукции АПК увеличился на 20%, https://meatinfo.ru/news/eksport-produktsii-apk-uvelichilsya-na-20-427565?utm_source=yxnews&utm_medium=desktop&utm_referrer=https%3A%2F%2Fyandex.com%2Fnews%2Fsearch%3Ftext%3D.（上网时间：2021 年 11 月 4 日）

一条新生产线，用于生产中方新冠疫苗。双方加快对接核酸检测标准和程序，探讨推广国际旅行健康证明和建立健康码信息互认机制，切实降低疫情跨境传播风险，推动形成健康、安全、有序的人员往来新秩序。

（三）中俄新型大国关系生动展现大国使命与担当

当前，新冠肺炎疫情加速百年未有之大变局的演进，国际格局的不稳定性不确定性增强。在纷繁复杂的国际形势中，中俄始终是世界和平的建设者、全球发展的贡献者和国际秩序的维护者。

针对美西方以民主、人权为幌子肆意干涉别国内政，公然践踏国际法和国际准则，藐视联合国权威、推行狭隘的多边主义等行径，中俄外长于3月在桂林发表《关于当前全球治理若干问题的联合声明》，宣称“民主模式不存在统一的标准”，疾呼“摒弃借人权问题干涉别国内政和搞双重标准”，坚定维护以联合国为核心的国际体系、以国际法为基础的国际秩序，坚持践行开放、平等、非意识形态化的多边主义原则。

面对持续发酵的疫情及其政治化倾向，两国共同呼吁国际社会务必团结协作，谴责推责“甩锅”，坚定支持世卫组织，继续开展疫苗研发和生产合作，承诺为疫苗的可及性作出中俄贡献。面对美西方的攻击与抹黑，中俄加强沟通合作，共同打击虚假信息，还原事实真相，传播公理和法理，维护道义和良知。

在美仓皇撤军阿富汗、塔利班重夺政权后，两国元首专门就阿富汗局势通话，充分交换意见，密切战略沟通，共同防止阿富汗安全风险外溢，抵御外部势力干预破坏。两国还在上海合作组织、中俄巴（基斯坦）伊（朗）四国外长会晤等平台协调立场，发挥作用。在联合国框架内，中俄主导17国成立捍卫《联合国宪章》之友的反制裁联盟，阻击霸权主义、捍卫公平正义；在第 76 届联合国大会裁军与国际安全委员会上共同发表关于加强《禁止生物武器公约》的联合声明，维护多边军控与裁军体系；双方还于近期联合提案推动联合国放宽对朝鲜制裁。

可以说，健康、成熟和建设性的中俄新型大国关系日益成为当今世界最重要、最具典范的一组双边关系，超越了大国关系的既有范式，引领了新型大国关系建设，不仅为世界大变局注入了强大的稳定力量，也生动刻画了大国良性互动、共同发展、互利共赢的美好未来。

（审定：胡继平）

第五章　欧洲谋求战略自强*

2021 年，欧洲对自身在未来世界格局中边缘化的焦虑增大，努力维护经济的领先地位，更多使用“权力的语言”，谋求在大国博弈中的战略主动权。

一、数字与绿色“双转型”

2021 年，欧洲在全球疫后复苏的带动下，依恃自身疫苗高接种率,① 较早放开社交限制，经济触底反弹。第二、第三季度，欧盟和欧元区经济增长皆达到或超过 2%。② 欧盟委员会主席冯德莱恩在年度盟情咨文中高调称，“欧元区第二季度经济增长（同比）超越中美”。③ 欧盟委员会预计，2021、2022 两年欧盟经济增长率均可达 4.8%，2021 年第四季度欧盟经济规模有望

* 本章撰稿人：陈旸、王莉、黄静、董一凡、吕蕴谋。

① 截止到 8 月底欧盟 2.5 亿人完全接种疫苗，成人接种率达 70% 以上，高于同期美（57.4%）、英（66.7%）、日（67.4%）。

② “GDP up by 2.2% in the Euro Area and by 2.1% in the EU,” https://ec.europa.eu/eurostat/documents/2995521/11563347/2-29102021-BP-EN.pdf/e8d47562-a783-9b7c-c1f6-0241602abbd9.（上网时间：2021 年 11 月 6 日）

③ “State of the Union Address by President Von der Leyen,” https://ec.europa.eu/commission/presscorner/detail/ov/SPEECH_21_4701.（上网时间：2021 年 11 月 1 日）

恢复到疫情前水平。[1] 在此趋势下，欧盟与各成员国着眼于经济发展的未来赛道，将经济复苏计划与经济结构转型相结合，着力推动数字和绿色“双转型”，以提升欧盟经济竞争力，适应世界经济和产业变革。

（一）全面推进数字转型

欧盟在数字经济领域与世界先进水平存在一定差距，疫情中欧洲企业深受供应链紧张影响，尤其是芯片短缺一度造成严重困扰，奔驰、宝马、雷诺等欧洲车企在2021年均曾因芯片短缺而被迫减产甚至停产数周乃至数月，[2] 令欧洲深刻认识到实现不依赖于他人的数字主权具有紧迫性。

2021年3月，欧盟委员会发布《2030数字罗盘：欧洲的数字十年之路》（以下简称“数字十年”）政策文件，提出了到2030年成功实现欧洲数字化转型的愿景、目标和途径，包含了培养2000万数字技能职业者、75%欧盟公司使用云计算等数字技术、全面覆盖千兆级5G网络、在全球尖端半导体生产份额翻倍、关键数据公共服务达到100%上线等重要目标，为欧盟数字经济中长期发展提供了富有雄心的具体设计。该政策文件还要求欧盟各国获得的“下一代欧盟”复苏基金中至少20%分配至数字领域，并表示要在数据基础设施、低功耗处理器、5G、高性能计算机、量子通信、公共管理、区块链、数字创新中心和数字

① “Summer 2021 Economic Forecast: Reopening Fuels Recovery,” https: //ec. europa. eu/info/business – economy – euro/economic – performance – and – forecasts/economic – forecasts/summer – 2021 – economic – forecast_en.（上网时间：2021年11月1日）

② “A Tiny Part’s Big Ripple: Global Chip Shortage Hobbles the Auto Industry,” https: //ec. europa. eu/eurostat/documents/2995521/11563291/2 – 01102021 – AP – EN. pdf/18dab5f9 – 9b23 – 7635 – cc31 – 9112465da2fb.（上网时间：2021年11月1日）

技能等领域开展跨国共同项目。[①]

以“数字十年”为框架，欧盟陆续在数字经济各领域推出支持性政策。2021年4月，欧盟委员会发布《人工智能法》，号称世界首个针对人工智能的法律框架。欧盟希望通过该项立法，以规范人工智能伦理、制定风险监管规则为抓手，统筹人工智能安全与发展，引领国际规则，打造“全球可信人工智能中心”。2021年6月，欧盟委员会宣布欧盟2021～2027年科技支持计划“地平线欧洲”将构建覆盖人工智能、数据技术、机器人等领域的研究伙伴关系，数字化相关研究将获得80亿欧元支持。[②] 2021年7月，欧盟理事会通过“欧洲高性能计算联合计划”法案，承诺将在2021～2027年间投资70亿欧元，用于研发、采购、使用、维护欧盟自主开发的超级计算技术与设备，促进相关技术在科研、商业、公共管理等领域的运用。[③]

（二）加速引领绿色转型

欧盟自诩为全球气候治理的领导者，将绿色经济视为转变增长模式、创造就业、提升全球竞争力的重要抓手，亦是抢得发展先机的优势领域，其在欧洲疫后经济复苏计划中占据核心地位。与此同时，疫情期间，洪水、山火等自然灾害频发进一步增强了欧洲民众对气候变化“元凶”的声讨，2021年7月，“欧洲晴雨

---

① “Europe's Digital Decade: Digital Targets for 2030,” https: //ec. europa. eu/info/strategy/priorities – 2019 – 2024/europe – fit – digital – age/europes – digital – decade – digital – targets – 2030_en.（上网时间：2021年11月1日）

② “Commission and Industry Invest 22 Billion in New European Partnerships to Deliver Solutions to Major Societal Challenges,” https: //ec. europa. eu/commission/presscorner/detail/en/IP_21_2943.（上网时间：2021年11月1日）

③ “European High Performance Computing Joint Undertaking: Council Adopts Regulation,” https: //www. consilium. europa. eu/en/press/press – releases/2021/07/13/european – high – performance – computing – joint – undertaking – council – adopts – regulation/.（上网时间：2021年11月1日）

表”民调显示，93%欧洲人认为“气候变化是严重问题”。欧洲社会的强烈诉求成为欧盟实施绿色转型的强大推动力。

欧盟在2019年“欧洲绿色协议”战略文件和2020年《欧洲气候法》基础上，进一步制定面向2030年的绿色经济转型政策框架与政策举措。2021年4月，欧盟发布可持续金融一揽子框架，引导资金流向低碳经济。2021年7月，欧盟委员会发布《适应55：在通往气候中和道路上实现欧盟2030年气候目标》一揽子方案，明确了2030年前欧盟减排和经济绿色化转型的路线图。该方案通过价格、目标、规则和金融四大工具，提出改革碳排放交易体系、扩容《能源税收指令》、设立碳边界调整机制、修订《可再生能源指令》、强化《能源效率指令》、改革机动车、替代燃料、航空、海运燃料标准、设立社会气候基金和现代化基金等一系列新举措，涉及外贸、公共投资、绿色产业支持、强化绿色规则等各个领域，与此同时还就电动汽车、充电桩、氢能、建筑能效等行业发展制定具体的基础设施建设目标和产业规模发展目标等，以期率先转型成为“公平、繁荣、富有竞争力的资源节约型现代化经济体”。2021年9月，欧盟委员会在前期广泛征集建议的基础上，正式推出“新欧洲包豪斯倡议”（即建筑基础设施设计改造）的行动方案，要在2021～2022年向欧洲建筑物可持续、现代化改造提供8500万欧元资金，用于支持相关研发、行业合作和项目设计等，以推进建筑业的绿色可持续发展。①

（三）“双转型”说易行难

欧洲“双转型”计划雄心勃勃，求变心切，但其落地实施

① “New European Bauhaus: New Actions and Funding to Link Sustainability to Style and Inclusion,” https://ec.europa.eu/commission/presscorner/detail/en/ip_21_4626.（上网时间：2021年11月1日）

还面临财力有限、经济阵痛、社会反噬、外部承压等多重挑战。

一是资金不托底。众所周知，研发先进数字技术需要海量资金，欧盟“数字十年”战略提出至 2030 年 5G 网络覆盖欧洲所有人口聚居区，尖端半导体产值占全球产业总产值 20%，确保欧洲进入量子领域最前沿，与此宏大目标相比目前资金投入尚属杯水车薪，且未来欧洲经济受供应链、能源价格、疫情反复、人口老龄化等因素影响，发展前景存在不确定性，难以确保持续稳定的财政投入。

二是目标难变通。欧盟制定的绿色转型目标锚定 2030 年减至 1990 年温室气体排放量 55% 的目标，这意味着“欧盟未来十年的减排量要超过前 30 年的总和”。为此，欧盟制定了强硬的减排举措，传统行业面临强制转型之苦，欧洲汽车行业普遍认为，2035 年彻底禁售燃油车的“一刀切”政策对车企实际适应能力缺乏考虑。德经济部长阿尔特迈尔警告，气候保护不应危及工业竞争力。

三是民众有怨言。2021 年夏天以来国际石油、天然气、煤炭价格飙升，欧盟碳排放交易价格亦节节攀升，带动欧盟境内用电、取暖价格持续上扬。2021 年 9 月，欧元区通胀率达 3.4%，其中德国更高达 4.1%，达到 28 年以来最高值。[①] 民众购买力、企业生产经营成本受挤压，社会舆论出现质疑绿色转型步伐过速的声音。

四是对外遭挑战。欧洲追求数字主权的行动被美国视为具有

---

① “Euro Area Annual Inflation up to 3.4%,” https://ec.europa.eu/eurostat/documents/2995521/11563291/2-01102021-AP-EN.pdf/18dab5f9-9b23-7635-cc31-9112465da2fb.（上网时间：2021 年 11 月 1 日）

强烈指向性的技术民族主义，[①] 其推广数字税遭美国强力反制。国际社会亦普遍认为，欧盟碳边界调整机制某种程度上属于贸易保护主义，与世贸组织原则相悖。联合国贸易与发展组织警告称，碳边界调整机制或对发展中国家出口产生不利影响，且对缓解气候变化作用不大。

二、碎片化与一体化交织

2021 年，欧洲政坛和国家间利益碎片化趋势延续，成员国内政不稳定性凸显，国家间亦纠纷不断。为避免在内斗中倒退，欧盟在亲欧力量支持下，采取系列举措，推动欧洲一体化艰难前行。

（一）政治碎片化趋势愈演愈烈

一是政党林立，传统大党风光不再。在 9 月举行的德国联邦议院选举中，首次出现传统大党联盟党与社民党获票均不超过 30% 的情况，相反小党揽票逾 40%，联邦议院呈“三左两右一极右”格局。[②] 赢得优先组阁权的社民党很可能与绿党、自民党联合，形成三党共治的局面。法国政坛尽显分裂态势，传统主流大党社会党和共和党式微，内部分裂致新党林立；总统马克龙虽在大选前民调中保持领先，但其所属共和国前进党在大区选举中遭遇“全败”；截至 10 月 19 日，已有 30 人公开宣布参加 2022

---

① Charlene Barshefsky, “EU Digital Protectionism Risks Damaging Ties with the US,” https://www.ft.com/content/9edea4f5-5f34-4e17-89cd-f9b9ba698103.（上网时间：2021 年 11 月 2 日）

② “三左”指社民党、绿党、左翼党；“两右”指联盟党与自民党；“一极右”指选择党。

年总统大选。[1]

二是党争不断，政治不稳定性上升。多党联合执政，利益分歧不易调和，生发种种政治乱象。1 月 26 日，意大利前总理伦奇在争取欧盟恢复基金的关键点上临时拆台，带领活力党退出执政联盟，逼总理孔特辞职，意大利一度出现陷入疫情、经济、政治三重危机的风险。保加利亚于 4 月、7 月两次进行议会选举，但无一政党能弥合分歧顺利组阁，亚涅夫只得三次续任看守内阁总理，预计乱局将延续至第三次议会选举。11 月 4 日，葡萄牙执政联盟因内讧分家，总统德索萨只得解散议会并将选举提前，但预计仍面临组阁难题。葡萄牙宪法专家称小党分立将葡萄牙带入了“非常混乱的政治局势”。[2]

三是极右翼民粹主义仍有较大市场。因在西方自由主义“高墙”屡屡碰壁，传统极右势力为迎合选民开始降低调门，试图为其政党“去妖魔化”。但新兴的极右势力趁虚而入，争夺极右“代言权”。意大利联盟党领导人萨尔维尼试图成为欧洲右派代言人，降低了民粹调门，被指接受新兴法西斯团体资助的兄弟党领袖梅洛尼则在民调中后来居上。法国国民联盟领导人勒庞选举策略改向“中间地带”靠近，曾犯下“煽动仇恨罪”的激进民粹选举人泽穆尔则趁势抢占极右政治空间，可能成为 2022 年法国总统大选的黑马。

---

① “Présidentielle2022：Qui sont les candidatsdéclarés et pressentis ?” https：//www. lemonde. fr/les – decodeurs/article/2021/06/02/presidentielle – 2022 – qui – sont – les – candidats – declares – et – pressentis_6082545_4355770. html.（上网时间：2021 年 11 月 8 日）

② “End of the Affair：Portugal’s Far Left Dumps António Costa,” https：//www. politico. eu/article/portugal – government – elections – socialist – party – antonio – costa – chega – party – politics.（上网时间：2021 年 11 月 2 日）

（二）国家间纷争此起彼伏

政治碎片化背后是欧洲国家间利益的碎片化，各国纷争不断。捷克总理安德烈·巴比什就宣称，欧洲的团结只停留在对媒体发布的声明中。

一是抗击疫情难结同心。欧盟委员会坚持统一采购疫苗，与疫苗公司“扯皮”不断，饱受疫情“燃眉之苦”的成员国纷纷单独行动。匈牙利冒着与欧盟决裂的风险批准了中俄疫苗，并称自己与欧盟不同，将疫苗看做救命工具，而非意识形态工具。疫苗接种不均亦点燃成员国矛盾，据统计，西欧疫苗接种率远远高过疫情形势更为严峻的中东欧，[①] 以奥地利为首的中东欧五国致信欧盟抗议疫苗供应不平等。[②] 危局中，部分成员国采取关闭边境的做法被指以邻为壑，恢复基金的批准与发放亦面临成员国口水战。西班牙《国家报》刊文称欧盟在应对新冠肺炎疫情的所有战线上都表现出了溃败。

二是能源危机牵动复杂博弈。第三季度，欧洲能源价格上涨导致电荒，引发欧洲经济社会连锁反应。法国、西班牙、希腊等国将能源危机归咎于欧盟的电力市场模式，呼吁进行彻底改革，对传统能源依赖较深的中东欧国家也表示欧盟应增加财政援助来助其转型。而德国、荷兰及北欧等节俭国家更倾向于维持现状，不愿增加财政负担或进行机制变革。与此同时，部分中东欧国家与德国在“北溪－2”天然气管道项目上针锋相对。对待核能的态度亦成为成员国的分歧点，以法国、波兰为首的 10 个欧盟国

---

① 截至 2021 年 11 月 4 日，西欧国家疫苗完全接种率（如爱尔兰 92.3%、葡萄牙 91.5%）远高于中东欧国家（如保加利亚 26.4%、罗马尼亚 39.6%）。

② “European Union Countries Clash over Unequal Vaccine Distribution,” https://www.cnbc.com/2021/03/15/austria-other-eu-countries-complain-over-unequal-vaccine-distribution.html.（上网时间：2021 年 11 月 1 日）

家联合发文，力推核能成为欧盟认可的绿色能源，但德国、奥地利、西班牙等国则坚决站在反核阵营。部分中东欧国家则借机攻击“欧洲绿色协议”，捷克总理巴比什在格拉斯哥气候峰会上称欧盟的气候政策危险又不当。[①]

三是价值观分歧激化东西冲突。欧盟试图用“钱袋子”确保中东欧国家遵守“欧盟价值观”，强推财政预算分配与成员国法治建设挂钩，匈牙利总理欧尔班怒称欧盟做法与当年苏联如出一辙。6 月 15 日，匈牙利立法禁止教育传媒行业向未成年人传播“LGBT”[②] 的相关信息，成为欧盟众矢之的。接任轮值主席国的斯洛文尼亚总理扬沙则公开抱怨称中东欧国家在欧盟中如同二等成员，呼吁欧盟尊重基于不同传统和文化产生的差异，若将虚构的价值观强加他国必将使欧盟走向崩溃。[③] 波兰亦陷入与欧盟的“斗法”危机。继 7 月欧洲法院裁定波兰司法改革违反欧盟法治原则后，波兰宪法法院随即否定欧盟法律对其宪法的优先性，引发舆论对波兰“司法脱欧”的担忧。对此，欧盟委员会主席冯德莱恩指责波兰质疑欧盟的根基，并称有三大手段可以制裁波兰。而波兰总理莫拉维茨基则称欧盟委员会此举是在“发起第三次世界大战”。[④]

四是“后脱欧时代”英欧关系呈现乱局。2021 年 1 月 1 日，英国正式脱离欧盟。然而“离婚”虽易，“分家”却难，英欧竞

① “EU Malcontents Voice Anger at Climate Summit,” https://euobserver.com/world/153389.（上网时间：2021 年 11 月 1 日）

② “LGBT”指同性恋、双性恋以及变性者等性少数群体。

③ “Imposing ‘Imaginary’ Values Risks EU Collapse, Slovenian PM Claims,” https://www.theguardian.com/world/2021/jul/04/imposing－imaginary－values－risks－eu－collapse－slovenian－president－claims.（上网时间：2021 年 11 月 6 日）

④ “Poland's Prime Minister Accuses EU of Making Demands with ‘Gun to Our Head’,” https://www.ft.com/content/ac57409d－20c9－4d65－9a5d－6661277cd9af.（上网时间：2021 年 11 月 6 日）

争矛盾面急剧凸显。1月，欧盟打响疫苗争夺战，试图限制疫苗出口英国，遭英强烈抗议后被迫撤销。《北爱尔兰议定书》实施争议亦成双方关系一大困扰，英主张对议定书做重大修改，而欧盟表示英国在要求“不可能得到的东西”，毫无谈判诚意。脱欧后遗症还发生在数字规则、金融市场准入等领域。英法之间也因渔业问题斗得难解难分。英国拒绝批准部分法国渔船捕捞许可申请，法国随后扣押英国渔船以示报复，双方虽经多轮谈判但乱局仍难解决。

（三）一体化艰难前行

尽管欧洲政治生态陷入碎片化的窘境，但支持欧洲一体化的力量依旧强大。素有欧洲协调者美誉的德国总理默克尔即将卸任，但德国政坛一直注重稳定性和延续性，极可能接棒默克尔的社民党领导人朔尔茨亦以稳健务实著称，德新政府大概率会萧规曹随，继续保持亲欧立场。法国一直是呼吁欧洲“战略自主”的中坚力量，法国即将于2022年上半年出任欧盟轮值主席国，总统马克龙对于后默克尔时代带领欧洲推进一体化信心满满。意大利总理德拉吉一改前任民粹政府的疑欧做派，在掌控疫苗出口、增加欧洲公共开支和设立共同债券方面与马克龙配合默契，带领意大利回归支持一体化阵营。

欧盟亦采取一系列举措推进一体化。在抗疫上，在经历了疫苗采购的混乱与责任推诿后，欧盟加大集中采购和宣传力度，组织成员国积极进行疫苗接种。8月31日，欧盟宣称已完成70%成年人接种疫苗的目标。欧盟亦于7月1日在成员国推行了疫苗护照制度，接种疫苗的欧盟公民可以在欧盟境内享受出行便利。为帮助成员国渡过能源危机，欧盟于10月13日发布能源政策工具箱，从短期和中长期两个角度为成员国提供能源政策参考。[①]在防务建设方面，冯德莱恩在盟情咨文中表示欧盟正从构建联合情势感知中心、提升防务装备互用性和推进网络防御政策等三个方面发力，并在制定欧盟防务的“战略指南针”，力争防务联盟更上一层楼。除此之外，欧盟也对扩大颇为上心，在10月6日欧盟—西巴尔干峰会后，冯德莱恩表示欧盟委员会将继续致力于推动西巴尔干地区国家入盟进程，称“没有西巴尔干，欧盟就不完整”。[②]

三、加速地缘政治布局

2021年，欧盟对自身全球角色定位更趋清晰，力争利用“美国回归”之机，维护欧盟利益，加速欧式布局。

（一）与美国“复合”中谋“自主”

随着拜登宣布“美国回归”，欧美高访密集，政策协调加强，关系趋于修复。

一是双边促“言和”。拜登政府高调“重返多边”，叫停驻德美军撤退计划，松口对“北溪-2”制裁，获欧方积极回应，如德国主动为“北溪-2”运行设限。波音与空客长达17年补贴之争摁下暂停键，欧美共同促成全球最低企业税率，就钢铝关税、数字税和碳关税等分歧积极谋求妥协。

二是外交打配合。G7、北约峰会及欧美峰会等西方和跨大

---

① “Tackling Rising Energy Prices: A Toolbox for Action and Support,” https://ec.europa.eu/commission/presscorner/detail/en/fs_21_5213.（上网时间：2021年11月6日）

② “Von der Leyen Says EU Not Complete without Western Balkans,” https://rs.n1info.com/english/news/von-der-leyen-says-eu-not-complete-without-western-balkans.（上网时间：2021年11月9日）

西洋协调机制重趋活跃，欧美贸易与技术理事会（TTC）成为双方协调新技术标准与经贸规则的重要新平台。双方在巴以、伊核、利比亚、俄罗斯、白俄罗斯、乌克兰、萨赫勒等热点议题上协调呼应，在多边、抗疫、数字、气候、税收、贸易、技术、民主等治理议题上合护西方主导优势。

三是对华强调协同。欧美展开中国议题对话，在涉华所谓制度性议题上，欧盟日渐随美起舞，针对“印太”动作频频，七国集团（G7）合力打造全球基建倡议，叫板“一带一路”倡议。

但特朗普阴影令欧盟对美国仍心有余悸，留有余地。欧盟持续推进战略自主，力主重塑而非仅恢复跨大西洋关系。欧盟出台欧元国际化路线图，谋求减轻对美元依赖；推出“2030 数字罗盘”计划，构建技术主权；以反垄断、保隐私、强治理为名，在数字领域坚持与美国博弈；限制与美国供应链长期合作，力避构成新依赖；与美国全面遏华政策拉开一定距离，马克龙强调欧盟不应“联美抗中”。① 与此同时，美国单方面倡议豁免疫苗专利，长期拒绝与欧盟互开边境等做法令欧洲重拾熟悉的美式傲慢记忆，阿富汗变局与奥库斯（AUKUS）协议则在特朗普之后再次对欧盟构成强刺激，欧盟自主意识再获强化，法国呼吁欧对美要丢掉天真，欧盟酝酿建立为数 5 万的远征军，筹备“战略指南针”文件，整合欧盟战略共识。

总体看，欧盟谋自主是长期趋势，但短期内，受限于实力与机制，更因对美国安全依赖，仍有较强意愿对美再妥协，德国防

① RymMomtaz, “Macron: EU shouldn't Gang up on China with US,” https://www.politico.eu/article/macron-eu-shouldnt-gang-up-on-china-with-u-s/.（上网时间：2021 年 2 月 4 日）

长卡伦鲍尔宣称欧洲自主脱美是错误方式。[①] 即使被背后捅刀的法国也已扭捏接受了美国支持其在萨赫勒地区反恐的所谓的“补偿”。此外，中国首度被北约列为“制度性挑战”，欧盟永久结构性合作机制被迫对美国开放，欧盟独立防务承诺不与北约竞争等等，均表明欧盟自强之路在相当长时期内仍将受制于美国。

（二）强化在印太“独特存在”

一是首推地区新战略。9 月，欧盟发布自称为“最具地缘政治性”的《欧盟印太合作战略》文件，宣示其与“印太”地区加强合作的欧盟原则、优先领域及关键行动计划。英国也发表“综合评估”报告，宣示“向印太倾斜”。

二是强化与“同道”伙伴合作。欧盟计划在多边、数字、贸易、半导体、安全、联通等领域构筑伙伴合作网络，建设基于欧盟利益的全球价值链。2021 年初，欧盟首邀日本外长出席欧盟外长会，支持日本“自由与开放的印太”构想。欧印首开“全家福”峰会，重启自贸谈判，打造联通合作伙伴。英国脱欧后，相继与澳大利亚、新西兰签署自贸协定，并申请加入《全面与进步跨太平洋伙伴关系协定》（CPTPP）。

三是加大安全投入。欧盟拟将其“保护印度洋关键海上航线”行动的地理范围扩至南亚与东南亚，并寻求划定欧盟“印太”的“利益相关区域 ”。[②] 2021 年度欧盟及英、法等国与印度、日本、韩国等地区国家以多种形式频繁举行联合军演，英法德等国舰只航行“印太”。德国与日本首建“2 +2” 会晤机制，

---

① Florian Eder and Laurenz Gehrke, “German Defense Minister Warns Europeans: Don’t Detach from NATO,” https: //www. politico. eu/article/germany – defense – minister – annegret – kramp – karrenbauer – eu – nato/. （上网时间：2021 年 10 月 24 日）

② European Commission, “EU Strategy for Cooperation in the Indo – Pacific,” https: //eeas. europa. eu/sites/default/files/jointcommunication_2021_24_1_en. pdf. （上网时间：2021 年 9 月 16 日）

重点推进双方安全合作。欧盟系列举措旨在抓住“印太”成为全球经济与地缘政治重心的机遇，也力求在中美博弈背景下强化战略自主，主动管控跨大西洋联盟，[①] 有效平衡中国机遇与挑战，为地区伙伴提供中美之外的第三选项。但受内部分歧、能力等因素牵制，特别是奥库斯协议“敲响了欧盟和法国在冷战后世界影响力减弱的警钟”，[②] 欧盟推进既定战略将面临严峻挑战。

（三）对俄政策持续收紧

2021 年，欧俄关系“事故”频发，捷克与俄罗斯外交战连环升级，欧洲不满俄罗斯处罚反对派领导人纳瓦利内、大搞“疫苗外交”、加剧能源危机、大打混合战、升级乌克兰东部武装冲突、纵容白俄罗斯难民“武器化”做法，双方旧恨新仇叠加，战略死结加深。欧盟首次对俄启动全球人权制裁机制，再次延长对俄经济制裁和涉网络犯罪制裁，双方关系跌至新低。在此背景下，出于战略自主考虑，法德等盟内对俄务实派一度有意改善与俄关系。3 月底，德法俄高层视频商议抗疫与地区热点议题合作。5 月底，德法联合声明坚持与俄对话意愿。马克龙公开表示“欧盟对俄制裁不起作用”，促欧盟制订“更具创造性”的对俄政策。[③] 6 月底，法德共同提出包括重启欧俄峰会在内的政策新建议，但在内部遭遇中东欧及北欧国家坚决反对。特别是 2021 年初欧盟“外长”博雷利赴俄“接触外交”“受辱”，被欧

---

① Frédéric Grare and Manisha Reuter, “Moving Closer: European Views of the Indo - Pacific,” September 13, 2021, https: //ecfr. eu/special/moving - closer - european - views - of - the - indo - pacific/.（上网时间：2021 年 9 月 15 日）

② Henry Foy and Victor Mallet, “Paris and Brussels Reel from Australia’s Defence Deal,” https: //www. ft. com/content/6b7ec872 - a8a8 - 4afa - 975c - 1d035b94a8f4.（上网时间：2021 年 9 月 16 日）

③ Andrew Rettman, “Macron: EU Sanctions on Russia Do Not Work,” https: //euobserver. com/world/151946.（上网时间：2021 年 5 月 26 日）

盟视为俄罗斯“屡教不改”和“无意缓和”的铁证，也成为对俄强硬派压制务实派的良机。当前欧盟对俄强硬路线再度加码，提出以“回击、遏制和接触”[①] 三重手段强化对俄博弈，进一步压缩双边合作范围。此外，拜登上台后，欧洲与美国针对欧俄共同邻国议题协调制俄，2021 年底北约出台冷战后首部对俄防御计划等举措，令欧俄矛盾更趋复杂。

（四）推进欧式有效多边主义

欧盟重视以务实、灵活方式推进多边主义，维护自身国际影响力。公开强调在多边领域“坚持管用的”，“改革需要改变的”，并“将全球治理扩至新领域”。[②]

一是维护并推进多边体系改革。推出多边主义新战略，声称促建“有效多边体系”，实施“真正包容性的多边主义”。欧盟新版贸易政策报告将世贸改革视为优先事项，并首次将可持续发展目标设为贸易政策“明确的、中心的支柱”。

二是致力多边议程。欧盟利用美国“重返多边”之机，凸显协调角色，就抗疫、绿色复苏、伊朗、“伊斯兰国”、阿富汗、能源、全球最低企业税等热点议题，力促大国协调与多边方案。自称全球“最大疫苗供应方”，承诺资助非洲建立疫苗生产中心。出台地中海新议程，拨款 70 亿欧元用于欧盟南部邻国经济与投资计划。

三是引领新全球规范。欧盟率先推出《人工智能法》等法

---

① “Joint Communication to the European Parliament, the European Council and the Council on EU - Russia Relations - Push back, Constrain and Engage,” https: //ec. europa. eu/info/sites/default/files/joint - communication - eu - russia - relations. pdf. （上网时间：2021 年 6 月 18 日）

② Josep Borrell, “Building Multilateralism for the 21st Century,” https: //eeas. europa. eu/headquarters/headquarters - homepage _ en/93360/Building% 20multilateralism% 20for% 20the% 2021st% C2% A0Century. （上网时间：2021 年 2 月 18 日）

规，争夺全球新治理领域领导权。英国以格拉斯哥联合国气候大会东道主身份，积极开展气候外交。欧盟也在多边框架内与英国积极配合，力促提升全球减排雄心和气候融资，引领塑造国际碳市场规则。欧盟新《北极战略》亦植入气候与地缘政治主题，力阻北极油气开发，促建欧盟原材料价值链。①

四、对华政策进入调适期

身处国际格局动荡变革期，欧洲对华政策亦进入试探调整适应的新阶段，呈现出一些带有趋势性的新特征。

（一）对华更多强调地缘政治竞争

受疫情期间中欧交流受阻、涉华舆论扭曲影响，在美国政府的鼓噪带动下，欧洲对华政策日益为强硬派所裹挟，对华战略定位向竞争面有所偏移。2021 年 9 月欧洲议会通过的《新欧中战略报告》宣称，“中国日益增长的经济实力和国际影响力，在政治、经济、安全和技术上对欧洲构成了挑战”。②

在经贸领域，欧盟对华筑起“小院高墙”，堡垒化心态突出。一系列涉华重要政策密集出台，充实对华政策工具箱。2021 年 5 月，欧盟委员会提出立法草案，建议阻止获政府补贴的外国企业并购欧盟企业或参与欧盟的公开招标，被认为剑指中国。9 月，欧盟委员会主席冯德莱恩在发表年度盟情咨文讲话中称，欧盟即将推出“全球门户”计划，此计划被广泛视为旨在抗衡中

① Wester van Gaal, “EU Calls for Ban on Arctic Oil and Gas Drilling,” https：//euobserver. com/climate/153220.（上网时间：2021 年 10 月 16 日）

② “European Parliament Resolution of 16 September 2021 on a New EU – China Strategy,” https：//www. europarl. europa. eu/doceo/document/TA – 9 – 2021 – 0382_EN. html.（上网时间：2021 年 11 月 5 日）

国的“一带一路”倡议。9 月底，美欧举行了备受瞩目的跨大西洋贸易和技术理事会（TTC）首次会议，全面协调双方在贸易与技术问题上的立场，会后联合声明称要反对“非市场经济国家破坏世界贸易体系的做法”“侵犯权利的社会评分系统”“非市场扭曲性政策”等，带有明显的指向性。

在涉华核心利益上，欧洲小动作不断。2021 年，欧盟就涉疆、涉台问题向中国发起冲击。3 月，欧盟因所谓新疆“人权”问题宣布对中国实施制裁，制裁对象包括 4 名官员和 1 个实体。中国迅速发起反制裁，其中包括欧洲议会的 5 名议员及其人权分委员会。5 月，欧洲议会表决称，须中方解除制裁才可核批中欧投资协定，致使中欧投资协定严重遇阻。8 月，由于立陶宛允许台湾当局以“台湾”名义设立代表处，中方召回驻立陶宛大使，并要求立陶宛召回驻华大使。欧盟虽多次重申不改“一个中国”政策，但多有支持立陶宛举动。欧盟对外行动署发言人甚至威胁称，中国反制措施“将不可避免影响欧中整体关系”。法国参议院、欧洲议会一小撮议员不顾中方劝阻，执意访台。法国还以“技术支援服务”为名，与台签署为期 5 年幻影战机维护协议，打起军售擦边球。10 月，欧洲议会通过“欧盟—台湾政治关系与合作”决议，称台湾为欧盟“民主盟友”和在“印太”地区重要伙伴，呼吁与台谈判双边投资协定、支持台参与国际组织活动。英国则在涉港问题上纠缠。2021 年 1 月 31 日起，英国政府不顾中国严正交涉，正式开放在港英国国民（海外）护照（BNO）持有者移民路径申请，公然干预香港事务和中国内政。

在军事安全上，欧洲在中国周边海域频“秀肌肉”。2021 年 4 月，法国主导“拉彼鲁斯”军演，首次邀请印度参加。5 月，法、美、日在日境内举行所谓“夺岛”演习。英国航母联合编队巡游“印太”，并派出护卫舰穿越台湾海峡。英国国防大臣华莱士称，2021 年底前将在“印太”地区永久性部署两艘军舰，还拟派驻一支由特种兵组成的滨海特战队。德国亦于 8 月派护卫舰穿越南海，为 2002 年来首次。欧盟“印太战略”称：“成员国肯定欧洲海军存驻印太意义重大。”

（二）寻求平衡务实合作与“安全利益”

国际力量对比加速演变，欧洲意识到中国作为“亚洲巨人在第一强国（美国）面前崛起是不可避免且合乎逻辑的结果”。[①] 与此同时，中欧双方经贸往来继续高歌猛进，继 2020 年中国跃居欧盟第一大贸易伙伴后，2021 年 1 ~9 月，中欧贸易额达 5993 亿美元，增长 30.4%。[②] 欧洲认为有必要保持对华合作，但更注意“维护自身安全利益”。

一是注重高层沟通。2020 年 12 月 30 日，欧洲理事会主席米歇尔、欧盟委员会主席冯德莱恩、德国总理默克尔、法国总统马克龙与国家主席习近平举行视频会晤，共同宣布完成历时 7 年的中欧投资协定谈判。2021 年 10 月，中欧领导人间开启系列“电联”。默克尔在卸任德国总理前，分别与习近平主席和李克强总理举行视频会晤；欧洲理事会主席米歇尔与习近平主席通电话后，表示将尽快举行峰会；法国总统马克龙与习近平主席通电话称，“支持中欧投资协定尽早落地实施”；英国首相约翰逊与习近平主席通话时表示，“欢迎中企赴英投资，将为其提供开放的营商环境”。

二是强调与美国不同。2021 年，跨大西洋对华政策协调机

① “Mr Borrell Says Post - Covid - 19 World will be More Unequal, More Asian, and More Digital,” https: //agenceurope. eu/en/bulletin/article/12769/16.（上网时间：2021 年 11 月 5 日）

② “商务部部长王文涛会见中国欧盟商会主席伍德克一行”，http: //www. mofcom. gov. cn/article/xwfb/xwbldhd/202110/20211003209203. shtml。

制付诸实践，欧盟与美国正式举行中国问题对话。但与此同时，欧洲亦着力凸显自身立场。首先，欧盟向美“推销”其2019年初定下的对华多重定位，突出“合作”因素。2021年6月15日的美国—欧盟峰会共同声明指出：“我们打算在我们各自对中国采取的类似的多层面方法的框架内，就所有问题进行密切磋商和合作，其中包括合作、竞争和制度性对手的要素。”① 其次，欧盟在与美协调上注意掌握火候。在美方高调进行新冠病毒溯源调查时，欧盟官方并未跟进；欧版“印太战略”冠名为《欧盟在印太的合作战略》以突出合作内涵。最后，欧盟在外交细节上也尽量保持平衡，第十一轮中欧高级别战略对话（9月28日）与美欧第一次贸易和技术理事会磋商（9月29日）几乎同时举行，美欧外长会晤（10月14日）与中欧领导人通电话（10月15日）亦接续开展，欧洲意在以此显示不在中美之间选边站的态度。

三是重视与中国在全球治理及地区热点问题上的合作。包括马克龙和英国王储查尔斯在内的欧方政要以视频方式出席了在昆明举行的《生物多样性公约》第十五次缔约方大会。10月21～22日的欧盟秋季峰会讨论了欧亚峰会、“印太”合作战略、格拉斯哥气候峰会和昆明生物多样性会议等，② 流露对华合作意愿。事实上，欧盟经过密集研讨、重估对华关系，希望找到更稳健的与中国打交道的办法。欧洲议会表决通过《新欧中战略报告》指出了欧盟对华战略的六大支柱，即合作应对全球挑战、重视国

① U. S. – EU Summit Statement, “Towards a Renewed Transatlantic Partnership,” https://www.whitehouse.gov/briefing – room/statements – releases/2021/06/15/u – s – eu – summit – statement/.（上网时间：2021年11月5日）

② “European Council Meeting (21 and 22 October 2021) Conclusions,” https://www.consilium.europa.eu/media/52622/20211022 – euco – conclusions – en.pdf.（上网时间：2021年11月5日）

际规范和人权、识别风险和脆弱性、与价值观契合的国家建立伙伴关系、强化战略自主、保卫欧洲利益与价值观，表明欧洲仍将合作摆在第一位。未来欧盟将以更加动态、全面的方式继续加强与中国的务实合作。

（审定：张健）

第六章　日本奥运年脱困乏力*

受疫情影响，2021 年日本再次更换首相。延期一年的东京奥运顺利举办，但仍难对政局和经济产生正面影响。困境之下，日本外交愈发失去自主性而随美起舞，对华政策消极面凸显。

一、疫情加剧政局动荡

2021 年，日本政局受新冠肺炎疫情走势左右。虽顺利举办东京奥运会，但其间因疫情恶化，内阁支持率不升反降。抗疫不力导致前首相菅义伟被迫放弃连任，岸田文雄在激烈权斗中胜出成为新任首相。自民党在众议院选举中获胜，稳固了政权，但仍面临 2022 年参议院选举的考验。

（一）菅内阁随疫情恶化陷入困境

首相菅义伟曾试图在疫情阴影下，尽最大可能维持经济稳定，确保就业，减少企业破产。菅对疫情走势估计乐观，将恢复和发展经济放在最重要位置。2020 年 12 月，面对医学专家组建议其中止补贴旅游业的“Go To Travel”政策，菅表示：“若停止该政策，经济将恶化，自杀者也会增加。”① 但随着感染人数上

---

* 本章撰稿人：樊小菊、霍建岗、刘军红、汤祺、颜泽洋、徐永智、王珊、赖婧颖。

① 「GoTo 見直し、世論見誤った首相　陥った不信の悪循環」、朝日新闻、2021 年 8 月 19 日。

升，内阁支持率急剧下跌，菅无奈决定2021年1月初东京都等地方进入紧急状态，并且对此后发生的第四、第五波疫情的判断也落后于专家组的建议，在非常紧迫的情况下才不情愿地采取更严厉措施。据共同社民调，超过70%的民众感受到疫情对生活和经济的影响，疫情导致的经济状况恶化给社会带来的负面影响凸显。[①] 控制疫情可能牺牲短期经济增长，但要维持经济稳定增长必须控制好疫情。菅在两难中选择了经济优先，对抗疫重要性估计不足，导致抗疫与经济双输。

同时，日本疫苗研发落后，接种进程不得不受制于人。2020年7月，日本已经与欧美厂商就在2021年6月底前交付1.2亿剂疫苗达成共识，但因全球疫情紧张，欧美优先满足本国需求，导致日本能拿到手的疫苗数量远不如预期。直到2021年5月，日本疫苗接种率排名在全球第110名前后，与发展中国家水平相当；截至8月，尽管已经有50%的民众完成第1剂的接种，但接种率在全球排名仅第60名，在G7成员国中垫底。[②] 因疫苗接种不及时，菅内阁对疫情蔓延缺乏有效遏制手段，而疫情一恶化，内阁支持率便大幅下跌。

此外，东京奥运会也未能给菅带来好运。6月的民调显示，83%的日本民众担心奥运将导致疫情恶化，高达62%的民众建议延期或中止。[③] 但菅仍坚持举办，并一度计划在残奥会结束后立刻解散众议院举行大选，以携胜选之威在自民党总裁选举中顺利连任。奥运期间，尽管日方对各代表团的防疫安排较为有效，

① “调查：选民投票重视经济政策 逾7成感受到疫情影响”，共同社，2021年10月23日。

② “聚焦：第五波疫情令菅义伟‘依赖疫苗’对策碰壁”，共同社，2021年8月19日。

③ 「朝日新聞世論調査—質問と回答〈6月19、20日〉」、朝日新闻、2021年6月21日。

但日本民众受奥运节日气氛影响而防疫心态松懈，加上德尔塔毒株肆虐，第五波疫情席卷日本。8 月 13、14 日，日新增病例连续超过 2 万例，创下新高。[①] 东京奥运虽成功举办，日本也以 27 枚金牌仅次于美、中，位居金牌榜第三，但仍无法抵消民众对菅内阁抗疫不力的怨气，内阁支持率跌至 26%。[②] 奥运未起到巩固菅执政的效果，菅的政治计划受阻，连任难度大大上升。

8 月底在菅的选举地盘横滨举行的市长选举，菅力挺的候选人小此木八郎惨败给在野党候选人。此结果让自民党内对菅领导该党取得众议院选举胜利失去信心，反菅暗流涌动。菅试图通过改组党高层、在总裁选举前冒险解散众议院等非常手段突围，但在党内主流势力反对下，上述自救措施未能实现。菅意识到大势已去，遂于 9 月 3 日宣布放弃参选自民党总裁。

（二）政权更迭凸显自民党派系政治影响

自民党总裁选举历来体现的是权力之争而非路线之争。菅退出后，前外相岸田文雄、菅内阁行政改革相河野太郎、前总务相高市早苗、前总务相野田圣子成为总裁选举的 4 位候选人。4 人的内外政策虽有差别，但决定谁胜出的并非政策差异，而是党内权力斗争结果。河野的民望在 4 人中首屈一指，总裁选举前《日本经济新闻》的“最适合担任首相的政治家”民调显示，河野的支持率高达 46%，远高于岸田的 17%、高市的 14%、野田的 5%。[③] 但河野性格独立，还与前首相安倍晋三政敌石破茂结盟，他若当选，对安倍等实力人物掌控党内权力不利。

---

① “第五波疫情急速蔓延，日本新冠重症病例连创新高”，共同社，2021 年 8 月 16 日。

② 「内閣支持率 26% 菅政権に『明かり』は見えず」、毎日新闻、2021 年 8 月 30 日。

③ 「『次の総裁』河野氏 46% 本社世論調査　岸田氏 17%、高市氏 14%、野田氏 5%」、日本经济新闻、2021 年 9 月 26 日。

9 月 29 日的自民党总裁选举分两轮决出胜负，首轮无人过半数，得票前两位的岸田与河野进入第二轮对决。第二轮议员票远多于代表民意的地方支部票，这使党内派系领袖更易主导选票流向。由于竹下派、麻生派、细田派等大派系的主流都支持岸田，河野民意支持率高的优势完全丧失，而安倍支持的首轮被淘汰的高市阵营的选票，在第二轮集体转投岸田，最终使岸田以 257 票对 170 票大胜河野。[①] 可以说，岸田的当选，又一次体现了自民党派系政治和“密室政治”的决定性影响，令媒体和民众感到失望。

岸田当选后，在政权布局中照顾其“后台”支持势力，前首相麻生太郎成为党副总裁，高市早苗出任负责自民党政策制定的政策调查会长；在内阁中，除了支持他的派系利益均沾之外，阁僚也大多是实力派的亲信，如财务相铃木俊一是麻生内弟、经济产业相萩生田光一是安倍亲信、防卫相岸信介是安倍胞弟等等。岸田明确否定“政高党低”的所谓“官邸独大”的决策路线，主张“政高党高”，即执政党在决策过程中拥有与政府同等的地位，[②] 决策时将充分考虑麻生、安倍、高市等人的意见。这种倾向也体现在这次众议院选举的自民党竞选公约的决定过程中。《朝日新闻》认为，与 2019 年安倍内阁时期的竞选公约相比，“使用军事力量对抗中国等威胁的姿态更加突出”，“体现了政调会长高市早苗的主张”。[③]

① 「自民総裁に岸田氏　決選投票、河野氏破る　首相に来月 4 日選出」、朝日新闻、2021 年 9 月 30 日。

② 「官邸主導を軌道修正、首相、政府と党の連携密に、安倍・菅政権『官邸官僚』も交代」、日本经济新闻、2021 年 10 月 6 日。

③ 「自民公約、力での対抗重視　防衛費『GDP 比 2% 以上も念頭』財政規律確保の文言、消える」、朝日新闻、2021 年 10 月 13 日。

（三）岸田借新首相人气在大选中“过关”

10 月 31 日的众议院大选中，自民党在 465 席的众议院中夺取了 261 席，议席数仅比选前 276 席稍稍缩水，最大在野党立宪民主党则仅获 96 席。[①] 自民党之所以获得大胜，一是因为 10 月以后疫情大幅好转，日新增病例仅数百，民众对政府的怨气大大缓解；二是因为自 2009～2012 年民主党执政失败后，民众对其他政党的信心至今无法恢复，在老百姓眼中，自民党尽管有诸多缺点，但仍是最具执政能力的政党。三是选举时机对自民党相对有利，岸田之所以在 10 月 4 日当选首相后很快解散众议院，就是为了在其支持率相对较高的情况下尽早举行选举。

选后朝野格局对岸田执政相对有利。自民党胜选稳定了岸田的执政根基；自民党议席数达到绝对稳定多数，可独占 17 个众议院常设委员会委员长一职，并在各委员会中拥有过半数席位，拥有议事主动权；与自民党立场相近的日本维新会议席数从选前的 11 席增至 41 席，超越公明党的 32 席，成为众议院第三大党，岸田可通过与维新会加深合作来减少对其盟友公明党的依赖；立宪民主党势力缩减，在野党合作也出现裂痕，短期内对岸田执政的掣肘有所降低。

自民党尽管在众议院选举中“大胜”，但却并不能证明岸田执政有方，只说明自民党基本盘相对稳固。岸田能否回应民众的期待是决定其政权走势的关键因素。2022 年的参议院选举，才是岸田真正的考验。疫情走势也会对岸田政权的前景产生直接影响。众议院胜选只是岸田政权的开端，前景存在诸多不确定性。

① 「自民は15 議席減、立民も14 議席減…維新が第 3 党に躍進　衆院選の全当選者が確定」、东京新闻、2021 年 11 月 1 日。

二、经济低迷中谋复苏

2021 年日本经济持续低迷，增长率在发达国家中垫底。主因是受疫情反复影响，加之政府的改革措施难以解决经济痼疾。

（一）疫情反复致经济复苏乏力

日本实际 GDP 在 2021 年第一季度环比年率下降 4.2%，第二季度增长 1.9%，据民间智库预测，第三季度恐再度负增长（约 0.7%）。[①] 世界银行发布的《全球经济展望》报告预测，2021 年日本经济增长率仅为 2.9%，大幅低于全球经济预测值（5.6%）。[②] 在内需方面，第一、二季度个人消费和设备投资均环比增长为负或较低，低于 2019 年平均水平。[③] 在国际收支方面，得益于海外经济复苏，上半年总体增幅较大，经常项目顺差约为 10.47 万亿日元（约 930 亿美元），同比大增 50%。其中货物贸易出口增长 22.2%，至 39.22 万亿日元（约 3565 亿美元），进口增长 11%，至 36.91 万亿日元（约 3355 亿美元）；海外投资收益为 1.44 万亿日元（约 130 亿美元）；因受游客减少影响，旅行收支顺差骤降，服务贸易逆差扩大至 2.09 万亿日元（约 190 亿美元）。[④] 在就业方面，2021 年 9 月失业率虽降至 2.8%，但第二季度日本失业人数同比增加 9%，达 233 万人，其中约

---

① 日本经济新闻：「7～9 月期の実質 GDP、年率 0.7% 減予測」，https://www.nikkei.com/article/DGXZQOUA296NZ0Z21C21A0000000/? n_cid=SPTMG002。（上网时间：2021 年 10 月 28 日）

② 世界银行《全球经济展望》：https://www.worldbank.org/en/publication/global-economic-prospects。（上网时间：2021 年 10 月 28 日）

③ 日本内阁府：国民经济计算（GDP 统计），https://www.esri.cao.go.jp/jp/sna/menu.html。（上网时间：2021 年 10 月 28 日）

④ 日本财务省："国际收支状况"，https://www.mof.go.jp/policy/international_policy/reference/balance_of_payments/index.htm。（上网时间：2021 年 10 月 28 日）

1/3的人失业时间超过一年。[①]

日本经济仍低迷的主因是受疫情影响。2021 年第一季度，由于三大经济圈先后实施紧急状态，内需大幅下滑，拖累经济下滑 0. 8 个百分点。第二季度，疫情再度反复，政府再次发布“紧急事态宣言”且力度更大。之后发布的第三和第四次“紧急事态宣言”都对经济增长造成打击。据统计，因餐饮业暂停营业使个人消费下滑 5000 亿日元（约 44 亿美元）以上，失业人数增加 2. 5 万人。[②] 在其他主要经济体快速恢复的第二季度，虽然日本国际收支表现良好，但整体经济并无起色，尤其是服务业遭受严重冲击。

另外，由于疫情影响，东京奥运的经济效应大打折扣。据估算，东京奥运的总投资超过 3 万亿日元（约 270 亿美元），但并未换来相应的经济效果。大和综合研究所预测，东京奥运给日本带来的经济效果仅为 3500 亿日元（约 31 亿美元），大部分预期收入落空。在直接经济效应方面，东京奥组委原本预计门票收入达到 900 亿日元（约 8 亿美元），最后只有约数十亿日元。在间接经济效应方面，由于延期导致基础设施和人力成本增加，东京奥组委不得不追加高达数千亿日元费用。在衍生经济效应方面，按照疫情发展，短期内日本利用奥运效应吸引游客和投资的可能性很小。[③]

---

① 日本总务省：最新の公表データ，http：//www. stat. go. jp/。（上网时间：2021 年 10 月 28 日）

② 日本经济新闻：“紧急宣言会造成多大经济损失”，https：//cn. nikkei. com/politicsaeconomy/epolitics/44529 – 2021 – 04 – 25 – 09 – 50 – 07. html。（上网时间：2021 年 10 月 28 日）

③ 颜泽洋：“东京奥运会的影响及启示”，《现代国际关系》，2021 年第 9 期，第 28 ~ 29 页。

（二）两大改革难解近渴

菅内阁一方面强调抗疫和经济并重，较安倍内阁更致力于加速经济活动恢复常态；另一方面放眼“后疫情时代”，希望通过数字转型、绿色转型促使日本经济赶上新技术时代，步入强劲增长轨道。其经济改革更具针对性，提出数字化和去碳化两大招牌政策，希望借此祛除阻碍发展的顽瘴痼疾，为经济增长赋予新动能。

在数字化改革方面，疫情暴露了日本数字化转型落后于时代的弊端，凸显数字改革的必要和紧迫。菅内阁新设数字改革担当大臣，负责推进相关工作。2020 年 12 月底，政府发布“为创建数字社会实施改革的基本方针”,[①] 正式提出创建数字社会愿景目标，确立创建数字社会的基本原则，勾画推进数字化转型的改革蓝图。政府 2021 年初向国会提交的 6 部有关数字改革相关法案，5 月 12 日均获国会审议通过，正式成为法律。[②] 2021 年版《制造业白皮书》和“增长战略施行计划”等政府文件也对数字改革做出了具体规定。综合上述法律和文件，菅内阁的数字化改

---

① 首相官邸:「デジタル社会の実現に向けた改革の基本方針」，https：//www. kantei. go. jp/jp/singi/it2/dgov/201225/siryou1. pdf。（上网时间：2021 年 10 月 29 日）

② 分别是“构建数字社会基本法”“数字厅设置法”“为构建数字社会完善相关法律法”“存款账户登录法”“存款账户管理法”“地方公共团体信息系统标准化法”。参见:「デジタル社会形成基本法案の概要」、https：//www. cas. go. jp/jp/houan/210209_1/siryou1. pdf；「デジタル庁設置法案の概要」，https：//www. cas. go. jp/jp/houan/210209_2/siryou1. pdf；「デジタル社会の形成を図るための関係法律の整備に関する法律案の概要」，https：//www. cas. go. jp/jp/houan/210209_3/siryou1. pdf；「公的給付の支給等の迅速かつ確実な実施のための預貯金口座の登録等に関する法律案の概要」，https：//www. cao. go. jp/houan/pdf/204/204gaiyou_3. pdf；「預貯金者の意思に基づく個人号码の利用による預貯金口座の管理等に関する法律案の概要」，https：//www. cao. go. jp/houan/pdf/204/204gaiyou_4. pdf；「地方公共団体情報システムの標準化に関する法律案の概要」，https：//www. soumu. go. jp/menu _ hourei/k _ houan. html。（上网时间：2021 年 10 月 29 日）

革举措大致有以下三个方面。一是完善法律制度，出台“构建数字社会基本法”取代业已过时的“IT 基本法”，成为日本推进数字化改革的根本大法。该法规定了数字社会的基本理念，明确国家、地方政府和事业单位责任，以及制定相关政策的基本方针等。二是健全组织机构，新设数字厅。2021 年 9 月 1 日，数字厅正式成立，成为数字改革的总指挥部。数字厅隶属内阁，首相为最高责任人，主要任务是制定数字改革政策，协调各部门落实。初始规模约 600 人，其中约 200 名为聘用民间专业人士。数字改革担当大臣转任数字大臣，统管数字厅事务，辅佐首相开展工作。数字厅一方面掌握数字改革财政权，从 2022 年度起，以往分散在各省厅的相关预算将逐步由其统一编制，另一方面拥有对其他省厅的建议权，可要求改革不力的部门完善相关措施。三是制定具体措施。例如对个人信息统一定义、统一管理。扩大个人号码卡的适用范围，计划 2022 年度内完成个人号码卡与智能手机并网、2022 年度内普及个人号码卡。原则上废除行政程序中的盖章制度，2025 年度内实现中央和地方政府电子行政系统统一等。培育数字人才，2022 年度起在国家公务员考试中新设“数字”专职，招录民间专业人才。

在去碳化改革方面，菅义伟意识到在气候变化问题上的“世界潮流发生了巨变”,[①] 呼吁经济界转换思路，将“绿色转型”视为调整产业结构、促进经济社会发展的增长机遇。[②] 2020 年 10 月，菅在首次施政演说中宣布日本将于 2050 年实现碳中

---

① 「温暖化ガスゼロの衝撃（1）企業の投資先をつくれ（迫真）」、日本经济新闻（朝刊）、2020 年 11 月 11 日。

② 内阁官房：「2050 年カーボンニュートラルに伴うグリーン成長戦略」，https：//www. cas. go. jp/jp/seisaku/seicho/seichosenryakukaigi/dai6/index. html。（上网时间：2021 年 10 月 29 日）

和；2021 年 4 月，菅又宣布 2030 年较 2013 年减排 46%。2021 年 7 月底，日本公布新版《能源基本计划》草案；[①] 8 月初又公布“全球变暖对策计划”修正案。[②] 在这些文件中，菅内阁提出一系列具体改革措施。一是推动能源结构转型，力争 2030 年使能源领域的碳排放量较 2013 年减少 45%。一方面，电力部门大幅增加零排放电源，将 2030 年“非化石燃料电源”目标占比由 44% 升至 59%；另一方面，非电力部门加速电动化转型并强化节能，使家庭部门减排 66%、办公及其他部门减排 50%、能源转换部门减排 43%。二是加速产业结构调整，在能源、运输和制造、家庭和办公等三大领域划定 14 个“去碳化”重点发展产业。[③] 大力发展清洁能源产业，重点是海上风电、氢能、燃料氨产业，坚持发展核电。推进汽车产业电动化，乘用车 2035 年起、卡车等商用车 2040 年起禁售燃油车，新车销售全部转为纯电动车（EV）、油电混动车（HV）、插电式混动车（PHV）和氢燃料电池车（FCV）。同时，加速碳捕集、利用与封存技术（CCUS）的实用化。三是构建绿色财金体系。财政上，设立 2 万亿日元（约 177 亿美元）绿色创新基金，支援企业研发脱碳技术。在税制上，企业基于已获国家认定的项目计划，对燃料电

---

① 经济产业省：「エネルギー基本計画（素案）」，https：//www. enecho. meti. go. jp/committee/council/basic_policy_subcommittee/2021/046/。（上网时间：2021 年 10 月 29 日）

② 经济产业省：「地球温暖化対策計画（案）」，https：//www. meti. go. jp/shingikai/sankoshin/sangyo_gijutsu/chikyu_kankyo/ondanka_wg/009. html。（上网时间：2021 年 10 月 29 日）

③ 分别是：海上风电、燃料氨、氢能、核电；汽车及蓄电池、半导体及信息通信、造船、物流交通及基建、食品及农林水产、航空、碳回收；建筑及太阳能、资源循环利用、生活方式相关产业。参见：经济产业省：「エネルギー白書 2021」、https：//www. enecho. meti. go. jp/about/whitepaper/2021/pdf/。（上网时间：2021 年 10 月 29 日）

池、海上风电等促进去碳化的设备投资时，可从企业所得税额中最多抵扣 10%。在融资上，对为去碳化相关企业提供贷款的金融机构给予优惠。鼓励企业发行绿色债券，央行积极购买。在企业治理上，金融厅和东京证券交易所 2021 年 6 月修改规范上市企业行为的“公司治理准则”，要求企业披露气候变化对业务的影响。7 月，金融厅又开始研究拟规定企业要在“有价证券报告”中写明气候变化相关风险。

“两大改革”虽已起步，但前景难料。数字化是日本社会的老问题，去碳化是日本面对的新挑战，一个面临既得利益集团阻挠，一个遭受经济结构制约。岸田执政后能以多大力度推进，能否实现改革目标尚需观察。此外，两大改革均工程浩大，即使艰难推进，短期内也无法立竿见影，难解日本经济复苏乏力的燃眉之急。

（三）岸田经济新政虚多实少

岸田执政后虽总体继承“安倍经济学”，但经济政策较之促增长更重分配，甚至在其首次施政演说中没有提及改革二字。对此，有媒体指出日本的贫富差距程度远不及欧美，反倒是市场缺乏竞争机制，导致资金和人才难以流向数字和绿色等高附加值产业；质疑在经济长期低迷的状况下，岸田的分配政策是无源之水，难以实现增长和分配的良性循环。①

近期，国际货币基金组织将日本 2021 年经济增速下调 0.4 个百分点至 2.4%，继 7 月后已连续两次下调。2022 年，日本经济虽有望增长 3.2%，但仍不及全球 4.9% 的增速。② 岸田“新

---

① 「新しい資本主義、看板替えの側面、有識者会議が初会合、低成長、世界の潮流と一線」、日本经济新闻（朝刊）、2021 年 10 月 27 日。

② “IMF 再下调 2021 年日本经济增长率预期至 2.4%”，共同通讯社，2021 年 10 月 12 日。

资本主义”构想虽吸引眼球，但与日本经济社会的实际相去甚远，恐难助力日本经济走出泥潭。不过，从9月底开始，日本疫情突然趋稳，对经济复苏形成重大利好。但复苏势头能否持续，仍取决于今后疫情控制情况。

三、外交积极随美起舞

美国拜登政府回归强化同盟体系传统，日本视之为稳固同盟并提升自身国际地位的好机会。2021年，日本主动配合美国强化同盟，在对华政策上追随美国，协助美国实施“印太战略”，积极引入域外势力与日美在本地区开展军事合作。

（一）将美战略调整视为机遇

拜登当选后，日本政府迅速对美国的对华政策走向做出明确判断。2021年1月，外相茂木敏充回顾2020年的国际形势时表示，美中对立激化且战线拉长，政权更迭不会在短期内改变美国的对华态度。[①] 拜登与美国高官上任后亦迅速发出信号，强调美国将坚定立场与中国进行长期战略竞争，但将采取与盟国和友好国合作的新路径。[②] 3月，美国国务卿布林肯与国防部长奥斯汀为出席系列“2+2”会议，选择日本作为首访国。此访后，外相茂木表示，相比与中国双边交涉，与美及盟国联手促“中国改变”更为有效。[③] 首相菅义伟访美前，两位前首相也劝说他在

① 茂木敏充、田中明彦：「ポスト・コロナを見据えた　国際ルール作りを主導する」、外交第65巻、第11頁。

② 「対中国、米『同盟国と協議』、新方針、対抗と協力模索、強硬路線維持で時間稼ぎ」、日本经济新闻、2021年1月27日；「米、協調路線で中ロ対抗、バイデン氏、初の外交演説、『同盟関係は財産』」、日本经济新闻、2021年2月5日。

③ 茂木敏充：「日米豪印で中国の野望を封じる」、文藝春秋2021年5月号、第140－141頁。

访美时更明确地展示对华强硬姿态。[①] 上述判断与日本战略界对实力对比的算计有关。日方相信“中国目前认为自身不具备与美国直接对立的能力”，“未来日本在世界的地位可能继续下降，但日本如能成功联合美、欧、印对华，同一阵营的总实力将远超中国”。[②] 基于这种算计，利用美中关系恶化与美国再次重视盟国的机会，通过“随美”，稳固日美同盟并使该同盟成为美国同盟体系的核心，成为2021年日本的外交重点。

（二）外交方向主动对标美国

2021年，日本主动要求强化日美同盟，不仅在军事、经济安全领域施策，还计划强化双边政策协调。在军事方面，日本反复对美国表示将通过增强自身军力为同盟做出更大贡献，自民党将大幅增加军费写入选举纲领。在经济安全方面，日本首次设立经济安全相一职，开始相关立法工作，计划为台积电建厂提供巨额补贴，以强化美国倡议的供应链安全。岸田首相在上任后的首次施政演说中，时隔数年再次表示要强化日美同盟。他要求在制定新《国家安全战略》与《防卫计划大纲》的过程中与美方密切沟通。[③] 今后，预计经济安全、强化同盟遏制力、作战计划更新将是双方的重点政策协调领域。

在美国将对华战略竞争作为对外政策重点的背景下，日本在对华认识、对台湾问题态度方面迅速向美看齐。此前，日本虽频

---

① 「『新冷戦の日米同盟』（上）首相　防衛力強化へ決意（連載）」、读卖新闻、2021年4月18日。

② 高木誠一郎、角崎信也：「総論・提言」、『中国の対外政策と諸外国の対中政策』，第324頁；兼原信克：「米中関係と日本、台湾」（视频），https：//www.youtube.com/watch？v＝eNdvkfH5_aE。（上网时间：2021年11月2日）

③ 「〈独自〉首相、国家安保戦略改定の作業着手指示」，https：//www.sankei.com/article/20211014－UCHBN7J5FZMJLHHRYI3KDP2L74/。（上网时间：2021年11月2日）

频就东海、南海等具体问题污蔑中国，但较少对“中国在国际社会中的整体定位”进行抹黑。但在日美“2+2”会议联合声明中，日本追随美国，认定中国对国际秩序与国际社会构成“政治、经济、军事、技术上的全面挑战”。这种定位与美国的新国家安全战略如出一辙。① 基于更为偏激的对华认识，日本开始触碰对华关系红线。3~4月，日本反复与美国共同强调所谓“台湾海峡和平与稳定”的重要性。防相岸信夫甚至表示，将“台湾面临的状况看成自身的问题”，打算“与美国切实密切协商”。② 1972年中日建交时，日方向中方阐明台湾问题立场时表示“日本政府没有设想未来台湾有作为中华人民共和国领土之外的任何法律地位”，因此，台湾问题“应该作为中国的国内问题解决”。③ 日方时隔数十年妄言干预台湾问题，显示其为了迎合美国，不惜违背对华既有承诺。

（三）协助美国落实“印太”战略

拜登政府较前任更重视将“印太”战略具体化。日本在确定合作方向、对外援助、拉拢摇摆国等方面成为美国的得力助手。

2021年，日美首脑会谈扮演了为美日印澳四国首脑会谈定调的关键作用。例如，1月28日的日美首脑会谈将气变、应对疫情、技术创新作为双方联合应对的国际课题。这恰好是3月四国首脑会后成立的三个工作组对应的相关领域。在4月的日美首脑声明中，日美同盟被赋予“让自由与开放印太成形”的职能。

---

① 该战略认定中国是“挑战国际秩序的唯一竞争对手”。

② 「防衛費『環境変化に対応』、岸防衛相に聞く、『台湾の状況は我々の問題』、予算拡大の必要性を指摘」、日本经济新闻、2021年5月20日。

③ 外务省：「日中共同声明日本側案の対中説明」，https：//digitalarchive. wilsoncenter. org/assets/media_files/000/013/639/13639. pdf。（上网时间：2021年11月2日）

9月，四国首脑会晤时宣布的合作内容有相当部分是4月日美“竞争力、韧性伙伴关系”文件内容的具体化。在重要新兴技术领域，四国宣布了促进“安全、开放”的5G网络的部署和使用、寻找半导体与重要部件供应链的脆弱性、建立技术标准工作组等具体合作举措。上述举措部分是4月日美合作文件的重复，部分是对相关条文的落实。

在各方宣布将倍增对四国合作投入，并成立工作组跟进的背景下，日本因具备较强国力与外援经验，在推进四国合作落实方面扮演了重要角色。为应对疫情，日本两次共承诺提供73亿美元援助（大部分为贷款），金额远超澳美。具体而言，日本提供贷款供印度扩大用于出口的疫苗生产，重点向东南亚、太平洋小岛国等“印太”国家提供抗疫物资援助。

无论是四边机制成员，还是域外国家，对“印太战略”都存在着顾虑与摇摆。对此类国家，日本反复利用高层会谈与之协调立场。例如，印度较不愿表明与中国对抗的态度。2021年，菅义伟三次与莫迪会谈，其中两次于日美印澳四国首脑会前进行。会谈中，日方反复在海警法、东海、南海等问题上抹黑中国。3月，四国首脑声明写入“为应对对海上秩序的挑战，促进包括海洋安全领域在内的合作”内容。外务省官员认为这让四国联合对华“向前迈进了一大步”。又如4~5月，茂木外相访欧期间，也针对斯洛文尼亚等国做工作，希望相关国家在《欧盟印太合作战略》的制定过程中发挥影响力，重视与日本合作。

（四）引入域外势力与日美合作

在2月举行的日英“2+2”会谈中，日本将英国向本地区派遣航母编队视为其干预“印太”事务的标志。日本还将美英澳组建三国军事伙伴关系（AUKUS）视为“强化对印太干涉”，对此表示欢迎。[①] 自7月至10月，日本与英国航母编队在东海、南海等海域举行了至少5次演习，演习科目涉及战机相互起降、反潜、防空等实战性内容，每次演习均有美军参与。英国指挥官还提议两国联合使用航母，将各自的F－35B战机进行一体化运用。[②] 这显示日英军事合作可能逐步紧密化，发展至可联合作战的程度。

5月，法军也与日美开展了系列联合训练。在此期间，陆上自卫队、美国海军陆战队、法国陆军首次联演即具有较强实战性，科目包括机降登陆、巷战等内容。7月，日法首脑会谈时，菅义伟高度评价法军访日，将其称为“日法为实施印太构想采取的具体举措”。

四、对华态度更趋消极

拜登上台后，日本配合美国对华战略，从政治、安全、经济等领域对华牵制围堵。加之疫情之下菅政府无暇顾及改善中日关系，过去一年日本对华态度明显趋向消极。岸田新政权能否采取更平衡的对华政策仍有不确定性。

（一）对华政策偏离正确轨道

安倍内阁时期，中日高层曾就“发展化竞争为协调的中日关系”达成共识。这反映出安倍对华政策从重视对抗转向注重实利，但该政策后来实际上半途而废。[③] 菅义伟执政一年里，日

---

① 外务省：「日英外相電話会談」、https：//www. mofa. go. jp/mofaj/press/release/press3_000591. html。（上网时间：2021年11月2日）

② 「空母共同使用を提案　英指揮官　日本との関係深化」、读卖新闻、2021年9月16日。

③ 「岸田政権の対中政策　不信感拭う対話の努力を」、每日新闻、2021年11月8日。

本借美制华意图日趋明显，从最初在中美间找平衡，[①] 到对美亦步亦趋，甚至背离两国政治共识，对华政策渐趋消极负面。3 月中旬，日美在东京召开“2 +2 会议”，日方着力诋毁中国内外政策，向美国“告状”。4 月菅义伟访美，再次将会谈议题聚焦中国，不仅与美就“台海和平稳定的重要性达成一致”，还对所谓香港、新疆“人权问题”表示忧虑，并将其写入两国共同声明，公开干涉中国内政。9 月的自民党总裁选举中，各候选人竞相发表对华强硬言论，有候选人提出要“毅然地应对中国”。[②] 候选人之一、现任自民党政调会长高市早苗称，将来无论担任何种职务都要继续参拜靖国神社。

在安全上，日视中国为“假想敌”。在军事上，日本强化对美军事合作，积极增强在亚太的军事影响力，针对中国动作频繁。8 月初，日本“濑户雾”号驱逐舰擅自闯入中国南沙岛礁间，挑衅意味明显。9 月中旬到 11 月下旬，日本举行近 30 年来最大规模军演，参演兵力达到 10 万人，目的是“强化西南方向的军事能力”，“应对可能面临的岛屿攻击”。[③] 在安全政策上，敌视中国意识增强。2021 版《防卫白皮书》恶意揣测中国国防政策。8 月，在首次发布的面向中小学生的儿童版《防卫白皮书》指责中国发展军力、钓鱼岛维权行为，渲染“中国威胁”，[④] 误导下一代。

---

① 胡继平：“在中美间找平衡，考验日本智慧”，《环球时报》，2021 年 2 月 22 日。

② 「岸田氏、中国に対抗前面　外交安保政策を発表—自民総裁選」，https：//www. jiji. com/jc/article？ k = 2021091300314&g = pol。（上网时间：2021 年 11 月 5 日）

③ 「陸自 15 日から過去最大規模の演習 1993 年以来の全部隊参加」、读卖新闻、2021 年 9 月 10 日。

④ 「小中学生対象に防衛白書を作成　防衛省、HPで公開」、读卖新闻、2021 年 9 月 6 日。

此外，在台湾问题上，2021年版《外交蓝皮书》将台湾定位为“极为重要的伙伴”，多名阁僚发言中称台湾为“国家”，执政的自民党还与台当局搞所谓的“外交安全对话”。7月，菅内阁副首相兼财务大臣麻生太郎在称，“一旦台海发生重大问题，可能引发日本存亡危机事态”，[①] 公开主张日美共同防卫台湾。

（二）涉华社会舆情更为负面

近年来，日本一些学者、媒体在涉华问题上未能秉持客观公正立场，不仅存在对华偏见，还故意抹黑诋毁中国。调查显示，有95.9%的日本民众通过本国大众传媒获得关于中国和两国关系的信息，其中电视是最主要的渠道。[②] 一些媒体为提高收视率、赚取商业利益，一味选择涉华负面题材。年初，中国《海警法》颁布实施并不针对特定国家，符合国际法和国际实践，但日本却无视中国维护国家海洋权益的正当主张以及进入钓鱼岛12海里次数减少的事实，片面宣扬中国增加钓鱼岛巡航次数，“妨害日本正常执法”。[③] 日媒将有关报道聚焦于钓鱼岛争端，炮制各种可能发生的危机事态，加剧与中国对抗情绪，恶化中日关系舆论环境。此外，日政党、国会议员、智库机构也借助媒体散布对华消极言论，挑动社会消极舆论。第十七届北京—东京论坛“中日关系舆论调查”显示，尽管日本民众认为中日关系重要的比例有所提升，但对华好感度仍处在较低水平，对中国印象

---

① 「台湾有事で集団自衛権行使も、麻生氏が見解」、产经新闻、2021年7月5日。

② 应妮：“2021年中日关系舆论调查结果：历史、领土与安全问题仍对中日关系影响深远”，http：//www. chinanews. com/gn/2021/10 – 20/9591044. shtml。（上网时间：2021年11月5日）

③ 社説、「中国海警法　国際秩序への挑戦を許すな」、读卖新闻、2021年2月9日。

“不好者”比去年增加1.2个百分点，达到90.9%。[1]

（三）经贸合作光影交错

相较于其他领域，双边经贸合作是2021年中日关系中的唯一亮点。在贸易方面，中国已经连续14年成为日本最大贸易伙伴，而日本是中国第四大贸易伙伴，仅次于东盟、欧盟和美国。据日本财务省数据，上半年日本对华出口同比大增27%，达到8.6万亿日元（约782亿美元），首次突破8万亿日元（约727亿美元）大关，全年对华出口有望创下新高。[2] 在财政合作方面，2021年10月，两国央行续签了双边本币互换协议，规模为2000亿元人民币/3.4万亿日元（约309亿美元）。此举有助于维护两国金融稳定，支持双边经济和金融活动发展。在投资金融方面，据统计，2020年日本对华直接投资金额为1.28万亿日元（约116亿美元），比上年同期减少5.2%。[3] 日本累计对华直接投资排名第一。2021年7月，日本三井住友金融集团向证监会提交了《证券公司设立审批》材料，如果进展顺利，三井住友金融集团有望成为继大和证券、野村证券后第三家在华日资控股券商。

但近来日本政府不断加强所谓“经济安保”措施，使双边经贸合作出现新的不确定因素。岸田在自民党总裁选举期间直接批评中国经济行为，组阁后新设经济安保担当大臣，负责经济安全与“自由可信赖的数据流通”，制定经济安保相关法律。日本政府还拟出台许可制政策，限制外国留学生学习相关重要敏感技

---

① “调查：对日本印象‘不好’的中国人升至66%”，https：//china. kyodonews. net/news/2021/10/70b859022627－66. html。（上网时间：2021年11月5日）

② 日本財務省：「国際収支状況」，https：//www. mof. go. jp/policy/international_policy/reference/balance_of_payments/index. htm。（上网时间：2021年10月28日）

③ 日本贸易振兴机构：“中日贸易投资概况”，https：//www. jetro. go. jp/china/data/trade. html。（上网时间：2021年10月28日）

术，规定科研机构若为留学生提供关键技术，必须获得行政当局允许，并特意强调中国留学生，对华技术封锁意图明显。

10月初，岸田文雄当选日本首相时，习近平主席和李克强总理分别向岸田首相发去贺电，习主席并同岸田首相通了电话。岸田认为，中日构筑稳定关系对两国乃至地区和国际社会都重要，[①] 表示以2022年中日邦交正常化50周年为契机，努力构建建设性的稳定的中日关系。[②] 有调查也显示，有超过半数日本民众选择在中美博弈中“不选边站”。但岸田当选后日本方面又出现新的对华消极因素，例如新设人权担当相等。新政府能否采取更平衡的对华政策，推动中日关系平稳健康发展，仍有较大不确定性。

（审定：胡继平）

① 「岸田首相の所信表明演説〔全文〕」、朝日新闻、2021年10月9日。

② 「日中首脳初の談話会談、共通の諸課題について協力で一致」，http：//www3. nhk. or. jp/news/html/20211008/k10013299101000. html。（上网时间：2021年11月1日）

第七章　印度乱象中谋求大国地位*

2021 年的印度可谓是“冰火两重天”。一方面，第二波新冠肺炎疫情肆虐、监听丑闻爆雷、阿富汗政权变天、中印边境对峙僵持等，严重搅动印度国内发展和对外布局，损耗印度国力；另一方面，印度奇迹般度过疫情“至暗时刻”，顺势推进经济改革、高举“印太”大旗周旋各方，继续谋求大国地位。中印关系虽有回暖迹象，但要真正重回正轨路阻且长。

一、莫迪执政面临多重挑战

2021 年，印度遭受第二波新冠肺炎疫情与农民抗议冲击，暴露了莫迪政府在国家治理上的缺位。尽管执政党印度人民党（下称“印人党”）仍能凭借人民院（议会下院）过半席位保持“一党独大”强势地位，但其利用国家机器监视反对党、限制言论自由的行为冲击印度民主政治根基，给一贯标榜“世界最大民主国家”的印度造成持久负面影响。

（一）疫情暴露治理缺陷

自 2021 年 4 月上旬起，印度暴发第二波疫情，新冠肺炎感染人数激增。5 月上旬疫情达到高峰，日均新增新冠肺炎确诊病例连续 10 天保持在 30 万例以上，其中 5 月 6 ~ 9 日连续四天单

---

* 本章撰稿人：楼春豪、张书剑、王海霞、王瑟、胡仕胜。

日新增病例突破40万例，5月8日单日新冠肺炎死亡人数首次突破4000。[①]《经济学人》估计第二波疫情可能在印度造成约200万人死亡，远超过印度政府的统计数据。[②] 受疫情冲击，印度脆弱的公共卫生系统濒临崩溃，引发各方围绕医疗资源的争夺战。各邦相互指责对方抢夺氧气、呼吸机等关键医疗资源，平民党执政的德里和印人党执政的北方邦互相指责对方抢夺氧气配额。莫迪政府不仅未能有效发挥协调作用，甚至借疫情攻讦在野党执政的邦政府，不惜牺牲部分地区利益将抗疫政治化。印度全境火葬场昼夜运转，大规模露天焚烧尸体的照片在全世界各大主流媒体传播，严重损害印度国际形象，重挫莫迪政府声望。

在付出巨大生命代价的同时，疫情还重挫被莫迪寄予厚望的疫苗产业，在迟滞全球抗疫进程的同时拖累本国疫苗接种计划。莫迪政府原计划利用本国疫苗产能打造“世界疫苗工厂”，在全球抗疫中发挥关键作用，提升印度在后疫情时代全球治理中的话语权，但突如其来的疫情迫使印度在4月暂停疫苗出口。与此同时，印度生产疫苗所需的大量原料需从美国进口，但拜登政府未在第一时间摒弃特朗普政府援引《国防生产法》限制疫苗原料出口的政策，致使印度疫苗供应链一度陷入危机，无法满足本国接种需求。4月中旬莫迪政府宣布各邦政府自行购买疫苗，同时允许私人医疗机构向45岁以下的人收取疫苗接种费用，这不仅造成疫苗资源分配混乱，更加剧了不同地区与不同阶层在疫苗接

① “India's Covid - 19 Tally Tops 22 Million with 403, 738 New Cases, 4, 092 Fresh Fatalities,” https://www.hindustantimes.com/india-news/indias-single-day-covid-19-tally-rises-to-403-738-death-toll-above-4000-101620532559607.html.（上网时间：2021年11月5日）

② “More Evidence Emerges of India's True Death Toll from Covid - 19,” *the Economist*, June 12, 2021.

种上的不平衡。6 月初印度仅有 4500 万人完成两剂疫苗接种[①]，至第二波疫情缓和后疫苗接种率才得到大幅提升。9 月 17 日为庆祝莫迪生日，印度创下单日注射 2260 万剂疫苗的记录。[②] 10 月 21 日印度已完成了 10 亿剂疫苗注射，2.9 亿人接种了两剂。[③]

疫情防控不力与疫苗政策失当引发国内各界对莫迪政府的广泛批评。印最高法院在 6 月专门就如何获取及在各邦分配疫苗向莫迪政府发出质询，并批评其国内疫苗政策“武断且不理性”。[④] 部分示威者在德里街头张贴海报怒斥莫迪“为什么把我们孩子的疫苗送到国外”，遭到警方逮捕。[⑤] 8 月《今日印度》公布的“国民情绪”民调显示，莫迪支持率由去年同期的 66% 暴跌至 24%[⑥]，一定程度上反映出民众对莫迪政府“抗疫”不力的强烈不满。

---

① “India’s Top Court Criticizes Narendra Modi’s Government for a Sluggish Vaccination Program,” https://www.nytimes.com/2021/06/03/world/indias-top-court-criticizes-narendra-modis-government-for-a-sluggish-vaccination-program.html.（上网时间：2021 年 11 月 5 日）

② “India Breaks Its Vaccination Record in ‘Birthday Gift’ to Modi,” https://www.reuters.com/world/india/india-breaks-own-covid-vaccination-record-birthday-gift-modi-2021-09-17/.（上网时间：2021 年 11 月 5 日）

③ “India Celebrates 1 Billion COVID-19 Vaccine Doses with Song and Dance,” https://www.reuters.com/world/india/india-celebrates-1-bln-covid-19-vaccine-doses-with-song-film-2021-10-21/.（上网时间：2021 年 11 月 5 日）

④ “India Celebrates 1 Billion COVID-19 Vaccine Doses with Song and Dance,” https://www.reuters.com/world/india/india-celebrates-1-bln-covid-19-vaccine-doses-with-song-film-2021-10-21/.（上网时间：2021 年 11 月 5 日）

⑤ “AAP Leader behind ‘PM Modi Why Did You Send Vaccines of Our Children’ Posters: Delhi Police,” https://www.hindustantimes.com/cities/delhi-news/aap-leader-behind-pm-modi-why-did-you-send-vaccines-of-our-children-posters-delhi-police-101621180303545.html.（上网时间：2021 年 11 月 5 日）

⑥ “Moodofthe Nation,” https://www.indiatoday.in/mood-of-the-nation-survey-august-2021.（上网时间：2021 年 11 月 5 日）

（二）农民抗议贯穿全年

自2020年9月以来，印西北部为反对农业改革法案进行的大规模抗议活动持续发酵，与政府形成长期对峙。2020年11月26日以来，大批来自旁遮普、哈里亚纳等邦的锡克教农民不顾疫情影响，涌入首都新德里举行抗议活动，一度控制首都主要地标与进城交通要道。示威者要求政府撤回2020年9月通过的《农产品贸易和商业法案（增强与促进）》《农民价格保障与农业服务法案》和《必需品（修正）法案》三项农业法案，否则拒不撤出德里。莫迪政府与农民代表进行了11轮谈判，但因政府拒绝撤回农业改革法案，双方陷入僵局。

2021年1月26日印度共和国日期间，数以万计农民驾驶拖拉机涌入首都，与警方发生暴力冲突，造成多人死亡。部分抗议者在象征国家主权的德里红堡升起锡克教旗帜，此举被莫迪斥为“侮辱国家”。[①] 政府强烈谴责抗议活动暴力化，并称农民抗议背后有锡克教分离主义“卡利斯坦运动”支持。此后，抗议活动受第二波疫情与农忙季节到来的影响有所降温，但非暴力的示威活动仍然持续。

2021年10月3日，内政部国务部长阿贾伊·米什拉（Ajay Mishra）的车队在北方邦冲撞抗议农民引发暴力冲突，至少造成4名农民、1名现场记者和包括司机在内的3名车内人员死亡。阿贾伊·米什拉坚称本人不在现场，而涉嫌肇事的阿贾伊之子阿希什（Ashish Mishra）直至9日才被警方逮捕，引起印度最高法

---

① “PM Modi’s Mann Ki Baat: India ‘Saddened by Insult to Tricolour’ on Republic Day,” https://indianexpress.com/article/india/india - saddened - by - insult - of - tricolour - on - republic - day - says - pm - modi - during - mann - ki - baat - 7168616/.（上网时间：2021年11月5日）

院与反对党介入。[①] 该事件致使持续一年的农民示威再度升温，冲击印人党2022年在北方邦的选举连任前景。

（三）“民主自由”逐渐褪色

2021年7月，多国媒体曝光莫迪政府利用“飞马”（Pegasus）监听软件监视国内反对党领导人与社会人士，重挫印度“民主自由”形象。该软件由以色列网络安全公司NSO开发，可通过网络植入到目标手机中。被植入的手机会在用户不知情的情况下秘密开启摄像头、麦克风等录音录像设备，并将手机中的各种信息发送给监控者。NSO声称该软件仅用于监控罪犯和恐怖分子，但媒体曝光的文件显示，莫迪政府利用“飞马”对包括国大党前主席拉胡尔·甘地在内的反对党领导人、新闻记者、律师、学者等进行监控[②]，涉嫌利用国家资源监视、窥探政治对手。以国大党为首的反对党借机在7月中旬开始的议会季上呼吁最高法院对总理莫迪进行司法调查，并要求内政部长阿米特·沙阿辞职，但手握人民院过半席位的印人党轻松化解反对党的诘难，议会未就此事件展开辩论。电子和信息技术部长阿什维尼·瓦什诺（Ashwini Vaishnaw）回应称，政府“没有进行未经授权的监控”。阿米特·沙阿指责批评者炒作“飞马”旨在抹黑印

① “Ashish Mishra: India Minister's Son Arrested over Lakhimpur Violence,” https://www.bbc.com/news/world-asia-india-58839296.（上网时间：2021年11月5日）

② “Phones of 2 Ministers, 3 OppLeaders among Many Targeted for Surveillance: Report,” https://indianexpress.com/article/india/project-pegasus-phones-of-2-ministers-3-opp-leaders-among-many-targeted-for-surveillance-report-7411027/.（上网时间：2021年11月5日）

度、阻碍国家发展。[①]

除此之外，印人党“一党独大”的政治生态挤压媒体“言论自由”空间，大幅提升媒体批评政府的成本。2021 年 2 月，印度税务与反洗钱执法部门突击搜查有左翼倾向的新闻网站“新闻点击”（Newsclick）总部及其负责人住所，称该网站涉嫌收受来自美国的 3.05 亿卢比境外汇款。[②] 7 月，执法部门以该网站“与中共宣传部门存在联系”为由再次对其开展调查。[③] 印人党发言人称，该网站充当外国势力喉舌，“专门抹黑印度政府”。[④] 同月，印度税务机关对印地语报纸《太阳日报》（Dainik Bhaskar）在多地的办公室进行突击搜查。该报系印度发行量最大的报纸之一，在印人党当下占优势地位的北部印地语区读者众多，发行量超过 400 万份。[⑤] 第二波疫情期间，该报揭露北印度农村疫情严峻，质疑官方公布的新冠肺炎死亡人数，批评莫迪及

① “Pegasus row: Amit Shah Says ‘Chronology Samajhiye’ as Opposition Calls BJP ‘Bharatiya Jasoos Party’,” https://timesofindia.indiatimes.com/india/pegasus-row-amit-shah-says-aap-chronology-samajhaiye-as-opposition-calls-bjp-bharatiya-jasoos-party/articleshow/84556149.cms.（上网时间：2021 年 11 月 5 日）

② “NewsClick: 10 Premises Raided in 5 Days; Editor, Author Confined to Home,” https://indianexpress.com/article/india/newsclick-premises-ed-raid-editor-confined-7187683/.（上网时间：2021 年 11 月 5 日）

③ “ED Probes Media Portal's Funding from Businessman ‘Linked’ to China Regime,” https://timesofindia.indiatimes.com/india/ed-probes-media-portals-funding-from-businessman-linked-to-china-regime/articleshow/84514212.cms.（上网时间：2021 年 11 月 5 日）

④ “BJP Alleges Newsclick's Only Agenda to Defame India Using Foreign Funding,” https://www.business-standard.com/article/current-affairs/bjp-alleges-newsclick-s-only-agenda-to-defame-india-using-foreign-funding-121071800539_1.html.（上网时间：2021 年 11 月 5 日）

⑤ “Top Indian Newspaper Raided by Tax Authorities after Months of Critical Coverage,” https://www.washingtonpost.com/world/asia_pacific/india-modi-press-raid/2021/07/22/facbc01a-eabd-11eb-84a2-d93bc0b50294_story.html.（上网时间：2021 年 11 月 8 日）

印人党地方政府防疫不力。其头版刊登的大规模火葬场面与恒河浮尸照片被外国媒体广泛转载。印度记者俱乐部谴责政府利用执法机构进行恐吓，阻止媒体履行服务社会的职能。反对党草根国大党领导人、西孟加拉邦首席部长玛玛塔·班纳吉亦称政府打击媒体旨在压制真相、扼杀民主。[①]

二、内外并举谋求经济纾困

第二波疫情重创印度经济。印度政府多管齐下谋求经济纾困，但印度经济要彻底恢复至疫情前水平仍面临多重掣肘。

（一）第二波疫情再创印度经济

一是拖累经济复苏步伐。受2020年疫情和全国封锁影响，印度2020～2021财年（4月1日至次年3月31日）经济增速仅为－7.3%，[②] 创1952年有记录以来最低。随着封锁解除，2021年1～3月季度增速回升至1.6%。[③] 新一波疫情暴发后，多地为控制疫情先后采取封锁或宵禁措施，再次冲击印度经济。印度国家银行4月报告称，现有封锁措施将造成1.5万亿卢比（约2.7

① "Indian Tax Officials Raid Newspaper that Took on Narendra Modi over the Pandemic," https://edition.cnn.com/2021/07/22/media/india－dainik－bhaskar－modi－intl－hnk/index.html.（上网时间：2021年11月8日）

② "GDP Contracts 7.3% in FY21, Q4 sees 1.6% Growth; Focus Shifts to Second Wave's Impact," https://economictimes.indiatimes.com/news/economy/indicators/gdp－contracts－7－3－in－fy21－as－q4－sees－1－6－growth－focus－shifts－to－second－waves－impact－on－q1/articleshow/83114362.cms? from＝mdr.（上网时间：2021年11月2日）

③ Manoj Kumar and Aftab Ahmed, "India's Economic Growth Picks up before Huge COVID－19 Wave Hit," https://www.reuters.com/world/india/indias－economic－growth－picks－up－jan－march－before－huge－covid－19－wave－2021－05－31/.（上网时间：2021年11月2日）

亿美元）损失。[①] 多机构下调印2021～2022财年经济增长预期。经济增速尽管4～6月季度因基数效应达20.1%[②]（去年同期跌至-23.9%），但远未恢复至疫情前水平。标准普尔称，受疫情影响，印度面临约占GDP产出10%的永久性损失。[③]

二是金融、财政风险上升。一方面，银行业坏账问题凸显，系统性风险增大。印度央行预计银行业不良资产率将由2021年3月的7.48%上升至2022年3月的9.8%。[④] 同时，外资流入助推股市坚挺，在实体经济疲软情况下，经济泡沫化风险增大。另一方面，财政和公共债务压力增大。2021～2022财政赤字占GDP比重已上升至9.3%，明显高于去年同期的4.6%。国际信用评级机构穆迪称受第二波疫情影响，印度2020～2021财年公共债务占GDP比重将达90%，2021～2022财年预计达92%。[⑤]

三是结构性失衡加剧。随着疫情卷土重来，餐饮、咖啡厅、理发等低端服务业和非正规经济部门再受冲击且难以恢复，大量

---

① PuneetWadhwa, "Economic cost of Mobility Curbs, Lockdowns at Rs 1.5 Trillion: SBI Report," https://www.business-standard.com/article/economy-policy/economic-cost-of-mobility-curbs-lockdowns-at-rs-1-5-trillion-sbi-report-121042300326_1.html.（上网时间：2021年11月3日）

② "India's Economic Growth Accelerates to 20.1% y/y in April-June - govt," https://www.reuters.com/world/india/indias-economic-growth-accelerates-201-yy-april-june-govt-2021-08-31/.（上网时间：2021年11月3日）

③ "Coronavirus | Second Wave Hurting India's Recovery: S&P Global Ratings," 2021, https://www.thehindu.com/business/Economy/coronavirus-second-wave-hurting-indias-recovery-sp-global-ratings/article34433441.ece.（上网时间：2021年11月4日）

④ "Banks' Gross NPAs May Rise to 9.8% by March 2022, Says RBI Report," https://www.indiatoday.in/business/story/banks-gross-npas-may-rise-to-9-8-percent-by-march-2022-rbi-1822826-2021-07-02.（上网时间：2021年11月2日）

⑤ "Second COVID Wave Could Crimp India's Long-term Growth - Moody's," https://www.reuters.com/world/india/second-covid-wave-could-crimp-indias-long-term-growth-moodys-2021-05-12/.（上网时间：2021年11月3日）

人口返贫。皮尤研究中心研究显示，自疫情暴发以来印度有7500 万人重新陷入贫困，第二波疫情更是加剧了这一趋势。[①] 随着封锁时间延长，中小企业再次陷入困境。以信实集团为首的财团则继续扩张经济版图，贫富分化加剧。

四是失业率攀升加剧社会不稳定。印人口结构较为年轻，每年有大量青年劳动力进入市场，“人口红利”成为重要发展潜力。受第二波疫情影响，失业率从 3 月的 6.5% 攀升至 5 月的 11.9% 。印度经济监测中心（CMIE）称，5 月超过 1500 万工作岗位流失。[②] 随着疫情缓解、封锁解除，失业率降至 9 月的 6.86% 和 10 月的 7.75% ,[③] 但仍位居高位。失业人口大量增加不仅掣肘印度享受“人口红利”，而且增加了社会不稳定。

（二）政府多措并举缓解发展困境

印政府一方面在国内通过出台财政刺激计划、推动“生产挂钩激励计划”、国有企业私有化改革等多举措缓解经济困境，另一方面积极开展经济外交，推动疫情应对、经济复苏、气候变化、制造业供应链等多领域国际合作。印度政府还重启多个自由贸易协定谈判，密切与主要国家经贸联系。

对内，多管齐下促增长。一是出台财政刺激计划。印度2021 ~2022 财年预算案宣布将加大医疗和基建投入。基建支出

---

① Bharath Manjesh, “India Coronavirus Dispatch: Pandemic Pushed 75 Million Indians into Poverty,” https: //www. business - standard. com/article/current - affairs/india - coronavirus - dispatch - pandemic - pushed - 75 - million - indians - into - poverty - 121032000439_1. html. （上网时间：2021 年 11 月 5 日）

② Centre for Monitoring Indian Economy, “15 million jobs lost in May 2021,” https: //www. cmie. com/kommon/bin/sr. php? kall = warticle&dt = 2021 - 06 - 01% 2018: 06: 45&msec =766. （上网时间：2021 年 11 月 5 日）

③ “Jobs Crisis Looms as India’s Unemployment Rate Rises to 7. 75% in October,” https: //www. indiatoday. in/india/vdeo/jobs - crisis - looms - india - unemployment - rate - rises - october - 1873693 - 2021 - 11 - 06. （上网时间：2021 年 11 月 3 日）

计划增加35%，包括在多邦启动大规模公路建设，在27个城市修建地铁线路，推进2030年国家铁路网发展计划等。印度政府6月宣布6.29万亿卢比（约860亿美元）刺激计划，包括为医疗基础设施建设及受疫情影响部门提供1.1万亿卢比的担保计划，为中小微企业提供1.5万亿卢比紧急信贷额度保证计划，以及提供资金改善互联网基础设施和COVID－19短期卫生应急准备等。[①] 其中还包括2020年11月宣布的为农民提供的9387亿卢比粮食和化肥补贴。二是以“生产挂钩激励计划”促进“印度制造”。印度2021～2022财年预算案宣布未来五年投入1.97万亿卢比（约270亿美元）用于“生产挂钩激励计划”，涵盖医药、医疗设备、汽车、电信、电子产品等13个行业。[②] 印度政府还积极拓宽汽车零部件、消费电子、电器机械、精造钢制品和铝制品等产品进口来源多元化，并从信贷、股权、数字化建设等方面支持中小企业发展。三是继续推进经济改革。一方面，落实国有企业私有化改革。印政府计划推行1.75万亿卢比（约240亿美元）撤资计划，希望将除原子能和国防、运输和电信、电力和石油、银行和保险等“战略行业”外的国有企业全部私有化。截至3月初，已有31家公共部门企业私有化方案获内阁原则性批准。另一方面，设立新金融机构。3月，印政府批准设立大型发展金融机构（DFI），以促进基础设施项目投资融资。政府还计划成立国家资产重组有限公司（NARCL），用来剥离银行

---

① “Cabinet Approves Rs 6.29 – lakh Crore COVID – 19 Relief Package Announced by FM,” 2021，https：//economictimes.indiatimes.com/news/economy/policy/cabinet – approves – rs – 6 – 29 – lakh – crore – covid – 19 – relief – package – announced – by – fm/articleshow/83985109.cms? utm_source = contentofinterest&utm_medium = text&utm_campaign = cppst.（上网时间：2021年11月5日）

② Press Information Bureau，“Production Linked Incentive Scheme,” https：//pib.gov.in/PressReleasePage.aspx? PRID = 1703785.（上网时间：2021年11月5日）

坏账、减轻银行负担。9月，印内阁批准提供3060亿卢比作为担保。[①]

对外，积极开展经济外交。一是重启多个自由贸易协定谈判。印度商工部部长戈亚尔称，希望与英国、欧盟、澳大利亚、加拿大、以色列、海湾合作委员会（GCC）等国家和地区签订自由贸易协定。5月，印度与欧盟重启2013年搁置的自由贸易协定谈判。9月，印英宣布2021年11月启动自由贸易协定谈判并计划在2022年3月前达成早期收获协议。10月，澳印宣布重启搁置已久的贸易谈判，希望2021年12月达成临时协议，2022年底前达成《澳印全面经济合作协议》（CECA）。[②] 同月，印度和以色列宣布11月重启自由贸易协定谈判，目标是2022年年中签署协议。二是促进小多边经济合作。3月，美日印澳四边机制举行首次领导人会晤。四国在新冠疫苗生产和供应、稀土供应链以及关键新兴科技领域的合作达成一致，同意成立新冠疫苗、关键技术和新兴技术、气候变化3个工作组推进经济合作。4月，印日澳正式启动“供应链弹性倡议”（SCRI），三国商贸部长就新设加强汽车和医疗器械等地区供应链合作机制达成一致。9月，四边机制举行第二次会晤，四国表示将在新冠肺炎疫情、气候危机、技术、网络空间和“自由开放的印太”等问题上深化联系，推进务实合作。三是借金砖国家峰会提升国际影响力。作

① UditMisra, “Explained: Why India Needed a Bad Bank,” 2021, http://timesofindia.indiatimes.com/articleshow/86269329.cms? utm_source = contentofinterest&utm_medium = text&utm_campaign = cpps.t.（上网时间：2021年11月6日）

② DeepshikhaSikarwar, “India, Australia Agree to Sign a Comprehensive Economic Cooperation Agreement by 2022 End,” https://economictimes.indiatimes.com/news/economy/foreign－trade/india－australia－agree－to－sign－a－comprehensive－economic－cooperation－agreement－by－2022－end/articleshow/86656215.cms? from = mdr.（上网时间：2021年11月7日）

为金砖国家峰会主办国，印度积极推动签署《金砖国际科技创新合作行动计划（2021～2024）》《金砖国家农业行动计划（2021～2024）》《金砖国际遥感卫星星座合作协定》等，并推动金砖国家就多边体系改革发表联合声明。金砖国家还对新冠肺炎疫苗知识产权豁免表示支持。

（三）难以迅速恢复至疫前水平

疫情重创印度经济，印度国家公共财政与政策研究所经济学家萨比亚斯卡指出，印度未来13年保持年均7%的增速才有望在2033年重返疫情前增长轨迹。[①] 与此同时，印度经济面临煤炭短缺危机、坏账问题恶化、国际油价上升等挑战，掣肘复苏步伐。10月初，印度发电厂平均煤炭存量低至3～4天用量；电力部、新能源和可再生能源部部长辛格称煤炭短缺恐持续5～6个月。[②] 国际油价上升压力推高印度通胀压力和企业成本。高盛称，全球石油需求强劲反弹，可能推动布伦特原油价格超过每桶90美元[③]（2020年底约为50美元）。受疫情影响，非正规部门、中小企业及个人资产负债状况恶化，违约数上升。印政府此前冻结银行债务偿还，更是拖累银行利息收益，银行业坏账问题持续拖累投资增长。

---

① ShoaibDaniyal, "How Long Will the Indian Economy Take to Recover from the Covid Hit?" https://scroll.in/article/979011/how-long-will-the-indian-economy-take-to-recover-from-the-covid-hit.（上网时间：2021年11月4日）

② "India Stares at Power Crisis with Coal Stocks down to Days," https://www.newindianexpress.com/nation/2021/oct/08/india-stares-at-power-crisis-with-coal-stocks-down-to-days-2369194.html.（上网时间：2021年11月5日）

③ Stephanie Kelly, "Oil Prices Reach Multi-year Highs on Tight Supply," https://www.reuters.com/business/energy/oil-prices-march-again-tight-market-us-crude-7-yr-high-2021-10-25/.（上网时间：2021年11月4日）

三、借“印太”谋军事强国

2021 年，印度军事建设受疫情反复、财政困难等诸多不利因素影响。为缓困解局，印巧借“印太”概念，对内优化军费开支、致力军事改革，对外深化与美日澳法及地区国家军事合作，积极推进军事现代化建设。

（一）军力建设更趋务实

受疫情影响，印国防预算增速大幅缩水。2021～2022 财年，印国防预算为 4.78 万亿卢比（约 655 亿美元），同比仅增长 1.45%，而此前两个财年增速分别为 6.6% 和 9.4%。据简氏防务分析，如考虑通胀因素，印国防预算实际同比下降 7%。[①] 为此，印有意从“增量”转向“增质”，希望通过优化开支结构，在有限国防预算中腾出更多资源用于军力建设。同财年，印国防资本开支（主要用于新装备采购）同比增长近 19%，创 15 年来最高增速，而养老金支出则同比下降 12.8%，降幅明显。[②]

在装备采买上，印更强调“减量增质”，聚焦“印太”方向和紧缺设备。如，向美增购 6 架 P－8I 反潜机和 30 架 MQ－9B 无人机，加强海上监视和反潜能力等。对于武器进口，印态度更趋务实。一方面缩减非必要进口，推动装备国产化。如，发布第二批武器进口负面清单，限制进口巡洋舰、雷达等 108 种武器装

① Janes, “Analysis: India Faces Real－terms Cut in Defence Funding,” https://www.janes.com/defence－news/news－detail/analysis－india－faces－real－terms－cut－in－defence－funding.（上网时间：2021 年 10 月 25 日）

② Huma Siddiqui, “Union Budget 2021: Negligible Hike in DefenceBudget; More Needed to Prepare the Armed Forces,” https://www.financialexpress.com/defence/union－budget－2021－negligible－hike－in－defence－budget－more－needed－to－prepare－the－armed－forces/2184522/.（上网时间：2021 年 10 月 25 日）

备，放弃进口美MK－45舰炮，改为国内生产等。另一方面，积极引进国外先进技术，“为印所用”。如，与以色列合作研发反鱼雷武器系统，推动法国赛峰集团与印度斯坦航空公司签署备忘录，合作开发飞机引擎。

在能力建设上，印重点强化陆海态势感知能力，升级预警和监控系统。在陆上边界，印广布摄像头、雷达和传感器，增购“苍鹭”无人机，使用卫星图像实时监控边界态势，以在第一时间掌控边界动向，提高应急能力。此外，印还不断在边界推动“智能围栏”建设，防止偷渡和“越境袭击”。在海洋边疆，印正积极在沿海各地修建雷达站，目前一期工程已修建46个，正在进行的二期工程计划修建38个固定雷达站和4个流动雷达站。[①] 在“印太”海洋合作名义下，印还以印度洋信息融合中心为平台与域外大国及地区国家分享印度洋海事情报，加大对印度洋往来商船的动向跟踪。

（二）军事改革稳步推进

“印太”概念的提出为印提供诸多战略机遇，但因印军机构臃肿、内耗严重，难以满足印在“印太”框架下的现实需要。为此，印着力推动军事改革，欲清除军内长期存在的顽瘴痼疾。

战区改革初现雏形。印计划将三军现存的17个司令部压缩至4～5个战区司令部。根据印媒披露的改革草案，具体改革措施包括：成立海洋战区司令部，合并海军原有的东、西、南三个战区，主责应对海上威胁，总部设在卡尔瓦尔，由海军三星级将领负责指挥；成立防空司令部，统管三军防空资源，主责应对空

---

① Dinakar Peri, “Additional Coastal Radar Stations to Be Completed by November 2021,” https://www.thehindu.com/news/national/additional-coastal-radar-stations-to-be-completed-by-november-2021/article33537915.ece.（上网时间：2021年10月25日）

中威胁，总部设在阿拉哈巴德或甘地讷格尔，由空军三星级将领负责指挥；组建西部战区，主责西部印巴边界作战任务，总部设在斋普尔；组建东部战区，主则东部中印边界作战任务，总部设在加尔各答或勒克瑙；现有北部战区因承担印控克什米尔维稳和中印边界西段的防卫任务暂时保留。各战区成立后将统管所在辖区内三军资产，执行作战任务，拥有战时指挥权，而各军种只保留培训、后勤、日常维护等职能。① 除战区外，印还将在孟买、古瓦哈蒂和布莱尔港设立3个三军联合后勤补给中心，用以提高后勤补给效率和联合作战能力。根据计划，印将在未来2~3年内完成战区改革。

陆军改革深化巩固。4月，印彻底完成陆军管理下的39家养牛场裁撤工作，为陆军节约近20000英亩国防用地和30亿卢比的年度开支。② 8月，印媒披露印陆军将于年底前组建第一批共12个“一体化作战集群”（IBG），其中负责印巴边界防务的第9军将改组为4个IBG，负责中印边界锡金段防务的第33军将改组为5~6个IBG，负责中印边界打击作战的第17山地打击军将改组为3个IBG。每个IBG人数约5000人，包含步兵、炮兵、装甲兵等兵种，具有灵活机动，可独立作战等优势。③

兵工厂企业化重组取得突破。印兵工厂系统一直因效率低

---

① Rahul Singh, “Theatre Commands to Be Functional in 2 to 3 Years: Officials,” https://www.hindustantimes.com/india-news/theatre-commands-to-be-functional-in-2-to-3-years-officials-101631127582549.html.（上网时间：2021年10月27日）

② PTI, “Indian Army to Finally Wind down Its Cattle Farms,” https://m.economictimes.com/news/defence/indian-army-to-finally-wind-down-its-cattle-farms/articleshow/81778597.cms.（上网时间：2021年10月27日）

③ “Offensive Defence: Army to Ready Its First Set of New Battle Groups by September End,” https://www.newindianexpress.com/nation/2021/aug/09/offensive-defence-army-to-ready-its-first-set-of-new-battle-groups-by-september-end-2342411.html.（上网时间：2021年10月29日）

下、产品质量低劣为人诟病，为提高效率、优化资源，印曾多次尝试将其企业化、市场化，但均因雇员反对无果而终。6月，印内阁不顾雇员罢工威胁，强势通过兵工厂企业化重组方案，将印兵工厂管理委员会（OFB）旗下的41家兵工厂拆分为7家国营国防公司，这标志着印自1775年来建立的兵工厂管理制度正式终结。同时，印政府亦采取措施安抚雇员情绪，如在一定时间内不改变雇员公务员待遇，退休雇员仍享受政府提供的养老金等。根据印国防部数据，新成立的7家公司合计授权股本总额为9120亿卢比，净资产为7930亿卢比。① 10月，印总理莫迪亲自宣布7家新公司的成立，并表示“正是因为历届政府‘忽视’兵工厂现代化，才导致印对外国军火供应商的依赖”。②

（三）军事外交亮点纷呈

在“印太”框架下，印着力提升与域外大国和地区国家军事合作，彰显地区存在，力图形塑印度洋“净安全提供者”形象。

深化美日印澳军事合作。在高层来往上，印与美日澳防务高官来往密切。3月，美防长访印并表示加强美印防务伙伴关系是拜登政府的优先任务，为美印防务合作定下基调。9月，印澳举行首届防长外长“2+2”对话会。期间，澳防长达顿表示印澳防务合作“已达历史最高水平”，将继续在“印太”框架下深化

---

① Jon Grevatt, “Update: India Dissolves OFB, Sets up New DefenceFirms,” https: //www. janes. com/defence - news/news - detail/update - india - dissolves - ofb - sets - up - new - defence - firms. （上网时间：2021年10月27日）

② 7家新公司分别为：印度军火有限公司（MIL）；尼加姆装甲车公司（AVANI）；印度先进武器装备公司（AWE India）；部队物资公司（TCL）；印度扬特拉有限公司（YIL）；印度奥普特尔有限公司（IOL）和印度滑翔器公司（GIL）。

印澳军事合作。[①] 日防卫相岸信夫亦计划年内访印并出席印日第二次"2+2"会议。在联演联训上，四国分别于8月和10月在关岛和孟加拉湾举行两阶段"马拉巴尔"军演，重点演练海上作战、反潜作战等科目，提高四国海军共同作战能力。此外，印与美日澳亦分别举行多场双边联合军演，演习区域西至亚丁湾、东达关岛，彰显四国在"印太"区域内强化安全合作的意愿。在海域态势感知及情报合作上，美日澳均已向印度洋信息融合中心派驻联络官；印美已签署《海洋信息共享技术安排》，强化涉海情报共享；澳防长达顿在访印期间表示印澳将增强海域态势感知和信息共享领域合作。[②]

开拓印欧安全合作。一方面，续推印法防务合作。1月，法总统外事顾问博纳访印，邀请印海军参加霍尔木兹海峡欧洲海洋感知计划，允许印使用法在吉布提的基地，同意深化两国海域态势感知和情报共享合作。[③] 同时，印法相继举行"沙漠骑士"空军联演和"伐楼拿"海军联演，两国海军还共同参加美日印澳法五国"拉彼鲁兹"联合演习。另一方面，重点强化印英防务合作。7月，印陆军参谋长访英，双方同意在网络、陆军现代化、海洋技术和未来空中作战系统四大领域深化合作。10月，

---

① MEA India, "Press Statements Following India - Australia 2 + 2 Ministerial Meeting," https: //www. mea. gov. in/bilateral - documents. htm? dtl/34248/Press + Statements + following + IndiaAustralia + 22 + Ministerial + Meeting + 11 + September + 2021.（上网时间：2021年10月29日）

② MEA India, "Press Statements Following India - Australia 2 + 2 Ministerial Meeting," https: //www. mea. gov. in/bilateral - documents. htm? dtl/34248/Press + Statements + following + IndiaAustralia + 22 + Ministerial + Meeting + 11 + September + 2021.（上网时间：2021年10月29日）

③ Shishir Gupta, "On Rafale and Deadly Panther Choppers, India Gets a Huge Offer from France," https: //www. hindustantimes. com/india - news/france - offers - to - shift - panther - chopper - assembly - line - to - india - rafale - too - 101610181121676. html.（上网时间：2021年10月29日）

英外交大臣、国防参谋长、海军参谋长联袂访印，同时英“伊丽莎白号”航母战斗群抵达孟买附近海域参加两国首次三军联合演习。英国防大臣华莱士称，加强印英伙伴关系是英“印太倾斜战略”的“重要支柱”。[①] 此外，印还先后与欧盟和德国海军在亚丁湾举行联合军演，这些军演均系近年来首次。

加强与“印太”地区国家防务合作。一是构筑安全机制。8月，印与斯里兰卡、马尔代夫举行每半年一次的副国安顾问级会议，同意将该机制命名为“科伦坡安全会议”，并在科伦坡设立秘书处。孟加拉国、塞舌尔、毛里求斯作为观察员列席会议并有望正式加入。二是修建军事设施。2月，印度与马尔代夫签署协议在其首都附近的法瓦鲁环礁修建码头；7月，半岛电视台披露印正在毛里求斯阿加莱加岛修建军事设施，包括两个大型码头和一条超3公里的跑道。[②] 三是提供“安全产品”。5月，一艘搭载危险化学品的货船在科伦坡港附近起火，印紧急派遣船只帮助灭火，以彰显“负责任大国”形象。此外，印还借“印太”合作东风，向越南、马尔代夫、毛里求斯等地区国家提供优惠信贷额度，专用于购买印产武器，以扩大武器出口、平衡开支。

四、中印关系低位徘徊

2021年中印关系的主基调是如何修复因加勒万河谷冲突而

---

① Government of UK, “UK Forges Closer Defence and Security Partnership with India, October 2021,” https://www.gov.uk/government/news/uk-forges-closer-defence-and-security-partnership-with-india-october-2021.（上网时间：2021年10月29日）

② Al Jazeera, “Evidence Points to Secret Indian Navy Base on Mauritian Island,” https://www.aljazeera.com/news/2021/8/3/evidence-points-to-secret-indian-navy-base-on-mauritian-island.（上网时间：2021年10月29日）

严重受损的双边关系。1 月 28 日，印度外长苏杰生在出席第 13 届“全印中国研究大会”时就中印关系发表主旨演讲，提出对发展中印关系的“三个相互”和“八项原则”。[①] 虽然苏杰生在讲话中仍将加勒万河谷冲突归咎于中方，且就中印贸易失衡、中国“阻止”印度加入核供应国集团及成为安理会常任理事国、中巴经济走廊“损害”印度主权等问题老调重弹，但苏杰生在讲话中也强调稳定双边关系的重要性，其“三个相互”和“八项原则”亦有可取之处。紧接着，在中国 2021 年春节来临之前，经过两国外交、军事渠道多轮磋商，中印两军在班公湖地区的一线部队于 2 月 10 日开始同步有计划组织脱离接触，局势明显缓解。中印经贸关系也一度出现改善苗头，印度对来自中国的制造业领域中小企业的投资审批有所放松。[②]

上述迹象似乎表明中印关系有望逐步回暖。但由于印度方面执拗于将边界问题与双边关系挂钩、倾向于以竞争范式来审视双边关系、笃信于能够在中美印三边互动中渔翁得利，中印关系的

① 三个相互：相互尊重、相互照顾敏感关切、相互尊重彼此利益，“八项原则”：必须完整地遵守已达成的协定；必须严格遵守和尊重实际控制线，任何试图单方面改变现状的做法都无法接受；边境地区的和平安宁是双边关系其他领域发展的基础；中印都致力于推动构建多极世界，也应该明确多极亚洲是多极世界的重要组成部分；中印都有各自的利益、关切和优先事宜，但敏感关切不是单方的；作为崛起大国，中印都有各自抱负以及实现之道，这一点不能被忽视；分歧和差异是常有之事，妥善管控对双边关系非常关键；中印作为文明国家，必须有更长远的视角。“Keynote Address by External Affairs Minister at the 13th All India Conference of China Studies,” https：//www. mea. gov. in/Speeches – Statements. htm? dtl/33419/Keynote_Address_by_External_Affairs_Minister_at_the_13th_All_India_Conference_of_China_Studies. （上网时间：2021 年 11 月 7 日）

② NayanimaBasu, Remya Nair, “India Begins to ‘Cautiously’ Approve Chinese Investment Proposals as Border Tensions Ease,” https：//theprint. in/diplomacy/india – begins – to – cautiously – approve – chinese – investment – proposals – as – border – tensions – ease/617331/. （上网时间：2021 年 11 月 7 日）

回暖之路并不顺畅，全年总体上呈现“似有回暖迹象，终归低位徘徊”的态势。

（一）战略互信赤字严重

加勒万河谷冲突之后，印官方和民间的对华敌意明显上升，“联美制华”的论调甚嚣尘上。进入 2021 年，印对华敌意有所降温，2 月发布的“国民情绪调查”显示，在解决与中国边界冲突的政策选择上，受访民众中支持“外交”手段的占比 57%，选择“战争”“经济战/制裁”“不确定”的比例分别是 20%、17% 和 6%，[①] 而在 2020 年 8 月的“国民情绪调查”中，支持“战争”的占比高达 59%。[②] 但这种对华政策趋于冷静的情况很大程度上是策略性反思，并不意味着对华认知的根本转变。相反，印度官方在阐述对外政策时，日益迎合美国对华“咄咄逼人”“修正主义”等话语表述，批评中国在边境问题上搞“扩张主义”，渲染“印度关切的是中国在边境的大规模集结部队释放何种信号、怎么发展、对双边关系意味着什么”。[③] 印度精英层对华认知趋于负面。前驻华大使顾凯杰（Vijay Gokhale）

---

① “Mood of the Nation,” *India Today*, https://www.indiatoday.in/mood-of-the-nation-survey-2021.（上网时间：2021 年 11 月 7 日）

② “Mood of the Nation,” https://www.indiatoday.in/mood-of-the-nation-survey-2020.（上网时间：2021 年 11 月 7 日）

③ “Keynote Address by External Affairs Minister at the 13th All India Conference of China Studies,” https://mea.gov.in/Speeches-Statements.htm?dtl/33419/Keynote+Address+by+External+Affairs+Minister+at+the+13th+All+India+Conference+of+China+Studies（上网时间：2021 年 11 月 10 日）；Express News Service, “Disengagement Not De-escalation: Army Chief Says India to Maintain Troop Levels along China Border,” *Indian Express*, May 30; Deeptiman Tiwary, “Our Forces Can Be More Hostile on China Border if Needed: Outgoing ITBP Chief,” *Indian Express*, August 31, 2021.

在《长期博弈：中国如何与印度谈判》等专著中[①]对华论调非常消极，极大毒化了公众对华认知；相对理性的前国家安全顾问梅农、白康迪（Kanti Bajpai）等对中印关系前景也更趋悲观。[②] 2021 年 10 月，印战略界重磅涉华报告《印度通往权力之路：漂泊世界的战略》明确指出，"未来十年，印度外部安全政策最重要的事项是应对来自中国的挑战"。[③] 印度民间对华认知也不容乐观。观察家研究基金会 2021 年 8 月发布报告《2021 年外交政策调查：印度年轻人与世界》（以 18～35 岁的城市年轻人为主要民调对象）显示，70% 的受访者对中国崛起表示"关切/担忧"，78% 的受访者"支持"或"强烈支持"莫迪政府的对华政策；44% 的受访者认为美国是印度未来十年最主要合作伙伴（选择俄罗斯和中国的分别只有 20% 和 2%）；62% 的受访者认为在中美博弈中，印度应该选择与美国合作。[④]

（二）边界问题僵局难破

2021 年，中印继续通过多种途径就缓和边界局势保持沟通磋商。截至 11 月 8 日，中印两国外长有两次通话、两次会晤，主要谈及边界问题；中印共举行 2 次边境事务磋商与协调工作机制会议（2020 年 6 次）和 5 次军长级会谈（2020 年 8 次），为

---

① Vijay Gohkale, *The Long Game: How the Chinese Negotiate with India*, Vintage Books, July 2021.

② Kanti Bajpai, *India Versus China : Why They Are Not Friends*, HarperCollins India, June 2021; ShivshankarMenon, *India and Asian Geopolitics: The Past, Present*, Penguin Allen Lane, April 2021.

③ Yamini Aiyar, Sunil Khilnani, *India's Path to Power: Strategy in a World Adrift*, Centre for Policy Research, October 2, 2021, p. 12, p. 18.

④ Harsh Panta, Prithvi Lyer, etc, *The ORF Foreign Policy Survey 2021: Young India and the World*, ORF, August 2021.

缓和边界局势起到了积极作用。[①] 不过，印度的消极立场导致谈判陷入僵局，成为双边关系改善的最大障碍。

一方面，印度“两个前提”的做法阻碍谈判进程。1988年中印关系正常化的重要基石，是双方同意将边界问题与其他问题脱钩处理，将边界问题“放在中印关系中的适当位置”，但这种共识在加勒万河谷冲突之后被印度打破。2021年，印度继续将边界问题“扩大化”，将印方“恢复到2020年4月前的现状”的不合理主张作为缓和边境局势的前提，将边境局势的缓和作为发展双边关系的前提，极大增加了双边关系转圜的难度。诚如第十三轮军长级会谈之后，中方西部战区发言人指出的，“印方仍坚持不合理也不切实际的要求，为谈判增加了困难”。[②]

另一方面，印度通过舆论炒作、加强战备、完善基建等展示强硬姿态。在舆论上，印度围绕“中方大规模集结兵力”“中印东章对峙”事件，以及《陆地国界法》《关于加快中不边界谈判“三步走”路线图的谅解备忘录》等反复炒作，抹黑中国“改变现状”“咄咄逼人”。如，印度官方对中国《陆地国界法》异常敏感、自我对号入座，称“针对中方单方面通过可能影响两国边境管理和边界问题现有安排的法律，印度表示关切……希望中国避免以这项法律为借口采取单方面改变印中边境局势的行

---

① 截至11月10日，中印两国外长有两次通话、两次会晤，主要讨论稳定边境军事；全年共举行2次边境事务磋商与协调工作机制会议（2020年6次）、5次军长级会谈（2020年8次）。

② 中华人民共和国国防部，“西部战区新闻发言人龙绍华大校就中印第十三轮军长级会谈发表谈话”，http://www.mod.gov.cn/topnews/2021-10/11/content_4896448.htm。（上网时间：2021年11月8日）

动”。[①] 在战备上，印军修改《作战指令》（Order of Battle），将军事斗争重点从西线（对巴）转向北线（对华）；加强边境军力部署，确保“足够兵力与中国抗衡”，并做好与中国进行“消耗战”“持久战”的准备；强化“苍鹭”无人机、美式155毫米超轻型榴弹炮等针对性装备部署，与美加强军事情报、高海拔作战等方面合作，强化对华军事对抗。[②] 在基建上，印加速推进边境地区以及通往边境地区的交通网络。如，6月28日，国防部长拉杰纳特·辛格携北方司令部司令等军政要员，出席列城—洛默（Loma）公路上一座可运输重型武器系统的战略性桥梁的落成仪式，同步以视频方式参加其他62座边境地区桥梁的落成仪式，称其在维护国家安全方面将发挥重要作用。[③]

（三）其他领域合作弱化

印度还在其他诸多涉华议题上制造麻烦。在经贸合作上，虽然印度对华贸易不减反增，2021年有望突破1000亿美元，但印度政府继续执行对中国投资的歧视性政策，如永久封禁59款中国的移动应用（App）、将华为和中兴通讯排除在第五代通信技

---

① “Official Spokesperson's Response to Media Queries on China's Land Boundary Law,” https://www.mea.gov.in/response-to-queries.htm? dtl/34419/Official_Spokespersons_response_to_media_queries_on_Chinas_Land_Boundary_Law.（上网时间：2021年11月7日）

② “LAC face-off: India Shifts 50,000 Additional Troops to China,” *Times of India*, June 28, 2021; Snehesh Alex Philip, “These Are theKey Changes Army Has Made in Ladakh to Counter China in Summer,” https://theprint.in/defence/these-are-the-key-changes-army-has-made-in-ladakh-to-counter-china-in-summer/638253/; Snehesh Alex Philip, “As trust deficit lingers, India & China prepare for another harsh winter deployment in Ladakh,” https://theprint.in/defence/as-trust-deficit-lingers-india-china-prepare-for-another-harsh-winter-deployment-in-ladakh/744559/.（上网时间：2021年11月7日）

③ “Raksha Mantri Shri Rajnath Singh in Ladakh; Dedicates to the Nation 63 Bridges-Built by BRO in Six States &Two UTs,” https://pib.gov.in/PressReleasePage.aspx? PRID=1730936.（上网时间：2021年11月7日）

术（5G）测试之外等，对华数字脱钩、产业脱钩、制造业竞争等态势明显。在全球治理上，印度在气候变化、海洋安全等议题上与中国拉开距离甚至立场向左。以海洋安全为例，印度总理莫迪在8月主持了以“加强海洋安全——国际合作案例”为题的联合国高级别公开辩论，提出加强海洋安全五项倡议，强调“发展基建项目时，必须考虑到对象国的可持续性和吸收能力，必须制定合适的全球规范和标准”。[①] 对比2021年9月美日印澳四边峰会的有关成果可以发现，印度相关表态对华指向明显。在气候变化问题上，印度试图“完全与中国脱钩”，放大中印在碳排放总量、发展道路上的不同。[②] 印度还在涉藏、涉台等议题上搞小动作。如，总理莫迪7月6日公开致电达赖喇嘛祝其生日快乐，“阿鲁纳恰尔邦”（我藏南地区）、锡金邦首席部长等要员相继跟进，这与2018年3月印度政府禁止“流亡藏人”在新德里搞政治集会、禁止政府官员参加“西藏流亡政府”活动的政策背道而驰，表明印度酝酿对华打“西藏牌”。[③] 印度还与台湾当局互动热络，印人党政要公开祝贺台湾“国庆”，台湾“外交部”则在社交媒体上“感谢全球民主国家（特别是印度朋友）

---

① 五项原则是：消除合法海上贸易的壁垒；必须以和平方式、基于国际法的方式解决海洋争端；共同应对自然灾害以及非国家行为体带来的海上威胁；必须保护海洋环境和海洋资源；鼓励负责任的海上互联互通。“English Translation of Prime Minister's Remarks at the UNSC High - Level Open Debate on ‘Enhancing Maritime Security: A Case For International Cooperation’,” https://www.mea.gov.in/Speeches - Statements.htm?dtl/34151/English_translation_of_Prime_Ministers_remarks_at_the_UNSC_HighLevel_Open_Debate_on_Enhancing_Maritime_Security_A_Case_For_International_Cooperation_A.（上网时间：2021年11月8日）

② Yamini Aiyar, Sunil Khilnani, *India's Path to Power: Strategy in a World Adrift*, Centre for Policy Research, October 2, 2021, p. 35.

③ Sanjeev Miglani, “India's Modi phones Dalai Lama on Birthday, Sign of Friction with Beijing,” *Reuters*, July 6, 2021.

的国庆祝福”。[①]

当然，中印关系面临的复杂形势并不必然决定两国关系将会持续走低，也不必然意味着中印将走向对抗。中印互为最大邻国，在实现各自民族复兴的道路上拥有诸多共同利益，任由关系恶化下去不符合任何一国的利益。2022 年是中国对印自卫反击战 60 周年，是考验中印关系的敏感节点。中印需要从战略高度审视双边关系，以务实理性态度处理现实矛盾，努力推动双边关系早日重回正轨。

（审定：傅小强）

① “Taiwan Sends Special Thanks to India for ‘Touching National Day Message’ and Support,” https：//www. republicworld. com/world – news/rest – of – the – world – news/taiwan – sends – special – thanks – to – india – for – touching – national – day – messages – and – support. html. （上网时间：2021 年 11 月 8 日）

第三篇
地区格局与战略走势

第八章　东北亚僵局中暗流涌动*

2021年，东北亚地区形势总体平稳，但朝鲜半岛核问题等安全问题的解决未能取得积极进展。各方仍持续展开战略角力，强化本国军备，地区军备竞赛阴影浮现，安全风险不容小视。

一、朝鲜"八大"开启自力更生新路线

2021年，朝鲜依旧面临着国际制裁、新冠肺炎疫情、自然灾害等三重冲击，遇到了"史上未曾有过的困难"。[①] 特别是朝鲜依旧采取严格的"封国"和严格管控国内人员流动的"超级防疫措施"，取得了"零感染"的成就，但也付出了巨大的经济代价。朝鲜切断与国外的人员往来和大部分物资交流，导致原材料、机械、粮食、外汇日益紧张，加剧了本国的经济、外交、民生困难。金正恩坦承，"几乎所有部门在很大程度上没有完成五年战略目标"。[②] 据韩国央行评估，朝鲜国内生产总值（GDP）在2020年下降了4.5%。[③] 为了克服上述困难，朝鲜在经济、党

---

* 本章撰稿人：袁冲、陈向阳、刘天聪、王付东。

① "金正恩同志发表纲领性讲话《根据社会主义建设的新的发展期进一步改善和加强党务工作》"，《劳动新闻》，2021年10月11日。

② "金正恩同志在朝鲜劳动党第八次代表大会上致开幕词"，《劳动新闻》，2021年1月6日。

③ "朝鲜经济去年萎缩幅度为23年最大 受制裁与新冠打击——韩国央行"，路透社，2021年7月30日。

建、外交、防疫等领域持续着力。2021 年 1 月 5 ~ 12 日，朝鲜举行劳动党第八次代表大会，提出了新五年计划发展目标以及一系列内政外交重要任务。八大定下的基调，基本上得到了坚持。

（一）集中主要精力发展经济

朝鲜劳动党八大明确“社会主义经济建设是当前我们必须集中全力的最重要的革命任务”，基本上延续了 2018 年七届三中全会确立的“集中一切力量搞经济建设”的新路线。八大代表中，行政经济领域的人数从七大的 423 人增加到 801 人，军人从七大的 719 人减少到 408 人，反映出对经济的重视程度之高。八大制订了新的经济发展五年计划，总的方向是搞活整个国民经济、改善人民生活，基本战略是整饬战略、充实战略，恢复整顿经济工作体系和相关部门之间的有机联系，夯实自立经济的基础，推动朝鲜经济走上不受任何外部影响灵活运行的正常轨道。10 月 10 日，在朝鲜劳动党成立 76 周年纪念报告会上金正恩宣誓，将在五年计划期间着手搞活国家经济、解决人民食衣住问题，之后将开展下一个阶段的宏伟斗争，打造社会主义强国。[①] 朝鲜目前发展经济的主要措施如下：

第一，“整饬整顿、巩固充实”重点经济领域，推动国民经济正常运行。八大、八届二中全会等会议强调重点发展冶金、化工等基础产业，实现国民经济各部门生产正常化；加大对煤矿等矿产业的经济投入以恢复产能，实现机械工业生产多样化；推动轻工业原材料国产化、再生化；加强农业部门物质技术基础；强调科技及人才在经济建设中的重要推动作用。八大报告还突出旅游业是“向全世界显示日新月异的我国形象的重要工作”，“将

① “金正恩同志发表纲领性讲话《根据社会主义建设的新的发展期进一步改善和加强党务工作》”，《劳动新闻》，2021 年 10 月 11 日。

金刚山地区转变成为我们朝鲜式现代文化旅游区”，显示出对外开放的一面。

第二，强调自力更生和加强国家对经济的宏观计划、指导。金正恩执政以来，朝鲜市场化速度非常快，在商业、农业、工业、贸易等领域采取了一系列市场化的简政放权措施，取得了较好成果。但市场化副作用也日益显现，加之近年来严厉的国际制裁和新冠肺炎疫情导致朝鲜经济非常困难，自力更生和加强国家对经济的管控成为朝鲜克服目前困境的重要措施。2019 年 12 月底，朝鲜在七届五中全会上宣布，将采取以自力更生为主的“正面突破”战略应对国际制裁和封锁。八大重点强调了自立经济、计划经济，强调“严明实现国家对经济工作统一指导的纪纲”，“在全盘商业服务活动中恢复国家的主导作用、调整管控力”。八大还设立非常设经济发展委员会，以恢复内阁对总体经济的统一管理职能，克服此前多个部门拥有经济管理权限的“本位主义”弊端。在 2 月召开的八届二中全会工作报告中金正恩严厉谴责国家经济指导机关在制定目标过程中表现消极保守，督促各部门制订具体工作计划，强调实现原材料、技术的国产化和自主化。4 月，朝鲜召开劳动党第六次支部书记大会，呼吁各级党组织进行新的“苦难行军”，解决当前困难。6 月召开的八届三中全会再次强调提高劳动党在经济建设中的引领作用。

2021 年上半年朝鲜工业总产值超额完成任务，比去年同期增长 25%，国家经济整体稳步增长。但因农业部门 2020 年遭受台风灾害而未完成粮食生产计划，目前粮食情况紧张，搞好农业生产是朝鲜当前最重视、最优先解决的战斗任务。①

---

① “朝鲜劳动党第八届中央委员会第三次全体会议召开”，《劳动新闻》，2021 年 6 月 16 日。

（二）强化党建，完善党政军运行机制，确保政局稳定

2021年是金正恩执政十周年，其上任以来在国家治理方面最突出的做法是推动党政机制运行的正常化、制度化，今年依旧延续了上述趋势。1980年10月六大召开后，朝鲜劳动党代表大会曾停滞36年多。2016年劳动党七大召开后，朝党政机制逐步常态化，七大期间朝鲜共召开6次中央全体会议、22次政治局会议等。八大正式修改党章，进一步强化上述趋势。新党章规定，每5年召开一次党的代表大会，恢复党委书记制，恢复总书记作为党的最高领导职务，将各级党委员会委员长、副委员长改为责任书记、书记、副书记，中央政务局恢复为中央书记局。新党章确认“党中央政治局常委会讨论和决定政治、经济、军事上的重大问题”，并追加“讨论党和国家重要干部任免”和“受党首脑的委托可以主持政治局会议”等权限，在国家重大事务中的决策权限大幅提升。新党章强调朝鲜人民军必须接受党的领导。八大还重组中央检查委员会，强化其党内纪检和监察权限，强调中央检查委员会要“树立纪纲、监督调查有碍于中央唯一领导的违反党纪以及耍官僚、营私舞弊等一切行为”。在八届二中全会金正恩再次强调，“党组织要大力开展克服干部们的逞威风、耍官僚、营私舞弊行为的斗争”，“坚决根除庇护和助长反社会主义、非社会主义行为的对象”。新党章还在确立金日成金正日主义为永恒指导思想的基础上，把金正恩任内重点打造的人民群众第一主义确立为党的基本政治方式，金正恩特色的治国理念逐步确立。人事方面的新老交替也稳步推进。八大对七大的2名政治局常委、16名政治局委员、9名政治局候补委员进行了交替。金永南、朴奉珠、杨亨燮、金己男等政坛元老卸任重要职务，赵甬元、金德训、金才龙、李日焕等年富力强的干部就任重要职务。

（三）展开缓和外交，维持半岛缓和局面

朝鲜劳动党八大提出，“从政治外交上确保社会主义建设为当前对外工作的总的方向”，全面扩大和发展对外关系。劳动党八届三中全会提出“做好对话和对抗准备”，“集中力量稳定管控朝鲜半岛局势”，主动营造有利的外部环境。今年朝鲜对外关系的总基调是缓和，具体表现为：

第一，发展和扩大同社会主义国家的关系，尤其是发展对华关系。在八大报告中金正恩对朝中关系的发展予以充分肯定，表示朝鲜劳动党对源远流长而特殊的朝中关系发展予以首要关注，按照新世纪要求发展同中国的友好关系，谱写以社会主义为核心的朝中友好关系的新篇章。7 月，金正恩向习近平总书记致电祝贺中国共产党建党百年，强调中朝两党两国友谊。10 月 25 日，在中国人民志愿军赴朝参战纪念日之际，金正恩向中国人民志愿军烈士陵园敬献花圈，强调朝中友谊“永不褪色”。朝鲜还在台湾、涉港、涉疆等问题上积极支持中国立场。

第二，稳定对韩关系。在八大报告中金正恩呼吁一致中止对对方的敌对行为，认真对待并履行朝韩间签署的宣言（2018 年《板门店宣言》《平壤共同宣言》）。2021 年上半年，朝韩两国领导人多次亲笔书信来往，7 月 27 日双方正式恢复通信联络热线，两周后因朝方不满美韩联合军演而再次中断。9 月 29 日，在朝鲜第十四届最高人民会议第五次会议上金正恩指示，朝韩从 10 月 4 日再次恢复热线联系。朝方敦促“韩国当局应做出积极努力，使韩朝关系步入正轨，并解决必须优先考虑的重要任务，以开辟未来的光明前景”。

第三，对美软硬两手，避免朝美关系持续恶化。朝鲜劳动党八大重申美国取消对朝敌视政策是建立新的朝美关系的关键，对美国奉行“强对强”“善对善”的基本原则，将美国放弃对朝敌

视作为恢复谈判的前提。朝鲜拒绝了美国要求无条件恢复对话的提议，始终坚持在朝美恢复对话前，美国必须首先放弃“敌对政策”，包括美国对朝经济制裁和美韩联合军演等。与此同时，朝鲜也并未进行对外界刺激性强的核和远程导弹试验，而主要进行烈度较低的短程导弹试验，对外姿态较为平衡。美韩反应也较为平和，避免了半岛局势持续紧张。

二、文在寅执政末期求稳审慎

2021 年，文在寅在最后任期内致力于克服危机，全力恢复经济和生活秩序，执政成绩得到韩国民众认可。但抗疫、恢复经济等挑战艰巨。文在寅着力在任期内打造外交成果，其平衡外交态势得到坚持。

（一）执政末期“跛脚鸭”风险大升

2021 年 1 月，文在寅支持率从 2020 年 4 月国会选举时的 57%跌至 35%，反对率从 35%骤升至 55%，执政形势日趋困难。[①] 4 月 7 日执政党共同民主党在地方行政长官和地方议员再选补选中惨败后，文在寅执政形势雪上加霜，支持率首次跌至 29%。[②] 造成文在寅执政末期困境的主要原因有：

第一，下届总统选举提上日程。韩国中央选举管理委员会宣布将在 2022 年 3 月 9 日举行总统选举，京畿道知事李在明（当

---

① “데일리오피니언제 396 호(2020 년 4 월 2 주) - 제 21 대국회의원선거, 차기정치지도자, 코로나 19”，https：//www. gallup. co. kr/gallupdb/reportContent. asp? seqNo = 1098；데일리오피니언제 431 호(2021 년 1 월 1 주) - 재보궐선거결과기대, 전직대통령사면,정치관련인식, 새해국정우선과제，https：//www. gallup. co. kr/gallupdb/reportContent. asp? seqNo = 1169。（上网时间：2021 年 11 月 1 日）

② 지지율 30% 턱걸이文, 레임덕기로…백신·부동산이관건，https：//www. donga. com/news/article/all/20210424/106569229/1。（上网时间：2021 年 10 月 15 日）

选共同民主党总统候选人后已辞去知事一职）、前总理李洛渊、前总理丁世均、前法务部长官秋美爱、前庆尚南道知事金斗官等执政要人纷纷开始布局总统选举，疏离甚至掣肘文在寅执政，拉低了文在寅的支持率。历史上，金泳三、金大中、卢武铉、李明博、朴槿惠执政末期支持率曾降至6%、24%、12%、21%和5%。

第二，强势执政副作用明显。在2020年4月国会选举中，执政党共同民主党在300个席次中，一举斩获180个议席，获得单独推动国会立法的能力，为文在寅政府强势推进补充财政预算、实施抗疫救济、成立公诉处、强化媒体仲裁等政策保驾护航，但也造成民众对强势执政党的担忧。如，在房地产政策上文在寅政府从上台之初起连续出台25项政策，非但未能实现“稳定房地产价格、遏制投机行为”初衷，反而刺激房价和房租“疯涨”。2021年10月，首尔市区公寓均价首次突破12亿韩元（约合103万美元），比文在寅上台前上涨100%以上；全租公寓均价从4亿韩元（约合34万美元）上涨到6亿韩元（约合51万美元），涨幅超过50%。[①] 韩国盖洛普公司2021年7月调查结果显示，韩国78%的民众认为“文在寅政府的房地产政策不好”。

第三，执政高层丑闻频发。文在寅上台以来，执政党阵营法务部长官曹国、首尔市长朴元淳、釜山市长吴巨敦、法务部长官秋美爱、前环境部长金恩京、国会议员尹美香、前蔚山市长宋哲浩和前庆尚南道知事金庆洙等相继陷入丑闻，严重损害文在寅塑造的“公正”形象。尤其2021年3月韩国土地住宅公社职员非

① 文 국회연설 99% 자화자찬, 부동산참사엔 “개혁과제” 말장난，[조선일보]，https：//news. naver. com/main/read. naver? mode = LSD&mid = shm&oid = 023&aid = 0003648629&sid1 = 110&opinionType = todayEditorial。（上网时间：2021年10月15日）

法炒房丑闻曝光后，深受高房价折磨的年轻选民甚为反感。①

第四，新冠肺炎疫情反弹。2020 年，文在寅政府通过强有力的抗疫举措，较早控制疫情蔓延，推动恢复民众正常生活状态，所谓“韩式抗疫”广受好评。但 2020 年底开始，韩国疫情反弹，政府被迫恢复强有力的抗疫举措，这进一步加剧民众，尤其是年轻群体的生活痛苦，对文在寅执政构成致命冲击。以釜山市为例，与其他年龄段相比，2020 年 40 岁以下年轻人的就业率降幅最大；月薪少于 100 万韩元（约合 846.7 美元）人群中，30 岁以下年轻人占比约八成。② 韩国盖洛普公司的调查结果显示，2020 年 5 月，85% 的民众认为文在寅抗疫举措得力；2021 年 3 月 19 日，此比例降至 60%。③

第五，朝鲜半岛和平进程长期停滞。推进朝鲜半岛和平进程是文在寅外交政策的重中之重。2018 年，文在寅借助平昌冬奥会开启“朝鲜半岛和平之春”，不仅与金正恩举行朝韩板门店、平壤峰会，还促成史上首次朝美首脑会谈，大幅提升民意支持率。但 2019 年美朝河内峰会无果而终后，朝鲜全面停止与美、韩对话。拜登政府上台后，虽然强调“愿意随时随地无条件重启美朝对话”，但朝鲜坚持美国应放弃对朝“敌视政策和双重标准”。拜登政府政府未能推动形成美朝关系“蜜月期”，致使文在寅政府难以推进朝鲜半岛和平进程。④

---

① “공정・북한・코로나... 민주당의 ‘절대반지’ 가사라졌다”，《韩国日报》，2021 年 3 月 22 日。

② “통계로본청년들의 ‘분노’ …이유있었다，https：//news.naver.com/main/read.nhn? mode = LSD&mid = shm&sid1 = 100&oid = 056&aid = 0011025485。（上网时间：2021 年 10 月 15 日）

③ “韩国疫情严峻　新增病例创新高”，http：//www.xinhuanet.com/world/2020-12/14/c_1210929279.htm。（上网时间：2021 年 10 月 15 日）

④ “공정・북한・코로나... 민주당의 ‘절대반지’ 가사라졌다”，《韩国日报》，2021 年 3 月 22 日。

（二）平稳审慎执政，维持进步阵营优势

文在寅末期执政重点关注强力抗疫、保障民生、刺激经济、协调政局、塑造外交成绩等，确保后期执政顺利。

第一，继续强力抗疫。1 月 5 日，文在寅发表新年施政演讲，强调要把抗疫视为首要课题。为此，文在寅政府一方面恢复强力抗疫举措，宣布恢复最高等级的社会隔离举措，禁止 3 人以上集会和娱乐场所营业，并调整缩短中小学校开学时间，另一方面推进全民接种。文在寅表示，将争取韩国成为接种模范国，尽快恢复正常生活。4 月 26 日，代总理洪楠基表示，年内将确保获得 1.92 亿剂（合 9900 万人份）疫苗，完成上半年接种 23%（1200 万人）、11 月接种 70% 的目标，最终实现“与病毒共存”（Living With COVID－19）。[①] 10 月 25 日，韩国政府公布三阶段恢复正常生活路线图草案：11 月 1 日开始为第一阶段，允许娱乐设施外的机构 24 小时营业；12 月 13 日开始为第二阶段，恢复娱乐场所的 24 小时营业；2022 年 1 月 24 日开始为第三阶段，取消集会限制。[②] 11 月 2 日，韩国新增病例超过 1000 例，累计确诊病例 367974 例、死亡 2827 例，但一次接种率和二次接种率分别达到 80.3% 和 75.6%。[③]

第二，全力保障民生。文在寅表示，韩国政府将保障民生视为紧迫的课题，将继续支付灾难援助金，夯实社保网络体系；全力支持就业，扩大非正式、特殊岗位员工就业；着力解决房地产

① “홍남기‘9900 만명백신확보…자유로운일상누리도록준비’”， https：//news.naver.com/main/read.nhn?mode=LSD&mid=shm&sid1=100&oid=057&aid=0001571400。（上网时间：2021 年 11 月 2 日）

② “내달 1 일부터위드코로나…3 단계방역완화로 1 월엔일상누린다”，韩联社，2021 年 10 月 25 日。

③ “코로나바이러스감염증－19（COVID－19）”，http：//ncov.mohw.go.kr/。（上网时间：2021 年 11 月 2 日）

问题，重点革新住宅供应方案。在社会保障上，韩国 3 月 25 日追加 15 万亿韩元（约合 127.5 亿美元）的第四次灾难援助金，包括 8.1 万亿韩元（约合 68.8 亿美元）紧急支援金、2.8 万亿韩元（约合 23.8 亿美元）紧急就业援助金、4.1 万亿韩元（约合 34.8 亿美元）疫苗采购金等。[①] 10 月开始，根据《损失赔偿法》，对疫情造成的企业营业损失进行赔偿。在促进就业上，构建国家就业扶持机制，增加公司扩大就业补贴力度，4 次向艺术家、特定就业者、自由职业者等提供紧急就业补贴，同时努力扩大就业保障网。但在房地产政策上，在 2021 年 5 月执政四周年施政演讲中文在寅首次公开承认控制房价政策失败。[②]

第三，积极刺激经济增长。文在寅表示，2021 年将最大限度推进“韩版新政”，培育新兴产业和风险企业，争取成为全球经济恢复最快的强国。[③] 2020 年 12 月，韩国以 2017 年碳排量为基准，制定《实现可持续低碳社会的 2050 碳中和战略》，并将《2030 年国家温室气体减排目标》从 26.3% 提高到 40%，拟全面推进经济能源结构与社会转型。[④] 2021 年 5 月 12 日，在访问三星电子平泽第三工厂时文在寅宣布“构筑全球最高水平半导体生产基地、2030 年主导全球半导体供应链”的“韩国版半导体战略”：打造世界最大半导体产业带；对半导体研发投资减免 40% ~50% 税收；设立 1 万亿韩元的半导体设备专项资金；确保

① “15 조추경, 본회의통과…4 차재난지원금 20 조넘어”，韩联社，2021 年 3 月 25 日。

② 文국회연설 99% 자화자찬, 부동산참사엔 “개혁과제” 말장난, [조선일보], https://news.naver.com/main/read.naver?mode=LSD&mid=shm&oid=023&aid=0003648629&sid1=110&opinionType=todayEditorial。（上网时间：2021 年 11 月 2 日）

③ “文‘위기속대한민국진면목…새해선도국가로힘차게전진’”，韩国纽西斯通讯社，2021 年 1 月 5 日。

④ 文在寅，“2021 년도예산안시정연설”，https://www1.president.go.kr/articles/9398。（上网日期：2021 年 5 月 12 日）

半导体园区的10年用水量；10年追加培养1500名专家；制定《半导体特别法》。8月9日，韩国法务部特意修改保释条例，批准三星集团副会长李在镕保释出狱，以推进“韩国版半导体战略”。韩国银行估计，韩国2021年经济增长率将达到4.0%，有望成为经济增长率最高的OECD国家。[①]

第四，主动加强政治协调。对政府，文在寅4月16日提名前行政安全部部长金富谦为总理，并更换5个部长，拟通过大规模政府改组，来克服地方主义、推进社会改革、促进国民和解、稳定末期执政。[②] 对执政党，文在寅10月26日会见属于“非亲文（在寅）派”的共同民主党总统候选人李在明，以消除双方隔阂，强化党政协调。对反对党，文在寅5月提议建立朝野定期协商机制，6月主动向国民力量党新任党首李俊锡赠礼，并呼吁双方合作抗疫。

第五，努力塑造外交成果。一是推进朝韩对话。1月21日，文在寅表示，三次朝韩峰会为推进半岛和平进程、打开美朝对话大门、维护半岛和平做出了重大贡献，2021年将尽最大努力实现美朝、朝韩对话的大转变。[③] 5月10日，在执政四周年特别演讲中文在寅再次强调将抓住“最后机会”，全力推动朝鲜半岛和平进程。[④] 为此，韩国积极推动恢复朝韩通讯联络渠道，重启医疗保健、防疫、气候环境合作及离散家人会见，打造半岛生命·

① “주요경제지표”，https：//ecos. bok. or. kr/。（上网时间：2021年11月2日）

② “文 대통령. 김부겸신임총리지명…통합형정치인”，https：//news. naver. com/main/read. nhn? mode = LSD&mid = shm&sid1 = 100&oid = 031&aid = 0000593672。（上网时间：2021年11月2日）

③ “문재인대통령. 외교·통일·국방부 2021년업무보고받아”，韩国《中央日报》，2021年1月21日。

④ “마지막기회…문대통령，임기말한반도평화정착에총력의지”，韩联社，2021年5月11日。

安全共同体，与朝开展易货贸易、个人游、铁路公路衔接等合作。文在寅9月21日在联合国大会上再次提议签署美朝韩三方或中美朝韩四方的《终战宣言》，10月29日在参加二十国集团（G20）罗马峰会期间建议教皇访朝，11月1日在英国COP26峰会上提议加强南北山林合作。文在寅虽然展现改善朝韩关系和重启朝美谈判的坚定意志，但受制于拜登政府对朝谈判与制裁并行的“双轨”政策，一直没有取得实质性突破。①

二是升级韩美同盟。3月18日，韩美举行拜登上台后的首次“2+2”会谈，重申韩美联盟是维护朝鲜半岛和“印太”和平安全繁荣的战略支点，韩美联盟已发展成为全面的全球伙伴关系。5月21日，文在寅与拜登举行首次峰会，韩美首次在联合声明中提及台湾地区，称“认识到台湾海峡和平稳定以及美日澳印四方对话机制（QUAD）开放、透明、包容的地区多边主义的重要性”。有评论称，韩国将外交中心稍稍偏向美国。② 但韩国坚持中国是韩国的近邻和最大的贸易对象国，继续其拒绝在中美之间选边站的一贯态度和立场。③

三是主动向日示好。文在寅在1月10日新年致辞和“3·1节”讲话中均表示要推动发展面向未来的韩日伙伴关系。④ 为

---

① “미국 ‘투트랙’ 에끼인문정부대북구상”，https://news.naver.com/main/read.nhn?mode=LS2D&mid=shm&sid1=100&sid2=268&oid=119&aid=0002498270。（上网时间：2021年11月2日）

② “‘쿼드·대만해협중요’ 미국에기운외교무게추 … 그래도중국적시는안했다”，https://news.naver.com/main/read.nhn?mode=LS2D&mid=shm&sid1=100&sid2=267&oid=469&aid=0000605988。（上网时间：2021年11月2日）

③ “韩副外长：韩方参与的G7扩大会未讨论涉华问题”，https://cn.yna.co.kr/view/ACK20210614004000881?section=politics/index。（上网时间：2021年11月2日）

④ “‘극일→미래지향관계’ 로전환한 文，조태용“그러니 ‘정신분열적’ 이라비판”，https://news.naver.com/main/read.nhn?mode=LS2D&mid=shm&sid1=100&sid2=267&oid=011&aid=0003877469。（上网时间：2021年11月2日）

此，韩国一方面策划文在寅出席日本东京奥运会开幕式，在七国集团扩大会议上举行韩日峰会，另一方面积极参加美日韩外长、防长、安保室长、情报首长、参谋长联席会议主席以及对朝政策特别代表等三方会谈，以缓和韩日关系。2021 年 4 月 22 日，韩国法院采用主权豁免原则驳回“慰安妇”对日本政府的赔偿诉讼案，避免对韩国外交政策和国家利益产生影响。[①] 韩国外交部长官郑义溶表示，文在寅政府曾为推动韩日对话而提出很多“现实解决方案”，但日方坚持要求更好的方案。[②] 日方对改善日韩关系态度较为消极，6 月七国集团峰会期间，日方以“举行对话的环境尚未完善”为由未安排与韩国举行首脑会谈。受日本驻韩使馆公使不当言论、韩日领土争端等影响，文在寅也放弃了在奥运期间访日计划。

四是稳定韩俄关系。韩国前国会议长文喜相称，俄罗斯本来是韩国“北方外交”的主要目标，作为技术宝库的韩国和作为资源宝库的俄罗斯加强合作，将有利于抬升韩国国际地位。[③] 2021 年 3 月和 10 月，韩国外交部长官郑义溶和俄罗斯外长拉夫罗夫举行两次会谈，双方同意共同守护朝鲜半岛和平稳定，重启半岛无核化进程，并促使有关国家放弃军备竞赛，俄罗斯还对韩国《终战宣言》倡议表示支持。

五是深化中韩合作。习近平主席与文在寅总统多次通电话，中国国务委员兼外交部长王毅与韩国外交部长官郑义溶频繁会面，双方同时启动中韩文化交流年，并决定以 2022 年中韩建交

---

① “법원 ‘위안부손배소각하’ 했는데…스가는야스쿠니에공물보내”，韩国《每日经济》, 2021 年 4 月 22 日。

② “문희상: 강국틈바구니는숙명, 미국풀중국풀가려먹을수있나”，韩国《每日经济》, 2021 年 4 月 22 日。

③ “문희상: 강국틈바구니는숙명, 미국풀중국풀가려먹을수있나”，韩国《月刊中央》, 2021 年 4 月 25 日。

30 周年为契机，共同以对话方式推进朝鲜半岛问题政治解决进程，共同维护以联合国为核心的国际体系和以国际法为基础的国际秩序，推动中韩战略合作伙伴关系迈上新台阶。

目前来看，文在寅谨慎执政已经奏效。2021 年 10 月 29 日，文在寅支持率已经回升至 37%，或有望成为韩国史上首位避免“跛脚鸭”总统。[①]

三、地区安全形势稳中有忧

2021 年初以来，朝鲜未进行核与远程导弹试验，域内各国间关系总体延续平稳，东北亚安全形势保持基本稳定。但朝鲜继续低调提升核导能力，无核化进程仍旧停滞不前。东北亚国家强化军力建设，地区军备竞赛阴影浮现，安全风险不容小视。

（一）拜登政府对朝政策“新瓶装旧酒”，无核化进程停滞不前

拜登政府对朝核、朝鲜问题关注度不高，对朝“新政”本质仍是消极拖延，各方无核化互动虚多实少，迄今未取得实质成果。

4 月至 5 月初，通过百日施政演说、白宫发言人表态及国务卿布林肯和国家安全事务助理沙利文在七国集团（G7）外长会议及电视采访上的多次发言，拜登政府集中对外释放信息，勾勒出对朝“新政”的基本思路。这是一条依托传统外交工具、力图兼顾客观现实和基本无核化原则的“中间路线”，其具体内容有四。一是初步接受朝方一直使用的“半岛无核化”提法，宣

① “데일리오피니언제 470 호(2021 년 1평가, 대장동개발선망, 역대대통령공과평가, 대장동개발사업특혜의도성인식·특검 (10 월통합포함)”, https://www.gallup.co.kr/gallupdb/reportContent.asp? seqNo = 1246。（上网时间：2021 年 11 月 2 日）

布可无条件与朝对话，释放缓和信息。二是表示“已准备好在最终无核化目标下，对（朝鲜的）特定行为提供缓和措施”，暗示可考虑“以部分弃核换解除部分制裁”的“分阶段、小交易”模式。三是采取“自下而上”和依托实务官僚、盟友关系的传统对朝外交模式，强调美日韩多边合作。四是仍坚持加强军事遏制、维持国际制裁、谴责人权问题等以往对朝“基本原则”。

拜登政府内有应对疫情、复苏经济、缓解族群对立，外有遏制中国、拉紧同盟、重塑霸权等优先议题，朝核问题排序低，其对朝“新政”先天不足、后天畸形。与特朗普政府一样，拜登政府仍旧缺乏推动半岛无核化的真实意愿和政治诚意。2021 年初至今，拜登政府从未提出过具体的无核化方案，也未展开过实际的对朝工作，其涉及朝核的外交举措集中于与韩日加强战略沟通和政策协调，主要目的是拉紧东亚同盟体系。5 月 21 日，拜登在文在寅访美期间任命前驻印尼大使星・金为本届政府首任国务院对朝特别代表。6 月以来，金与其副手、副代表正・朴多次访问韩、日，并在多个场合与两国朝核事务主管官员举行会谈。韩国急切期盼对话重启、局势转圜，积极回应拜登“新政”并主动斡旋，与美成立了外交部门司局级对朝工作协商机制，力推各方发表“终战宣言”和重启对朝人道主义援助。但朝鲜深知美政策虚多实少、韩能力不足，对美韩相关动作回应冷淡，持续谨慎观望。9 月 29 日，在朝鲜第十四届最高人民会议第五次会议上的施政演说中金正恩明确表示，“美新政府上台后的行迹清楚地证明，美国对我们的军事威胁和敌对政策毫无改变，反而其表现形式和手法越来越狡猾”，美所谓“外交接触”和“不设前提条件的对话”不过是“欺骗国际社会的障眼法”；韩若“不解决北南不信任和对抗问题，即使宣布终战也不能消除敌对与冲突”。[①] 迄今，朝美、朝韩对话及半岛无核化进程仍未启动。

（二）朝鲜延续拥核路线，低调提升核导能力

2021年初以来，朝鲜贯彻劳动党八大确立的战略方向，延续保核、强核路线，在谨慎观望的对外基本立场下，以低调形式稳步提升核导能力。

第一，劳动党八大确立外交安全政策的基本方向。在八大报告中金正恩用较大篇幅分析了朝鲜当前面临的内外安全形势，对当前及未来长期坚持的拥核强军战略进行了详细阐述。一是延续对外部安全环境的严峻判断，认为朝鲜面临“史无前例的严酷外部环境”，必须“马不停蹄地强行推进核力量建设，以保卫人民安全和革命前途，维护国家生存和自主发展”。二是高度评价核导成就，宣称朝鲜已构筑起“能够应对任何威胁的强大战略遏制力”，成为“名副其实的世界一流核强国、军事强国”。三是阐述核战略基本思想，一面要求确保对美威慑，一面强调核战略的和平性、防御性，称朝鲜将“坚决维护半岛与世界和平稳定”，“加强战争遏制力是为了保护自己，也是为了开创永无战争的真正和平时代”。四是宣布战略武器新进展和研发方向：分导式多弹头技术研究“已进入收尾阶段”；高超音速滑翔弹头“正准备进入试制阶段”；已确定重型潜艇现代化目标并开始改造试制；核潜艇设计研究项目“已完成、进入最终审查阶段”；固体洲际导弹研发“按计划推进”。[②]

① “金正恩同志发表历史性施政演说《关于争取社会主义建设新发展的当前斗争方向》”，https：//kcna. kp/kcna. user. special. getArticlePage. kcmsf。（上网时间：2021年10月20日）

② “引导我们朝鲜式社会主义建设走向新胜利的伟大斗争纲领——关于敬爱的金正恩同志在朝鲜劳动党第八次代表大会上所做的报告”，http：//kcna. kp/kcna. user. article. retrieveNewsViewInfoList. kcmsf#this。（上网时间：2021年10月20日）

第二，中短程导弹试验低调务实，显著提升战略打击能力和不对称威慑。3 月 25 日，朝鲜从咸镜南道咸州附近向半岛东部海域发射 2 枚短程弹道导弹。韩国联合参谋本部随后宣布捕捉到朝相关发射动向，称飞行器射程约 450 公里。① 次日，朝中社宣布 25 日试射的“新型战术导弹”“精确打击了设定在朝鲜东海 600 公里外水域的目标”。② 据各方技术评估，该弹弹头可在末端高速滑翔机动（这也造成了韩军此次探测弹道不准），反拦截能力大幅提升，对突破韩美导弹防御体系有巨大现实意义。

9 月 11 日、12 日，朝鲜先后试射 2 枚远程巡航导弹。13 日，朝中社公布试验详细技术细节，宣称“试射取得圆满成功”，导弹“精确打击了 1500 公里外的目标”，其“有效性和实用性都很优秀”。③ 巡航导弹打击精度高、突防能力强，使朝对外威慑再添利器。

9 月 15 日，朝鲜在平安南道阳德郡向半岛东部海域再次试射 2 枚弹道导弹。次日朝中社报道称，此次试射是“铁道机动导弹团的检查射击训练”，旨在检验“首次实战部署的铁道机动导弹系统的实用性”，评估其“备战状态和火力任务执行能力”；导弹“根据运营规范和行动程序迅速转移并部署后，精确打击了设定在朝鲜东海 800 公里外水域的目标”。④ 朝研制成功并实战部署铁路机动版 KN－23 短程弹道导弹，战略打击手段的生存

---

① “详讯：朝鲜发射两枚弹道导弹射程 450 公里”，https：//cn. yna. co. kr/view/ACK20210325004100881？ section = politics/index。（上网时间：2021 年 10 月 20 日）

② “国防科学院进行新型战术制导导弹试射”，http：//kcna. kp/kcna. user. article. retrieveNewsViewInfoList. kcmsf#this。（上网时间：2021 年 10 月 20 日）

③ “朝鲜国防科学院进行新开发的远程巡航导弹试射”，http：//www. kcna. kp/kcna. user. article. retrieveNewsViewInfoList. kcmsf。（上网时间：2021 年 10 月 20 日）

④ “朴正天书记指导铁道机动导弹团检查射击训练”，http：//kcna. kp/kcna. user. article. retrieveNewsViewInfoList. kcmsf。（上网时间：2021 年 10 月 20 日）

能力获得重大提升。

9 月 28 日，朝鲜从慈江道向半岛东部海域发射 1 枚短程导弹。韩军方探测到该弹飞行距离不到 200 公里、飞行高度仅 30 公里，具体弹道参数和飞行特点与朝曾发射过的飞行器均不同，并猜测“可能是全新武器”。次日朝中社报道，此次发射是“火星 -8”新型高超音速导弹首次试射。报道称，此次试射确认了“导弹主动段的飞行控制性能和稳定性、高超音速滑翔飞行战斗部的制导机动性和滑翔飞行特点等技术指标”和“首次采用的安瓿化燃料系统及发动机稳定性”。由此可见，朝此次进行的是高超音速导弹的初步技术验证试验。韩媒认为，朝研发高超音速导弹将进一步增大韩反导系统的防御压力和拦截难度。①

10 月 11 日起，为迎接劳动党建党 76 周年，朝鲜在三大革命展馆举行“自卫 -2021”国防展，KN -23 和“火星 -8”“火星 -17”等朝鲜近五年研制的先进装备悉数亮相。金正恩参观了该展览，并称其为“不亚于大规模阅兵式的国力展现”。②

第三，持续生产核材料，扩大核武库规模。据美专家判读卫星图片分析，朝鲜的铀浓缩设施持续运转。③ 7 月 27 日国际原子能机构（IAEA）发布报告称，朝鲜宁边核设施内 5 兆瓦反应堆自 7 月起，出现排放冷却水等启动迹象，钚生产应已重启。国际原子能机构总干事格罗西表示，朝“正在能够想象到的所有领域进行所有能做的核活动”，其核设施已超越“复合体”范畴，非常

① “详讯：韩军研判朝鲜‘高超音速导弹’尚处研发初期”，https：//cn.yna.co.kr/view/ACK20210929003900881？section = politics/index。（上网时间：2021 年 10 月 20 日）

② “朝鲜居民踊跃参观国防展办展或为安抚民心”，https：//cn.yna.co.kr/view/ACK20211014002200881？section = nk/index。（上网时间：2021 年 10 月 20 日）

③ “消息：朝鲜宁边铀浓缩工厂疑似继续运转”，https：//cn.yna.co.kr/view/ACK20210221000300881？section = nk/index。（上网时间：2021 年 10 月 20 日）

令人担忧，未来将面临的核查和保护工作规模将极为庞大。[①]

（三）地区国家加大军事发展力度，地区军备竞赛阴影浮现

东北亚地区主要国家在经济上处于世界领先地位，在军备建设上的投入也在世界上排名靠前。日本将中国、朝鲜等视作强化军备建设所针对的对象，着力强化自主防卫，其防卫开支也自2013年以来保持连年增长态势。10月，自民党在竞选公约中提出要增加防卫费开支，“考虑在国内生产总值（GDP）中占到2%以上”。日本积极打造进攻性军事能力，探讨通过先发制人的打击来形成威慑作用。10月，日本“出云”号航母改造取得进展，美军F－35B战机在其上进行了起降试验。日本还积极推动发展高超音速导弹和弹道导弹技术，部署多类型反舰导弹，打造攻击性军事能力。日本积极配合美国对华遏制围堵政策，在军事上强化与美军协调融合，对地区安全稳定构成较大挑战。

与朝鲜增强核导能力针锋相对，2021年初以来，韩国加大对弹道导弹、弹道导弹潜艇、隐身战机、反导系统等战略性武器及航天技术的研发的部署力度。一是研发中程弹道导弹和大威力弹头。2021年5月文在寅访美期间，美韩正式废除限制韩导弹射程的《美韩导弹指南》。2020年，韩已成功试射“玄武－4”弹道导弹，该弹在携带2吨重弹头时射程800公里，若适当减轻弹头重量至正常的1吨以下，射程不难突破1500公里。2021年9月初韩消息人士透露，韩军研发出重达3吨的超重型钻地弹头，威力接近于战术核武器，可对朝隐藏核导的坑道及重要指挥所进行穿透打击、先发制人摧毁。[②] 二是自研隐身战机下线。4

① “IAEA总干事：朝鲜尽可能进行一切核活动”，https：//cn. yna. co. kr/view/ACK20211022000100881？section＝nk/index。（上网时间：2021年10月20日）

② “韩军正研发战术核武器级地对地弹道导弹”，https：//cn. yna. co. kr/view/ACK20210902002900881？section＝search。（上网时间：2021年10月20日）

月 9 日，韩国首款自行研制的隐身战机 KF－21“猎鹰”原型机下线。从综合战力看，该机属于四代半战斗机，隐身性能、机动性和航电系统弱于歼－20 及美 F－22、F－35，未来正式服役后，预计其实际战斗力不弱于美海军最新的 F/A－18E/FBlock3 战斗机。三是弹道导弹潜艇服役，首次试射潜射弹道导弹成功。8 月 13 日，韩首艘弹道导弹潜艇“岛山安昌浩”号下水。该艇为常规动力，排水量超过 3300 吨，搭载 6 个垂发单元，可发射潜射版“玄武－2B”短程弹道导弹和“玄武－3C”远程巡航导弹。9 月 15 日，韩军在该艇上首次试射“玄武－2B”潜射弹道导弹成功，射程约 400 公里，准确命中目标。韩国成为全球第七个成功利用潜艇试射潜射导弹的国家。① 四是运载火箭（远程导弹）技术有较大进展。7 月 29 日，韩国国防科学研究所成功进行 75 吨级推力的固体火箭发动机点火试验，韩宣称“将使用装备该发动机的运载火箭发射小型和微型卫星”。② 作为对比，朝鲜“火星－15”洲际导弹搭载的液体发动机推力约 80 吨，韩未来使用 75 吨级固体火箭发动机研制出洲际弹道导弹并不困难。10 月 21 日，韩国自主研发、使用 4 台 75 吨级液体发动机的“世界”号运载火箭（KSLV－Ⅱ）首次试射大部分成功。由于第三级发动机提前关机，卫星未能成功入轨，但火箭正常完成了全部飞行程序，顺利将 1.5 吨重的试验卫星送入 700 公里高的太阳同步轨道。③

（审定：胡继平）

① “详讯：韩潜艇成功试射自研潜射弹道导弹”，https：//cn.yna.co.kr/view/ACK20210915005900881？section=search。（上网时间：2021 年 10 月 20 日）

② “韩国运载火箭固体燃料发动机点火试验成功”，https：//cn.yna.co.kr/view/ACK20210915005700881？section=search。（上网时间：2021 年 10 月 20 日）

③ “详讯：韩国运载火箭‘世界’号首发未能成功入轨”，https：//cn.yna.co.kr/view/ACK20211021006700881？section=search。（上网时间：2021 年 10 月 20 日）

第九章　东南亚在多重挑战中稳慎前行*

2021年，东南亚面临新冠肺炎疫情、经济复苏、大国博弈、成员国政局动荡等多重挑战。东盟自身团结受冲击，“选边”压力进一步增大。地区国家竭力克服内外困难，维护东盟地区中心地位，确保地区和平稳定。

一、抗疫“优等生”成绩下滑

2021年，新冠肺炎疫情肆虐东南亚，致使地区国家经济复苏势头受阻。各国采取系列措施抗疫情、促发展，力推《区域全面经济伙伴关系协定》（RCEP）明年生效。

（一）疫情重创东南亚

受新冠肺炎病毒德尔塔毒株影响，原本在2020年抗疫表现优异的东南亚沦为全球新疫情“震中”，新冠肺炎确诊人数呈几何级上升。截至2021年11月初，东南亚累计确诊病例超过1300万。其中，印尼超420万，菲律宾达280万，马来西亚超240万，泰国近200万，越南逼近100万，缅甸确诊超过50万例。多国死亡率超全球平均水平，其中印尼死亡14.3万人，单日新增新冠肺炎死亡病例最高时超2000例，一度成为全球新增死亡

* 本章撰稿人：李锴、骆永昆、张学刚、聂慧慧、李建钢、刘金卫、王孜。

病例最多的国家。[①] 东南亚各国虽采取严厉封锁措施、加快疫苗接种速度、新建新冠肺炎病毒治疗中心等，但未能有效遏制疫情。

从2021年8月开始，新加坡、泰国、马来西亚、越南、印尼等国陆续开始放宽防疫政策，转向“与病毒共存”，但效果存疑。新加坡最先推行“与病毒共存”政策，主张不以“清零”为目标，尝试在民众普遍接种新冠肺炎疫苗后，尽早重启经济与社会活动，保住更多人生计。[②] 近期，马来西亚放宽外国人入境防疫管控；印尼试图通过强制戴口罩而非封锁来阻断疫情，并为办公室和学校制定新常态下“防疫路线图”；泰国、越南、柬埔寨尝试向外国游客重新开放。自11月1日起，泰国向中国等46个国家和地区完全接种新冠肺炎疫苗的国际游客开放。马来西亚允许持长期通行证人员在遵守防疫规定情况下入境。新加坡“与病毒共存”政策实施后，确诊病例激增。10月30日，新加坡新增确诊病例达3112例，远高于两个月前的243例。[③] 舆论指出，经济原因是东南亚重新开放甚至转向“与病毒共存”的主要动力。但东南亚多国疫苗接种率较低，重新开放风险高，病毒扩散风险大。

（二）经济复苏挑战较大

受疫情反复影响，2021年东南亚经济复苏遇阻，经济增速

---

① “With Economies on the Brink, South - east Asia Chooses to Reopen Amid Covid - 19 Outbreaks,” https：//www. straitstimes. com/asia/se - asia/with - economies - on - the - brink - southeast - asia - chooses - to - reopen - amid - covid - 19 - outbreaks.（上网时间：2021年9月13日）

② “‘与病毒共存’是伪命题”，https：//www. zaobao. com/forum/views/story20210820 - 1184423。（上网时间：2021年8月20日）

③ “本地新增3112起冠病病例 14人因冠病并发症逝世”，https：//www. zaobao. com/realtime/singapore/story20211030 - 1208650。（上网时间：2021年11月9日）

落后于亚洲整体水平。[①] 亚洲开发银行 2021 年 9 月预估，2021 年东南亚经济增长率仅 3.1%，比 2021 年 4 月的预期下降 1.3 个百分点。其中，新加坡、马来西亚、菲律宾复苏势头较强劲，GDP 增速超过 4.5%。但缅甸经济萎缩 18.9%，严重拖累地区增速。相比 2020 年 GDP 萎缩 4.0%，东南亚经济复苏尚未达疫前水平。当前，东南亚经济复苏和社会发展主要面临两大挑战。

表 9－1　东南亚国家 GDP 增长率（%）对比

国家	2020 年	2021 年 4 月	2021 年 9 月
亚洲发展中国家	－0.1	7.3	7.1
东南亚	－4.0	4.4	3.1
缅甸	3.3	－9.8	－18.4
越南	2.9	6.7	3.8
泰国	－6.1	3.0	0.8
印度尼西亚	－2.1	4.5	3.5
马来西亚	－5.6	6.0	4.7
柬埔寨	－3.1	4.0	1.9
老挝	－0.5	4.0	2.3
菲律宾	－9.6	4.5	4.5
文莱	1.2	2.5	1.8
东帝汶	－8.5	3.4	2.2
新加坡	－5.4	6.0	6.5

资料来源：The Asian Development Bank, "Asian Development Outlook Update," https://www.adb.org/outlook#developing－asia.（上网时间：2021 年 10 月 20 日）

一是供应链问题。2021 年一季度，受需求增加影响，东南

① The Asian Development Bank, "Asian Development Outlook Update," https://www.adb.org/outlook#developing－asia.（上网时间：2021 年 10 月 20 日）

亚国家出口普遍回升。[①] 但下半年，受困于疫情和原材料价格上涨，各国生产受阻，制造业出口下滑，全球供应链受冲击。其中，马来西亚芯片断供直接冲击全球汽车制造和半导体供应链。6月，丰田、本田在马来西亚的工厂停工。8月，德国芯片制造商英飞凌表示，马工厂关闭将给公司带来数百万欧元损失。[②] 截至8月，东南亚采购经理人指数连降3个月，工业产值、新增订单、采购和就业状况恶化，橡胶手套、半导体和运动型多用途汽车等商品的全球供应受影响。[③]

二是民生问题。国际劳工组织预测，2021年东南亚将损失930万个就业岗位。[④] 预计老挝失业率将达20%；[⑤] 缅甸失业率15%，约320万人失业，2022年贫困率将增至48.2%，近半数以上民众陷入贫困。[⑥] 一季度，泰国失业率达1.98%，为12年

① "Southeast Asia's Economic Outlook: New Variants Threaten Recovery," https://southeastasiacovid.asiasociety.org/southeast-asias-economic-outlook-new-variants-threaten-recovery/.（上网时间：2021年10月21日）

② "Factbox: How COVID-19 in Southeast Asia Is Threatening Global Supply Chains," https://www.reuters.com/world/asia-pacific/how-covid-19-southeast-asia-is-threatening-global-supply-chains-2021-10-06/.（上网时间：2021年10月29日）

③ "ASEAN Economies Hit Hard by Escalating COVID Delta Waves," https://ihsmarkit.com/research-analysis/asean-economies-hit-hard-by-escalating-covid-delta-waves-Sep21.html.（上网时间：2021年10月21日）

④ "World Employment and Social Outlook Trends 2021," https://www.ilo.org/global/research/global-reports/weso/trends2021/WCMS_795453/lang--en/index.htm.（上网时间：2021年10月29日）

⑤ "63,000 Unemployed in Laos During Covid-19 Pandemic," https://opendevelopmentmekong.net/news/63000-unemployed-in-laos-during-covid-19-pandemic/.（上网时间：2021年11月9日）

⑥ "缅甸疫情和政局不稳 民众挨饿抵抗军政府", https://www.bbc.com/zhongwen/simp/world-58748947。（上网时间：2021年10月29日）

来最高。[①] 柬埔寨近 3000 家旅游相关企业倒闭或停业，损失 4.5 万个工作岗位，预计 610 万名非正规就业人员失业或面临失业危机。[②] 泰、老、马和东帝汶半数以上中小微企业面临倒闭或停业。其中，马只有 5% 的中小微企业正常运营，[③] 截至 2021 年 5 月，马仅零售业就有 30 万人失业，30% 的商户永久关闭。民众心理健康状况因丧亲、收入减少及焦虑严重恶化，如印尼抑郁症病例增加 8.5%，[④] 民众对政府不满情绪上升。

（三）多措并举应对困局

一是相继推出财政和金融方案抗疫情、促发展。相关政策包括：向弱势群体发放援金；支持中小微企业运营；向航空和旅游业等部门提供援助；加强核酸检测能力、推动疫苗接种计划等。2021 年 1 ~ 7 月，东南亚抗疫支出 482 亿美元，相当于本地区 GDP 的 3.1%。其中，柬、印尼、老、缅、菲和泰等国从世界银行、亚洲开发银行、亚洲基础设施投资银行和国际货币基金组织获 156 亿美元借款或援助。[⑤]

二是着力发展数字经济和绿色经济，推动经济转型。2021

---

① "Thai Q1 Jobless Rate at 12 – year High Amid Virus Outbreaks," https://www.reuters.com/article/thailand – economy – jobs – idUSL3N2NB0QX.（上网时间：2021 年 10 月 29 日）

② "柬埔寨：超 600 万名非正规经济从业者因大流行病而失业"，越通社，https://zh.vietnamplus.vn/柬埔寨超 600 万名非正规经济从业者因大流行病而失业/143081.vnp。（上网时间：2021 年 10 月 29 日）

③ The Asia Foundation, "The Impact of COVID – 19 on MSMEs in Southeast Asia," https://asiafoundation.org/wp – content/uploads/2021/08/GovAsia – 1.3 – Barely_Staying_Afloat – The_Impact – of – Covid – 19 – on – MSMEs – in – Southeast – Asia_Aug20.pdf.（上网时间：2021 年 10 月 30 日）

④ "Smart Working to Maintain Workers' Mental Health for Business Continuity in Time of the Pandemic," https://www.ilo.org/jakarta/info/public/pr/WCMS_819614/lang – – en/index.htm.（上网时间：2021 年 9 月 13 日）。

⑤ The Asian Development Bank, "Asian Development Outlook Update," https://www.adb.org/outlook#developing – asia.（上网时间：2021 年 10 月 20 日）

年1月，东盟首次数字部长会议通过《东盟数字总体规划2025》，提出将东盟建成一个由安全和变革性的数字服务、技术和生态系统所驱动的数字共同体。东盟秘书长林玉辉称，数字化转型是推动地区经济复苏的重要原因。同时，各国纷纷出台数字经济政策。柬发布《数字经济和数字社会政策框架（2021～2035）》；马推出十年数字经济蓝图“数字马来西亚”；新公布“研究、创新与企业2025计划”和《2030新加坡绿色计划》。

三是力推区域自贸安排。2020年11月，东盟10国和中国、韩国、日本、新西兰、澳大利亚签署全球最大自贸协定《区域全面经济伙伴关系协定》（RCEP）。截至2021年11月2日，文莱、柬埔寨、老挝、新加坡、泰国、越南等6个东盟成员国和中国、日本、新西兰、澳大利亚等4个非东盟成员国向东盟秘书长提交RCEP核准书。依据协定，RCEP将于2022年1月1日对上述十国生效。林玉辉表示，“RCEP紧密连接区域价值链，将在疫情后区域经济复苏中发挥至关重要作用”。新加坡贸工部常任秘书林明亮亦称，“RCEP是区域经济一体化和疫情后经济复苏的里程碑，期待与区域各国展开深度合作。”①

二、多国政局不稳

缅甸军方扣押民盟领袖昂山素季夺取政权，引发政局动荡，成为域内外国家重要关切。泰国、马来西亚、东帝汶、菲律宾、新加坡等多国政治也出现不安定因素，部分国家政争严重。

---

① “缘何各方对RCEP早日生效充满期待?”中国自由贸易区服务网，http://fta.mofcom.gov.cn/article/rcep/rcepgfgd/202109/45797_1.html。（上网时间：2021年11月1日）

（一）缅甸再度“变天”

2021 年 2 月 1 日，缅军方逮捕民盟主席、国务资政昂山素季和总统温敏等高官，实施国家紧急状态，接管国家权力。随后，缅爆发反军方夺权的全国示威，军方予以暴力镇压，导致千余人死亡。[①] 民盟成立“民族团结政府”，与军方分庭抗礼。8 月 1 日，军方“国家管理委员会”改组为看守政府，军方领导人敏昂莱任总理，宣称计划 2023 年底前举行大选。目前，军方基本控局，但疫情不断加剧，军方与民盟及少数民族地方武装关系紧张，社会经济和安全局势不断恶化。军方执政合法性已受到联合国、美西方及部分东盟国家的广泛质疑。

（二）泰国、马来西亚、东帝汶政争不断

泰国巴育政府执政根基动摇，前景不容乐观。2021 年 8 月，反对党第三次在国会对总理巴育发起不信任投票。巴育虽最终规劝执政联盟相关议员打消“叛变”念头，以 264 票对 208 票涉险过关，并将企图“促成议会政变”、受第一副总理巴威支持的“公民力量”党秘书长塔玛纳逐出内阁，引发权力博弈。副总理朱林直言，不确定政府能否完成任期。[②] 有舆论指，泰国可能在 2022 年举行大选。

马来西亚政府再度更迭，动荡根源未除。2021 年 7 月，由于巫统撤回支持，穆希丁政府倒台。最高元首苏丹阿卜杜拉随后任命前副总理伊斯梅尔为新总理。伊斯梅尔就任后，其领导的执政联盟在国会仍只占微弱优势，政局不稳局面未得改观。9 月，

---

① “特使告别记者会：缅甸人民绝不会放弃，国际社会决不能接受军政府”，联合国新闻，https：//news. un. org/zh/story/2021/10/1093162。（上网时间：2021 年 11 月 11 日）

② “Dems Leader Has Doubts Govt Will Survive,” https：//www. bangkokpost. com/thailand/politics/2176807/dems - leader - has - doubts - govt - will - survive. （上网时间：2021 年 11 月 1 日）

朝野政党签署《改革和政治稳定谅解备忘录》，确保在 2022 年 7 月底前不解散议会。但巫统、“土著团结”党、“人民公正”党等之间矛盾难以调和，加之巫统内讧加剧，马未来政局波动或难避免。

东帝汶政治僵局仍未得缓解。一方面，朝野矛盾激化。围绕 2021 年财政预算，夏纳纳·古斯芒领导的东帝汶“全国重建大会”党（大会党）与总理鲁瓦克领导的执政联盟矛盾激化。1 月，上诉法院根据大会党申请，要求议会审查 2021 年预算案部分条款。[①] 支持鲁瓦克的东帝汶独立革命阵线（革阵）则批评夏纳纳·古斯芒将司法政治化。另一方面，执政联盟内讧。年初，执政联盟三党——革阵、“人民解放”党和繁荣党同意在 2022 年选举中推举同一总统候选人，但 6 月底，繁荣党主席、副总理阿曼达宣布参加 2022 年总统大选，[②] 违背三党共识，使局势更加复杂。

（三）菲律宾、印尼、新加坡隐忧尚存

菲律宾各方围绕 2022 年 5 月总统大选博弈升温。2021 年 3 月，反对派宣布组建“人民联盟”，10 月推举副总统罗布雷多为总统候选人，批评政府的抗疫、禁毒、基建及南海政策，谋求选民支持。总统杜特尔特领导的民主人民力量党宣布由参议员德拉罗萨参选总统。此外，前拳王、参议员帕奎奥，马尼拉市长莫雷诺，以及前警察总监、参议员拉克松等也已报名参选。[③] 11 月 13

---

① “东上诉法院请议会审查 2021 年国家预算案”，http：//tl. chineseembassy. org/chn/ddwrzzg/t1846989. htm。（上网时间：2021 年 11 月 1 日）

② “东第一位总统候选人出炉”，http：//tl. chineseembassy. org/chn/ddwrzzg/t1888386. htm。（上网时间：2021 年 11 月 1 日）

③ “Gerardo P. Sicat：The Candidates for the Next Philippine President，” https：//www. philstar. com/business/2021/10/13/2133661/candidates - next - philippine - president. （上网时间：2021 年 10 月 29 日）

日，杜特尔特派系调整总统候选人：杜之女、达沃市长萨拉通过更换名单方式与前总统马科斯之子、总统候选人马科斯搭档参选副总统，克里斯托弗·吴则顶替德拉罗萨参选总统。

新加坡“第四代接班”议程生变，反对党工党的影响力上升。2021 年 4 月 8 日，副总理兼经济政策统筹部长、财政部长王瑞杰宣布辞任第四代领导团队领军人物。李显龙表示将留任总理至经济社会步入正轨，[①] 接班人问题搁置。与此同时，反对党工人党持续向政府施压。2 月，该党秘书长、议会反对派领袖毕丹星呼吁政府就保护数据隐私展开对话。[②] 9 月，该党对政府推动的“防止外来干预法案”提出修改建议，要求对政府司法行为加强监督，避免滥权。[③]

印尼局势稳定，但佐科执政压力增大。2021 年，印尼应对疫情成效初显，经济恢复态势向好。下半年以来，随着失业率、企业倒闭数量激增，政府解决就业、保障民生困难增大，民众对政府不满增加，频繁上街抗议，指责政府未能改善人民福利、居民自由度下降，要求将 2022 年最低工资提高 10%、废除《创造就业法》。

（四）越南、老挝平稳换届

越南完成“四驾马车”换届，大力推进国家发展战略。2021 年初，越共第十三次全国代表大会、第十四届国会第十一次会议先后举行。会议选举阮富仲为越共中央总书记，王庭惠为

---

① “王瑞杰请辞第四代团队领军人物”，https：//www. zaobao. com/realtime/singapore/story20210408 - 1137955。（上网时间：2021 年 10 月 29 日）

② “毕丹星吁政府就数据隐私展开全国对话”，https：//www. zaobao. com/realtime/singapore/story20210202 - 1121207。（上网时间：2021 年 10 月 29 日）

③ “尚穆根：不采纳工人党修改建议 虽未列‘具政治影响力者’高官现遵守条例其实更严”，https：//www. zaobao. com/news/singapore/story20211005 - 1200120。（上网时间：2021 年 10 月 29 日）

国会主席，范明政为政府总理，阮春福为国家主席。越共十三大通过决议，制定三步走的“两个一百年”奋斗目标，即到2025年使越摆脱中等偏低收入国家，成为沿着现代工业道路迈进的发展中国家；到2030年建党百年之际成为具有现代工业的中高收入发展中国家；到2045年建国百年时成为高收入发达国家。①

老挝领导集体换届，执政挑战增大。1月，老挝人民革命党举行第十一次全国代表大会，选举政府总理通伦为党中央总书记。随后，通伦在第九届国会第一次会议中当选国家主席，潘坎当选政府总理，政治局委员赛颂蓬担任国会主席。②《万象时报》评论称，“新领导集体将面临财政困难、新冠肺炎疫情和摆脱最不发达国家地位三大挑战”。③

三、东盟固守战略自主

2021年，东盟外交压力显著增大。一方面，美国“印太战略”加速推进，对东南亚的排挤和拉拢同步增强，地区国家“选边”压力增大；另一方面，东盟拒绝缅甸当局高官出席东盟系列会议，造成内部分裂。面对内外压力加剧，东盟力求团结应对，竭力维护地区中心地位。

（一）美国加大对东南亚投入

与特朗普时期不同，拜登政府高度重视东南亚，与日、印、澳、英等盟友伙伴密切协调，将东盟纳入战略规划，进一步加大

① “越南共产党第十三次全国代表大会闭幕”，http：//www. xinhuanet. com/world/2021 -02/01/c_1127051632. htm。（上网时间：2021年10月18日）

② “老挝国会选举通伦为国家主席”，http：//www. xinhuanet. com/world/2021 -03/22/c_1127241270. htm。（上网时间：2021年11月1日）

③ “老挝人民革命党第十一次全国代表大会在万象闭幕”，http：//www. xinhuanet. com/2021 -01/15/c_1126988218. htm。（上网时间：2021年10月8日）

胁迫、挤压力度。

一方面，美国进一步完善“印太战略”布局，着眼防务合作，竭力拉东南亚国家“入圈”。2021 年 5 ~ 8 月，美常务副国务卿舍曼访问印尼、柬埔寨、泰国；防长奥斯汀访问新加坡、越南、菲律宾；国务卿布林肯奔走东盟系列会议；副总统哈里斯访问新、越。美高官在各次访问中均大肆散布“中国威胁论”，宣传“自由开放的印太”，声称“不要求地区国家选边站”，但号召东盟联手对华。哈里斯在新加坡宣称“中国胁迫、恫吓南海周边国家，并破坏基于规则的秩序，威胁他国主权”。奥斯汀访越时试探性提出将越美关系升级到“战略水平”。布林肯在东盟外长会上宣称将发布更全面的新版“印太战略”。[①] 同时，美继续强化同传统盟友的军事联系：与印尼启动战略对话，举行史上最大规模演习；与菲律宾恢复《访问部队协议》，宣布 2022 年将美菲联合演习恢复至原有规模；与泰国保持防务战略对话和海上合作，敲打泰“未发挥盟国配合作用”。此外，域外大国积极配合美行动。日本与印尼、越南签署《国防设备和技术转让协议》；美韩首次举行东南亚问题对话，承诺扩大在东南亚和“印太”合作；韩外长连访越、新、印尼。英国成为东盟第 11 个“对话伙伴”；澳英美联盟（AUKUS）签署新安全协议，美英将助澳建造核潜艇；澳大利亚与东盟建立全面战略伙伴关系，并举行首次澳大利亚—东盟峰会。

另一方面，美深化与湄公河国家合作。2021 年起，美湄合作部长级会议与东盟外长系列会议同期召开；领导人会议则与

---

① U. S. Department of State，“Secretary Antony J. Blinken Remarks at Top of Meeting with the Foreign Ministers of the ASEAN Nations，” https：//www. state. gov/secretary – antony – j – blinken – remarks – at – top – of – meeting – with – the – foreign – ministers – of – the – asean – nations.（上网时间：2021 年 10 月 18 日）

“东盟—美国峰会”背靠背举行。[①] 湄公河安全保障、水资源数据倡议、1.5 轨对话、“探路者健康计划”等“旗舰项目”均有进展。7 月，美、韩与湄公河委员会建立伙伴关系，启动水资源数据利用和能力建设合作。8 月，美搭建的“湄公河之友”召开首次部长级会议，宣称与东盟全面复苏框架“互补”，宣布湄公河委员会秘书处成为“湄公河之友”新成员。[②] 此外，美大力宣传“东南亚青年领袖倡议”，着眼于教育和公民社会组织，强化东南亚民众特别是青年一代对美认同。哈里斯访越期间，大谈“公民社会重要性”，支持越民间机构“自治”，宣布与越建立“高等教育改革伙伴关系”，启用和平队驻越办公室，并拟于 2022 年派遣“志愿者”。同时，美指责缅甸政变与美湄伙伴关系目标不符，呼吁湄公河国家敦促缅军方结束暴力、恢复民主。[③]

（二）东南亚对美心态复杂

面对美及其盟友强大的外交攻势，东盟国家理性务实应对，但对美心态复杂，内部分歧增大。

一方面，东南亚国家积极与美及其盟友深化务实合作，保障地区经济生产和供应链稳定。2021 年 8 月，新加坡与美启动建立供应链对话。9 月，越国家主席阮春福访美，两国签署一批商业协议，包括 20 亿美元的波音飞机发动机和维修合作协议、25

① U. S. Mission to ASEAN, “Mekong – U. S. Partnership Joint Statement,” https：//mekonguspartnership. org/2020/09/15/mekong – u – s – partnership – joint – statement.（上网时间：2021 年 10 月 20 日）

② U. S. Department of State, “Joint Press Statement of the Friends of the Mekong Recovery and Resilience,” https：//www. state. gov/joint – press – statement – of – the – friends – of – the – mekong – recovery – and – resilience.（上网时间：2021 年 10 月 20 日）

③ U. S. Department of State, “The Mekong – U. S. Partnership and the Friends of the Mekong：Proven Partners for the Mekong Region,” https：//www. state. gov/the – mekong – u – s – partnership – and – the – friends – of – the – mekong – proven – partners – for – the – mekong – region.（上网时间：2021 年 10 月 22 日）

亿美元的新能源项目。10 月，新加坡贸工部长访美，签署“新美增长和创新伙伴关系谅解备忘录”，聚焦数字经济、能源与环境、先进制造业、医疗健康等领域。10 月底，美国总统时隔四年重返东亚峰会，拜登宣布投入 1.02 亿美元提升美与东盟战略伙伴关系，涉及疫苗、卫生、气候、经济复苏等领域，受东盟欢迎。11 月，印尼总统佐科与拜登会晤，两国同意加强绿色经济合作。日本抓紧经营东南亚，提出重新构建美日之间新的独立产业链。

另一方面，东南亚对美保持警惕，坚持不在中美之间“选边站”。7 月，新加坡总理李显龙接待美防长表示，“期待美在亚太扮演积极角色”，但希望“美接纳中国崛起”，称东南亚“不愿加入排他性联盟来增加对抗”。越南积极与美加强安全合作，但对美提议升级双边关系为“战略伙伴”未置可否，有意与美拉开距离。马来西亚注重保持对华关系，对美加大对东南亚投入格外谨慎。印尼外交部长蕾特诺在 8 月访美期间，面对美强势拉拢，在公开声明中有意回避南海争端等敏感议题。菲律宾虽为美盟友，但过去一年杜特尔特政府在南海问题上始终与中国保持沟通与协调。此外，面对美“价值观外交”，东南亚国家普遍较为反感。印尼科学院政治研究中心教授安瓦尔认为，拜登关注东南亚民主问题可能获得回应，但若搞人权外交必将招致“普遍憎恶”。

（三）东盟竭力维护中心地位

东盟维护各项机制，力图提升战略自主，期待平等、务实地推进多边合作。但缅甸缺席东盟系列会议，给东盟一体化建设带来冲击。

第一，继续实施“全面复苏框架”，谋求主导疫后合作，深化共同体建设。东盟着眼于在内部推动重新开放边境，筹划

“东盟护照”，对外与中、日、韩等着眼于贸易投资便利化，推动取消人员往来限制，加紧批准 RCEP，与欧盟签署航空运输协定，与韩、澳、新等讨论升级自贸协定，与加拿大启动自贸协定谈判。2021 年 3 月，《清迈倡议多边化协议》修订版生效，进一步便利成员国融资。5 月，《2021～2025 年东盟区域疫苗安全和自力更生战略与行动计划》通过，提出加强共享、能力建设和发展行动等举措。8 月，东盟外长会决定动用 2080 万美元东盟基金购买新冠肺炎疫苗、建立东盟走廊旅游框架、推动疫苗统一认证。9 月，东盟经济部长会议通过《有关东盟数字化转型的斯里巴加湾市路线图》、能源部长会议通过《能源安全和转型宣言》，强调利用伙伴国资金、技术，加速东盟复苏和经济转型。10 月，东盟峰会提出“东盟盾”、促进多边主义、蓝色经济合作等倡议。东盟应对新冠肺炎基金、东盟全面复苏框架、东盟公共卫生突发事件和新发疾病中心等机制获大国支持。

第二，完善以东盟为中心的“印太展望”，发挥预防冲突、塑造和平的能力。3 月，东盟国防高官会强调在疫情时期，“建立和平、安全”的东盟是当务之急。[①] 10 月，东盟秘书处召集成员国讨论澳大利亚发展核武一事，并由各成员国单独发表声明。同时，东盟峰会强调落实《加强东南亚无核武器区条约落实的行动计划（2018～2022）》，致力于把东南亚打造为无核、无大规模杀伤性武器的和平区。[②] 东盟明确坚持以《东盟印太展望》的目标和原则，在更广泛的亚太和印度洋区域与大国加强合作，

---

① 广西大学中国东盟研究院：“ASEAN 舆情周报（2021. 03. 22～2021. 03. 28）”，htts：//cari. gxu. edu. cn/info/1386/19297. htm。（上网时间：2021 年 10 月 30 日）

② The ASEAN Secretariat, “Chairman’s Statementof the 38th and 39th ASEAN Summits,” https：//asean. org/wp－content/uploads/2021/10/FINAL－Chairmans－Statement－of－the－38th－and－39th－ASEAN－Summits－26－Oct. . . . pdf.（上网时间：2021 年 10 月 28 日）

重申将“东盟+1”、东亚峰会和东盟地区论坛作为与地区国家对话与合作的有用平台，以推动落实《东盟印太展望》。

第三，重申维护东盟团结和地区中心地位。10月26日，第38届东盟峰会专门发表支持多边主义的领导人声明，强调多边主义建立在《联合国宪章》和国际法基础之上，具有包容、透明、开放性，体现互利共赢和相互尊重，地区主义、多边主义是开展合作的重要框架和原则。东盟要保持团结、凝聚力和张力，坚定不移推进共同体建设，维护地区和平、安全与稳定。通过“东盟+1”、“东盟+3”、东亚峰会、东盟地区论坛、东盟防长扩大会等地区机制建设性与域外伙伴国接触，以维护东盟团结和地区中心地位。①

但缅甸问题对东盟团结产生巨大冲击。缅军方接管政权后，东盟特别峰会就缅问题达成五点共识，并任命文莱外交事务主管部长艾瑞万为东盟缅甸问题特使赴缅斡旋。但缅当局拒绝艾瑞万斡旋，引发东盟不满。10月16日，东盟决定仅邀请缅一名非政治人物出席东盟峰会，遭缅当局反对。10月26日，东盟峰会召开，缅方缺席。这是东盟历史上成员国首次缺席系列会议，是东盟一体化进程中的重大挫折。缅军政府指责东盟不邀请缅当局高官与会违反《东盟宪章》、不符合“东盟精神”。

四、对华关系稳步提升

2021年，在美国持续加大对东南亚拉拢背景下，东盟国家深化对华合作，努力在中美间维持平衡，中国—东盟关系取得重

---

① The ASEAN Secretariat, “ASEAN Leaders’ Declaration on Upholding Multilateralism,” https://asean.org/asean-leaders-declaration-on-upholding-multilateralism/.（上网时间：2021年10月30日）

要进展。

（一）政治互信持续深化

2021 年是中国与东盟建立对话伙伴关系 30 周年，中国与东南亚国家高层互动密切。习近平主席向中国—东盟博览会致贺信，并与印尼总统佐科、老挝人民革命党中央总书记通伦、泰国总理巴育、柬埔寨首相洪森、新加坡总理李显龙、越共中央总书记阮富仲、菲律宾总统杜特尔特、文莱苏丹哈桑纳尔通电话或互致贺电，充分发挥元首外交的战略引领作用。东南亚国家对中国共产党建党百年表示祝贺，对深化对华合作表示极大信心。与此同时，李克强总理向马来西亚新总理伊斯迈尔致贺信，并以视频方式出席大湄公河次区域经济合作第七次领导人会议、东亚领导人系列会议；国务委员兼外长王毅出访缅甸、印尼、文莱、菲律宾、越南、柬埔寨、新加坡，与老挝外长举行视频会谈，进一步深化战略沟通，提升政治互信。11 月，中国东盟关系提升为全面战略伙伴关系，多国支持中国加入《全面与进步跨太平洋伙伴关系协定》（CPTPP）。

（二）抗疫合作成为新亮点

2021 年在应对新冠肺炎疫情这场“没有硝烟的战斗”中，中国与东盟国家合作取得新成果。

一是疫苗合作树立新典范。为助东盟国家控制疫情，中国发起“中国东盟疫苗之友”合作，截至 2021 年 9 月向东盟国家提供各类疫苗总计 3.6 亿剂；① 与印尼等国开展疫苗灌装合作、临床试验，分享技术和经验，支持各方共同打造区域疫苗生产和分

① 中国外交部：“王毅：中国在全球抗疫中做到五个‘率先’”，https://www.fmprc.gov.cn/web/wjbzhd/t1906936.shtml。（上网时间：2021 年 10 月 30 日）

配中心。[1] 迄今，柬埔寨、老挝成为中国在东南亚乃至世界上最大的免费疫苗接收国，印尼、菲律宾、泰国、柬埔寨、马来西亚等是中国疫苗重要购买国。美国丹佛大学约瑟夫·科贝尔国际关系学院中美合作中心主任赵穗生称，“中国疫苗外交与美、欧的‘自我优先政策’形成鲜明对比”。[2]

二是续推抗疫物资援助和联合研究。截至 2021 年 8 月，中国和东盟已举行特别领导人会、外长会、卫生部长会及 10 余场卫生专家视频会，中方向东盟多国提供口罩、呼吸机、检测试剂等物资，派遣多批医疗专家组，援建病毒检测实验室。同时，中国与东盟多国建立人员“快速通道”和货物“绿色通道”，着力稳定地区产业链、供应链。中国还率先完成支持东盟抗疫基金的 100 万美元捐资程序，通过中国东盟合作基金划拨 500 万美元实施中国东盟公共卫生合作倡议，支持东盟提升公共卫生事件应对能力。[3] 此外，10 月 14 日，中国与东盟召开首届灾害管理部长级视频会议，通过《中国东盟灾害管理工作计划（2021 ~ 2025）》。

三是相互支持、共同反对“疫情政治化”。2021 年 3 月，新加坡总理李显龙在接受英国广播公司采访时表示，“疫苗不分国籍，不能仅凭生产国就断言中国疫苗必定好或不好”。[4] 4 月，柬埔寨副首相兼外交大臣布拉索昆在与王毅通话时重申反对利用疫

① “中国驻东盟大使：中方将东盟作为抗疫合作首要伙伴”，https：//www. chinanews. com/gj/2021/08 – 09/9539971. shtml。（上网时间：2021 年 10 月 30 日）

② East Asia Forum，“Why China's Vaccine Diplomacy Is Winning，” https：//www. eastasiaforum. org/2021/04/29/why – chinas – vaccine – diplomacy – is – winning/.（上网时间：2021 年 10 月 30 日）

③ “中国驻东盟大使：中方将东盟作为抗疫合作首要伙伴”，https：//www. chinanews. com/gj/2021/08 – 09/9539971. shtml。（上网时间：2021 年 10 月 30 日）

④ “李显龙：新加坡不可能在中美间选择任何一方”，https：//www. zaobao. com/realtime/singapore/story20210314 – 1131066。（上网时间：2021 年 10 月 30 日）

情对中国“污名化”，坚定支持世卫组织在国际抗疫合作中发挥领导作用。[①] 8月，菲律宾总统府发言人哈里·洛克表示，“各国应携手应对疫情，把相关议题政治化将成为抗疫的绊脚石”。[②] 越南总理范明政会见中国驻越大使熊波时则表示，越南“始终主张科学溯源，反对将疫情政治化、病毒溯源政治化”。[③] 9月，越共中央总书记阮富仲在与习近平总书记通话时重申越方反对新冠肺炎病毒溯源政治化。[④] 中国与东盟在合作抗疫问题上取得共识。

（三）经贸合作再上台阶

2020年，东盟首次超越欧盟，成为中国最大贸易伙伴。2021年，东盟虽遭遇疫情挫折，但对华合作势头不减，双方继续互为最大贸易伙伴。

一是双边贸易持续增长。据中国海关总署统计，2021年前三季度，中国东盟贸易总额达4.08万亿元人民币（约6400亿美元），同比增长21.1%，东盟继续保持中国最大贸易伙伴地位，占中国外贸总值的14.4%。[⑤] 据中国商务部统计，2021年上半年，中企对东盟国家投资68.1亿美元，前三大投资目的地为新加坡、印尼、马来西亚；东盟国家来华投资56.3亿美元，前三

① “王毅同柬埔寨副首相兼外交大臣布拉索昆通电话”，http：//www.xinhuanet.com/2020－04/28/c_1125916718.htm。（上网时间：2021年10月30日）

② “菲律宾政府呼吁团结抗疫反对将科学议题政治化”，http：//www.xinhuanet.com/2021－08/02/c_1127722848.htm。（上网时间：2021年11月11日）

③ “越南总理：发展对华关系是越南对外政策的头等优先”，http：//m.news.cn/2021－08/25/c_1127791904.htm。（上网时间：2021年11月11日）

④ “习近平同越共中央总书记阮富仲通电话”，http：//www.news.cn/politics/leaders/2021－09/24/c_1127896742.htm。（上网时间：2021年11月11日）

⑤ 中国海关总署：“海关总署2021年前三季度进出口情况新闻发布会”，http：//www.customs.gov.cn/customs/xwfb34/302330/3946708/index.html。（上网时间：2021年10月30日）

大投资来源国为新加坡、马来西亚、泰国。新加坡继续成为中国最大外资来源地。中企在东盟国家新签工程承包合同额278.1亿美元，完成营业额134.2亿美元，中国在东盟前三大工程承包市场为越南、马来西亚、印尼。①

二是“一带一路”基础设施合作取得标志性成就。2021年10月，中老铁路完成全线铺轨、通电，首列旅客列车“澜沧”号动车组交付，并将于12月2日老挝独立46周年时开通运营。该铁路全长422公里，结束老挝没有真正意义上铁路的历史，堪称中国“一带一路”倡议与老挝“变陆锁国为陆联国”发展战略对接的标志性成果。② 9月21日，雅加达—万隆高铁最后一批6600吨钢轨运抵印尼芝拉扎港，标志着雅万高铁建设距离全线完成铺轨仅一步之遥。该铁路全长142公里，最高设计时速350公里，是中国高铁首次全系统、全要素、全产业链在海外落地，是继中老铁路后“一带一路”建设又一标志性项目。③ 中泰高铁建设有所推进。5月29日，中泰高铁首孔40米节段预制简支箱梁——颂嫩特大桥101号梁顺利架设，标志着中泰高铁合作取得重要进展。④ 此外，11月6日，由中方为总承包商的越南河内轻

---

① 中国驻东盟使团经济商务处：“2021年1－6月中国东盟经贸合作简况”，http：//asean.mofcom.gov.cn/article/jmxw/202108/20210803182296.shtml。（上网时间：2021年10月30日）

② “中老铁路‘澜沧号’动车组交付仪式在万象站举行”，http：//www.xinhuanet.com/silkroad/20211015/C99004C8CA7000016BE812371209FB90/c.html。（上网时间：2021年11月11日）

③ “雅万高铁最后一批钢轨运抵印尼”，https：//cn.chinadaily.com.cn/a/202109/22/WS614ae7d8a3107be4979eef44.html。（上网时间：2021年11月9日）

④ “中泰铁路建设取得重要进展”，https：//cn.chinadaily.com.cn/a/202106/10/WS60c1cc67a3101e7ce97545f9.html。（上网时间：2021年10月30日）

轨吉灵—河东线正式投入运营。[①]

三是次区域合作取得新进展。2021 年 6 月，澜湄合作外长会通过《关于加强澜沧江—湄公河可持续发展合作的联合声明》《关于深化澜沧江—湄公河国家地方合作的倡议》《关于在澜沧江—湄公河可持续合作框架下深化传统医药合作的联合声明》，制订澜湄合作行动计划（2023～2027），开启澜湄合作“金色五年”。9 月，中国与湄公河国家通过《大湄公河次区域经济合作 2030 战略框架》和《大湄公河次区域经济合作应对新冠肺炎疫情和经济复苏计划（2021～2023）》，为推进“一带一路”及澜湄合作注入新动能。

四是数字经济合作发展迅速。2021 年 7 月，中国工信部、中国—东盟中心、武汉市人民政府共同主办中国—东盟数字经济发展合作论坛，论坛签约 266 亿元人民币。[②] 目前，中国高科技企业正积极走进东盟：华为已在马来西亚建立网络安全实验室，与泰国国家科技发展局和国家创新局开展联合研究，正向部分东盟国家提供 5G 技术。阿里巴巴、腾讯云在东盟多国开展业务，百度云正在新加坡建设数据中心，中国数据中心和云服务提供商开始参与东盟数字生态系统、电子商务和支付平台建设。10 月 26 日，第 24 次中国东盟领导人会议决定进一步聚焦数字经济、绿色经济合作，推进更高水平区域经济一体化。

（审定：胡继平）

① “由中国公司为总承包商的河内轻轨吉灵—河东线正式投运”，越通社，https：//zh. vietnamplus. vn/河内轻轨吉灵河东线正式投运/151448. vnp。（上网时间：2021 年 11 月 9 日）

② “2021 中国东盟数字经济发展合作论坛开幕签约总金额 266 亿元”，http：//shanghaibiz. sh－itc. net/article/dwjjyw/202107/1516607_1. html。（上网时间：2021 年 10 月 30 日）

第十章　三大主线牵动南亚战略格局调整*

2021 年南亚战略格局深受以下三条主线牵引：阿富汗变局牵动地缘政治博弈；美国“印太战略”推动多国介入南亚；非传统安全挑战冲击地区安全。在此复杂背景下，中国加大建设性介入力度，助力整个南亚的和平、稳定与发展。

一、阿富汗变局牵动地缘政治博弈

过去 20 年，美国及其盟友一直主导阿富汗形势的走向，处于“一家独大”的地位。随着驻阿美军 2021 年 8 月底完成撤离，美短期内在阿不存在显性的安全和外交存在，阿地缘政治格局由此出现重大转变，呈现“美西方影响力下降，地区国家影响力上升”这一“东升西降”的整体趋势。

（一）美国完成撤军，仍图谋保持影响

过去 20 年里，美国一直在阿政治和安全形势演变中演主角，发挥主导作用。然而，美国并不想一直在阿投入海量资源。实际上，小布什和奥巴马执政时期曾考虑过撤军问题，但均因无法在战场实现“撤军所需要的条件”而未能实现。特朗普执政后着力推动撤军，最终与阿富汗塔利班（阿塔）达成“和平协定”。2021 年拜登执政后，接过特朗普对阿政策“衣钵”，彻底抛弃了

* 本章撰稿人：王世达、林一鸣、张书剑、胡仕胜。

所谓“基于战场形势撤军”的做法，决然于8月30日凌晨完成驻阿美军的完全撤离。但要指出的是，尽管拜登认定“美国过去给了阿富汗人决定自己命运的机会，未来不会再为阿富汗人而战”，[①] 但这不意味着美国就此对阿彻底不管。相反，拜登政府反复强调在阿仍有重要且唯一的国家利益——防止对美国本土的恐怖袭击。为此，美国将在阿复制在中东、北非等地的反恐策略，尤其是发展“超视距”反恐能力，实时监控阿境内乃至整个地区范围内对美国安全的直接威胁，并在需要时迅速采取反制行动。[②] 因此，未来美国仍将是阿问题的关键一方，只是介入方式从直接军事干涉转为多手段间接干预。一方面，美国将在阿保持一定程度的“超视距打击能力”。如，8月26日阿首都喀布尔发生特大恐怖袭击，美国随后立即对恐怖组织“伊斯兰国呼罗珊分支”在喀布尔和东部楠格哈尔省的目标实施了无人机空袭。另一方面，美国将充分利用外交手段、国际影响、经济手段和人道主义援助等介入阿事务，并以参与地区外交等方式维持在阿影响力。

（二）巴基斯坦和伊朗影响力同步提升

巴基斯坦在阿的影响力攀升。巴基斯坦与阿富汗山水相连，存在漫长的边界，且普什图人在阿巴边境两侧跨境居住，影响彼此国内形势演变。在地缘经济上，巴将阿视为推动地缘经济合作

---

① The White House, “Remarks by President Biden on Afghanistan,” https://www.whitehouse.gov/briefing-room/speeches-remarks/2021/08/16/remarks-by-president-biden-on-afghanistan/.（上网时间：2021年9月12日）

② The White House, “Remarks by President Biden on the Way Forward in Afghanistan,” https://www.whitehouse.gov/briefing-room/speeches-remarks/2021/04/14/remarks-by-president-biden-on-the-way-forward-in-afghanistan/.（上网时间：2021年5月8日）

之枢纽，采取诸多措施推动途经阿的跨地区贸易和互联互通。①在地缘安全上，巴总理伊姆兰表示，阿和平与稳定符合巴根本利益。如果阿爆发内战，巴将是“仅次于阿本身的最大受害者”。②在地缘政治上，巴乐见并支持与其存在历史联系的阿塔获得更大政治主导权，在国土西侧建立对巴友好政权。2021 年 6 月底，巴总理伊姆兰称，“未来任何阿政府成功执政的前提都是将阿塔纳入其中”。③ 8 月 15 日，阿塔重新控制首都喀布尔，并在9 月 7 日宣布成立临时政府。可以预见，阿塔政权未来在地缘政治和经济发展等领域均需巴的大力支持和帮助，巴在阿的影响力将持续攀升，成为美撤军后对阿局势演变影响最大的国家。

作为西部邻国，伊朗在阿富汗有传统影响。2021 年以来，阿局势迅速演变，伊朗对此密切关注。在地缘上，伊朗将美军撤离视为减少美国在地区影响力、维护东部国家安全的良机。在安全上，伊朗密切关注阿塔的军事动向，尤其是担心战事威胁伊阿边境地区的安全与稳定。在政治上，伊朗主张“阿各派通过对话打破僵局”，关注什叶派穆斯林的利益。④ 8 月 15 日，阿塔重新控制喀布尔，伊朗对此两手应对。一是与新政权展开接触，试图通过高层沟通等与阿塔就维护阿境内哈扎拉人等什叶派穆斯林

① “Full Text of Gen Bajwa’s Speech at the Islamabad Security Dialogue,” https：//www. dawn. com/news/1613207/read – full – text – of – gen – bajwas – speech – at – the – islamabad – security – dialogue? preview. （上网时间：2021 年 6 月 26 日）

② Al Jazeera, “Pakistan’s Imran Khan Warns of ‘Civil War’ in Afghanistan,” https：//www. aljazeera. com/news/2021/9/22/pakistan – imran – khan – civil – war – afghanistan – taliban. （上网时间：2021 年 9 月 23 日）

③ Crisis Group, “Pakistan：Shoring up Afghanistan’s Peace Process,” https：//www. crisisgroup. org/asia/south – asia/pakistan/b169 – pakistan – shoring – afghanistans – peace – process. （上网时间：2021 年 9 月 23 日）

④ “Iran and the Taliban after the US Fiasco in Afghanistan,” https：//www. mei. edu/publications/iran – and – taliban – after – us – fiasco – afghanistan. （上网时间：2021 年 9 月 26 日）

的安全与利益、避免阿难民进入伊朗、共同反对美国干预等达成一定共识。[①] 二是不断强化对阿政策工具。伊朗长期在叙利亚扶持由阿富汗和巴基斯坦等地什叶派穆斯林组成的武装组织“法蒂玛旅”，将其作为对阿施加影响的重要筹码。2021 年 6 月，伊朗伊斯兰革命卫队“圣城旅”指挥官卡尼在叙利亚边境城镇会见了“法蒂玛旅”成员。可以说，伊朗在阿富汗影响力大幅提升，在阿邻国中仅次于巴基斯坦。也正因如此，出于对“哈卡尼网络”在阿塔临时政权中占据强势地位的不满，伊朗正成为妨碍巴基斯坦推动阿周边国家形成统一对阿政策的一大干扰。

（三）俄罗斯成功“卷土重来”

近年来，随着俄美关系调整以及地区形势演变，俄罗斯对阿富汗政策逐渐从消极被动转为积极介入。一方面，俄罗斯乐见美国撤出，削减美在阿富汗和中亚这一欧亚大陆核心地带的地缘政治影响；另一方面，俄罗斯又认定美国不负责任地撤军有意“甩锅”地区，将阿富汗问题转嫁给地区国家。为此，俄积极接触包括阿塔在内的阿各方，确保自身国家安全和在中亚的地缘政治影响。在阿塔重新控制喀布尔之后，俄罗斯发表声明，称阿塔已经出现“可喜的变化”，准备与阿富汗未来过渡政府合作。同时，俄外交部又表示，不急于承认阿塔政权合法性，这为其与阿塔讨价还价维护自身利益预留了政策空间。[②] 尤其要指出的是，俄罗斯高度警惕和强烈反对美从阿撤军后将部分军队重新部署在地区国家，特别是中亚国家。例如，2021 年 10 月 27 日，俄外

① Al Jazeera, “US ‘Defeat’ in Afghanistan a Chance for Peace: Iran President,” https://www.aljazeera.com/news/2021/8/16/raisi-us-defeat-in-afghanistan-should-become-chance-for-peace.（上网时间：2021 年 8 月 26 日）

② “Russia Sees Kabul ‘Stabilizing’, Taliban ‘Restoring Order’,” https://www.themoscowtimes.com/2021/08/16/russia-sees-kabul-stabilizing-taliban-restoring-order-a74812.（上网时间：2021 年 8 月 19 日）

长拉夫罗夫在第二次阿富汗邻国外长会上公开呼吁“阿邻国不要允许美国及北约部队在其领土部署从阿撤出的军队”。[①]

（四）印度沦为阿富汗变局“最大输家”

2001 年以来，印度与美西方扶持的阿富汗民选政府关系密切，在政治、经济、安全、文化等领域强化影响。如，印度在阿一度设立多达 4 个领事馆，总经济投入超过 30 亿美元，成为仅次于美国、日本、英国和德国的第五大援阿国以及第一大地区援助国。[②] 通过以上操作，在阿拥有显性存在的印度一定程度上对巴基斯坦构成了地缘上的“东西夹击”。随着拜登政府 2021 年 4 月 14 日宣布将在 9 月 11 日之前撤军，印度认识到阿富汗局势可能变天，采取了一些措施应对。一方面，继续对阿民选政府提供各类经济和安全援助，尤其是在阿战局吃紧情况下为民选政府紧急空运包括炮弹在内的武器弹药援助。另一方面，寻求与阿塔关系的转圜。6 月 21 日，卡塔尔负责反恐和冲突解决的特使透露，印度官员低调访问卡塔尔，并秘密与阿塔展开接触。[③] 但“冰冻三尺非一日之寒”，印度的做法并未明显奏效。8 月 15 日，阿塔进入首都喀布尔。印认为这是“最糟糕的结果”，称不会承认任何以武力形式在阿建立的政权。该表态以及印度此前援助阿民选政府武器弹药等做法显然激怒了阿塔。阿塔发言人沙欣公开警告印度“不要试图在阿事务中扮演任何安全角色”。沙欣表示，印

---

① “Russia Tells Afghan Neighbours to Say No to U. S. , NATO Presence,” https: //www. reuters. com/world/russia – tells – afghan – neighbours – say – no – us – nato – presence – 2021 – 10 – 27/. （上网时间：2021 年 10 月 29 日）

② “Explained: What Are India’s Investments in Afghanistan?” https: //indianexpress. com/article/explained/explained – indias – afghan – investment – 7406795/. （上网时间：2021 年 10 月 16 日）

③ “Indian Delegation Met Taliban in Doha, Says Qatari Official,” https: //www. thehindu. com/news/national/indian – delegation – met – taliban – in – doha – says – qatari – official/article34895560. ece. （上网时间：2021 年 7 月 6 日）

度已经看到了其他国家军事介入阿的命运，应从中受到启发。作为此次阿变局的最大利空方，印度被迫采取了“静观其变”这一消极政策，相关影响力势必持续下降。[①]

二、美国“印太战略”推动多国介入南亚

2021 年以来，美国持续在南亚深入落实“印太战略”，在战略上拉拢印度的同时企图将南亚中小国家纳入其“印太轨道”。在其刺激下，欧洲和日本也加大了对南亚的介入力度。

（一）美国续推“印太战略”落地南亚

2021 年 1 月上台的拜登政府整体继承了前任特朗普政府的“印太战略”，在实施力度和范围上甚至有所超越，这在南亚表现得尤为明显。

一是加大对印度实质拉拢。拜登自诩“美印天然合作伙伴的积极拥护者”，上台不久就与印度总理莫迪通话，重申与印联手推动“自由和开放的印太”，通过美日印澳四国机制等支持“航行自由、领土完整以及构建更强有力的地区结构”。[②] 2 月，四国机制举行第三轮外长会晤，讨论在防治新冠肺炎疫情、推动经济复苏、应对气候变化等全球性挑战中加强合作。3 月 12 日，四国机制举行首次首脑峰会，发布《联合宣言》，并成立 3 个工作组落实峰会共识，分别是：以疫苗专家工作组融合四国医疗、

---

① “India Adopting ‘Wait and Watch’ Policy on Afghanistan, Says Government,” https://www.thehindu.com/news/national/jaishankar – briefs – political – leaders – on – afghanistan – situation/article36112751.ece.（上网时间：2021 年 9 月 12 日）

② “Biden Reaffirms US – India Cooperation to Combat COVID – 19, Terrorism in Conversation with PM Modi,” http://www.businessworld.in/article/Biden – reaffirms – US – India – cooperation – to – combat – COVID – 19 – terrorism – in – conversation – with – PM – Modi/09 – 02 – 2021 – 375310/.（上网时间：2021 年 3 月 10 日）

科学、融资、制造、开发能力，在“印太”框架下分发疫苗；以关键和新兴技术工作组共促未来国际标准和创新技术合作；以气候变化工作组加强气变领域技术开发、能力建设和融资合作。[①] 此次会晤不仅意味着四国机制升格为元首级，且重点转向推动已有共识落地实施。9 月，四国机制举行第二轮首脑峰会，重申在疫苗、气变、高质量基建、未来科技等领域落实合作，并提出联手培养未来科技人才，打造“四国科技人才闭环”。此外，四国还分两阶段在菲律宾海、孟加拉湾举行了 2021 年“马拉巴尔”联合海上军演。与此同时，美国还在“印太战略”框架下不断深化与印度的“全面全球战略合作伙伴关系”。3 月 19 日，美防长奥斯汀访印，称美印关系是“自由和开放的印太之关键支柱”。[②] 9 月，印总理莫迪访美，表态“美印关系已进入关键转型期”，并邀请拜登访印。在中印边境问题上，拜登政府公开表态偏袒印度，其国安会发言人称“美国将支持印度反对外来‘侵略’，对中国‘恐吓邻国’表示关切”。[③]

二是将南亚中小国家纳入“印太轨道”。（1）斯里兰卡。特朗普政府 2020 年 10 月曾要斯在中美之间“做出艰难但必要的决定”。斯对此明确拒绝，也未接受美千年挑战公司（MCC）附加

① Ministry of External Affairs Government of India, “Quad Leaders’ Joint Statement: The Spirit of the Quad,” https: //www. mea. gov. in/bilateral - documents. htm? dtl/33620/Quad + Leaders + Joint + Statement + The + Spirit + of + the + Quad. （上网时间：2021 年 7 月 6 日）

② “‘New Delhi Key to Indo - Pacific’ — Eye on China, India & US Call for Deepening of Defence Ties,” https: //theprint. in/diplomacy/new - delhi - key - to - indo - pacific - eye - on - china - india - us - call - for - deepening - of - defence - ties/625250/. （上网时间：2021 年 3 月 22 日）

③ “Joe Biden Blasts China’s ‘Attempts to Intimidate’ India in Stark Warning to Beijing,” https: //www. express. co. uk/news/world/1393216/Joe - Biden - news - India - China - Ladakh - border - LAC - military - conflict - latest - ont. （上网时间：2021 年 11 月 9 日）

政治条件的援助资金。拜登上台后仍试图将斯纳入“印太轨道”。如，美新提名驻斯大使2021年10月称，斯毗邻印度洋主航道，战略位置重要，在“自由和开放的印太”扮演关键角色；美必须与斯建立建设性伙伴关系，推动所谓“基于透明、国际规则和良政基础的高质量投资和基建”，提供所谓“强制性贷款和不透明合同”的替代选择，其针对中国意味明显。[①]（2）孟加拉国。美在“印太战略”下重新审视孟战略价值，将孟视为“印太地区的关键伙伴”。[②] 拜登政府持续对孟拉拢。在安全上，通过“对外军事资助”“国际军事教育和培训”等项目向孟提供安全援助和支持；在经济上，通过“美孟商业理事会”等提振双边经贸往来。孟关注经济发展和基础设施建设，积极推进与美经贸往来，但对安全合作高度警惕。如，2021年3月2日，孟外长穆明公开表示，孟不会考虑加入美“印太战略”下的任何安全倡议。[③]（3）尼泊尔。9月，美千年挑战公司副总裁法特马·苏玛尔访尼，拜会尼总理兼任大会党主席德乌帕、尼共（联合马列）主席奥利、尼共（毛主义中心）主席普拉昌达等政要，催促尼批准实施“千年挑战计划”。该计划拟提供5亿美元援助，建设尼境内400公里输电线路、300公里公路以及3个连

---

① “Ambassador Nominee Pledges to Advance U. S. Values and Shared Interests to Make Sri Lanka a Vital Partner in the Indo – Pacific,” http：//www. colombopage. com/archive_21B/Oct21_1634835818CH. php.（上网时间：2021年10月28日）

② “50 Years after Independence, Bangladesh Bursts into Geopolitics,” https：//foreignpolicy. com/2021/03/25/bangladesh – independence – anniversary – geopolitics – india – china – pakistan – indo – pacific – quad/.（上网时间：2021年8月22日）

③ “Bangladesh Won't Consider Joining Security Initiative under U. S. Indo – Pacific Strategy,” http：//www. xinhuanet. com/english/asiapacific/2021 – 03/02/c_139778258. htm.（上网时间：2021年6月18日）

接尼印跨境电网的变电站。[①] 尼反对者担心该计划为美“印太战略”组成部分，将使尼被迫卷入地缘政治博弈。

（二）欧洲多国军事介入印度洋

在美“印太战略”刺激下，欧盟2021年4月通过“欧盟印太合作政策结论”文件，9月正式发布《欧盟印太合作战略》，详细阐述了欧盟参与“印太”地区事务的背景、考量、路径及愿景。法国、德国等欧洲国家也出台各自“印太战略”，加大对印度洋地区投入。法国以其西南印度洋海外省为依托，通过强化与印度的战略协作提高其在印度洋的影响力。2020年12月，法国在印度支持下正式成为环印度洋地区合作联盟（IORA）第23个成员国，这也是该组织首次接纳本土处于印度洋区域之外的国家。2021年4月5～7日，法国与美国、日本、澳大利亚、印度在孟加拉湾举行“拉彼鲁兹”海上联合军事演习。印度首次参与该项演习，法驻印大使馆称，演习旨在提升“志同道合的高端海军力量”，维护“自由和开放的印太”。[②] 同月25～27日，法国与印度在阿拉伯海举行“伐楼拿2021”联合海上军演。两国在同月内连续举行两次联合演习，凸显双方战略互信与海上安全合作提升到了新高度。2021年9月18日法国外长勒德里昂在与印度外长苏杰生通话时表示，两国将深化“基于印太地区两个伟大主权国家之间的政治信任关系”，促进“真正的多边国际

① US Embassy in Nepal, “MCC, Nepal Take ‘Positive Steps Toward Compact Ratification’,” https://np.usembassy.gov/mcc-nepal-take-positive-steps-toward-compact-ratification/.（上网时间：2021年11月1日）

② “Quad Navies Participating in France-led Exercise in Eastern Indian Ocean Region,” https://indianexpress.com/article/india/quad-navies-participating-in-france-led-exercise-in-eastern-indian-ocean-region-from-april-5-7260225/.（上网时间：2021年11月1日）

秩序”。[①] 此外，在澳英美签约组建基于核潜艇合作的核心军事同盟“奥库斯”（AUKUS）后，印法对在“敏感领域”展开合作的前景非常看好。德国8月派遣一艘护卫舰前往印度洋—太平洋地区，这是近20年德国首次进行类似部署。德国海军司令舍恩巴赫表示，德国希望每两年派军舰前往“印太”地区，“协助维护该地区的和平与秩序”。[②] 英国同样在“印太”框架下深化与印度的安全与战略合作，加强在印度洋的军事介入。2021年3月，英国出台综合评估报告，宣布向“印太”投入更多外交和防务资源。5月4日，英国首相约翰逊同印度总理莫迪举行视频会晤，将双边关系提升至“全面战略伙伴关系”，并出台“未来关系2030年路线图”，提升两国在防务和技术领域的合作。[③] 2021年10月，英国“伊丽莎白女王”号航母战斗群访问印度并参加两国历史上首次三军联合演习。[④] 同月，英国防参谋长卡特与外交大臣特拉斯访问印度。特拉斯称印度是“世界上最大的民主国家和科技经济强国”，也是英国重要战略合作伙伴，双方必须加强经济以及安全关系，在“印太”事务上开展更深入的

① Al Jazeera, “France to Work with India to Promote ‘Truly Multilateral’ Order,” https://www.aljazeera.com/news/2021/9/18/france-work-with-india-promote-truly-multilateral-order.（上网时间：2021年11月1日）

② “德国军舰近20年来首次启程前往印太部署”，http://www.xinhuanet.com/mil/2021-08/04/c_1211276091.htm。（上网时间：2021年11月8日）

③ UK Government, “India - UK Virtual Summit, May 2021: Roadmap 2030 for a Comprehensive Strategic Partnership,” https://www.gov.uk/government/publications/india-uk-virtual-summit-may-2021-roadmap-2030-for-a-comprehensive-strategic-partnership.（上网时间：2021年11月4日）

④ UK Government, “British High Commission New Delhi: UK Carrier Strike Group Led by HMS Queen Elizabeth enters Bay of Bengal,” https://www.gov.uk/government/news/uk-carrier-strike-group-led-by-hms-queen-elizabeth-enters-bay-of-bengal.（上网时间：2021年11月4日）

合作。[①]

（三）日本深化“印太”安全布局

日本迎合美国落实“印太战略”动向，强化印度洋方向投入。2020 年 11 月，日本与马尔代夫签署合作协议，向马尔代夫海岸警卫队和海上救援与协调中心提供 760 万美元赠款，用于提升马海上安全能力。马外长阿卜杜拉称“该笔赠款有助于确保印度洋的自由和开放，为地区带来和平与繁荣”。[②] 2021 年 3 月，日本批准向印度提供 40.2 亿日元赠款，用于改善印度洋战略要冲安达曼—尼科巴群岛的电力供应。日本驻印大使馆称，此系日本在安达曼—尼科巴群岛首个发展援助项目，对于实现两国“自由、开放和包容的印太共同愿景”以及“稳定、和平和繁荣的印太地区”至关重要。[③] 10 月，日本新任首相岸田文雄同印度总理莫迪通话，表态“反对任何单方面以武力和经济胁迫改变现状的企图”，承诺继续加强“印太”框架下的经济安全合作。[④]

---

① “Britain and India Must Deepen Defence, Economic Ties - UK's Truss,” https://www.reuters.com/world/uk/britain-india-must-deepen-defence-economic-ties-uks-truss-2021-10-21/.（上网时间：2021 年 11 月 4 日）

② “Maldives to Receive Japanese Grant to Strengthen Coast Guard,” https://www.thehindu.com/news/international/maldives-to-receive-japanese-grant-to-strengthen-coastguard/article33155784.ece.（上网时间：2021 年 11 月 4 日）

③ “Japan to Fund A&N, Metro Expansion,” https://www.thehindu.com/business/Industry/japan-to-fund-an-metro-expansion/article34172904.ece.（上网时间：2021 年 11 月 4 日）

④ “Modi Speaks to New Japan PM Fumio Kishida, Opposes ‘Unilateral Coercion’ in Indo-Pacific,” https://www.thehindu.com/news/national/modi-speaks-to-new-japan-pm-fumio-kishida-opposes-unilateral-coercion-in-indo-pacific/article36901431.ece.（上网时间：2021 年 11 月 4 日）

三、非传统安全挑战冲击地区安全

2021年2月，印巴两军就遵守2003年停火协议、在边境地区维持和平达成共识。[①] 此后，两军整体遵守该共识，未发生较大规模摩擦和冲突。相比之下，非传统安全威胁对南亚地区整体安全的挑战更为突出。

（一）阿富汗乱局酿就人道主义危机

尽管阿塔宣布成立临时政府，但在许多地区和领域“无政府状态”仍然普遍存在，人道主义危机迫在眉睫。

一是粮食危机。阿农业落后，粮食供给不能自足，今年旱情等因素造成粮食歉收。2021年10月，联合国粮农组织和世界粮食计划署评估指出，阿约有47%的人口（近1900万人）处于粮食安全评级第3等级（“危机”）和第4等级（“紧急”）状态，而越冬后至2022年3月，这一数字将攀升到2280万人，占阿人口的55%。[②] 粮农组织总干事屈冬玉指出，“我们必须在冬季阿大部分地区交通被阻断之前，加快和扩大食物运送速度”。[③]

二是流民及难民危机。由于武装冲突和经济崩溃等原因，阿大量人口流离失所，成为国内流民。联合国难民署估计，约有

① 王世达、王颖：“印巴缘何互抛橄榄枝”，《世界知识》，2021年第9期，第36页。

② “IPC Acute Food Security Analysis September 2021 – March 2022：Afghanistan，” http：//www. ipcinfo. org/fileadmin/user_upload/ipcinfo/docs/IPC_Afghanistan_AcuteFoodInsec_2021Oct2022Mar_report. pdf.（上网时间：2021年10月30日）。

③ “联合国警告：阿富汗将处于‘灾难倒计时’，急需紧急人道援救”，https：//news. un. org/zh/story/2021/10/1093272。（上网时间：2021年10月30日）

350 万人口在阿境内流离失所，面临饥寒交迫的境遇。[①] 国际社会普遍担忧，阿国内流民若得不到妥善安置，将有可能逃离阿富汗，引发新一轮国际“难民潮”危机。

三是公共卫生危机。新冠肺炎疫情持续肆虐，医疗物资严重短缺，医护人员薪金被拖欠，本已脆弱的医疗体系不堪重负，冲突与动荡进一步延缓新冠疫苗接种等免疫计划推进。此外，阿社会动荡造成平民特别是妇女儿童的生存、医疗、工作及受教育等基本权利得不到保障。

阿富汗大规模人道主义危机是其政治、经济、社会各领域积弊的集中爆发。尤其是，美仓促撤军加剧阿国内政治斗争和武装冲突，直接引发了阿政治局势剧变。同时，美西方国家难以接受阿塔重新执政，暂停原有对阿援助、冻结阿外汇资产、“撤离”技术人才，加大了危机爆发的速度与规模。若不能尽快获得有效解决，这场人道主义危机极可能演变成更难管控的政治动荡与社会冲突，恶化阿境内反恐局势。

（二）国际恐怖主义威胁加剧

阿富汗乱局对国际恐怖势力形成“磁吸”效应，阿成为本地区恐怖分子聚集地的可能性增大。

一是阿塔未切断与“基地”组织关系。长期以来，“基地”组织在阿活动并受到阿塔庇护，两者形成了复杂的人员、利益和“情感”联系。2021 年 6 月，联合国安理会 1988 委员会报告指出，阿塔与“基地”组织的关系未发生实质变化。“基地”组织至少在阿境内 15 个省份存在，其中“基地”组织次大陆分支在阿塔庇护下在阿南部坎大哈、赫尔曼德等省活动，“基地”组织

① “凛冬将至，流离失所者在喀布尔饥寒交迫”，https：//www. unhcr. org/cn/16535 - 凛冬将至，流离失所者在喀布尔饥寒交迫 . html。（上网时间：2021 年 10 月 30 日）

发布的信息亦表明其继续在阿存在与活动。[①] 10 月 28 日，美副防长科林·卡尔在参议院军事委员会作证时表示，“基地”组织可能在 1～2 年内具备袭击美国的能力。

二是外籍恐怖分子持续活动。联合国安理会报告指出，尽管阿塔矢口否认，但约有 8000～10000 名外籍恐怖分子在阿境内活动，且大部分得到了阿塔的容忍或庇护。其中，“巴基斯坦塔利班运动”（“巴塔”）约有 2500～6000 人，盘踞在阿东部楠格哈尔省等地；“东突厥斯坦伊斯兰运动”（“东伊运”）数百名武装分子盘踞在阿北部巴达赫尚省周边。“东伊运”还建立从叙利亚向阿境内转移人员的通道，其头目弗尔干亦为“基地”组织招募外籍人员，掌握多达 1000 人的外籍武装分子。[②] 2021 年 8 月重掌政权后，阿塔释放了包括“巴塔”头目法基尔在内的大批武装分子，引发外界普遍担忧。

三是“伊斯兰国”趁乱反弹。在阿境内的“伊斯兰国呼罗珊分支”此前一直遭到阿塔打击，实力和地盘缩减。随着阿塔重新掌权，“伊斯兰国”加大分化拉拢阿塔中的强硬派、中下层武装分子及外籍恐怖分子。此外，“伊斯兰国”8 月以来还对喀布尔机场、阿塔人员、宗教少数派等发动多次恐怖袭击，造成 400 余人死亡。实际上，“伊斯兰国”已将阿塔政权视为取代美及北约的重点恐袭目标。

（三）中国在巴基斯坦安全风险增大

随着中巴全天候战略合作伙伴关系发展和中巴经济走廊建设

---

① 《分析支助和制裁监测组根据关于阿塔及其他对阿富汗和平、稳定与安全构成威胁的有关人员和实体的第 2557（2020）号决议提交的第十二次报告》，联合国，2021 年 6 月 1 日，第 11～12 页。

② 《分析支助和制裁监测组根据关于阿塔及其他对阿富汗和平、稳定与安全构成威胁的有关人员和实体的第 2557（2020）号决议提交的第十二次报告》，联合国，2021 年 6 月 1 日，第 16～18 页。

加快，中国在巴基斯坦机构和人员规模增加、范围扩大，日益成为恐怖组织袭击目标。2021 年以来，中国在巴机构和人员连续遭遇严重恐怖袭击。7 月 14 日，中企在开伯尔—普什图省承建的达苏水电项目员工通勤车队遭遇恐怖袭击，造成包括 9 名中方员工在内的共 13 人身亡，数十人受伤。巴方调查认为，是“巴塔”斯瓦特分支实施了此次恐怖袭击。8 月 20 日，俾路支省瓜达尔东湾快速路项目中方人员车队遭遇自杀式袭击，造成两名当地儿童身亡，包括 1 名中方人员在内的多人受伤。分离主义暴恐组织“俾路支解放军马吉德旅”实施了此次恐袭。此外，2020 年以来，中国公民在卡拉奇市已遭遇多起“独狼式”枪击事件，分别由“俾路支解放阵线”“信德革命军”等分离主义暴恐组织实施。

中国在巴安全风险增大与地区形势变化密切相关。一是阿富汗乱局既为恐怖组织提供了活动条件，又刺激其流窜作案。如，“巴塔”大头目努尔·瓦利宣称，要回到巴境内作战，控制巴部落地区。[①]“巴塔”在俾路支省活动增多也凸显其“回流”新动向。4 月 21 日，“巴塔”对俾路支省奎达市塞雷纳酒店发动炸弹袭击，险些伤及在该店下榻的中国驻巴外交代表团。二是围绕阿富汗问题的地缘博弈加剧，削弱国际反恐合力。美国从阿富汗撤军后，对阿反恐力度缩水，阿境内恐怖组织面临的外部压力大幅减轻。巴方认为，阿前政府、印度政府动用情报部门，煽动“巴塔”“俾路支解放军”等恐怖组织策划袭击中国在巴机构和人员，给伊斯兰堡制造巨大难堪。

---

① CNN, “Pakistani Taliban Leader Reacts to Afghan Gains after US Withdrawal,” https: //www. youtube. com/watch? v = rF3A2gHT9S4.（上网时间：2021 年 10 月 31 日）

四、中国建设性介入助益地区稳定

在阿富汗变局牵动地缘政治博弈、美国“印太战略”推动多国介入南亚、非传统安全挑战冲击地区安全的背景下，中国对南亚的建设性介入可谓难得的“正能量”，助力地区的和平、稳定与发展。

（一）秉公持正介入阿富汗问题

中国作为阿富汗邻国，一向持负责任、建设性态度推动阿和平进程，为阿实现和平与稳定注入“正能量”。

一是真诚助推阿人内部和解。2021 年 7 月 28 日，在阿局势发生重大转折前夕，王毅国务委员兼外长在天津会见阿塔政治委员会负责人巴拉达尔，强调中方尊重阿主权独立和领土完整，奉行面向阿全体人民的友好政策，呼吁阿塔高举和谈旗帜，确立和平目标，树立正面形象，奉行包容政策，展现以最大努力避免内战、争取和平并为地区谋求稳定的真诚政治意愿。9 月 17 日，习近平主席在北京以视频方式出席上海合作组织和集体安全条约组织成员国领导人阿富汗问题联合峰会，就阿富汗问题提出 3 点意见建议：推动阿局势尽快平稳过渡，支持阿国内各方通过对话协商早日达成包容性政治安排；同阿开展接触对话，引导推动阿新政权架构更加开放包容，奉行温和稳健的内外政策，同世界各国特别是周边邻国友好相处；要及时向阿提供人道主义和抗疫支持，帮助阿人民纾忧解困。10 月 25～26 日，王毅在多哈会见阿塔临时政府主要领导人，呼吁阿塔团结各民族各派别，真正把阿富汗的前途命运掌握在阿人民手中，表示中方愿同国际社会一道，推动“阿人所有、阿人主导”的原则在阿真正落地并为此发挥建设性作用。

二是团结地区国家，凝聚国际共识。中方始终秉持多边主义，主张阿富汗问题的解决方案应该是多边包容的，而非单边排他的，反对某些国家大搞单边主义和所谓的“地缘政治”，将本国利益凌驾于阿富汗与本地区国家的共同利益之上。中方积极推动中阿巴、中俄巴伊、阿邻国六边外长会等多边对话机制，参加联合国、上海合作组织、集体安全条约组织、二十国集团等组织的涉阿多边会议，就尊重阿主权、实现阿和平、督促有关国家担责、强化地区国家合作等问题推进共识。中方就阿未来提出的“构建开放包容的政治架构”“实行温和稳健内外政策”“同一切恐怖势力划清界限”“奉行和平的对外政策”四点期待，已经成为国际社会和地区国家的共识。

三是尽力担当对阿富汗人民援助。美西方从阿富汗不负责任地“一走了之”，是造成当前阿乱局及潜在大规模人道主义危机的最重要外因。阿塔建立临时政府之后，美西方以种种理由暂停对阿各项援助并冻结阿外汇资产，加剧阿国内社会经济危机。出于人道主义，中方提出向阿人民提供价值 2 亿人民币的各类救援物资，是最先承诺施援，也是首批落实援助的国家。2021 年 10 月，王毅向阿塔临时政府领导人表示，中方愿继续在力所能及的范围内提供人道主义援助。中方从阿局势实际情况出发，从阿人民实际困难出发，与阿塔临时政府真诚沟通、积极引导，对阿人民尽力施援，凸显中方维护和平的大国外交担当和亲诚惠容的周边外交作为。

（二）携手构建人类卫生健康共同体

新冠肺炎疫情在南亚持续肆虐，中国与南亚国家山水相连、命运与共，中方秉持人类命运共同体理念，与南亚国家携手构建人类卫生健康共同体。

一是抗疫援助解急救难。在疫情暴发之初，南亚多国在支持抗疫斗争、反对疫情“污名化”和病毒溯源“政治化”、合作研发疫苗等方面给予中方巨大协助。在中国抗疫斗争取得重大战略成果，特别是疫苗成功临床应用之后，中方第一时间向南亚国家提供疫苗及各类医疗物资，助力打破“免疫鸿沟”。2021 年 2 月 1 日，中国首批援外疫苗运抵巴基斯坦。巴是首个接受中国疫苗援助的国家，巴军队是首支接受中国军队疫苗援助的外军。目前，巴方接种疫苗中超过 90% 来自中国。[①] 尼泊尔、斯里兰卡、孟加拉国、阿富汗等南亚多国已接受中国政府和军队的多批疫苗援助。截至 9 月初，中方向南亚国家提供疫苗约 1.2 亿剂次。在 4 月底德尔塔变异毒株导致南亚疫情大幅反弹之际，中方及时制定“抗疫紧急支持计划”，调集力量为阿富汗、尼泊尔、斯里兰卡等国提供氧气机、制氧机、呼吸机等应急医疗物资。中国同样向受德尔塔毒株肆虐的印度提供多批医疗物资。不仅如此，中方与巴基斯坦、孟加拉国等有条件的国家开展疫苗本地生产合作，有力提升了南亚国家疫苗接种的普及性和经济性。

二是多边合作彰显成效。4 月 27 日，中国、阿富汗、巴基斯坦、尼泊尔、斯里兰卡、孟加拉国六国外长举行合作应对新冠肺炎疫情视频会议，形成“坚持合作抗疫精神”“深化抗疫务实合作”“共同推动疫后经济复苏”“维护有利于各国发展的国际和地区环境”“保持合作势头”等五项共识，以及建立中国南亚国家应急物资储备库、成立中国南亚国家减贫与发展合作中心和举办中国南亚国家农村电商减贫合作论坛等三项具体成果。7 月初，应急物资储备库、减贫与发展合作中心两大重要平台分别在成都和重庆落地启用。中国还积极参与全球“新冠肺炎疫苗实

---

① “莫因·哈克：巴基斯坦超 90% 新冠疫苗来自中国”，https：//www. chinanews. com/gj/2021/05 –24/9484252. shtml。（上网时间：2021 年 10 月 31 日）

施计划”，通过该计划向南亚国家提供疫苗援助。8 月，中方供应该计划的第一、二批疫苗先后运抵巴基斯坦和孟加拉国。

（三）“一带一路”助力疫后经济复苏

中国不仅积极援助南亚国家抗击疫情，还着眼于疫后经济复苏和社会发展，统筹防疫与“一带一路”建设，为地区稳定与繁荣注入新动能。

一是中巴经济走廊建设深入推进。中巴经济走廊作为共建“一带一路”的标志性工程和先行先试项目，已经进入以产业园区、农业、社会民生等领域为重点的高质量发展新阶段。2021 年 7 月 24 日，中巴举行第三次外长对话，双方一致同意综合构建健康走廊、产业走廊、贸易走廊、数字走廊、绿色走廊。9 月 23 日，中巴经济走廊联合合作委员会召开第 10 次会议，宣布成立信息技术产业联合工作组，签署 5 份合作文件，并宣布签署 3 份企业间合作协议。在建在营项目不断取得新进展，持续造福当地民众。5 月 28 日，走廊标志性产业合作项目“拉沙卡伊特殊经济区”正式在开伯尔—普什图省启动。7 月 5 日，瓜达尔港自由区北区基础设施建设、化肥厂、瓜达尔展销中心、瓜达尔动物疫苗厂、瓜达尔润滑油厂等 5 个项目开工，瓜达尔热带植物组培中心投用，中方援建日产 5000 吨海水淡化厂的执行协议签署。9 月 30 日，默蒂亚里—拉合尔直流输电项目投入商业运营。10 月 1 日，中国援建的瓜达尔职业技术学校竣工。

二是中孟基础设施合作取得新进展。1 月 6 日，中方参与投资的孟国内首个超临界燃煤电站帕亚拉正式投入商业运营。8 月 27 日，中方承建的帕德玛大桥全面贯通。大桥建成后，孟西南部贫困地区与首都达卡之间交通往来将从过去的 7 ~ 8 个小时摆渡缩短至 10 分钟车程。10 月 7 日，卡纳普里河底隧道工程实现双线贯通，这是利用中国自主研发、首台出口海外超大直径盾构机成就的海外最大盾构公路隧道项目。当月，中企承建的帕亚拉大桥正式通车。

三是中斯汉班托塔港项目成绩斐然。尽管受新冠疫情影响，但汉班托塔港2021年上半年货运量仍保持可观增长，同比增幅超180%。目前，汉班托塔港内园区吸引了多国30余家企业入驻，覆盖金融、物流、海事服务、汽车配套、电子家电、油气能源等多个行业，与斯政府发展战略高度契合。4月，汉班托塔港正式启动了燃料油加油业务。6月，汉班托塔港口集团与锡兰石油公司签署合作谅解备忘录，计划将港口打造为战略能源中心和国际能源枢纽。8月，马尔代夫豪华游艇组装项目在汉班托塔港签约。10月，汉班托塔国际港口集团与斯投资局签署战略合作备忘录，宣布未来将开展战略合作，推动形成更高层次的合作格局。

（审定：傅小强）

第十一章　中亚“三十而立”*

2021 年是中亚五国独立 30 周年。30 年来，中亚国家在转型道路上艰难前行，政局总体稳定，经济稳步增长，外交灵活务实，基本实现了主权独立，维护了领土完整，得到了国际社会认可。2021 年，中亚受疫情冲击，经济缓慢复苏，政局保持稳定。随着美军撤出阿富汗，中亚地区地缘格局呈现新的态势，地区安全挑战增多。

一、经济缓慢复苏

2021 年，中亚各国经济逐步复苏，经济增长动力与阻力并存，各国发展面临不少挑战。

（一）各国尚未走出新冠肺炎疫情

2021 年，中亚地区仍处于新冠肺炎疫情阴霾之下。截至 11 月初，哈萨克斯坦、乌兹别克斯坦、吉尔吉斯斯坦、塔吉克斯坦累计确诊病例分别为 102 万、18.6 万、18.1 万和 1.7 万；累计死亡病例分别有 17150 例、1325 例、2672 例和 125 例；两针接种率分别是 39.9%、17.2%、11.4% 和 22.4%。10 月 26 日，哈卫生部长阿列克谢称，“若按当前形势发展，预计哈 12 月日均新增病例约 1600 例”。中亚各国民众接种疫苗的意愿不强，尽

* 本章撰稿人：丁晓星、孙渤、王聪、张也。

管各国政府采取了不少措施采购疫苗、鼓励接种，但疫苗接种率普遍较低，影响抗疫效果。随着全球新冠肺炎疫情的新一波冲击，中亚国家的新冠肺炎疫情有可能加重。

（二）经济实现正增长

2021 年中亚经济最大亮点是均实现了正增长。统计数据显示，哈萨克斯坦、乌兹别克斯坦、吉尔吉斯斯坦 1～9 月 GDP 同比分别增长 3.4%、6.9% 和 0.1%。[①] 土库曼斯坦 1～8 月 GDP 同比增长 6.2%。[②] 塔吉克斯坦 1～6 月 GDP 同比增长 8.7%。[③]

就主要国家的主要产业而言，哈萨克斯坦前三季度工业增长 5.7%，农业增长 1.4%，服务业增长 2.9%，固定资产投资增长 2%。乌兹别克斯坦前三季度人均 GDP 增长 4.9%，工业产值同比增长 9%，固定资产投资增长 5%，外贸同比增长 2.5%。吉尔吉斯斯坦前三季度工业下降了 4.2%，但不含库姆托尔金矿的工业产值增长 17.7%，采矿业增长 10.3%，建筑业下降 7.2%，农业下降 5%。

---

① Рост ВВП Казахстана в январе – сентябре 2021 года составил 3，4%，https：//www. interfax. ru/business/796552；Развитие экономики Узбекистана в январе – сентябре 2021 г.，https：//review. uz/post/razvitie – ekonomiki – uzbekistana – v – yanvare – sentyabre – 2021 – g；ОСНОВНЫЕ МАКРОЭКОНОМИЧЕСКИЕ ПОКАЗАТЕЛИ В ЯНВАРЕ – СЕНТЯБРЕ 2021，http：//www. stat. kg/ru/.（上网时间：2021 年 10 月 22 日）

② Рост ВВП Туркменистана по итогам восьми месяцев 2021 года составил 6，2%，http：//www. finmarket. ru/news/5547132.（上网时间：2021 年 10 月 22 日）

③ Доклад об экономике Таджикистана – лето 2021，https：//www. vsemirnyj-bank. org/ru/country/tajikistan/publication/economic – update – summer – 2021.（上网时间：2021 年 10 月 22 日）

表 11－1　2015～2021 年中亚五国 GDP 数据

	2015	2016	2017	2018	2019	2020	2021 年 1～9 月
哈	1.2%	1%	4%	4.1%	4.5%	－2.6%	＋3.4%
乌	8%	7.8%	5.3%	5.1%	5.5%	1.6%	＋6.9%
吉	3.5%	3.8%	4.5%	3.5%	4.5%	－8.6%	＋0.1%
塔	6%	6.9%	7.1%	7.3%	7.5%	4.5%	＋8.7%（1～6）
土	6.7%	6.2%	6.5%	6.2%	6.3%	5.9%	＋6.2%（1～8）

数据来源：相关各国统计部门。

（三）动力与阻力并存

2021 年中亚经济整体向好，积极的影响因素主要有三个方面。

一是外部环境回暖。截至 10 月底，国际油价和铜价同比分别增长 98% 和 33%。大宗商品市场向好使中亚原材料出口收入增加。1～8 月，哈出口同比增长 17.6%。其中原油出口额 192 亿美元，占出口总额的 51%。同期，土天然气出口增长 37%。吉、塔劳动力资源丰富，外汇收入依赖侨汇。得益于俄罗斯经济好转，上半年吉侨汇收入达 12.5 亿美元，同比增长 29%。

二是疫情对经济掣肘减弱。2021 年第二季度，哈企业平均开工率环比上升 1.4 个百分点。1～6 月哈交所（KASE）交易额同比增长 16.3%，新增账户数同比增长 25%。1～9 月，哈、乌、吉社会零售总额同比分别增长 6%、9.8% 和 10.3%。另据世界银行报告，担忧新冠肺炎疫情影响生活的塔民众比例已从 2020 年 5 月的 75% 下降到 2021 年的 35%。[①] 这说明，产业资本、金融市场和社会情绪对疫情的负面预期均在下降。

① Доклад об экономике Таджикистана － лето 2021，https：//www.vsemirnyj-bank.org/ru/country/tajikistan/publication/economic－update－summer－2021.（上网时间：2021 年 10 月 22 日）

三是各国出台纾困方案。2021 年，哈出台税收新政，为新建生产企业减免两年增值税，对企业再投资收入免征所得税。乌新建 226 个生产项目，创造约 3.4 万个就业岗位。吉简化行政审批程序，强化知识产权保护，消除投资障碍，优化营商环境。

需要注意的是，2021 年的经济数据是以 2020 年经济衰退为基础的，微弱的正增长表明经济复苏并不强劲。一方面，中亚疫情远未结束，供给相对不足的局面未改变；另一方面，高企的通胀迫使货币政策紧缩化，遏制了投资增长。2021 年中亚物价快速上涨。8 月，哈、吉 CPI 分别达 5.8% 和 6.2%，其中食品价格较年初分别上涨 7.5% 和 7.6%。为此，2021 年哈、吉央行分别三次和两次上调基准利率，幅度分别是 0.75 个百分点和 2.5 个百分点①。

（四）发展面临不少挑战

世界银行预测，2022 年中亚经济增速约 4.3%，哈、乌、吉、塔分别增长 3.7%、5.6%、4.7% 和 5%，低于新冠肺炎疫情前水平。② 这意味着中亚经济增长的制约因素短期内不会消失。

一是财政和货币进一步宽松的空间有限。2020 年、2021 年，中亚国家预算赤字占 GDP 比重连续两年超过 3%，部分国家债务接近国际警戒线，财政政策已缺乏足够弹性。2022 年中亚物价预期依旧高企，使各国政府很难进一步宽松货币。

---

① График принятия решений по базовой ставке 2015 - 2021, https://nationalbank.kz/ru/news/grafik-prinyatiya-resheniy-po-bazovoy-stavke/rubrics/1581; Учетная ставка НБКР, https://www.nbkr.kg/index.jsp?lang=RUS.（上网时间：2021 年 10 月 21 日）

② Всемирный банк: темп роста ВВП Казахстана ниже, чем в Узбекистане и Таджикистане, https://forbes.kz//process/economy/vsemirnyiy_bank_temp_rosta_vvp_kazahstana_nije_uzbekistana_i_tadjikistana/?（上网时间：2021 年 10 月 27 日）

二是经济多元化和低碳化叠加，转型任务更重。哈财政部统计，矿企对国家基金收入的贡献率高达99.9%。这表明中亚国家经济发展30年来都未能实现多元化。同时，低碳化的任务更加紧迫。9月，美国和中亚国家（“C5+1”）气候问题部长级会晤在线上举行，重点讨论了减排问题。11月，中亚五国代表出席格拉斯哥气候大会时均承诺，将于本世纪中叶实现碳中和目标。中亚各国经济多元化远未完成，工业化任务艰巨，低碳化的压力猛然来袭，发展前景更加复杂而扑朔迷离。

二、政局维持稳定

2021年是中亚选举大年，哈萨克斯坦、土库曼斯坦举行议会选举，乌兹别克斯坦、吉尔吉斯斯坦举行总统选举，四场大选平稳完成。同时，塔吉克斯坦、土库曼斯坦的权力交接也有序推进。

（一）哈萨克斯坦下院选举延续原有政党格局

2021年1月，哈举行议会下院选举，“祖国之光”党以72%的得票率胜出；“光明道路”党和人民党分获约10%和9%选票，进入议会。纳扎尔巴耶夫称，“在全球大疫情和经济大危机背景下，哈平稳举行选举意义重大。选举结果证明哈人民愿继续信任祖国之光党”。2007年哈修宪改变下院选举规则，哈下院议席由77席增至107席，其中按政党比例制产生98席，人民大会推举9席，取消单选区选举制。此后哈分别在2007年、2012年、2016年和2021年举行了4次选举。除了2007年“祖国之光”党包揽98席，其余3次均是“祖国之光”党、“光明道路”党和哈共产党（2020年改组为人民党）进入议会。在2021年选举中，下院的政党格局并无大的变化。纳扎尔巴耶夫以“祖国之光”党主席身份亲自指挥选战工作，多次召开高层会议，广泛进行社会动员。同时，哈政府严控激进反对派，继续围剿流亡富豪阿布利亚佐夫领导的“哈萨克斯坦民主选举”运动，限制国家社会民主党参选，这些措施为“祖国之光”党获胜创造了良好社会政治条件。

表 11－2　2007～2021 年哈萨克斯坦议会下院席位分布

选举时间	“祖国之光”党	“光明道路”党	哈萨克斯坦共产党＊	哈萨克斯坦人民大会
2021	76 席	12 席	10 席	9 席
2016	84 席	7 席	7 席	9 席
2012	83 席	8 席	7 席	9 席
2007	98	0	0	9 席

＊注：2020 年改组为哈萨克斯坦人民党

（二）米尔济约耶夫连任乌兹别克斯坦总统

2021 年 10 月，乌兹别克斯坦举行总统选举，投票率约 80%，米尔济约耶夫以 80% 的得票率胜出，任期至 2026 年。“双 80”的成绩单是对米尔济约耶夫首个任期执政成绩的肯定。2016 年底上任以来，米尔济约耶夫在国家治理、经济发展、司法改革、民生保障和多元外交等五大领域启动全面改革，取得良好成效。乌 GDP 年均增长约 5%，位居中亚前列。此外，竞争对手实力不济也是米尔济约耶夫轻松胜出的原因。乌法律规定，在司法部正式注册政党的代表才有资格参选。乌体制外反对党选前均被拒绝注册，无法提出自己的候选人。最终参选的另外 4 名候选人均来自议会内政党，资历、威望比米尔济约耶夫都相差甚远。

米尔济约耶夫参选时提出“新乌兹别克斯坦战略”，该战略将成为其新任期的施政纲要。该战略认为，乌未来发展面临四大挑战：大量青年需要就业；全球数字、生物和人工智能等新兴技术快速发展；气候问题日益严峻；恐怖和极端主义威胁地区安全。① 为应对这些挑战，乌将推进各领域改革，提高国家管理效率，促进经济发展和科技创新，增加就业岗位，维护国家安全和社会稳定，不断提高人民福祉，稳步提升国际影响力。

（三）吉尔吉斯斯坦回归总统制

2021 年，吉尔吉斯斯坦将政体从议会制改回了总统制。这是吉近十年来最大的政治事件。2010 年“4·7”事件后，吉为防止总统集权，将总统制改为议会制，此后多次修宪但基本政治框架未变。2020 年 10 月，吉出现非正常政权更迭，扎帕罗夫成为代总统，他力推吉政体重回总统制。2021 年 1 月，吉举行总统选举和全民公投，八成民众选择了扎帕罗夫和总统制政体。随后，吉议会根据公投结果制定了 2021 版宪法草案。4 月，吉就此举行宪法公投，近八成选民支持。新宪法大大缩减议会职能，议会席位由 120 个减到 90 个，同时设立具有协商和协调职能的“库里台”大会（人民大会），就国家发展的重大问题建言献策。

2010 年，吉精英曾试图通过分权解决家族式统治带来的系列问题。但是，此后政治乱象表明，扩权后的议会难以凝聚共识，反而沦为各派势力内斗的场所。近年来，吉政坛内斗持续，日益妨碍国家的稳定发展。民众渴望出现一位强势、实干的领导人，扎帕罗夫便是在这种背景下脱颖而出。扎帕罗夫执政一年来保持了政局稳定，但吉经济停滞，民生困难，发展道路仍然崎岖不平。

（四）土库曼斯坦和塔吉克斯坦布局权力交接

当前，土、塔的权力交接是两国最重要的政治议题，子承父

① Шавкат Мирзиёев представил программу «Стратегия Нового Узбекистана», https：//www. gazeta. uz/ru/2021/09/09/strategy/. （上网时间：2021 年 10 月 27 日）

业的模式可能成为现实。2020 年 9 月，土修改宪法，议会一院制改为两院制，将人民委员会改组为议会上院，原议会成为议会下院。2021 年 3 月，土举行了修宪后的首次上院选举。4 月，别尔德穆哈梅多夫总统兼任上院议长。① 根据宪法修订案，前总统可自动进入议会上院，获得终身议员身份。此次别尔德穆哈梅多夫提前掌管上院，有为其长子谢尔达尔让路之意。谢尔达尔 1981 年出生，曾任外交部副部长、阿哈尔州州长、工业和建筑生产部部长。2021 年，谢尔达尔的仕途更进一步。2 月，他升任副总理兼最高监察院主席，成为土政坛“二号人物”。随后，他在外交舞台上不断亮相，4 月出任土俄经济合作委员会和土日经济委员会的土方主席，5 月来华参加了“中国 + 中亚”外长会，8 月率团访日分别会见了日本天皇德仁和首相菅义伟，11 月出席了格拉斯哥气候大会。

塔吉克斯坦总统拉赫蒙长子鲁斯塔姆是位出色的 80 后精英。鲁斯塔姆 1987 年出生，担任塔上院议长兼杜尚别市市长。2021 年，鲁斯塔姆在国际舞台上积极活动。7 月，鲁斯塔姆会见到访的俄杜马主席沃罗金，就俄塔合作进行了磋商。分析认为，拉赫蒙已年近七旬，很可能不会任职到 2027 年，而会提前让鲁斯塔姆接班。

三、地缘格局呈现新态势

2021 年，中亚地区延续多元外交格局，中亚国家与各大国均保持合作关系。美俄在中亚的博弈呈俄升美降之势，伊朗和土

① “土库曼斯坦总统当选议会上议院主席”，http：//tm. mofcom. gov. cn/article/jmxw/202104/20210403054575. shtml。（上网时间：2021 年 10 月 27 日）

耳其积极介入中亚地区事务，中亚一体化进程有所加快。中国与中亚五国战略伙伴关系持续深化。

（一）俄升美降态势明显

2021 年，俄在军事和安全领域继续发挥稳定器的独特作用。4 月，吉塔爆发边界冲突。在俄斡旋下，两国达成停火协议。阿富汗危机升级后，俄罗斯作为中亚安全维护者的作用凸显。4 月，俄防长绍伊古接连访问乌、塔，俄乌达成《2021～2025 年军事领域战略伙伴关系发展纲要》，塔同意俄增加驻塔 201 基地军队规模。8 月中旬，塔利班夺取阿富汗政权后，中亚国家普遍对阿局势表示担忧，俄罗斯与中亚国家的军事安全合作全面提速。当月，俄、乌两国以及俄、乌、塔三国分别在乌阿、塔阿边界举行联合军演，以应对阿富汗局势可能对中亚产生的冲击。

2021 年俄与中亚高层保持密切联系。吉总统扎帕罗夫于 2 月和 5 月两次访俄，表示将进一步提升与俄的战略伙伴关系。3 月，土副总理兼外长梅列多夫访俄。6 月，俄、土总统通话讨论合作问题。2021 年，俄继续与中亚国家在抗击新冠肺炎疫情和劳工问题上加强合作。俄研发生产的“卫星五号”新冠肺炎疫苗在土完成注册；乌加速俄产疫苗认证，并计划与俄共同生产。另外，俄罗斯放松对中亚侨民劳工的入境限制并推出面向中亚侨工的招聘软件，该软件可在线应聘、远程解决劳工子女入学和社会保险等问题。

美国从阿富汗撤军后仍想利用中亚继续对阿富汗施加影响。2021 年初，美媒就释放出想在中亚建立军事基地的消息，美还为此对中亚国家做了大量工作。4 月，美国务卿布林肯与中亚五国外长举行视频会议。7 月 15 日，中亚五国和美国在塔什干举行“C5＋1”外长会谈，讨论了美军撤离后阿富汗局势等相关问题。9 月 5 日，美与哈、乌、吉、塔、巴代表共同出席中亚和南亚国家参谋长国际会议。10 月，美常务副国务卿舍曼访乌，分别会晤乌总统和外长。但是，美仓促撤离阿富汗而颜面扫地，中亚各国难以完全信任美国，加之俄罗斯的坚决反对，中亚各国在权衡利弊后均明确拒绝了美国驻军要求，并谨慎接收阿难民。乌兹别克斯坦多次表示，本国境内不会出现外国军事基地，吉总统扎帕罗夫也直言“我们不想再有第二个外军基地”。[①] 多年来，美国的中亚政策主要围绕阿富汗问题布局，从阿富汗撤军后在中亚的影响下降将是不争事实。未来，美国只能以“C5 +1”为主要抓手，以美在中亚的非政府组织为工具，维持其在中亚的存在，防止俄罗斯和中国在中亚地区的影响过大。

（二）土耳其和伊朗积极扩大地区影响

多年来，土耳其一直借助文化、宗教等手段扩大在中亚的影响。尤其是 2020 年第二次纳卡战争后，土耳其地区野心膨胀，对中亚的介入力度明显加大。一方面，土耳其借助突厥语国家合作委员会介入地区事务。土耳其与哈萨克斯坦、阿塞拜疆编撰了历史通用教材，未来还将推出地理和文学通用教材。2021 年 11 月，突厥语国家合作委员会在伊斯坦布尔召开第八次峰会，各国就建立“突厥语国家联盟”达成共识。另一方面，土耳其利用地区危机扩大影响。4 月吉塔边界冲突后，土耳其第一时间对吉声援，扎帕罗夫总统称“感谢土耳其等兄弟国家的大力支持”。6 月，扎帕罗夫访问土耳其，埃尔多安高规格接待，吉土关系更加紧密。阿富汗局势升级后，土耳其防长分别访问吉、塔，商讨军事合作，承诺提供军事援助。

2021 年，伊朗也在中亚积极开展活动。4 月，塔吉克斯坦防

① Останется одна база: Киргизии не нужны кошки – мышки с Россией и, https: //www. vesti. ru/article/2630013。（上网时间：2021 年 10 月 23 日）

长米尔佐访伊，商议建立联合防务委员会事宜。伊朗与塔吉克斯坦修复关系，9 月中旬在上合组织杜尚别峰会上正式成为上合组织成员国。7 月，伊朗与吉尔吉斯斯坦就经土库曼斯坦和乌兹别克斯坦开通“阿巴斯港—奥什跨境运输走廊”达成共识。10 月，土库曼斯坦外长梅列多夫出席土伊经济合作委员会第 16 次会议，商定推动阿富汗局势正常化等事宜。

（三）中亚地区一体化进程加速

2021 年 8 月，中亚五国元首在土库曼斯坦举行第三次工作会晤。五国就维护地区安全、发展区域经济、促进商贸联通、深化人文交流、加强环保合作、完善相关会晤机制等问题达成一致。吉、塔两国元首借会晤机会专门举行双边会谈，讨论解决边界纠纷等相关问题，两国关系有所缓和。

2021 年，中亚国家双边会晤也十分频繁。2 月，乌外长卡米洛夫访问哈、塔、土三国，推动乌与三国的合作。3 月，吉总统扎帕罗夫访哈，就维护地区安全和扩大经贸往来等问题交换意见。6 月，扎帕罗夫访土，土承诺向吉出口天然气和电力。8 月，塔总统拉赫蒙访土，讨论加强经贸合作、推动阿富汗和平进程。10 月，哈总统托卡耶夫首次访土，商谈加强两国战略伙伴关系等问题。

2021 年，中亚五国继续加强经贸合作。各国在跨境运输通道、产业合作、跨境水资源开发等方面的合作取得显著成果。此外，中亚国家还紧跟时代潮流，就数字经济、气候变化、能源转型等国际性议题开展合作，举办了“数字阿拉木图 2021”论坛、第四届中亚气候变化会议、首届中亚国家碳中和论坛等多场会议。

（四）中国与中亚国家关系持续深化

2021 年，中国与中亚保持密切的高层交流，习近平主席与五国领导人均举行电话会谈。2 月，习近平主席与吉总统扎帕罗夫通话。扎感谢中方帮助吉经济社会发展及抗击新冠肺炎疫情，欢迎中企赴吉投资，愿同中国高质量共建“一带一路”。5 月，习近平主席与土总统别尔德穆哈梅多夫通电话，别尔德穆哈梅多夫感谢中方支持土方奉行永久中立政策，赞赏中方为维护世界和平、安全、稳定以及促进各国共同发展繁荣所作的积极努力。6 月，习近平主席与哈总统托卡耶夫通话，托卡耶夫表示，哈中是名副其实的永久全面战略伙伴，哈方愿同中方不断巩固、深化哈中关系，扎实推进共建“一带一路”。9 月，习近平主席同塔总统拉赫蒙通电话，双方就阿富汗局势交换意见，同意继续深化反恐安全合作，共同维护地区安全稳定。10 月，米尔济约耶夫竞选成功后，习近平主席在第一时间致电祝贺，支持乌落实新战略，走符合本国国情的发展道路。

2021 年，中国与中亚国家继续拓展合作机制。5 月，国务委员兼外长王毅与中亚五国外长在西安举行“中国 + 中亚五国”外长第二次会议，就团结抗疫、加强互联互通、提升贸易水平、分享减贫经验、维护地区和平等问题进行讨论。7 月，王毅应邀访问土、塔、乌，并出席上合组织成员国外长理事会等会议。10 月，第八届中国—中亚合作论坛在兰州举行，论坛主题为“加强团结协作，共建安全与发展共同体”。2021 年，中国与中亚国家继续守望相助，携手抗击新冠肺炎疫情。双方积极行动，努力共建“人类健康共同体”，加强医疗机构的交流、协调，开展传染病预防、诊断、治疗等方面的合作，探讨建立重大流行病信息通报制度等问题。

四、阿富汗局势搅动地区安全

2021年，中亚安全形势整体稳定，阿富汗局势是地区安全中的最大变量。中亚国家多措并举，努力将负面影响降至最低。但同时，阿富汗局势将长期影响中亚安全，中亚国家对此高度警惕。

（一）中亚国家努力防范第一波冲击

2021年8月，阿富汗形势急剧变化，美军仓皇撤离，塔利班夺取政权。中亚国家与阿山水相连，阿富汗乱局必然会外溢至中亚。暴恐活动、难民和跨境毒品走私是阿富汗乱局对中亚最直接的三大现实威胁。中亚国家多管齐下，基本遏制住第一波冲击。

首先，密集军演震慑暴恐势力。2021年中亚各国连续举行多场各层级军演，军演的频率和规模均创近年新高。8月，塔、俄、乌三国首次联合军演在塔举行，演习点距阿富汗仅20公里。9月，上合组织举行“和平使命-2021”联合反恐军事演习，此为上合扩员后首次全员参加的军演，参演总兵力约4000人，旨在提高应对新挑战、新威胁的能力。10月，三场代号为“协作-2021”“搜索-2021”“梯队-2021”的军演在塔举行。这是集体安全条约组织首次同时举行三场演习，共有4000名军人和500多件军事装备参演。[①] 此外，随着暴恐势力渗透的风险加剧，中亚各国主动调整关系，搁置争议，共同应对当前威胁。这些强力措施有效弹压了国际恐怖势力的气焰，保证了中亚安全形势的

① “集安组织国家联合军演在塔吉克斯坦举行”，https://www.chinanews.com/gj/2021/10-19/9589914.shtml。（上网时间：2021年10月25日）

基本稳定。

其次，谨慎解决难民问题。据联合国预测，阿富汗乱局造成巨大的难民潮，难民数量可能达 50 万之多。10 月，塔国家安全委员会称，“塔利班上台以来，塔境内来自阿的难民总数已达 1.5 万人。目前，每天仍有约 600 名难民试图非法越境。”阿难民问题十分棘手，中亚国家担心恐怖分子混入难民中涌进中亚，威胁中亚各国安全，因此在难民问题上采取了十分谨慎的态度。哈、乌领导人明确拒绝接受阿难民，塔则要求他们尽快迁移至其他国家。[①] 同时，出于人道主义考虑，中亚国家尽可能地向阿富汗提供人道主义援助。哈向阿提供了 5000 吨面粉及大批国产新冠疫苗；乌向阿提供了 1300 多吨援助物资，包括食品和衣物等。

再次，严厉打击跨境毒品走私。中亚地区是阿富汗毒品外流的主要通道，毒品走私对地区安全与稳定构成直接威胁。2021 年，中亚各国加大力度打击毒品走私。10 月，塔吉克斯坦强力部门破获一起团伙走私大案，缴获约 500 公斤毒品。该团伙长期从事阿富汗到塔的毒品贩运活动。各国多方呼吁国际社会重视这一问题。9 月，拉赫蒙与伊朗总统莱希会晤时称，就打击阿富汗毒品走私等问题进行密切磋商。同月，塔内务部部长拉西姆佐达会见联合国代表时也表示，毒品走私不仅危害中亚，也会危及世界。

（二）阿富汗局势将长期影响地区安全

当前，中亚安全形势尚且可控，但阿富汗局势对中亚地区安全的持续影响不可低估。

首先，塔吉克斯坦与阿富汗塔利班的矛盾激化。双方的主要

① 盛世良：“中亚国家对阿富汗变局的担心与应对”，https：//www. sohu. com/a/489456381_100040985。（上网时间：2021 年 10 月 25 日）

分歧集中在阿富汗北部塔吉克族人的问题上。阿北部塔族人数众多，是北方联盟关键力量。塔吉克斯坦要求塔利班建立包含阿北部塔吉克族的包容性政府，认为这是承认塔利班政权的前提，但塔利班拒绝出让权力，排斥塔族人，双方因此龃龉不断。9 月以来，塔吉克斯坦与阿塔矛盾升级，双方均向阿塔边界增兵。未来，一旦双方误判形势，导致事态升级，或将引发严重冲突，使地区安全面临巨大挑战。

其次，阿富汗境内的国际恐怖组织对中亚构成严重威胁。10 月初，塔利班将一批武器装备送给“真主战士”，并在阿塔边界地区部署了自杀式人体炸弹部队。据悉，“真主战士”与塔政府取缔的“塔吉克斯坦伊斯兰复兴党”有密切联系。此外，塔利班与“基地”组织存在多年的“圣战友谊”，双方中下层人员交叉重叠。塔利班执政后，若不能与国际恐怖组织一刀两断，有可能使阿富汗沦为各大恐怖势力的藏匿之地，“乌伊运”等恐怖组织可能将袭击目标转向中亚，中亚各国的安全风险将日益上升。

再次，塔利班夺权将助长中亚本土极端组织的嚣张气焰。中亚各国在社会治理方面存在不少问题，如腐败严重、青年人口急剧增多、就业机会不多等等。这些问题如果迟迟不能解决，必将酿成极端主义滋长的温床。塔利班武装夺权并在阿建立“伊斯兰酋长国”的模式有可能刺激中亚本土的极端暴恐组织，助长其嚣张气焰，加剧其斗争方式的极端化，从而恶化地区安全形势。

（审定：胡继平）

第十二章　中东地缘博弈出现缓和势头*

2021年，美国—伊朗、沙特—伊朗、沙特—卡塔尔等多组地区对手摆出言和姿态，堪称十年来中东安全局势中罕见的积极动向。无论缓和势头能否延续，中东主要力量的政策调整反映了世界大变局、能源转型、气候变化等全球因素对中东地缘政治的深刻影响，并可能拉开中东更大、更深刻、更实质性变局的序幕。

一、美伊紧张关系有所缓解

近十年来，美伊关系是牵动中东局势紧张与缓和的主线之一。以拜登上台执政为拐点，美伊对峙由紧张趋向缓和，伊核问题谈判重启。

（一）美伊缓和迹象日益明显

这主要表现在两个方面。一是美伊擦枪走火的危险降低。2019年5月美国全面封杀伊朗石油出口，美伊对峙骤然升级。波斯湾油轮遇袭，沙特石油设施受损，美军无人机被击落，伊拉克美军基地挨打，至2020年1月3日美军打死伊朗伊斯兰革命卫队“圣城旅”司令苏莱曼尼而达到高潮。2021年以来，类似的事件减少。在波斯湾航运方面，2021年1月中旬，一艘韩国

---

* 本章撰稿人：秦天、廖百智、唐恬波、李亚男、董冰。

油轮被伊朗扣押，后于4月获释；7月末，“梅瑟街”号油轮在阿曼海域遭无人机袭击，2名船员身亡，亦不了了之。在伊拉克，2020年10月至2021年6月，什叶派民兵袭击美军月均不足4次，较2019年9月至2020年9月间的袭击次数减少约一半。[①]冲突造成的伤亡也减轻了。2021年6月，伊朗伊斯兰革命卫队司令加尼秘访伊拉克，敦促什叶派民兵克制。[②]在什叶派民兵的袭击中，仅2月中旬的袭击造成1名美军外籍承包商死亡；美军2月25日、6月27日空袭伊拉克于叙利亚边境的什叶派武装，但没有伊朗高级军官身亡。

二是伊核谈判恢复。美国2018年5月退出核协议，美伊沟通渠道亦告中断。拜登胜选后即向伊朗喊话，“如果伊朗重新严格遵守核协议，美国也将重返协议”，其执政后组建的外交团队中多人是奥巴马时期谈成伊核协议的要员。拜登还撤销了2020年9月特朗普政府要求安理会恢复对伊制裁的决定。2021年4月6日，伊核问题5+1谈判在维也纳重启。谈判采取了“多边+间接”的形式，一方面由欧盟、英、法、德、中、俄与伊朗直接谈，另一方面美国与伊朗不直接谈，而由欧方居间传话。此后直至6月20日共进行了6轮对话。对于谈判成果，美、伊有各自表述，伊朗鲁哈尼政府表态乐观，美方则出言谨慎。综合来看，这6轮谈判有所进展，美伊确定谈判的主要思路是全面履约而非分步走，并在部分议题上开始了案文的讨论。

---

① Michael Knights&Crispin Smith, “Iraq’s Drone and Rocket Epidemic, By the Numbers,” https://www.washingtoninstitute.org/policy-analysis/iraqs-drone-and-rocket-epidemic-numbers.（上网时间：2021年11月1日）

② “Keeping up Attacks, Some Iraq Militias Challenge Patron,” https://apnews.com/article/joe-biden-middle-east-religion-iran-lebanon-17a5d13c97f72e1992bb6254445e32f2.（上网时间：2021年11月1日）

（二）伊朗大选影响谈判进程

2021年6月伊朗举行总统选举，强硬派代表人物易卜拉欣·莱希当选执政。莱希欲表现出与改革派前任的区别。在伊核问题上他刻意保持“模糊”，既表示不反对核谈判，支持一切旨在取消制裁的外交计划；又强调不能为谈而谈，不能让核问题绑架伊朗内外政策。在行动上，莱希采取拖延战术，不急于重返核谈判。他组建了保守的外交团队，外长阿卜杜拉希杨、负责核问题的副外长巴盖里·卡尼均曾反对鲁哈尼时期达成的核协议。10月30日，美、英、法、德四国首脑发表联合声明，在批评伊朗核研发举措的同时，指出“仍有可能就伊核协议恢复履约迅速达成协议并予以执行”，敦促莱希“抓住机遇、真诚谈判并缔结协议”。11月3日，巴盖里·卡尼表态“伊朗同意于11月29日重启谈判”。由此看来，各方仍愿意保持谈判的渠道和希望。

（三）复活伊核协议前路曲折

其一，美伊双方的核心诉求有落差。伊朗的核心诉求是通过谈判解除绝大部分乃至全部制裁，而美国长期以制裁为打压伊朗的杀手锏，绝不轻弃。美国期待不仅恢复核协议，还要进一步限制伊朗的导弹能力和地区影响力，而伊朗视导弹和地区代理人网络为国家安全的核心竞争力，绝难让步。

其二，重新履约存在技术困难。核协议的实质是伊朗限制核研发、美国减缓制裁。解除制裁并非易事。拜登上台之际，美国对伊制裁达到40年来之极，遭受制裁的伊朗实体为史上最多。情况更为复杂的是，特朗普不仅恢复了核协议确定取消的制裁，还以侵犯人权、支持恐怖主义等为由施加了不少与核问题无关的制裁。如，2019年4月美国务院将伊朗伊斯兰革命卫队认定为“外国恐怖组织”，2019年6月特朗普签署行政令制裁伊朗最高领袖及其附属机构（如领袖办公室、有关基金会等）。这些制裁字面上不违反核协议，但伊朗认为这些制裁违反了核协议的精神而应取消。对革命卫队的“外国恐怖组织”认定根据的是美国国会2017年通过的《以制裁反击敌人法》，对于最高领袖系统的制裁则极具象征性意义，拜登取消上述制裁需要付出不菲的政治代价。[①] 同时，伊朗2021年大幅提升核研发量级，采取了将铀浓缩丰度升至60%、生产铀金属、启用先进离心机、限制国际原子能组织核查等破格举措。这使得欧美政界担心，在伊朗加快积累核能力与核知识的情势下，严格重返2015年版核协议的意义日益有限。[②]

其三，美伊内政干扰核谈判。从伊朗方面看，莱希当选新总统已对核谈判进程造成了冲击。更关键的是，伊朗统治集团是否仍然认为核谈判及制裁解除对伊朗有重大价值，也成了疑问。[③] 从美国方面看，拜登政府的伊朗政策受到国会质疑。如，3月9日，众议院70名民主党和70名共和党议员联名致信国务卿称，拜登政府与伊朗达成的协议应该是“全面”的，要解决伊朗对所在地区构成的所有威胁，尤其是核项目、弹道导弹项目和恐怖主义威胁。[④] 鉴于民主党在两院仅占微弱多数，国会尤其共和党将制约拜登在伊核问题上的政策弹性。

---

① Brian O'Toole, "Rejoining the Iran Nuclear Deal: Not So Easy," Atlantic Council, January 14, 2021.

② Eric Brewer, "Iran's Evolving Nuclear Program and Implications for U. S. Policy," CSIS, October 15, 2021.

③ Eric Brewer & Henry Rome, "Does Iran Actually Want to Rejoin the Nuclear Deal?" https://warontherocks.com/2021/06/does-iran-actually-want-to-rejoin-the-nuclear-deal/. （上网时间：2021年10月30日）

④ Marc Rod, "70 Democrats and 70 Republicans Sign Bipartisan Iran Deal Letter," https://jewishinsider.com/2021/03/michael-waltz-anthony-brown-bipartisan-iran-letter/. （上网时间：2021年10月31日）

二、地区主要力量间矛盾趋缓

8 月 28 日，伊拉克主办“地区合作与伙伴关系大会”，埃及、约旦、卡塔尔的元首出席，土耳其、伊朗、沙特的外长到会，诸多互为对手的代表一起开会实属多年未见。这正是中东几对重要矛盾都在缓和的表征。

（一）沙特与伊朗重启对话

沙特 2016 年初与伊朗断交。2021 年 4 月中旬，《金融时报》等西方媒体披露，沙伊代表 4 月 9 日在巴格达会晤，沙特方面的负责人是情报总局局长。莱希上台后，沙伊 9 月在巴格达再行会晤。双方领导人都有积极表态。4 月 27 日，沙特王储萨勒曼受访时表示，“沙特希望与伊朗的关系是好的和积极的，毕竟两国是邻居，我们正与伙伴们合作寻找解决问题的办法”。伊朗总统莱希在胜选后首次记者会上称，伊愿意发展与沙特等邻国的关系，甚至准备好重开使馆。另外，伊朗 10 月 17 日重启对沙特的出口。沙特 10 月 27 日释放了一名重要的什叶派活动家。此外，美国务院官员明确表示，支持两国缓和，支持伊拉克斡旋沙伊关系，希望这能给地区带来更大的和平与安全。加之阿联酋、卡塔尔早已与伊朗缓和关系，海湾阿拉伯国家与伊朗的关系进入了缓和期。

沙伊缓和尚未产生具体成果。据传伊朗提议重开两国在伊朗马什哈德与沙特吉达的领事馆，但截至 11 月上旬尚无动静。沙特外长 10 月底受访时称，“我们并未取得决定性的进展，但氛围是积极的，对话将继续”。多数分析认为，也门问题是关系缓和的主要障碍。沙特 2015 年介入也门战事，投入大而收效少，近年来努力寻求脱身。沙特希望伊朗向也门胡塞武装施压，促后者妥协。然而，伊朗是否有意愿或能力施压胡塞武装却不确定。[①]

（二）卡塔尔断交危机基本结束

2017 年 6 月，沙特偕阿联酋、巴林、埃及与卡塔尔断交，对卡实施交通封锁。海湾合作委员会内部分裂，卡塔尔埃米尔连续缺席海合会峰会。此后，美国、科威特、阿曼等国为化解危机不懈努力。2021 年 1 月 5 日，沙特在旅游胜地乌拉主办第 41 届海合会峰会，卡塔尔埃米尔赴会，沙特王储赴机场迎接。各方签署“团结与稳定协议”，沙特等四国与卡塔尔决定完全恢复外交关系及交通联系。6 月和 9 月，沙特驻卡大使及卡塔尔驻沙大使先后到任。10 月下旬，沙特主办“中东绿色倡议”峰会，卡塔尔埃米尔出席。埃及、阿联酋跟进。5 月和 6 月，埃及、卡塔尔两国外长互访，两国元首 8 月底在巴格达和会上会晤。8 月，阿联酋国家安全顾问塔赫努亲王访卡；10 月，卡塔尔外交大臣访阿。稍显例外的是，巴林与卡塔尔复交途中因领土、渔业等问题发生龃龉，截至 11 月上旬仍无高官互访。当年断交时，沙特等国向卡塔尔发出和解的“13 条要求”并实施经济封锁，卡塔尔均未屈服，至此可算全身而退。断交留下的伤疤或许依然隐隐作痛，但海合会至少恢复了表面的团结。

断交危机反映出中东国家对政治伊斯兰势力的不同态度。沙特等国反对政治伊斯兰，卡塔尔、土耳其则支持政治伊斯兰。沙卡断交后，土耳其与沙特、埃及、阿联酋关系恶化。随着危机告一段落，土耳其与上述国家关系亦止跌企稳。5 月，土耳其外长访问沙特，为卡舒吉事件以来的首访。5 月和 9 月，土耳其与埃

---

① Jennifer Holleis, “Why Saudi - Iran relations Are Thawing,” https://beta.dw.com/en/why-saudi-iran-relations-are-thawing-for-now/a-59508071.（上网时间：2021 年 11 月 1 日）

及政府代表团两度会晤，讨论两国关系正常化，为 2013 年埃及军方上台后的首次会晤。8 月中旬，阿联酋国家安全顾问塔赫努亲王访土，同月底土总统与阿布扎比王储通话。[①]

（三）阿拉伯国家与以色列关系缓和势头巩固

2020 年 9 ~ 12 月，阿联酋、巴林、苏丹、摩洛哥先后与以色列关系正常化，掀起阿以建交的新高潮。2021 年，除苏丹因政局动荡尚未推进与以色列关系外，其他三国与以色列关系得以巩固。在多边层面，9 月 17 日，美国务卿布林肯主持纪念《亚伯拉罕协议》达成 1 周年视频会，以色列外长、摩洛哥外长、阿联酋总统外事顾问、巴林驻美大使与会；10 月 13 日，以色列外长、阿联酋外交大臣访美，与布林肯举行三边会晤，纪念《亚伯拉罕协议》达成 1 周年，并成立关于"宗教共存""水与能源"两个工作组，推进三边合作。拜登政府游说更多阿拉伯国家与以建交。9 月下旬，美国家安全顾问沙利文访问沙特，力劝沙以建交，但沙方表示尚需时日并要求美国满足沙方的一些条件。在双边层面，6 月 29 日，以外长拉皮德访问阿联酋，双方商定两国驻对方大使年内到任。8 月 11 日，拉皮德访问摩洛哥，两国开通直航，并将驻对方联络处升格为大使馆。9 月 30 日，拉皮德访问巴林，巴林—特拉维夫商业航班同时首飞。9 月，两国互派大使。此外，9 月 13 日，以色列总理贝内特访问埃及，会晤埃及总统塞西，这是十年来以总理首次访埃。5 月中旬，加沙冲突再起，以色列对加沙发起近一周的空中打击，但未对阿以缓和产生实质性影响。

（四）叙利亚、利比亚的内战按下暂停键

在叙利亚、利比亚、也门三国内战中，叙、利两个战场出现

---

① "Positive Momentum in Egypt, UAE Relations, FM Çavuşo ? luSays," *Daily Sabah*, September 7, 2021.

熄火态势。叙利亚地面战场趋于平静。随着巴沙尔政权逐步收复主要大城市，叙战事烈度下降。2021 年，曾连续 5 年在叙北发起军事行动的土耳其没有采取类似行动，巴沙尔政权亦未像过去数年那样尝试收复伊德利卜。伊朗整合在叙东部的民兵，以色列空袭叙境内伊朗目标，都未改变地面战场格局。正如联合国叙利亚问题特使盖尔·彼得森所言，叙利亚内战前线十年来第一次稳定下来。叙政权孤立处境改观。5 月 26 日，叙利亚政权在其控制区内举行总统选举，巴沙尔以 95.1% 的得票率连任。美西方拒不承认巴沙尔，但曾支持反对派推翻巴沙尔的阿拉伯国家却在与叙政权重新接触。沙特情报总局局长 5 月初访问大马士革，会晤巴沙尔及叙情报首脑。沙特似欲借此表明无意推翻巴沙尔，并向伊朗传递友好信号。[①] 阿联酋早在 2018 年底重开驻叙使馆。2021 年 3 月和 10 月叙总统与阿布扎比王储两度通话，10 月初叙经济部长率团参加迪拜世博会，9 月叙国防部长访约旦，10 月初约国王与巴沙尔通电话。

利比亚安全形势好转。利东西两大阵营长期武装对峙。2019 年 4 月至 2020 年夏，双方战事升级。俄罗斯、土耳其等派雇佣军介入，在利中部发生拉锯战。2020 年 10 月，两大阵营在联合国斡旋下停火。2021 年，停火得以延续。利国内政治和解也有所进展。2020 年 11 月，联合国主导成立具临时议会性质的利比亚政治对话论坛。2021 年 2 月，利比亚政治对话论坛选举产生统一临时行政机构。3 月，利比亚民族团结政府（即过渡政府）成立，获美欧力挺。根据预定方案，利将于 2021 年底举行总统和议会选举。

---

① Matthew Ayton, "'Times Have Changed': Saudi Arabia – Syria in Rapprochement Talks," *Aljazeera*, June 8, 2021.

三、三大背景因素助推缓和

多组地区矛盾在相近的时间段趋缓，必然有一些共性因素在起作用，而这些因素也将在中长期内影响中东地缘局势走向。

（一）拜登政府继续调整中东战略，突出收缩的一面

自小布什第二任期以来，美政府越来越意识到过度介入中东乃至陷入中东之累，这种感觉因要腾出精力加强对华竞争而更加强烈。调减对中东的投入尤其是军事投入成为美中东战略调整的主线。拜登的中东战略调整主要有三个方面。

一是重返伊核协议。拜登认为，特朗普政府撕毁核协议没能遏制伊朗的核能力，也无助于地区和平与稳定。谈判重返核协议才是遏制伊朗的最佳方式，也是后续解决伊朗的导弹威胁、地区影响等问题之起点。伊朗在复谈过程中多有拖沓，拜登政府却保持足够耐心。

二是调减特朗普向中东增派的军力。2019 年下半年至 2020 年初，为应对美伊对峙升级，特朗普向海湾地区数次增兵。随着局势缓和，拜登调减之前的增兵。6 月中旬，美开始从沙特、伊拉克、科威特、约旦四国撤出 8 套爱国者导弹防御系统及 1 套萨德导弹防御系统。7 月下旬伊拉克总理访美期间，拜登承诺美驻伊拉克部队将彻底转向训练、顾问、支持、情报分享等功能，年底前伊拉克不再有美军战斗部队。

三是与传统盟友拉开距离。根据民主党重视人权与价值观的传统，拜登政府对沙特、土耳其、埃及等地区盟友的人权、女权、民主实践多有指责，放慢对沙特和阿联酋军售的审批进程。拜登在就任后的首次外交政策讲话中就公开承诺，美国不再支持也门战事中的进攻性军事行动以及相关军售，这显然是说给沙特

听的。

此外，拜登的中东政策直接促动美伊缓和，也影响了地区国家的战略考量。对沙特、阿联酋等国而言，没有美国力挺，沙特在与伊朗的博弈中就处于下风。2015 年以来，沙特曾欲领头对抗伊朗，2015 年出兵也门，2016 年与伊朗断交，最终陷入也门泥潭，本国石油设施在 2019 年遭伊朗袭击，特朗普政府却没有帮沙特出气。伊核复谈、调减兵力等清楚地表明，美国对海湾盟友的支持是有限的，且不再愿意为他们打仗或付出过大代价。8 月底，美军决绝地撤出阿富汗，更加剧了海湾国家对美国安全承诺的担忧。[①] 对此，阿拉伯国家的理性选择是与伊朗缓和关系。同理，为了在美国支持不足的情况下维护自身安全，阿拉伯国家也希望搞好内部团结，并与以色列、土耳其等地区大国联合制衡伊朗。在叙利亚，拜登政府无所作为，阿拉伯国家看不到搞垮巴沙尔的希望，转而与后者接触。

（二）地区国家普遍聚焦于经济改革、绿色转型，政策更加“内向”

沙特等海湾国家更加重视经济改革尤其是能源转型。多年来，海湾产油国断断续续地搞经济多元化改革，近年来压力更趋突出。一方面，油气行业远景黯淡。2021 年国际油价显著反弹，但人们仍不看好油气产业前景。石油消费峰值即将甚至已经到来之说不绝于耳。西方石油公司已在抛售部分油气资产。[②] 中东产油国则竭力扩产，试图在油气行业衰落前捞取足够利润。2021

① Guy Faulconbridge, “Afghan Withdrawal Raises Questions about United States, Gulf Arab Official Says,” Reuters, September 14, 2021.

② AnjliRaval, “A ＄140bn Asset Sale: The Investors Cashing in On Big Oil’s Push to Net Zero,” https://www.ft.com/content/4dee7080 - 3a1b - 479f - a50c - c3641c82c142.（上网时间：2021 年 11 月 4 日）

年 4 月，沙特宣布在两年内将石油产能从 1200 万桶提升至 1300 万桶；阿联酋阿布扎比国家石油公司则计划在 2025 年之前将产能提升至 500 万桶。沙特还大力游说中国购买阿美石油公司的股份。另一方面，气候变化压力增大。随着格拉斯哥气候变化大会（COP26）召开，减排去碳，包括限制化石能源投资的呼声迭起。沙特等产油国不得不作出表率。王储萨勒曼 2021 年 3 月推出“绿色沙特”“绿色中东”两大倡议，提出碳减排贡献率超过全球 4%、每年投资油气领域低碳行动 70 亿美元、在沙特植树 100 亿棵等宏伟目标，相关投资总额或高达 1900 亿美元。10 月 25 日，沙特主办“中东绿色倡议”峰会，宣布沙特至 2060 年实现温室气体净零排放、2030 年前减少 30% 的甲烷排放且每年减少碳排放 2.7 亿吨。阿联酋则提出到 2050 年实现净零排放，并承诺投资可再生能源领域 1630 亿美元。阿联酋还积极争取主办 COP28。

伊朗新政府以国内稳定与发展为优先事项。前任总统鲁哈尼政策的核心是与西方达成核协议，进而改善整体政经状况。特朗普撕毁核协议，犹如对鲁哈尼的政策釜底抽薪。莱希吸取鲁哈尼过度依赖核协议的教训，将核问题与其他问题有所区隔。莱希政府提出发展睦邻关系，强化与中、俄及亚洲国家的合作。在“伊朗国内优先”的政策框架下，莱希政府暂未采取挑战美国的重大安全行动，而是希望在周边外交等领域收获早期成果，树立和平形象。

此外，部分国家举办重大国际活动。如阿联酋迪拜主办世博会，会期自 2021 年 10 月至 2022 年 3 月，阿方已为此耗资 80 多亿美元。卡塔尔将于 2022 年举办世界杯足球赛，场馆建设等准备工作现已进入冲刺阶段。

无论是沙特等国抢抓油气红利、力推绿色转型，还是伊朗稳国内、拼经济，抑或阿联酋和卡塔尔开大会、办大赛，都将耗费大量人力、财力、物力，并需要营造良好的自身形象和友善的国际环境。按此逻辑，上述国家应该减少在地缘博弈和代理人战争上的投入，为经济转型和国内发展服务。《纽约时报》专栏作家托马斯·弗里德曼更是大胆预言，中东严峻的生态和资源危机将迫使地区国家携手应对，“大自然正在取代美国成为地区主导力量”。①

（三）地区大国在多个战场达到力量极限，相互较量出现僵持局面

在叙利亚，巴沙尔政权控制主要城市，但无力收复全境尤其是北部；土耳其控制了叙西北部大片地区，但进一步的扩张为叙政府军和库尔德人所阻；亲伊朗的民兵在叙东部靠近伊拉克一带影响较大，但无力深入叙腹地。在利比亚，东西两大阵营谁也吃不掉谁，尤其是 2019 ~2020 年的交战未能决胜，显示了背后的大国均未占据优势。② 在也门，尽管胡塞武装 2021 年发动对马里卜省的攻势，但西南部的战线没有明显变化。胡塞武装与沙特或阿联酋支持的力量在荷台达、塔伊兹等战略要地长期胶着。③ 在伊拉克，自 2003 年战争后一直走强的亲伊朗势力受挫。2018 年、2021 年两次议会大选中，以伊拉克民族主义、既反美也反伊自居的本土政治家萨德尔连续成为最大赢家；2019 ~2021 年，伊拉克每年都出现反伊朗的街头抗议。这表明，伊朗的综合实力

---

① Thomas L. Friedman, “Biden and Mother Nature Have Reshaped the Middle East,” *The New York Times*, October 26, 2021.

② 支持西部的主要是土耳其、卡塔尔，支持东部的主要是埃及、阿联酋、俄罗斯。

③ Gregory D. Johnsen, “Seven Yemens: How Yemen Fractured and Collapsed, and What Comes Next,” https://agsiw.org/seven-yemens-how-yemen-fractured-and-collapsed-and-what-comes-next/. （上网时间：2021 年 11 月 5 日）

在伊拉克也有天花板。上述僵持局面并非短期博弈的中间状态，而是中东剧变十年来多轮政治博弈与军事较量的结果，很大程度上体现了主要玩家的力量投射极限。谁欲打破僵持，谁就可能面临战略透支。在此局面下，谋求缓和自然成为各方首选。

不过，缓和势头具有不确定性。上述三大背景因素是复杂的、变化的，可能带动地缘博弈朝不同方向演进。美国中东战略调整的大方向是收缩，但这是一个漫长的过程，在一定时空内反而可能表现为增加介入。如，特朗普为了遏制伊朗而向中东增兵。若伊核谈判失利，美伊对峙再起，美或重新增兵遏伊。主要国家抓经济、搞转型看似有利于各方聚焦国内、减少对外干预，但在一定条件下也会增加国家间经济竞夺。外部对中东石油的需求减弱之后，主要产油国对石油市场份额、绿色转型先机的争夺可能加剧。2021 年 7 月，阿联酋因为所获增产配额太少，公开叫板沙特，一度阻挠“欧佩克 +”达成增产协议，或是一个并非利好的先兆。主要战场的僵局也并非不可能反复。如果某个阵营出现显著的力量增减，战场力量均衡就可能被打破；主要力量经过休整，亦可能重新挑事。因此，中东 2021 年出现的缓和并非有坚实基础和机制保障的“强缓和”，而是以姿态和迹象为主的“弱缓和”，后续变数颇多。也可以说，当前中东正处在通往缓和或回到紧张局势的十字路口。20 世纪 90 年代初，冷战结束、黎巴嫩内战收官、美国全面掌控中东、中东和平进程取得突破等系列因素带动中东进入“缓和十年”。今天，世界变局、能源转型至少给中东进入新的缓和周期注入了希望。

四、中国与中东合作乘势深化

随着中东局势趋于缓和，中国发展与地区各国关系更为裕如，中国与中东的全方位合作更加天地宽阔。这为 2022 年中阿峰会召开打下了坚实的基础。

（一）高层交往与战略协作更上层楼

元首外交发挥引领作用。2021 年，中国国家主席习近平与多个中东大国领导人通电话，包括埃及总统塞西（2 月）、沙特王储萨勒曼（4 月）、伊朗总统鲁哈尼（5 月）和莱希（8 月）、土耳其总统埃尔多安（7 月），均表达了推动双方战略规划对接、提升战略合作水平的坚定意志。11 月 5 日，习主席与叙利亚总统巴沙尔通电话，表示反对外部势力干涉叙内政，支持叙开展重建。2021 年是中国与科威特、伊朗、土耳其、黎巴嫩建交 50 周年，习主席与四国首脑互致贺电。卡塔尔、埃及、科威特元首及阿盟秘书长就中国共产党成立 100 年向习主席致贺电。此外，中共中央政治局委员、中央外事工作委员会办公室主任杨洁篪 2 月访问卡塔尔、科威特；中国国务委员兼外长王毅 3 月、7 月两次出访中东，覆盖沙特、土耳其、伊朗、阿联酋、巴林、阿曼、叙利亚、埃及、阿尔及利亚 9 国，10 月又访问卡塔尔。中东成为 2021 年中国外交领导人出访最多的地区，凸显了中东板块在中国外交全局中的特殊作用。

双多边合作实现新的突破。3 月 27 日，王毅外长访问伊朗期间，与伊朗外长共同签署中伊全面合作计划。这是落实习主席 2016 年访伊成果的重要举措。该计划重在挖掘两国经济、人文等领域合作潜力，规划长远合作前景、路径和宏观框架。9 月中旬，上合组织 20 周年纪念峰会在塔吉克斯坦召开，会议启动接收伊朗为成员国的程序，吸收沙特阿拉伯、埃及、卡塔尔为新的对话伙伴。

（二）对热点问题的应对彰显中国担当

对中东热点问题，中国在坚持劝和促谈传统立场的基础上，加入了铁肩担道义的新内涵。在伊核问题上，王毅外长多次表示中方将建设性地参与谈判，推动伊核协议重返正轨。王毅外长还提出“伊核危机与海湾安全应当统筹考虑”的思路，提议在华举办“海湾地区安全多边对话会议”，从保障石油设施和航道安全等议题入手，探讨构建中东信任机制，逐步打造共同、综合、合作、可持续的中东安全架构。在强调政治解决问题的同时，中方按是非曲直处理问题，给予伊朗有力支持。中方官员多次要求美方应反思退约过失，尽快撤销对伊朗及第三方的单边制裁措施。中方始终坚持与伊朗正常商贸往来。西方数据情报公司克普勒（Kpler）称，截至2021年7月，中国进口伊朗石油的实际数量约为45万~60万桶。[①]

在巴以问题上，中国继续支持“两国方案”。5月16日，加沙冲突紧张之际，王毅外长主持联合国安理会巴以冲突问题紧急公开会，在敦促双方停火止暴的同时，强调“以色列尤其要保持克制，切实遵守联合国有关决议，停止拆除巴勒斯坦民众房屋，停止驱逐巴勒斯坦民众，停止扩建定居点，制止针对穆斯林的暴力、威胁和挑衅，维护和尊重耶路撒冷宗教圣地的历史现状”。他特别指出，“由于一个国家阻拦，安理会至今未能发出一致声音。我们呼吁美国承担应尽责任，采取公正立场，支持安理会为缓解局势、重建信任、政治解决发挥应有作用”。中国的正义之声有利于抑制巴以冲突，也有力地配合了中国对美斗争。

（三）经贸合作进一步发展

中国与中东的经贸关系再提升。2021年1~9月，中国与中

① Arshad Mohammed & Parisa Hafezi, “U. S. Mulls Crackdown on Chinese Imports of Iranian Oil,” Reuters, July 24, 2021.

东国家贸易额达 2843.5 亿美元，超过 2020 全年贸易额。[①] 2021 年上半年，中国和海合会国家贸易额达 1038 亿美元，而 2020 年全年为 1600 多亿美元。中国在中东的最大两个贸易伙伴是沙特和阿联酋，仅 2021 年上半年与沙特和阿联酋的贸易额分别达到 401 亿美元、313 亿美元，[②] 同比增长 21%、43%。中国与中东经贸合作的主轴是能源。随着绿色转型和能源变局的展开，中东作为中国可靠油气来源、中国作为中东可靠油气买家的地位均在增强，双边经贸关系的基础更加牢固。[③] 2021 年前 8 个月，沙特、伊拉克、阿曼、科威特、阿联酋分居中国前十大原油进口来源的第一、三、四、七、八位。

中国与中东合作的项目、大单颇有斩获。2021 年 3 月和 9 月，中石化、中海油先后与卡塔尔国家石油公司签署天然气长期购销协议，分别每年进口 200 万吨、为期 10 年和每年进口 350 万吨、为期 15 年。4 月，中石化中标伊拉克迪亚拉省曼苏里亚天然气田投资项目，合同期为 25 年，可延期 5 年；总投资预计 15 亿美元，高峰期日产量 3 亿立方英尺，可为附近燃气电站提供燃料，缓解伊拉克天然气供应紧张。10 月 16 日，华为旗下华为数字能源与山东电建三公司（EPC 总承包）联手，签约沙特红海新城储能项目，储能规模达 1300 兆瓦时，是迄今为止全球规模最大的储能项目。此外，第五届中国—阿拉伯国家博览会 8 月 19～22 日在宁夏银川成功举办。习主席亲致贺信。博览会期

① 根据中国海关数据整理。中东国家包括西亚北非共 22 国。

② 华经产业研究院：“2021 年 6 月中国与沙特阿拉伯双边贸易与贸易差额统计”，https://www.sohu.com/a/490988484_121025296；华经产业研究院：“2021 年 6 月中国与阿联酋双边贸易与贸易差额统计”，https://www.sohu.com/a/488281443_120934988。（上网时间：2021 年 11 月 7 日）

③ Anthony H. Cordesman, “China, Asia, and the Changing Strategic Importance of the Gulf and MENA Region,” CSIS, October 15, 2021.

间，双方签订各类合作文件 277 个，计划投资和贸易总额 1566.7 亿元人民币，覆盖绿色食品、清洁能源、新型材料、人工智能等领域。①

（审定：傅小强）

① “携手打造面向新时代的中阿命运共同体推动中阿共建‘一带一路’达到更高水平——第五届中国－阿拉伯国家博览会成功举办”，http：//xyf. mofcom. gov. cn/article/cr/202109/20210903195308. shtml。（上网时间：2021 年 11 月 7 日）

第十三章　中东欧“自主”压力增大*

2021 年，中东欧经济喜忧参半，政治不稳定性增加，外交上继续受欧盟、美国挤压，“自主”空间愈发狭小。中国—中东欧国家合作破阻前行，进入调适期。

一、经济复苏面临挑战

2021 年，中东欧国家经济强劲复苏，地区国家亦努力寻找发展新动能，但面临多重挑战。

（一）复苏势头强劲

2021 年上半年，中东欧国家经济增速超过欧盟平均水平。已入盟国家中，斯洛文尼亚、爱沙尼亚、匈牙利、克罗地亚和罗马尼亚分别增长 8.8%、8.5%、7.6%、7.5% 和 7.0%，属欧盟强劲复苏的第一梯队；拉脱维亚、立陶宛、斯洛伐克和波兰分别增长 5.2%、5.0%、4.9% 和 4.6%，位列稳健复苏的中间梯队；只有保加利亚和捷克温和复苏，增速分别为 3.1% 和 3.0%，处于欧盟下游水平。西巴尔干未入盟国家的经济增速更为抢眼，阿尔巴尼亚、塞尔维亚、波黑、黑山和北马其顿分别增长 11.7%、

* 本章撰稿人：曲兵、董一凡、高瞻、李超。

7.7%、7.1%、6.3%和5.6%。[①]

国际机构普遍对2021、2022年中东欧经济前景做出较乐观评估。意大利联合信贷银行下属奥地利银行的报告称，中东欧入盟国家2021年和2022年经济平均增长率将达5.9%和4.6%，略好于欧盟和欧元区水平。世界银行预测，西巴尔干国家2021年平均增长率将达到4.4%，高于疫前（2019年）3.6%的水平。[②] 国际货币基金组织总裁格奥尔基耶娃表示，中东欧国家普遍有望在2021年底前恢复至疫前经济水平，未来几年增速将优于西欧国家。[③]

中东欧经济复苏得益于以下三方面原因：一是消费回暖拉动。由于中东欧多国逐步解除疫情限制举措，中东欧国家被压抑的内需得到较大释放，波兰、罗马尼亚、塞尔维亚和斯洛文尼亚等国预计2021年消费占GDP比重将分别达6.3%、7.9%、5.1%和7.3%，远高于疫前水平。[④] 二是外贸强势带动。中东欧国家普遍在贸易和产业链方面与西欧保持紧密联系，经济相互依存度高。随着全球经济复苏势头带动西欧产品需求，中东欧国家出口也得以恢复。2021年1～7月，中东欧已入盟11国出口增

---

① *Regional Economic Prospects in the EBRD Region: Bittersweet Recovery*, European Bank for Reconstruction and Development, November 2021, p. 4.（上网时间：2021年11月10日）

② "World Bank Sees Western Balkan Economies Rebounding to Growth in 2021," https://www.reuters.com/article/us-worldbank-balkans-idUSKBN2BN1GW.（上网时间：2021年11月6日）

③ "IMF Chief Upbeat on Growth Prospects in Central and Eastern Europe," https://www.reuters.com/business/imf-chief-upbeat-growth-prospects-central-eastern-europe-2021-07-08/.（上网时间：2021年11月6日）

④ "CEE Quarterly - UniCredit Research," https://www.research.unicredit.eu/DocsKey/emergingmarkets_docs_2021_181230.ashx? EXT=pdf&KEY=l6KjPzSYBBGzRO uioxedUNdVqq1wFeRoJRIvbGu4hUoKSAHz3HkdWA==&T=1&T=1.（上网时间：2021年11月6日）

长率在18%～27%之间，其中罗马尼亚（24%）、波兰（23%）和爱沙尼亚（27%）尤为强劲。三是旅游业提振。欧洲各国放松人员跨境往来限制措施释放了旅游业被压抑的需求，提振了较依赖旅游业的中东欧经济。2021年8月，匈牙利外国游客数同比增长61%。① 克罗地亚1～8月游客到访数和过夜数分别达900万人次和5530万晚，均超过2020年全年水平。② 黑山7月到访游客数为2020年同期的11倍。③

（二）寻找发展新动能

在新冠肺炎疫情冲击和全球科技快速转型的背景下，中东欧国家普遍意识到，实现经济疫后复苏以及提升中长期竞争力，需要寻找发展新动能，而这也是降低对西欧国家经济依赖、增强本国经济韧性的必由之路。

一是把握绿色发展机遇。推动绿色、低碳、可持续的能源和经济结构转型，已经成为欧盟乃至全球的普遍共识，中东欧国家也希望跟上相关产业发展步伐，以在绿色维度上适应经济规则的变化。2021年4月，塞尔维亚通过新的《可再生能源使用法》，鼓励民众投资光伏设备，参与可再生能源生产和消费。6月，波兰政府完成2.2吉瓦光伏项目招标，有望在2022年实现光伏发电产能较2020年翻番的目标。④ 9月，波兰政府启动下西里西亚

---

① “匈牙利8月份外国游客数同比增长61%”，http：//hu. mofcom. gov. cn/article/jmxw/202110/20211003205969. shtml。（上网时间：2021年11月6日）

② “克罗地亚1—8月旅游业业绩已超过2020年全年”，http：//hr. mofcom. gov. cn/article/jmxw/202109/20210903202666. shtml。（上网时间：2021年11月6日）

③ “U CrnuGoru za manje od mjesec dana ušlo 716. 908 stranaca，” https：//me. ekapija. com/news/3370554/u－crnu－goru－za－manje－od－mjesec－dana－uslo－716908－stranaca。（上网时间：2021年11月6日）

④ “波兰吉瓦级光伏招标尘埃落定”，http：//www. escn. com. cn/news/show－1229651. html。（上网时间：2021年11月6日）

氢谷建设，推动氢能制造、氢燃料电池和氢能巴士的协同发展。

二是推动创业型企业发展。疫情推动数字技术和数字经济快速发展，中东欧国家纷纷加大对初创企业的支持力度，以打造经济新引擎。2021 年以来，波兰、罗马尼亚、爱沙尼亚、捷克等国有几十家数字初创企业上市，涉及在线教育、数字金融服务、电子商务等领域。爱沙尼亚、罗马尼亚、保加利亚等国太空科技企业愈发受到国际投资者关注，在参与欧盟太空项目中占据独特优势。同时，地区合作也带动了初创企业发展，三海证券交易所年交易额已达 1200 亿欧元，这将有效促进匈牙利、斯洛文尼亚、保加利亚等参与国在金融领域的合作，推动数字基础设施、能源、数字等领域投融资发展。①

（三）面临多重挑战

中东欧国家经济复苏受多重因素困扰，后劲不足。一是难获欧盟资金支持。虽然中东欧国家普遍寄望欧盟“恢复基金”，将其作为推动本国经济数字化和绿色转型的资金支柱，但该项目资金迟迟未能到位。一方面，爱沙尼亚、保加利亚等国因国内政府更迭而推迟提交资金使用计划，罗马尼亚的国家计划因可再生能源投资不足而无法及时获得欧盟委员会批准。另一方面，欧盟有意以“恢复基金”为抓手，迫使波兰、匈牙利、斯洛文尼亚等国在“欧盟价值观”“法治”等问题上改弦更张，未来一段时间双方仍难以妥协。

二是能源领域挑战陡增。一方面，中东欧各国比西欧国家更依赖化石能源和核电，因此在推进能源转型过程中面临更大成本及社会压力。如，波兰宣布关闭全国最大煤电厂和露天煤矿后引

---

① “The Potential Is There, Say 3SI Stock Exchange Bosses,” https://balticnews-desk.com/the-potential-is-there-say-3si-stock-exchange-bosses/.（上网时间：2021 年 11 月 6 日）

发社会反弹，产业工人认为将失去优厚的工作，而替代产业无法弥补就业。能源问题专家拉多诺维奇认为，塞尔维亚等中东欧国家无法将清洁能源作为能源基础，“放弃煤炭不可取”。[①] 同时，波兰、捷克、罗马尼亚等国重视发展核能，认为“应以适当速度弃煤”，而欧盟机构及德国等主张尽快“弃核弃煤”，拟定不利于化石能源和核能的金融政策。另一方面，由于国际能源价格和欧盟碳排放价格持续飙升，中东欧国家普遍出于安全考虑而以进口液化天然气代替俄罗斯天然气，使得各国能源安全更为脆弱，社会稳定也面临挑战。

三是抗疫能力较弱。一方面，中东欧国家疫苗接种率普遍偏低。截至2021年11月5日，匈牙利（69.6%）、波兰（65.4%）、黑山（39.6%）、罗马尼亚（43.8%）、保加利亚（29.1%）等国接种率均低于欧盟平均水平（80.8%），这些国家应对病毒新变种和秋冬季感染高峰的压力更大，经济复苏将受疫情拖累。[②] 另一方面，全球供应链受疫情影响趋紧，能源原材料供应不畅且价格上扬，承接西欧制造业下游生产的中东欧制造业遭遇池鱼之殃。2021年8月，爱沙尼亚、捷克、匈牙利、波兰工业生产产值环比分别下降4.1%、3.1%、2.7%和1.1%；[③] 9月，罗马尼

① “塞专家：太阳能和风能不能成为塞基础能源载体”，http://yu.mofcom.gov.cn/article/jmxw/202109/20210903198350.shtml。（上网时间：2021年11月6日）

② “COVID－19 Vaccine Tracker | European Centre for Disease Prevention and Control,” https://vaccinetracker.ecdc.europa.eu/public/extensions/COVID－19/vaccine－tracker.html#uptake－tab.（上网时间：2021年11月6日）

③ “Industrial Production Down by 1.6% in Euro Area and by 1.5% in the EU,” https://ec.europa.eu/eurostat/documents/2995521/11563315/4－13102021－AP－EN.pdf/a8439c38－e058－0d04－4415－a4ee050d50f8.（上网时间：2021年11月15日）

亚汽车业受芯片供应中断影响，产量仅为2020年同期的50.2%。[①]

二、政治不稳定性加大

2021年，中东欧国家前期积累的政治矛盾集中爆发，多国政局持续动荡。个别国家大选后政府难产，多国执政党遭遇执政联盟内讧、反对党抱团施压等挑战，执政地位岌岌可危。

（一）执政联盟内部纷争不断

波兰执政联盟失去议会多数席位。该执政联盟由议会第一大党法律与公正党（法公党）与协议党、联合波兰党两个小党组成。2020年，法公党与协议党在总统选举时间等问题上产生分歧，此后嫌隙日深。2021年，协议党主席戈温反对总理莫拉维茨基新经济计划中的税改措施及《广播法》修订草案，导致矛盾升级。8月10日，莫拉维茨基以“不够忠诚且工作不力”为由解除戈温副总理兼发展、劳动和技术部长职务，但请求协议党其他成员留任。戈温迅速作出反应，宣布协议党结束与法公党的联盟。随后，多名来自协议党的高官宣布辞职。协议党的退出导致执政联盟在众议院失去多数席位，迫使法公党必须在关键投票时寻求执政联盟以外议员的支持。在未来执政中，法公党将遇到更多掣肘，面临是否提前举行议会选举的抉择。

黑山执政联盟名存实亡。由民主阵线、民主黑山和联合改革运动等牵头的执政联盟仅控制黑山议会81个席位中的41席，于2020年12月组成专家型政府，即由联合改革运动领导人担任副

① “9月罗马尼亚汽车产量因半导体危机较往年大幅下降”，http://ro.mofcom.gov.cn/article/jmxw/202110/20211003207157.shtml。（上网时间：2021年11月15日）

总理，而总理克里沃卡皮奇及其余内阁成员均为无党派人士。此后不久，民主阵线指责克里沃卡皮奇在议会中与支持他的政党协调不力，要求任命政治人物入阁。遭到克氏拒绝后，民主阵线开始抵制议会内的各类投票，阻碍法案表决。有评论认为，黑山执政联盟已经破裂，政府面临崩溃。[①] 执政联盟从2021年9月初开始就解决政治危机举行会谈，其中民主阵线和民主黑山要求由政党提名部长人选，但遭联合改革运动反对。克里沃卡皮奇同意增加副总理和部长人数，但坚持他必须对新增副总理和部长有最终决定权。11月1日，民主阵线领导人表示，政府改组已经失败，呼吁议会推选新政府。

（二）组阁遇阻，政府难产

保加利亚陷入重复选举怪圈。2021年4月4日，保加利亚举行议会换届选举，但因具备组阁资格的政党或政党联盟均未能组阁，拉德夫总统于5月11日宣布解散议会，任命亚涅夫为看守政府总理。7月11日，保加利亚举行第二次议会选举，但同样未能组阁。9月16日，拉德夫总统再次解散议会，并再次任命亚涅夫为看守政府总理。11月14日，保加利亚举行年内第三次议会选举，同期举行总统选举。

罗马尼亚政府难产。2021年9月6日，罗马尼亚副总理巴尔纳宣布其所在政党退出政府，执政不到9个月的执政联盟破裂。10月5日，罗马尼亚议会通过了对克楚政府的不信任案，克楚政府下台，进入看守状态。10月11日，约翰尼斯总统提名拯救罗马尼亚联盟党新任主席达奇安·乔洛什出任总理，并授权其组阁。10月20日，新内阁未通过议会参众两院联席会议进行

---

① DenitsaKoseva, “Montenegro’s Ruling Coalition Split over Government Reshuffle,” https://www. bne. eu/montenegro - s - ruling - coalition - split - over - government - reshuffle - 220954/? source = montenegro.（上网时间：2021年11月8日）

的信任投票。次日，约翰尼斯提名看守政府国防部长、来自国家自由党的丘克出任新总理，授权其组建新内阁。11 月 1 日，丘克因无法获得议会足够支持而宣布放弃组建新政府。约翰尼斯不得不第三次寻找总理提名人选，这意味着罗马尼亚的政治不确定性仍将持续。

（三）反对党声势大涨

捷克反对党联盟赢得众议院大选。捷克众议院换届选举于 10 月 9 日结束，由公民民主党、基督教民主联盟—捷克斯洛伐克人民党及传统、责任、繁荣党组成的“在一起”联盟以微弱优势险胜现任总理巴比什领导的“不满公民行动党”。“在一起”联盟领导人彼得·菲亚拉在选后表示，该联盟已与海盗党/市长联盟签署联合组阁的意向备忘录，将提请总统泽曼授权组阁。泽曼在选前曾表示将让获胜的最大单一政党领导人组阁，但由于反对党联盟占据众议院 200 个席位中的 108 席，巴比什无法继续执政。11 月 5 日，正在医院接受治疗的泽曼表示愿意任命菲亚拉为新总理。11 月 8 日，“在一起”联盟和海盗党/市长联盟正式签署联合执政协议，并提名菲亚拉为总理人选。11 月 9 日，菲亚拉表示已得到泽曼总统授权，将就新内阁人选进行谈判。

匈牙利执政党面临反对党联盟强大压力。2020 年 12 月 20 日，匈牙利 6 个主要反对党达成协议，宣布将共同参加 2022 年议会选举，在全国所有选区以“一对一”的方式与现执政党青民盟竞争，并联合推出总理候选人。2021 年 1 月 5 日，六党领导人就联合执政基本原则达成协议。9 月 18 日至 26 日，六党联盟举行内部初选，在 106 个选区选出候选人与青民盟候选人竞争。10 月 17 日，49 岁的霍德梅泽瓦市市长马基扎伊被反对派共同推举为总理候选人。据美国“政客”网站的民调数据，10 月份反对党联盟的支持率为48%，青民盟为47%。[1] 可以预见，欧尔班和青民盟在2022年的议会选举中将面临自2010年上台以来最严峻挑战。

北马其顿执政联盟在地方选举中惨败。10月31日，北马其顿第二轮地方选举结束。当天的初步结果显示，在80个城市中，主要反对党马其顿内部革命组织—马其顿民族统一民主党（VMRO－DPMNE）赢得了包括首都斯科普里在内的至少一半城市，而执政的马其顿社会民主联盟仅有望赢得不到20个城市。北马其顿总理扎埃夫当晚表示为地方选举的糟糕结果负责，宣布辞去总理及社会民主联盟主席职务。由于扎埃夫几天后又表示暂时留任，11月8日，VMRO－DPMNE向议会提出对政府的不信任投票动议。因无法获得过半数议员支持，投票未能如期举行。VMRO－DPMNE副主席尼科洛斯基表示，不会撤回不信任动议，解决政治危机的唯一办法是提前大选。[2]

三、外交困境加剧

2021年，中东欧国家不仅无法游走于大国之间，反而受到多方面更大压力，外交困境加剧。

（一）遭美国冷遇

拜登上任后，对外政策一大重点是重塑盟友体系，对欧洲重心转向英、法、德，对中东欧地区重视度下降。

首先，中东欧国家被美国有意冷落。特朗普任内，美国与西

---

① “Hungary－National Parliament Voting Intention,” https://www.politico.eu/europe－poll－of－polls/hungary/.（上网时间：2021年11月8日）

② 章亚东：“北马其顿反对党对政府不信任动议投票未能举行”，https://m.gmw.cn/baijia/2021－11/12/1302675972.html。（上网时间：2021年11月15日）

欧国家分歧上升，对中东欧的投入却不断加大，声称要“弥补过去的不足”。[①] 时任副总统彭斯和国务卿蓬佩奥多次到访中东欧，波兰总统杜达四度访美。相比之下，拜登首访欧洲长达8天，却未见一名中东欧领导人，波兰外长拉乌公开对此表示不满。为改善与德国关系，拜登政府不顾波兰、立陶宛等国反对，取消了拟针对“北溪-2”天然气项目参建企业的制裁，令相关国家备感失落。

其次，中东欧国家不时被美国批评和敲打。拜登政府强调“价值观同盟”，对中东欧民主状况多有不满。2021 年 3 月 24 日，美国国务卿布林肯在访问布鲁塞尔时不点名批评波兰和匈牙利：“我们的一些盟友正朝错误的方向前进，它们在民主实践中倒退。”[②] 为此，美国不惜直接干涉中东欧国家内政。4 月 1 日，布林肯呼吁波黑修宪，以使该国选举制度符合欧盟的标准并加大力度保护全体公民权利。[③] 8 月 11 日，波兰参议院通过一项限制外资媒体运营的法案，因可能导致波兰最大美资电视台新闻台（TVN）被吊销许可证，布林肯发表声明直接向杜达总统施压，要求其不要签署法案。4 月，保加利亚举行大选，时任总理鲍里索夫因陷入腐败丑闻，其领导的公民党虽艰难获胜但未能成功组阁。5 月初，美国财政部以惩治腐败为由，对保加利亚两名商人、一名情报官员和 60 多家公司实施制裁，激发保加利亚民众

① Matthew Lee, “China, Russia Concerns Top Pompeo Agenda in Central Europe,” https://www.insider.com/china-russia-concerns-top-pompeo-agenda-in-central-europe-2019-2.（上网时间：2021 年 11 月 6 日）

② Robin Emmott, “U. S. Secretary of State BlinkenSays West Needs to Cooperate More than Ever,” https://www.reuters.com/article/us-usa-blinken-belgium-idUSKBN2BH1K4.（上网时间：2021 年 11 月 6 日）

③ Daria Sito-Sucic, “U. S. Secretary of State BlinkenCalls for Changes to Bosnia’s Constitution,” https://www.reuters.com/article/uk-bosnia-usa-blinken-idUKKBN2BO6CI.（上网时间：2021 年 11 月 6 日）

反美情绪。在7月的第二次大选中，公民党败选。

再次，美国给中东欧国家在构建反华联盟方面不断画饼。捷克、立陶宛、波兰等国为提升对美价值，在涉台问题上践踏中方红线，但美方主要是言语上予以鼓励，鲜有实际支持。5月和7月，拜登以视频方式分别出席了“布加勒斯特九国模式”[①] 峰会以及“三海倡议”年度峰会，重申对相关国家的大力支持。但实际上，美国承诺向“三海倡议”投入10亿美元，仅到位3亿美元。

（二）与欧盟矛盾加剧

欧盟与中东欧国家在民主、法治、腐败等问题上矛盾不断加深，欧盟抓紧利用资金、法律、机制等杠杆加大约束。2020年底，欧盟在审议长期预算和“恢复基金”时，酝酿将资金拨付与成员国法治问题相挂钩。波兰、匈牙利强烈抵制，甚至动用否决权，但囿于对欧盟资金的现实需求，在德国斡旋下最终作出让步，同意有条件挂钩。截至2021年11月，波匈仍是少数几个“恢复基金”申请未被批准的国家。此外，匈牙利议会6月通过一项禁止向18岁以下未成年人宣传有关LGBT（同性恋、双性恋及变性者等性少数群体）内容的法案，引爆东西欧矛盾。西欧18国发表联合声明，强烈谴责该法侵犯言论自由权。欧盟威胁将制裁匈牙利，荷兰首相吕特甚至称“匈牙利在欧盟内已没有位置”。[②]

波兰与欧盟的争端更为激烈。2021年7月，欧洲法院裁决要求波兰政府暂停设立专门针对法官的纪律审查机构，波兰拒绝

---

① “布加勒斯特九国模式”由罗马尼亚和波兰于2015年共同发起，包括保加利亚、捷克、爱沙尼亚、拉脱维亚、立陶宛、波兰、罗马尼亚、斯洛伐克和匈牙利。

② “Dutch PM Rutte: No Place in EU for Hungary with Anti - LGBT Law,” https://www.bbc.com/news/world - europe - 57596263.（上网时间：2021年11月6日）

执行并上诉至本国宪法法院。10 月初，波兰宪法法院裁决本国法律优先于欧盟法律，并直指欧盟条约部分条款违反波兰宪法，波兰成为首个从根本上对欧盟条约提出法律挑战的成员国。10 月 27 日，欧洲法院以波兰未执行此前裁决为由，要求波兰每天支付 100 万欧元的罚金。随着双方对抗加剧，舆论一度担心波兰将会脱欧。出于自身利益考量，波兰领导人一边保持强硬姿态，一边释放出不会脱欧以及尊重欧盟法律的信号。

西巴尔干国家的入盟热情减退。10 月 6 日，在斯洛文尼亚主办的年度西巴尔干峰会上，欧盟虽再次重申扩大愿景，但也强调要对候选国政经改革和社会转型附加严格条件。由于入盟遥遥无期，阿尔巴尼亚总理拉马批评欧盟“对扩大事务没有热情”，[①] 塞尔维亚总统武契奇则称该国对加入欧盟“已不那么热情”。[②]

（三）东部地缘局势趋紧

中东欧国家与俄罗斯、白俄罗斯陷入新一轮争端，关系愈加紧张。

一是与俄矛盾更为尖锐。大多数中东欧国家对来自俄罗斯的安全威胁异常敏感，反俄情绪较强，在美国施压之下，往往形成集体反俄行动。捷克 2014 年发生一起军火库爆炸案，西媒称一名俄罗斯特工涉案。捷克调查多年，有意低调处理。然而，美国趁捷克将举行大选，威胁率先曝光此事。因担心选情受影响，2021 年 4 月，捷克主动对俄罗斯翻脸，宣布驱逐 18 名俄外交

① Alice Taylor, “PM Rama Expects Little from EU – Western Balkan Summit,” https: //www. euractiv. com/section/politics/short_news/pm – rama – expects – little – from – eu – western – balkan – summit/.（上网时间：2021 年 11 月 6 日）

② Jan Bratanic and Jasmina Kuzmanovic, “Serbia Is Now Less Enthusiastic about Joining the EU, Vucic Says,” https: //www. bloomberg. com/news/articles/2021 – 09 – 01/serbia – is – now – less – enthusiastic – about – joining – the – eu – vucic – says.（上网时间：2021 年 11 月 6 日）

官，俄方强势回击，双方外交战升级。为声援捷克，斯洛伐克、波罗的海三国均驱逐1～3名不等的俄罗斯外交官，亦遭俄对等报复。“驱逐战”延烧多时未解。8月17日，北马其顿年内二度发布驱逐令，将俄使馆副武官列为“不受欢迎的人”。10月24日，科索沃宣布驱逐2名俄籍联合国驻科索沃特派团成员。在能源问题上，尽管长期遭中东欧多国反对，“北溪－2”天然气管道仍于2021年9月完工。中东欧国家恐俄情绪加剧，波兰、捷克、拉脱维亚等国呼吁欧盟对俄强硬。恰逢全球天然气价格飙涨，欧盟陷入能源短缺，波兰等国更坚信俄“滥用天然气市场支配地位”，要求欧盟进行调查，甚至对俄制裁。

二是难民危机再现。6月，欧盟因不满白俄罗斯压制国内反对派而对其实施经济制裁，白俄罗斯遂以“无财力管束”为由，允许难民进入邻国波兰、立陶宛、拉脱维亚，三国则在边境修建铁丝网。波兰还向边境地区增派驻军和坦克，相关军事行动遭白俄罗斯强硬警告。波兰、立陶宛等国要求欧盟给予资金支持、对难民问题作出反应，但欧盟所能提供的帮助非常有限，欧盟委员会主席冯德莱恩仅表示会继续对白俄罗斯施压，但拒绝为边境国家修建隔离设施提供资金。[①]

四、中国—中东欧国家合作进入新阶段

2021年，因内外环境发生深刻变化，中国—中东欧国家合作遭遇挑战，但在疫后经济复苏需求的推动下，合作破阻前行，取得积极成果。

---

① Daniel Boffey, “Ursula von der Leyen Says EU Will Not Fund ‘Barbed Wire and Walls’,” https://www.theguardian.com/world/2021/oct/22/ursula-von-der-leyen-says-eu-will-not-fund-barbed-wire-and-walls.（上网时间：2021年11月6日）

（一）面临挑战增多

受美国影响，少数中东欧国家推行对华敌视政策，干扰中国—中东欧国家合作。

一是渲染“中国威胁”。爱沙尼亚对外情报局发布的年度安全报告称，中国试图建立“技术霸权”，爱沙尼亚有可能被卷入中国的“技术生态系统”。立陶宛议会外委会主席帕维里欧尼斯称中国的目标是“接管其他国家的战略基础设施”，导致相关国家面临“安全风险”。[①] 一些国家还以国家安全为由，取消已有的对华合作协议。捷克将中国核电企业排除在参与建设杜科瓦尼核电站新机组的名单之外，立陶宛国防部网络安全中心呼吁该国民众不要购买存在“安全风险”的小米智能手机。

二是唱衰合作机制。中东欧国家众多，国情复杂，诉求多样，不同国家的获益也有差别。一些国家受欧美反华舆论影响，质疑中国—中东欧国家合作机制的有效性。2021 年 3 月，立陶宛外长宣称该机制在欧盟内部“制造了分裂”。5 月，他向媒体宣布，立陶宛已在事实上退出了中国—中东欧国家合作机制，呼吁欧盟成员国采用“更有效、更团结的‘27 + 1’模式”来应对中国。[②]

三是触碰中方“红线”。在美方怂恿及台湾当局拉拢下，个别中东欧国家在涉台问题上触碰中方“红线”，严重挑衅“一个中国”原则。立陶宛政府不顾中方反复交涉，允许台湾当局以“台湾”名义在维尔纽斯设立代表处。立陶宛总统瑙塞达多次狡辩称，立方认同“一个中国”政策，但作为主权国家，“可以自

---

① “Lithuania Mulls Leaving China’s 17 + 1 Forum, Expanding Links with Taiwan,” https://www.lrt.lt/en/news-in-english/19/1356107/lithuania-mulls-leaving-china-s-17plus1-forum-expanding-links-with-taiwan.（上网时间：2021 年 11 月 7 日）

② Stuart Lau, “Lithuania Pulls Out of China’s ‘17 + 1’ Bloc in Eastern Europe,” https://www.politico.eu/article/lithuania-pulls-out-china-17-1-bloc-eastern-central-europe-foreign-minister-gabrielius-landsbergis/.（上网时间：2021 年 11 月 8 日）

由决定与哪些国家和地区发展经济、文化联系”。捷克和斯洛伐克还允许台湾外事部门负责人窜访。

（二）务实合作取得新进展

2021年2月9日，习近平主席主持中国—中东欧国家领导人峰会并发表主旨讲话，为新形势下中国—中东欧国家合作凝聚了新共识，提供了新动力。此次峰会通过了《2021年中国—中东欧国家合作北京活动计划》，达成35项政府间协议，签署了53项商业合作文件。2021年，中国与中东欧国家克服困难，聚焦务实合作，在多个领域取得积极成果。

第一，疫苗合作表现亮眼。塞尔维亚是首个使用中国新冠疫苗的欧洲国家。2021年1月16日，首批100万剂中国疫苗抵达贝尔格莱德。9月9日，塞尔维亚疫苗工厂奠基仪式在贝尔格莱德举行，工厂建成后，塞尔维亚将成为首个生产中国新冠疫苗的欧洲国家。中国驻塞大使陈波表示，疫苗工厂的建设不仅有助于提升两国抗疫能力，也是中塞双方在生物制药领域开展合作的新开端。[①] 面对严峻疫情，匈牙利政府有关部门于1月29日批准使用中国国药集团生产的新冠疫苗。2月24日，匈牙利正式成为首个使用中国疫苗的欧盟国家。中国疫苗大大加快了匈牙利疫苗接种速度。匈牙利外交与对外经济部长西雅尔多表示，中国疫苗不是地缘政治工具，而是拯救生命的武器。[②] 北马其顿、黑山等国也向中方寻求疫苗供应支持，中国政府和企业及时足额供应，为相关国家保护人民生命健康提供了有力支持。

第二，基础设施项目有序推进。一是匈塞铁路建设再获重要

---

① 石中玉：“欧洲地区首家中国疫苗工厂奠基仪式在塞尔维亚举行”，http://www.news.cn/2021-09/10/c_1127846136.htm。（上网时间：2021年11月8日）

② 曲颂：“中国对外援助和出口新冠疫苗数量超过其他国家总和”，《人民日报》，2021年8月1日。

进展。2021 年 3 月 22 日，贝尔格莱德至旧帕佐瓦段左线全线开通运营。[①] 10 月 15 日，匈牙利段奠基仪式在基什孔豪洛什市举行。二是波兰光伏电站并网发电。由中国—中东欧基金投资收购的波兰 51.5 兆瓦光伏电站项目，首批 4 个项目（4 兆瓦）于 2 月 5 日正式竣工并网发电，其余 47.5 兆瓦将于年内全部完工并网，届时可满足波兰 9000 余户家庭的用电需求。三是佩列沙茨大桥合龙。7 月 28 日，中企承建的克罗地亚佩列沙茨跨海大桥成功合龙，将于 2022 年上半年正式通车。克罗地亚总理普连科维奇表示，该国分隔多年的南北领土终于连通，他特别对中国建设者克服困难提前完工表示感谢。[②]

第三，地方合作日益深化。浙江宁波与中东欧各国交往日益密切。2021 年 6 月 8 ~ 11 日，第二届中国—中东欧国家博览会在宁波举行，2000 多名参展商和 7500 余家专业采购商参会。博览会累计采购意向成交 107.8 亿元，比上届增长 439%。[③] 河北沧州与中东欧经贸活动更趋活跃。9 月 1 日，第三届中国—中东欧国家中小企业合作论坛在沧州举办，来自政府部门、驻华使领馆、企业、智库等近 700 位代表参加。论坛期间共达成合作成果 58 个，其中投资类 31 个、贸易类 19 个、合作类 8 个。[④] 陕西省凭借农业及高科技优势成为后起之秀。西安海关数据显示，2021

① 塞尔维亚段全长 183.1 公里，分为三个标的，其中贝尔格莱德到旧帕佐瓦段（贝—旧段）长 34.5 公里，旧帕佐瓦至诺维萨德段（旧—诺段）长 40.5 公里，诺维萨德到苏博蒂察段（诺—苏段）长 108.1 公里。“贝—旧段”“诺—苏段”铁路由中国铁路国际公司与中交股份组成的联合体承建。

② 高磊：“通讯：中企承建克罗地亚佩列沙茨跨海大桥成功合龙”，http：//www.xinhuanet.com/fortune/2021 - 07/29/c_1127710481.htm。（上网时间：2021 年 11 月 8 日）

③ 张延：“全力打造中国与中东欧国家合作中心枢纽”，《国际商报》，2021 年 6 月 25 日。

④ “中国—中东欧中小企业合作再出成果”，http：//finance.people.com.cn/n1/2021/0904/c1004 - 32217219.html。（上网时间：2021 年 11 月 8 日）

年前三季度，陕西省对中东欧国家贸易总值75.6亿元人民币，较2020年同期增长75.8%。[①]

（三）于变局中开新局

中国—中东欧合作有其现实需求、内在动力和独特价值，因此机制启动九年多来，取得丰富成果，获得广泛支持。虽然遭遇一些困难和挑战，但前景仍然广阔。

斯洛文尼亚外交部国务秘书拉什昌指出，中东欧国家的基础设施项目存在大量资金缺口，加强相关领域的合作为中国—中东欧国家合作提供了新的机遇与方向。[②] 在深化传统领域合作的同时，中国与中东欧国家也可拓展合作空间。由于煤炭在能源结构中占比很高，中东欧国家普遍面临能源转型和减排挑战，中国也在努力实现碳中和目标，双方的绿色合作大有可为。中国正致力于构建新发展格局，在更高起点上推进改革开放，这将为中国—中东欧国家合作提供更广阔的市场和发展机遇。

多年来，机制框架下的合作项目为中东欧国家民众带来了实实在在的好处。比如，塞尔维亚、波兰等国积极参加中国进博会，当地优质产品在华知名度不断提升。2021年的第四届进博会新设中东欧国家食品专区，带来了中东欧四国近60家特色食品企业。2022年是中国—中东欧国家合作机制启动十周年，各方可以此为新起点，找准利益契合点，创新合作形式，推动合作步入提质升级的快车道。

（审定：张健）

---

① 张一辰：“陕西前三季度对中东欧国家贸易总值增长超七成”，http://www.chinanews.com/gn/2021/11-02/9600202.shtml。（上网时间：2021年11月8日）

② “第七届中国—中东欧国家高级别智库研讨会在北京举行”，http://world.people.com.cn/n1/2021/1027/c1002-32266409.html。（上网时间：2021年11月9日）

第十四章　非洲发展面临新困境*

2021年，非洲各国继续与新冠肺炎疫情艰难抗争，非洲经济的脆弱性进一步显现，政治与安全形势动荡加剧。域外大国调整对非战略，功利性和地缘竞争的特点凸显。中非战略互信互助不断深化，中非命运共同体理念深入人心。

一、经济发展步入困难期

2021年，非洲疫情依然处于失控状态，经济复苏缓慢，发展痼疾愈加复杂难解，结构调整迫在眉睫。

（一）艰难抗疫下的缓慢复苏

2021年，多数非洲国家积极抗疫，并取得一些成效，但受发展水平和治理能力限制，非洲疫情依然处于失控状态。截至2021年11月初，非洲已有超852万确诊病例，21.9万人死于新冠肺炎疫情。由于检测率极低，世卫组织认为非洲仍有65%～85%的感染者未被发现。同时，非洲还面临着缺医少药的严峻挑战。多数非洲国家财力紧缺，无力购置疫苗为全民接种。截至2021年10月底，非洲仅有7700万人完成疫苗接种，约占总人口的6%，离世卫组织设定的到年底前实现40%接种率的目标相

* 本章撰稿人：黎文涛、余文胜、孙红、殷悦、钟卓锐。

去甚远。[①] 部分国家，如马达加斯加、坦桑尼亚、乌干达的接种率尚不足1%。未来非洲可能成为全球抗疫的“黑洞”。

疫情的影响直接传导至经济层面。非洲国家经济结构单一，对外依存度高，难以实现经济内循环。疫情对外贸与物流冲击巨大，并挤占民生支出，2021年非洲经济复苏相对缓慢。据国际货币基金组织预测，撒哈拉以南非洲地区2021年经济增速为3.7%，低于发达经济体的5.2%和新兴市场及发展中经济体的6.4%。即使与自身相比，这一数据都没达到疫情前（2010～2017年）4.3%的平均水平。[②] 这样的经济表现意味着非洲和世界其他地区的发展差距可能进一步拉大。同时，非洲次区域经济表现有温差。东非和北非国家经济多元化水平较高，发展韧性较强，其经济增长都在4%以上。[③] 西非国家多数依赖资源出口，经济表现不佳，2021年仅增长2.8%，西非经济的“领头羊”尼日利亚经济增长仅为2.6%。2020年，南部非洲是经济衰退最严重地区。2021年上半年，矿业、农业等地区支柱产业恢复较快，各国经济有回暖趋势，尤其是南非在2021年经济增长预计可达5%。

---

① WHO, “Less than 10% of African Countries to Hit Key COVID－19 Vaccination Goal,” https://www.afro.who.int/news/less－10－african－countries－hit－key－covid－19－vaccination－goal.（上网时间：2021年11月5日）

② *Regional Economic Outlook. Sub－Saharan Africa: One Planet, Two Worlds, Three Stories*, IMF, p. 7.

③ “East Africa's Economic Growth to Rise to 4.1% in 2021: AFDB,” http://www.news.cn/english/africa/2021－10/29/c_1310276349.htm.（上网时间：2021年11月1日）

表 14－1　2019～2022 年非洲次区域经济增速（%）

地区	2019	2020	2021（预计）	2022（预计）
北部非洲	4.0	－1.1	4.0	6.0
东部非洲	5.3	0.7	4.1	4.9
西部非洲	3.6	－1.5	2.8	3.9
南部非洲	0.3	－7	3.2	2.4
中部非洲	2.9	－2.7	3.2	4

数据来源：根据非洲开发银行公布的数据整理。

（二）经济发展痼疾难解

长期以来非洲国家发展中积累的痼疾在疫情刺激下愈发复杂难解。一是政府财政创收手段有限。疫情暴发以来，非洲国家出口收入、税收等均大幅下降，政府帮扶中小企业、实施社会救济和刺激经济所能调动的资源十分有限。据统计，自 2020 年 1 月以来，非洲国家刺激经济恢复的财政预算平均仅占 GDP 的 2.8%，而发达经济体和新兴经济体的这一比重分别为 17.3% 和 4.1%。[①] 非洲地区对外部资金依赖度加深。未来五年，撒哈拉以南非洲地区将需要 4250 亿美元经济才有可能恢复到疫情前水平。

二是债务问题依然严峻。疫情暴发后，国际社会高度关注非洲债务问题，并采取集体行动减缓其债务负担。如，20 国集团提出了针对最贫困国家的缓债倡议，并进行多次延期至 2021 年底；20 国集团还成立了新的债务后续处理共同框架。包括中国在内的许多国家也为对非双边债务提供了缓债、债务重组、债务

① Albert G. Zeufack, CesarCalderon, Alain NtumbaKabundi, MegumiKubota, VijdanKorman, andCatalina Cantu Canales, "Climate Change Adaptation and Economic Transformation in Sub－Saharan Africa," *Africa's Pulse*, Vol. 24, October 2021, World Bank, Washington, DC. p. 40.

减免等形式多样的援助。国际货币基金组织（IMF）于2021年8月批准分配了约6500亿美元的特别提款权，其中撒哈拉以南非洲国家占约3.7%。在多方努力下，2021年，非洲国家公共债务平均水平估计维持在56.6%左右，较2020年的65%有所改善，不过这仍高于疫情前水平。据IMF统计，超半数非洲低收入国家已经陷入债务困境或者处于债务高风险之中。

三是社会不平等现象加剧。2021年，非洲劳动力密集型产业、零售餐饮交通等服务业失业人口持续增加，其中女性、青年人成为失业大军的主流。南非男性与女性的收入差距从疫情前的28%上升至43%。疫情令非洲在减贫、公共卫生和粮食安全等领域取得的成就大打折扣。据非洲开发银行数据，2020年疫情已经导致约3000万人陷入极端贫困，2021将有约3900万人口陷入贫困。

（三）经济结构调整迫在眉睫

疫情暴露出大部分非洲国家经济结构单一、高度依赖外部环境的脆弱性。多国政府，尤其是高度依赖能源资源出口的国家意识到经济转型的紧迫性，加快推动经济结构改革。

南非启动再工业化和能源改革计划。早在2020年底，南非就宣布实施经济重建与复兴计划，拟投资1000亿兰特（约合61亿美元），在未来三年创造80万个就业岗位，扭转国内制造业衰退势头，促进再工业化。南非财政部预计，在该计划刺激下，南非未来十年有希望实现年均3%的增长。[1] 电力短缺一直是困扰南非企业的"噩梦"，南非国家电力公司近年经营不善、债务高企，严重影响南电力供应。2021年6月，南非宣布将加快电

① "南非宣布经济复兴计划力促就业"，http：//www.xinhuanet.com/world/2020－10/16/c_1126619579.htm。（上网时间：2021年11月2日）

力行业改革，允许地方和企业自行生产更多电力。[①] 尼日利亚石油行业是国民经济命脉，因牵涉利益方众多，2000 年初就拟推行的改革久拖不决。2021 年 8 月，布哈里总统正式签署《石油工业法案》，表明改革已经到了非断腕无以自立的紧迫关头。[②]

与此同时，疫情也催生了电子商务、在线教育、移动支付等数字经济的蓬勃发展，为遭受疫情打击的传统行业提供了新的发展机遇。据估计，2025 年，非洲互联网经济有望达 1800 亿美元，2050 年进一步增长到 7120 亿美元。[③] 尼日利亚、肯尼亚、南非、埃及等国电子商务发展日趋成熟，相关基建水平、物流服务领先其他非洲国家。在线教育、数字医疗等新经济业态迅速崛起，非洲医疗类初创企业仅 2020 年获得的融资规模就增长了 257.5%。[④] 为支撑数字经济的发展，非洲各国也在加紧完善网络通信基础设施，并将发展数字经济纳入国家长期发展规划。2021 年 1 月正式启动的非洲大陆自贸区也在加速推动开展电商和数字贸易谈判。在疫情持续蔓延的背景下，数字经济将有望成为非洲新的经济增长点。

二、政治安全形势动荡加剧

2021 年，非洲政治与安全形势明显恶化，系统性危机开始

---

① “Relief as RamaphosaAnnounces Surprise Energy Reform Plans,” https://mg.co.za/business/2021-06-10-relief-as-ramaphosa-announces-surprise-energy-reform-plans/.（上网时间：2021 年 11 月 2 日）

② “‘Dramatic’ Nigerian Oil Reforms Hit Slow Start,” *Financial Times*, September 6, 2021.

③ “非洲数字化转型进程加速”，《人民日报》，2021 年 5 月 20 日，第 17 版。

④ “The Covid-19 Pandemic Has Created Africa’s Next Big Investment Opportunity,” *Quartz Africa*, March 22, 2021.

显现。新冠肺炎疫情促使非洲经济与社会危机凸显，并向政治与安全层面传导，固有的地缘矛盾、民族冲突和社会问题被大大激化，非洲出现了近20年少有的动荡。

（一）新老危机多点并发

一是地区大国成为“震中”。2021年，埃塞俄比亚、南非、尼日利亚等非洲大国政治与安全形势出现恶化。埃塞作为非盟所在地、非洲“政治心脏”，陷入内战已有一年。10月，埃塞政府军和提格雷人民解放阵线的战斗已进入胶着状态，战火蔓延至提格雷州、阿法尔州、阿姆哈拉州和奥罗米亚州。11月2日，埃塞政府宣布国家进入6个月的紧急状态，内战有扩大化、长期化趋势。7月，南非多地因前总统祖马入狱，引发1994年结束种族隔离制度以来最严重骚乱，已死亡342人。[①] 骚乱折射出南非部族、党派、阶层之间矛盾日益激化，社会深度撕裂。尼日利亚面临极端组织袭击、牧民与农民冲突、分离运动、有组织犯罪等多种挑战，社会治安严重失序。国内多个州的州长、议员对全国范围内不断发生的暴恐袭击、杀戮绑架感到担忧，布哈里总统在重压之下寻求国际援助与合作，要求美军非洲司令部从德国迁往非洲。

二是安全痼疾持续发酵。萨赫勒地区作为“非洲动荡之弧”局势加速恶化，马里接连两次政变，乍得总统在和叛军交战中阵亡。中部非洲中非共和国几乎是无政府状态。在西非，几内亚湾成为全球海盗活动最猖獗的地区。据国际海事局报告，2021年

① Paddy Harper, “Phoenix Killings: 22 Suspects Held,” https://mg.co.za/news/2021-08-03-phoenix-killings-22-suspects-held/.（上网时间：2021年11月1日）

一季度，几内亚湾占全球报告海盗事件的近一半（43%）。[①] 在东非，埃塞、埃及和苏丹围绕尼罗河水资源的地缘博弈加剧。2021 年 4 月，在非盟主持下，三方在刚果（金）首都金沙萨举行新一轮谈判，但未达成协议。7 月，埃塞宣布大坝第二轮蓄水，遭埃及、苏丹强烈反对。在埃塞陷入动荡之际，埃及、苏丹搞“空袭”大坝的军演，复兴大坝争端成为埃塞和东非地区稳定的重要威胁。

（二）政变以及政权更替增多

2021 年，马里、几内亚、苏丹发生军事政变，进入政治过渡期。此外，乍得总统代比阵亡后，军方指定其子穆罕默德·代比为新总统并领导军事过渡委员会，这也被反对党指责为军事政变。政变曾是非洲国家权力更迭的主要方式，1951 ~2020 年非洲共发生 90 多次，期间只有 28 位国家元首在完成法律规定的总统任期后自愿离任。2000 年非洲统一组织（非洲联盟前身）通过《洛美宣言》，规定任何“违宪更换政府”的成员国将被暂停资格后，非洲政变发生率稳步下降，从前 10 年（1991 ~2000 年）的 15 次下降到后 10 年（2001 ~2010 年）的 8 次，2011 ~2020 年的 5 次。[②] 但 2021 年以来非洲已发生 3 次成功政变，非洲和域外多家智库媒体担忧非洲军事政变下降的趋势遭逆转。政变发生后，非盟虽暂停马里、几内亚、苏丹成员国资格，但未采取强力手段恢复宪法秩序。联合国秘书长古特雷斯对非洲军事政变卷土重来表示关切，指责国际社会在采取军事干预回应方面缺

---

① Sulaimon Salau, “Gulf of Guinea Remains World’s Piracy Hotspot in 2021, Says IMB,” *The Guardian* (Nigeria), April 20, 2021.

② Peter Fabricius, “African Coups Are Making a Comeback,” *Institute For Security Studies*, https: //issafrica. org/iss – today/african – coups – are – making – a – comeback.（上网时间：2021 年 11 月 3 日）

乏统一，认为地缘政治分歧正在破坏国际合作，“有罪不罚”现象正在形成。[①]

2021 年，有 10 个非洲国家举行了大选，其中乌干达、贝宁、刚果（布）、吉布提、乍得、埃塞俄比亚 6 国领导人成功连任。尼日尔执政党候选人巴祖姆当选新总统，赞比亚、圣多美和普林西比、佛得角反对党领导人赢得大选，表明非洲领导人更替在加快。2022 年，安哥拉、肯尼亚、索马里、马里等国将举行大选，其中包括“逢选易乱”国家，能否和平有序地进行选举和实现权力过渡值得关注。

（三）社会安全与反恐形势更加严峻

2021 年，疫情之下非洲经济增长缓慢，贫困人口增加，不平等加剧，社会矛盾激化，从而诱发社会动荡和冲突。首先，社会抗议明显增多。2021 年，南非、突尼斯、阿尔及利亚、尼日利亚、安哥拉等多国发生大规模游行示威，塞内加尔、斯威士兰等国出现骚乱，造成人员死亡。

其次，治安形势普遍恶化。非洲多国绑架、抢劫、袭击等恶性案件频发，治安形势严峻。南非放宽封锁限制后犯罪率急速升高。统计数据显示，2021 年第二季度南非谋杀、强奸等暴力犯罪与上年同期相比分别增长 66.2%、72.4%，人身伤害和抢劫汽车案也出现两位数增长。[②] 尼日利亚多个州接连发生针对外国和当地公民的武装绑架和袭击事件。莫桑比克、纳米比亚、博茨瓦纳等国治安形势也出现恶化。

---

① Peter Mwai, “Sudan Coup: Are Military Takeovers on the Rise in Africa?” https://www.bbc.com/news/world-africa-46783600.（上网时间：2021 年 11 月 3 日）

② “Minister Bheki Cele, Quarter One Crime Statistics 2021/2022,” https://www.gov.za/speeches/minister-bheki-cele-quarter-one-crime-statistics-20212022-20-aug-2021-0000.（上网时间：2021 年 11 月 4 日）

再次，非洲恐怖组织利用新冠肺炎疫情大流行造成的混乱、不满，加速拓展势力。其主要呈现以下特点：一是活动范围进一步扩大。此前主要在萨赫勒中部、索马里、乍得湖盆地和北非，但2021年在东南非，向来稳定的莫桑比克也沦为非洲新暴恐基地。二是袭击数量持续增加。预计2021年非洲与极端组织有关的暴力事件至少达5110起，将比2020年创纪录的4956起增加3%。[①] 三是重特大暴恐事件频发。3月，尼日尔西部塔瓦大区多个村庄遇袭，137名平民死亡。5月，刚果（金）东部伊图里省两村庄遭袭，至少55人丧生。6月，布基纳法索北部萨赫勒大区一村庄发生恐袭，超过160人死亡，此次恐袭是该国2015年以来遭受的最致命恐袭。四是"伊斯兰国"继续扩张势力。3月，莫桑比克北部德尔加杜角省帕尔马镇遭袭，数十人丧生，"伊斯兰国"宣称对袭击负责。联合国反恐负责人沃隆科夫指出，2021年初"伊斯兰国"的分支"大撒哈拉伊斯兰国"已在马里、布基纳法索和尼日尔杀害数百名平民，"伊斯兰国中非省"在中部非洲特别是莫桑比克的扩张将对地区安全产生深远影响。[②]

三、大国对非战略加速调整

2021年主要大国加大对非战略调整力度，对非政策呈现"抓重点，谋实利"倾向。同时，各大国借非洲竞逐地缘政治影

---

① Africa Center for Strategic Studies, "African Militant Islamist Group Violence Maintains Record Pace, though Slowing," https://africacenter.org/spotlight/african-militant-islamist-group-violence-maintains-record-pace-though-slowing/.（上网时间：2021年11月4日）

② "联合国反恐负责人：伊斯兰国正在努力拓展在线和在非洲的影响"，https://news.un.org/zh/story/2021/08/1089782。（上网时间：2021年11月4日）

响，冲击非洲地区稳定。

（一）对非关系进入战略调整期

在疫情和经济影响下，西方大国对非战略投入缩紧，对非合作虚多实少，但针对性和功利性强。

首先，聚焦重点国家和重点人群。2021 年，非洲之角和大湖区是非洲热点地区，域内国家地缘政治博弈及政局变动对整个非洲政治与安全局势产生重大影响。美国频繁派遣非洲之角特使、大湖地区特使、两苏问题特使开展穿梭外交，加大对埃塞内战和复兴大坝问题的介入，拉近与刚果（金）、苏丹新政府关系。法国重点关注法语非洲国家集中的萨赫勒地区，通过频繁的高层互动维护其在该地区的经济与安全利益。同时，非洲青年精英成为欧美重点影响和塑造的群体。4 月，美国国务卿布林肯大力宣传美国的"青年非洲领导人计划"，和非洲青年领袖进行"云对话"，允诺将加大对非洲青年一代的支持。10 月，法国举办"新型法非峰会"，未邀请任何非洲政要，而是邀请非洲青年代表与会，以展示法国对非战略的新气象。

其次，开展柔性外交，抢占道义高地。2 月，美国在第 46 届人权理事会上发表"反种族主义"声明，拉拢非洲国家联署，强化政治共识。法、德大搞"道歉外交"，试图以此了结"殖民旧账"，重塑在非形象。5 月，德国发表声明，承认曾对前殖民地纳米比亚的赫雷罗族和纳马族犯下种族灭绝罪行。[①] 同月，马克龙"破冰"出访卢旺达，称"怀着谦逊和尊重承认在大屠杀中的责任"，[②] 还宣布归还贝宁文物。为进一步抢占对非合作道

---

① "德国政府承认在纳米比亚犯下种族屠杀罪行"，新华网，http：//www. xinhuanet. com/world/2021－05/29/c_1127507815. htm。（上网时间：2021 年 10 月 24 日）

② "Au Rwanda, Emmanuel Macron reconnaît les responsabilités de la France dans le génocide des Tutsis," *La Croix*, 27 Mai, 2021.

义制高点，法国在疫苗和非洲债务问题上做足姿态，表示“西方应领先中俄，率先向非洲提供疫苗”。[①]

再次，经济政策重点从援助转向贸易与投资。欧盟表示，欧盟将超越“援助—受援”模式，与非洲建立“平等伙伴关系”。[②]英约翰逊政府以经济衰退为由削减对非援助，3 月发布新版对外战略，提出外交重点向“印太倾斜”，非洲权重下降。[③] 美拜登政府力争扭转对非经贸合作倒退局面，抢抓非洲大陆自贸区发展先机，承诺给予自贸区大力支持。有“美非贸易基石”之称的《非洲增长与机遇法案》将于 2025 年到期，美国希望用双边自贸协定取代单方面优惠政策，但推进艰难。为推动非洲向美企开放市场，拜登继续推进“繁荣非洲倡议”，设年度预算 7500 万美元，并计划启动 5 亿美元的“繁荣非洲贸易和投资计划”，以扩展美非商业联系。[④]

最后，军事存在大幅收缩，转移安全责任。5 月，美外交关系委员会发布报告称美安全部门在对非外交上“权重过大”，导致美非政策“军事化”。[⑤] 美陆军将欧洲和非洲司令部合并，整

---

① “Macron veut que l’Europe et les États – Unis livrent vite 13 millions de vaccins en Afrique,” https://www.lci.fr/sante/covid – 19 – macron – veut – que – l – europe – et – les – etats – unis – livrent – le – plus – vite – possible – 13 – millions – de – vaccins – en – afrique – 2178838.html.（上网时间：2021 年 10 月 24 日）

② “D’après les députés européens, l’UE et l’Afrique doivent «coopérer d’égal à égal»,” https://www.euractiv.fr/section/all/news/eu – and – africa – must – co – operate – as – equals – meps – say/.（上网时间：2021 年 10 月 24 日）

③ “UK to Shift Foreign Policy Focus Following Review,” https://www.bbc.com/news/uk – 56410532.（上网时间：2021 年 10 月 24 日）

④ “USAID Designates Morocco As Regional Hub for a New Program In Trade and Investment under Prosper Africa,” https://www.usaid.gov/news – information/press – releases/dec – 22 – 2020 – usaid – designates – morocco – regional – hub – new – program – trade – investment.（上网时间：2021 年 10 月 24 日）

⑤ Michelle D. Gavin, *Major Power Rivalry in Africa*, The Council on Foreign Relations, May 2021, p. 5.

合在非军事力量，重点打造地区安全盟友，优化前沿部署和对战略通道的控制。2021 年，法国也在非搞“精兵简政”，计划实现萨赫勒反恐“国际化”和“本地化”。6 月，马克龙宣布将结束在萨赫勒的“新月形沙丘”行动，关闭位于马里的多个军事基地，将法军从 5100 人减少至 2500 ~ 3000 人，代之以欧洲联合部队。[①]

相较之下，俄罗斯、印度及中东国家在非洲体现出战略进取姿态。俄罗斯在军事上多渠道强势介入非洲。据媒体披露，俄拟在非洲 6 个国家筹建军事基地。[②] 俄还积极扩大与非洲军事技术合作规模，近两年与莫桑比克、安哥拉等多国签署军事合作协议，已占领非洲逾三成军售市场。印度在医疗卫生领域强化对非合作，积极推动“疫苗外交”。土耳其在非洲基建领域屡有斩获，带动土非关系发展。海湾国家中的沙特、阿联酋、卡塔尔正扩大对非洲之角地区事务的参与和影响力。

（二）地缘博弈色彩加重

俄罗斯军事重返非洲态势明显，引发西方警惕与打压。俄依托私营安保公司瓦格纳集团（WagnerGroup）深度介入利比亚内战，为中非共和国政府提供军事服务，还积极回应马里政府诉求，计划进驻填补法撤军后空白。6 月，法国指责俄在中非共和国“煽动反法情绪”，利用雇佣兵“夺取权力”“掠夺财富”，进而宣布暂停对中非共和国的预算援助和军事合作，迫使其

---

① “Emmanuel Macron annonce la fin de l’opération Barkhane au Sahel,” *Le Parisien*, 10 juin, 2021.

② Fatma Bendhaou, “La Centrafrique, un portail de la Russie en Afrique,” https://www.aa.com.tr/fr/afrique/la-centrafrique-un-portail-de-la-russie-en-afrique/2308688.（上网时间：2021 年 10 月 24 日）

“选边站”。[①] 9 月，法外长警告俄不得让瓦格纳雇佣军介入马里事务。俄有意在苏丹港设立军事基地，美国立即强加反制，向苏丹施压，俄基地规划出现搁浅。

中非关系依然是美西方在非洲进行地缘博弈和战略压制的主要目标。美国将与中国在非竞争上升到“制度之争”“模式之争”高度，聚焦苏丹、埃塞俄比亚和刚果（金）政治转型，频繁撬动非洲友华国家，要求非洲“睁大眼睛警惕中国”。[②] 在经济上，美国表示“要向非洲展示与中国不同的通向繁荣的道路”,[③] 借助“蓝点网络”“重建更好世界”等规划助美西方企业抢占市场，排挤中国对非投资。如，美国际发展金融公司承诺为埃塞 5G 项目提供 5 亿美元低息贷款，要求禁止使用华为或中兴设备。[④] 在安全上，美非洲司令部多次渲染“中国威胁论”，指称中国已成为“美国在非洲一大隐患”，极为警惕中国在非洲西海岸建立军事基地的可能。[⑤] 法国高度关注中国在非洲的影响力，马克龙以解决非洲债务的“主事人”身份自居，频繁挑起

---

① “France/Centrafrique：Emmanuel Macron dénonce la présence russe, le sentiment anti – français et suspend l’ aide budgétaire,” https：//www. adiac – congo. com/content/france – centrafrique – emmanuel – macron – denonce – la – presence – russe – le – sentiment – anti – francais – et.（上网时间：2021 年 10 月 24 日）

② “Africa Should Beware China’s Growing Role, Top US Diplomat Antony BlinkenWarns during ‘Trip’ to Nigeria and Kenya,” https：//www. scmp. com/news/world/africa/article/3131339/africa – should – beware – chinas – growing – role – top – us – diplomat – antony.（上网时间：2021 年 10 月 24 日）

③ Simon Lester, “U. S. Senate Hearing on African Trade and Investment Evaluates China’s Role,” https：//www. chinatrademonitor. com/u – s – senate – hearing – african – trade – investment – china – role/.（上网时间：2021 年 10 月 24 日）

④ “U. S. – China Tech Fight Opens New Front in Ethiopia,” *The Wall Street Journal*, May 22, 2021.

⑤ “China’s Africa Outreach Poses Growing Threat, US General Warns,” https：//www. voanews. com/a/east – asia – pacific _ chinas – africa – outreach – poses – growing – threat – us – general – warns/6205496. html.（上网时间：2021 年 10 月 24 日）

非洲对华债务话题，并发起“疫苗援助竞赛”，牵制中非抗疫合作。

四、中非战略合作逆势而上

2021年，在全球疫情反弹和经济复苏乏力的挑战之下，中国和非洲共克时艰，战略互信互助不断深化，年内召开的中非合作论坛和中非经贸博览会两场盛事，让中非合作热度不减，中非命运共同体的理念更加深入人心，非洲在中国外交中的战略基础性作用更加凸显。

（一）战略互信持续深化

高层互动引领中非战略合作。2021年1～10月，习近平主席先后同布隆迪、塞拉利昂、刚果（金）、坦桑尼亚、刚果（布）、马拉维、赤道几内亚七国总统通电话，聚焦抗疫合作、经济复苏、不干涉内政等问题。2021年初，中共中央政治局委员杨洁篪、国务委员兼外长王毅分别出访非洲多国。1月4～9日，王毅应邀访问尼日利亚、刚果（金）、博茨瓦纳、坦桑尼亚和塞舌尔五国，这是中国外长连续第31年新年首访选择非洲。同时，在中国共产党建党百年之际，非洲30多国政党政府领导人纷纷致电致函，热烈祝贺中国共产党百年华诞。7月6日，20多个非洲国家的政党领导人出席了中国共产党与世界政党领导人峰会，对中国共产党百年成就表示高度赞赏，希望同中方加强政党合作和治国理政经验交流。

中非在国际舞台上守望相助。针对美西方炮制的“中国病毒论”，非洲国家医学界、政界和媒体界人士纷纷发声谴责。非洲30多国在第46和第47届人权理事会涉华斗争中实现“双联署”，在涉疆、涉港、涉藏问题上表达对中国的支持，约占全球挺华国家一半。乌干达外交国务部长奥凯洛表示，所谓新疆“种族灭绝”完全是谎言。[①] 布基纳法索、苏丹、刚果（布）等国驻华大使亲自参观过新疆后，认为西方媒体歪曲了事实，制造了关于新疆的不实报道。[②] 同时，中国也在国际场合大力声援非洲。第76届联合国大会上，中方作为代表发言，力挺非洲国家，反对西方的单边制裁、反对种族主义和种族歧视、号召促进疫苗公平分配。在10月的二十国集团峰会上，习近平主席呼吁落实支持非洲和最不发达国家实现工业化的倡议。

（二）中非务实合作迎难而上

中非合作论坛成果落实保质保量完成。2021年是中非合作的“大年”，相继召开了中非经贸博览会和中非合作论坛。中非经贸博览会共有40多个非洲国家，近900家中非企业参展，签约135个项目，累计金额229亿美元。[③] 虽然受疫情影响，中非间人员与物资往来不畅，但仍有近10万中国工程技术人员在非洲坚守岗位。在中非共同努力下，截至2021年10月，上届中非合作论坛的成果落实依然保质保量完成，整体落实率超过85%，[④] 这为11月底在塞内加尔召开的第八届中非合作论坛打下了坚实基础。

全球贸易萎缩背景下，中非贸易逆势上扬。2021年1～7月，中非贸易额达1391亿美元，同比增长40.5%，为历史同期

① “非洲多国人士驳斥西方涉疆谎言”，http：//m.news.cctv.com/2021/03/04/ARTIxcc6kUUIfb8nS1MJhI9z210304.shtml。（上网时间：2021年11月6日）

② “‘我们必须要说公道话’——非洲国家驻华大使揭批西方炒作涉疆问题”，https：//world.gmw.cn/2021－03/17/content_34694683.htm。（上网时间：2021年11月6日）

③ “第二届中非经贸博览会签约项目金额达229亿美元”，http：//www.news.cn/expo/2021－09/30/c_1211388523.htm。（上网时间：2021年10月30日）

④ “驻非盟使团团长刘豫锡大使在‘面向未来——展望中非合作新时代’视频研讨会上的主旨发言”，http：//au.fmprc.gov.cn/chn/zgyfmjw/202110/t20211020_9595334.htm。（上网时间：2021年11月6日）

最高水平，中国已经连续 12 年稳居非洲第一大贸易伙伴国的地位。同期，中国对非全行业直接投资 20.7 亿美元，已超过 2019 年同期水平。[①] 同时，中非贸易结构更加平衡合理。中方借助中国国际进口博览会等平台，持续向非洲释放政策红利，主动扩大进口非洲非资源类产品，中国已成为非洲大陆第二大农产品出口目的国。

中非共建“一带一路”走深走实。目前，已经有 46 个非洲国家和非盟委员会同中方签署“一带一路”合作协议。2021 年，刚果（金）和博茨瓦纳成为非洲第 45 和 46 个参与“一带一路”合作的国家。[②] 6 月，中企承建的尼日利亚拉伊铁路正式开通运行，这是迄今非洲建成的最长双线标准轨铁路。

医疗卫生合作更加贴近非洲需要。中企已经向 50 个非洲国家及非盟委员会提供疫苗和抗疫物资，为非洲复工复产提供安全保障。中方还积极支持非洲提升疫苗本地化生产能力。2021 年 7 月，埃及启动中国科兴疫苗本地化灌装生产线，疫苗的可及性和可负担性增强。此外，中国援建的非洲疾控中心总部大楼项目于 2020 年 12 月正式开工。2021 年 5 月，30 个中非对口医院合作机制正式启动。

数字经济成为中非合作的新亮点。疫情之下，非洲国家对发展数字经济的诉求高涨。近年，中国启动中非共建非洲信息高速公路项目，为非洲 48 个国家铺设光缆，里程超 15 万公里，帮助非洲建设了近一半的无线网络站点。同时，中国数字企业也纷纷

---

① “共创中非关系新局面”，http：//world. people. com. cn/n1/2021/1007/c1002 - 32246253. html。（上网时间：2021 年 10 月 30 日）

② “携手铸就更加紧密的中非命运共同体——王毅国务委员兼外长在结束访问非洲五国之际接受媒体采访”，http：//www. xinhuanet. com/world/2021 - 01/10/c_1126967010. htm。（上网时间：2021 年 10 月 20 日）

参与非洲数字化进程，为非洲国家建设5G网络、搭建电商生态链、培养互联网人才，带动非洲特色产品对华出口。2021年8月24日，“中非互联网发展与合作论坛”上，中方宣布了“中非数字创新伙伴计划”，中非将在数字经济、智慧城市、清洁能源、5G等领域继续强化合作。

（三）中非合作面临的安全风险上升

2021年，中非合作保持了良好的发展势头，但一些非洲国家的动荡局势以及域外势力的干扰，依然对中非关系构成了挑战。

中国在非洲的海外安全风险上升。一方面，非洲新冠肺炎疫情仍处于高发阶段，我在非中企及人员存在较大安全隐患。非洲国家疫苗接种率低，人员感染风险高。且受疫情影响，非洲国家经济下行，失业率高，埃塞俄比亚、安哥拉、南非等国均发生多起针对中国公民的绑架、抢劫和枪杀等恶性案件。另一方面，非洲多国发生政变，对我海外利益冲击较大。9月，几内亚发生军事政变。该国是全球最重要的铝土矿出口国，中国近一半的铝土矿进口来自几内亚，政变给当地中企的经营以及我资源保障构成挑战。

涉华负面舆论仍然存在。在西方国家反华势力和媒体影响下，“新殖民主义”“债务陷阱论”“中国病毒论”“环境破坏论”等言论偶有发生。少数非洲地方媒体受美西方国家资助，恶意抹黑中企在非洲的投资。9月21日，津巴布韦第一大报《先驱报》揭露美国驻津巴布韦使馆资助一个名为“信息促进发展信托基金”的机构，以每篇文章1000美元的价格收买津私营媒体记者，要求其炮制中企在非投资的负面报道。[①]

在百年变局和世纪疫情叠加影响下，中非团结互助，双边关系逆势而上，在现代化的进程中互利共赢，共同维护发展中国家权益。展望未来，中非双方将进一步加强战略协作，携手铸就更加紧密的中非命运共同体。

（审定：张力）

① “收买记者抹黑中国对非投资 美国对华下黑手被曝光”，http：//www.news.cn/world/2021－10/14/c_1211404817.htm.（上网时间：2021年11月7日）

第十五章　拉美困境之中蹒跚前行*

2021 年，拉美新冠肺炎疫情挥之不去，经济复苏艰难推进，政治生态乱中有变，对外合作调整重构，地区发展面临诸多挑战，亟需找到一条稳定持久的发展之路。困境之下，拉美更加坚定与中国合作，双方关系逆势上扬，开启创新合作、共谋发展的新阶段。

一、经济复苏后劲乏力

2021 年，拉美新冠肺炎疫情持续肆虐，经济社会领域矛盾凸显。拉美国家在努力脱困的同时，深度改革亦势在必行。

（一）疫中复苏差强人意

2021 年，拉美疫情反复，仍未得到有效控制。阿根廷、墨西哥、秘鲁等多国单日新增确诊病例屡破万例，巴西甚至出现单日新增超 15 万例的严峻形势，地区医疗系统濒临崩溃，病亡率达全球平均值的 8 倍。① 截至 11 月上旬，拉美累计确诊病例超

---

* 本章撰稿人：杨首国、吕洋、陈晓阳、曹廷、严谨、刘婉儿、吴洪英、李萌。

① Samantha Pearson and Luciana Magalhaes, "South America Is Now Covid – 19 Hot Spot, With Eight Times the World's DeathRate," https：//www. wsj. com/articles/south – america – is – now – covid – 19 – hot – spot – witheighttimes – the – worlds – death – rate – 11624299176.（上网时间：2021 年 10 月 25 日）

4600 万，超 150 万人病亡，是全球疫情最严重的地区之一。[①]

尽管如此，拉美地区经济却没有像 2020 年那样在一波又一波的疫情冲击下陷入大衰退，反而取得了看起来相当亮眼的增长数字。根据国际货币基金组织（IMF）的预估，2021 年拉美经济增速将达 6.3%，在整个发展中国家和新兴经济体中位居前列，仅低于中国、印度等少数亚洲国家，高于东欧（6%）、中东（4.1%）及撒哈拉以南非洲（3.7%），与美欧等发达经济体的增速（6%）相比也略占上风，[②] 一举终结了自 2014 年以来地区经济增速连续 7 年在全球“吊车尾”的尴尬局面。

不过，拉美在数字上成为全球经济复苏“优等生”背后，仍有诸多不足之处。首先，在全球多数国家经济增幅超过 2020 年降幅的情况下，拉美经济增速却不足以填上 2020 年负增长 7% 的“大坑”，未能真正将经济恢复到疫情前水平。其次，地区整体高增速掩盖了个体经济表现的两极分化。圭亚那乘大规模油气开发之“东风”，以 48.7% 的超高增速冠绝拉美；智利、哥伦比亚、巴西得益于较高的疫苗接种率并较早重启经济，增速分别达 11%、7.6%、5.2%，成为地区为数不多走出 2020 年经济衰退的国家；墨西哥（6.2%）、阿根廷（7.5%）、秘鲁（10%）和巴拿马（12.8%）虽然同样增速傲人，却因上一年“挖坑”太深（分别衰退 8.3%、9.9%、11% 和 17.9%），仍在复苏道路上艰难爬升；厄瓜多尔（2.8%）、乌拉圭（3.1%）、古巴（2.2%）等国增速明显低于地区均值，委内瑞拉、海地更因严重政治、经济危机继续在衰退漩涡中挣扎，分别负增长 5%

---

① World Health Organization, “WHO Coronavirus (COVID - 19) Dashboard,” https://covid19.who.int/.（上网时间：2021 年 11 月 8 日）

② International Monetary Fund, *World Economic Outlook: Recovery during a Pandemic – Health Concerns, Supply Disruptions, Price Pressures*, Washington, DC, October 2021, p. 5.

和0.7%。[①] 最后，高增速背后诸多宏观经济指标不尽如人意。经常账户和初级财政赤字分别占GDP的0.6%和2.4%，双赤字问题远未缓解。[②] 各国中央政府债务占GDP比重均值虽较上一年度有所回落，但仍高达72.7%，远超60%的国际警戒线，巴西、哥伦比亚和墨西哥等地区主要经济体分别高达90.6%、67.5%和59.8%，[③] 阿根廷因无力承受占经济总量91.1%的超高债务压力，被迫与IMF就450亿美元贷款启动债务重组谈判。[④] 疫情造成的物流、供给压力推高通胀，全地区12个月累计通胀率同比飙升3.4个百分点，达9.7%，其中巴西、墨西哥、智利分别为7.9%、5.9%和5.5%，委内瑞拉、阿根廷和苏里南更分别以2700%、52.5%和48.6%的通胀率成为全球恶性通胀最严重的三个国家。[⑤]

拉美经济复苏之所以仅停留在"表面数字"，主要原因在于持续增长动力缺失。从内部看，各国通过大规模财政刺激才勉强稳住增速。地区国家不断推出现金救助、贷款担保、就业帮扶等紧急救助计划，资金规模在2020年占经济总量4.6%基础上又提高2.2个百分点，一举将地区公共开支占GDP比重均值拉高

① International Monetary Fund, *Western Hemisphere: ALong and Winding Road to Recovery*, Washington, DC, October 2021, p. 40.

② International Monetary Fund, *Western Hemisphere: ALong and Winding Road to Recovery*, p. 41.

③ International Monetary Fund, *Western Hemisphere: ALong and Winding Road to Recovery*, p. 42.

④ Ministerio de Economía Argentina, "Informes trimestrales de la deuda," https://www.argentina.gob.ar/economia/finanzas/deudapublica/informes - trimestrales - de - la - deuda.（上网时间：2021年11月8日）

⑤ International Monetary Fund, *World Economic Outlook: Recovery during a Pandemic - Health Concerns, Supply Disruptions, Price Pressures*, pp. 37 - 41.

到 24.7%。[①] 多国财政压力巨大，智利、哥伦比亚、秘鲁等国被迫提前支取养老金以解燃眉之急，乌拉圭、巴拉圭、多米尼加等国刚刚决定逐步取消刺激政策，经济走势就随之下行，反映出新冠肺炎疫情下“救济经济”进退两难。

从外部看，宏观经济指标的改善多源于外部需求短期拉动。2021 年以来，拉美外贸形势明显好转，出口额大涨 24%，带动各国国际收支、外汇储备情况均有不同程度改善。[②] 不过，出口收入增加主要依靠大宗商品价格上涨，拉美能源、金属矿产、农产品出口价格分别上涨 58%、38% 和 20% 之多，而出口量则因疫情导致人力不足、产能受限、物流受阻，仅增 8%。[③] 上述数据表明，此次大宗商品繁荣并没有效带动当地生产，一旦未来价格周期逆转，出口增长势必难以为继。

（二）多重风险加速积聚

一是新冠肺炎疫情扩散风险犹存。2021 年 10 月以来，智利、巴拉圭等少数南美国家及伯利兹、多米尼加、海地等中美洲和加勒比国家新增确诊病例再度上升。巴西、哥伦比亚等国疫苗接种率提高导致部分民众不愿落实戴口罩、维持社交距离等防疫措施，增加了染疫风险。[④] 牙买加、危地马拉等 9 国的接种率不

---

① ECLAC - PAHO, *COVID - 19 Report: The Prolongation of the Health Crisis and Its Impact on Health, the Economy and Social Development*, United Nations Publication, October 2021, p. 35.

② ECLAC, *Economic Survey of Latin America and the Caribbean* 2021, United Nations Publication, October 2021, p. 32.

③ ECLAC, *Economic Survey of Latin America and the Caribbean* 2021, p. 52.

④ Ernesto Londoño, Daniel Politi and Flávia Milhorance, “Covid Ravaged South America. Then Came a Sharp Drop in Infections,” https://www.nytimes.com/2021/09/05/world/americas/covid - south - america - reprieve - vaccines.html.（上网时间：2021 年 10 月 25 日）

及30%，尼加拉瓜和海地更分别只有5.5%和0.3%，[①] 严重疫苗不平等问题制造巨大免疫缺口，随时可能引爆疫情新高峰。特别是，世界卫生组织在秘鲁发现新冠肺炎病毒拉姆达变种，现已传播至拉美多国，很可能导致地区疫情持续至2022年甚至更久之后，地区复苏步伐恐更加艰难。[②]

二是经济结构失衡加剧。在疫情持续冲击和外部需求短期刺激下，拉美经济的结构性问题更加凸显。吸纳就业能力最强的劳动密集型产业受到疫情重创，墨西哥、阿根廷、哥伦比亚相关部门产值分别萎缩16.8%、12.4%和4.3%；对潜在增长率提振作用颇大的技术密集型产业高度依赖外国投资，但在发达经济体复苏加快、国际资本迅速回流的情况下，联合国拉美经委会预计2021年地区吸引外资规模将远低于全球平均水平，这恐将导致巴西、阿根廷、墨西哥等地区大国遭遇3.4%到14.8%不等的技术产业产值缩水。[③] 与此同时，智利、秘鲁的矿业部门和厄瓜多尔、墨西哥的油气部门却在外部需求拉动下持续扩张，营收增长分别高达182.9%、215.3%、53.8%和33.8%，[④] 从而进一步加剧了拉美重资源轻技术的产业结构。此外，受疫情影响，大量投资者涌入电子商务等IT部门，新上线电商平台较疫情前翻一番，

---

① "Tracking Coronavirus Vaccinations around the World," https://www.nytimes.com/interactive/2021/world/covid-vaccinations-tracker.html.（上网时间：2021年10月25日）

② "拉美地区新冠疫情趋缓，反弹风险仍存"，http://www.news.cn/mrdx/2021-10/15/c_1310246530.htm。（上网时间：2021年10月25日）

③ ECLAC, *COVID-19 Special Report No. 11: The Recovery Paradox in Latin America and the Caribbean Growth amid Persisting Structural Problems: Iinequality, Ppoverty and Low Investment and Productivity*, United Nations Publication, July 2021, p. 8.

④ ECLAC, *Economic Survey of Latin America and the Caribbean* 2021, United Nations Publication, October 2021, p. 81.

互联网服务和软件产业市值扩张 4.6 倍，[①] 但其中多数资金流向平台构建、数字金融、市场营销等环节，忽视生产性投资和高新技术应用，导致拉美数字经济产业引领创新、创造就业能力有限，可能加剧拉美经济“脱实向虚”风险。[②]

三是社会问题制约发展潜力。拉美经济与社会问题交织，社会鸿沟愈发拉大，其长远发展面临更多风险挑战。拉美地区劳动参与率虽小有回升，但 10.7% 的失业率仍高于 2020 年初新冠肺炎疫情暴发前的水平，仍有 30% 以上因疫情失业者没有找到工作。[③] 官方就业率数据亦无法准确反映拉美高达 1.4 亿非正规就业人口（约占总劳动人口的 53%）面临的窘迫境遇。据国际劳工组织估算，拉美劳工在疫情期间的工作时长减少 16.2%，工资收入最多可能缩水达 80%。[④] 受此影响，占拉美人口 78% 的中低收入阶层面临返贫风险，地区贫困人口新增 2400 万，达 2.09 亿人，其中极端贫困人口升至 7800 万，全地区 40.4% 人口面临温饱问题。[⑤] 与之形成鲜明对比的是，拉美高收入人口比例不减反增，较 2020 年再增加 0.2 个百分点，达总人口的 3%，令地

① ECLAC, *COVID – 19 Special Report No. 11: The Recovery Paradox in Latin America and the Caribbean Growth amid Persisting Structural Problems: Inequality, Poverty and Low Investment and Productivity*, United Nations Publication, July 2021, p. 10.

② ECLAC, *Foreign Direct Investment in Latin America and the Caribbean* 2021, United Nations Publication, August 2021, p. 163.

③ ECLAC, *Economic Survey of Latin America and the Caribbean* 2021, p. 71.

④ International Labour Organization (ILO), “Latin America and the Caribbean Face an Insufficient Labour Market Recovery with a Predominance of Informal Jobs,” https://www.ilo.org/americas/sala-de-prensa/WCMS_819025/lang--en/index.htm.（上网时间：2021 年 11 月 9 日）

⑤ ECLAC, *Economic Survey of Latin America and the Caribbean* 2021, p. 16.

区平均基尼系数上升 0.03，反映社会贫富差距进一步拉大。[①] 社会结构急剧变化之下，拉美“一老一小”问题凸显，养老金参与人数减少 5.9%；地区 33 国中有 26 国关闭学校超过 1 年，1.67 亿学生无法上学，其中更有超 6600 万学生因家中不能上网而处于事实上的辍学状态。[②] 大批“老无所依”和“少无所学”者不仅成为财政政策“盲点”和社会不稳定因素，还严重阻滞各国人力资本水平提升，削弱了潜在增长率，令拉美国家未来发展面临更多风险。

（三）探寻改革新方向

面对挑战，拉美国家正竭力纾困。一是推广疫苗，平复疫情。古巴、巴西、智利等国加紧疫苗自研或合作生产；墨西哥、哥伦比亚向周边小国捐赠疫苗互助抗疫；厄瓜多尔、秘鲁、委内瑞拉等国积极参与“全球新冠疫苗实施计划”（COVAX），地区疫苗接种率有望在 2021 年底前达到 40% 以上。[③]

二是救济民生，改革财政。巴西追加 250 亿雷亚尔财政预算，计划将巴西援助金（Auxílio Brasil）额度从每月每户困难家庭 300 雷亚尔提高到 400 雷亚尔；[④] 智利延长“新冠紧急家庭收

---

① ECLAC, *COVID – 19 Special Report No. 11: The Recovery Paradox in Latin America and the Caribbean Growth amid Persisting Structural Problems: Inequality, Poverty and Low Investment and Productivity*, p. 19.

② ECLAC, *COVID – 19 Special Report No. 11: The Recovery Paradox in Latin America and the Caribbean Growth amid Persisting Structural Problems: Inequality, Poverty and Low Investment and Productivity*, p. 25.

③ OPAS, “Maioria dos Países das Américas Alcançará Meta de Vacinação Contra COVID – 19 até o Final do Ano,” https: //www. paho. org/pt/noticias/13 – 10 – 2021 – maioria – dos – paises – das – americas – alcancara – meta – vacinacao – contra – covid – 19 – ate. （上网时间：2021 年 10 月 25 日）

④ Bryan Harris, Michael Pooler and Carolina Pulice, “Brazil Approves Limited $ 8bn Pandemic Spending Package,” https: //www. ft. com/content/152609c9 – 8162 – 4bdc – aeef – 4c3f8829d66f. （上网时间：2021 年 11 月 9 日）

入计划”（IFE）期限并扩大适用范围；[①] 秘鲁新任总统卡斯蒂略宣布向失业和低收入者每人发放700索尔紧急救助金。[②] 为了筹措这些新增开支，拉美不少国家加快财税改革，巴西国会通过新的所得税法案；阿根廷决定对资产超过2亿比索（约240万美元）富人加征最高3.8%的富人税，[③] 希望以此补贴民生、稳定社会。

三是争取外援，重启经济。墨西哥和阿根廷在G20财长会上发表联合声明，呼吁给予中等收入国家更多债务减免。[④] 厄瓜多尔则先行一步，与IMF、美洲开发银行等国际金融机构达成总额60亿美元融资协议。[⑤] 哥伦比亚、智利等国期望引入更多外国直接投资，分别推出“哥伦比亚承诺”“投资智利”等招商计

① Chile Reports, “Government Extends Universal IFE and Announces Employment Subsidy,” https://chilereports.cl/en/news/2021/08/11/government-extends-universal-ife-and-announces-employment-subsidy.（上网时间：2021年11月9日）

② El Comercio, “Bono 700: consulta aquí si recibirás este monto y a qué hogares beneficiará,” https://elcomercio.pe/respuestas/bono-700-yanapay-peru-consulta-si-eres-beneficiario-y-conoce-quienes-recibiran-esta-ayuda-adicional-bono-350-bono-700-revtli-noticia/.（上网时间：2021年11月9日）

③ Ryan Dube, “Argentina Tries to Tax and Spend Its Way Out of an Economic Crisis,” https://www.wsj.com/articles/argentina-tries-to-tax-and-spend-its-way-out-of-an-economic-crisis-11615291201.（上网时间：2021年11月9日）

④ Ministerio de Economía de Argentina, Secretaría de Hacienda y Crédito Público de México, “DECLARACIÓN CONJUNTA DE ARGENTINA Y MÉXICO SOBRE UNA RECUPERACIÓN RÁPIDA, INCLUSIVA Y SOSTENIBLE,” https://www.argentina.gob.ar/noticias/g20-declaracion-conjunta-de-argentina-y-mexico-sobre-una-recuperacion-rapida-inclusiva-y.（上网时间：2021年11月9日）

⑤ Bill Berkrot, “Ecuador Reaches New Deal with IMF, will Receive $1.5 Bln this Year,” https://www.reuters.com/world/americas/ecuador-reaches-new-deal-with-imf-will-receive-15-bln-this-year-2021-09-08/.（上网时间：2021年11月9日）

划，助力基建、电商等产业发展。[①]

不过有不少评论认为，上述措施多属应急性调整，未能触及国家发展面临的根本问题，拉美地区要走出困境，需进行全方位深层次改革。联合国拉美经委会建议各国加快推进结构性变革，全面优化税收分配制度，平衡“分蛋糕”与“做蛋糕”间关系，稳定社会发展预期；推进严格、审慎的扩张性财政以提振需求；加大教育、医疗系统投资以提升中长期人力资本。在此基础上，制定新的国家发展战略，扩大开放，改善营商环境，充分利用拉美比较优势，大力发展绿色经济、数字经济、区域经济、近岸贸易等新兴业态，找到国家发展新动力。[②]

展望2022年，拉美延续经济复苏的困难不小。IMF预测拉美地区经济增速将降至3%，相当于自2019年起四年累计增长仅1.9%。[③] 巴西、墨西哥、阿根廷、哥伦比亚、智利等主要经济体将分别仅增长1.5%、4%、2.5%、3.8%和2.5%，[④] 地区发展前景不容乐观。拉美国家想要实现稳定发展，无疑需要更广泛的民意基础、更坚定的政治共识和更高效的决策能力。

---

① Viola Caon, “Colombia Eyes more FDI as It Progresses along Precarious Comeback Trail,” https: //www. investmentmonitor. ai/colombia/colombia - eyes - fdi - comeback - trail.（上网时间：2021年11月9日）

② ECLAC - PAHO, *COVID - 19 Report*: *The Prolongation of the Health Crisis and Its Impact on Health*, *the Economy and Social Development*, pp. 30 - 35.

③ International Monetary Fund, “World Economic Outlook Database,” https: //www. imf. org/en/Publications/WEO/weo - database/2021/October.（上网时间：2021年11月9日）

④ International Monetary Fund, *Western Hemisphere*: *ALong and WindingRoad to Recovery*, p. 40.

二、政治生态变乱交织

伴随经济社会问题不断加剧，拉美地区政治生态更趋复杂多变，不稳定和不确定性凸显。

（一）政治乱局加剧

2021 年以来，拉美国家各政治力量在新冠肺炎疫情防控战中斗争加剧，在防疫模式、复工时机、纾困方案等方面难有共识，甚至政府内部彼此拆台，抗疫成为权力斗争工具，政治矛盾激化。巴西博索纳罗政府遭反对党和司法机构“围剿”，众议院累计收到超过 110 次对博索纳罗的弹劾请求，[①] 参议院对其抗疫不力提出 9 项指控；秘鲁政斗无休，反对党控制议会频频向卡斯蒂略新政府发难，迫使外长、总理和内政部长先后辞职；阿根廷政府内部温和派与激进派之间产生路线分歧，导致 9 月中期选举失利，5 名内阁部长辞职，联盟破裂风险增加。[②] 与此同时，民众对政治制度和政治人物的不信任持续增加。拉美地区多家智库的调查研究显示，拉美民众对本国民主制度运行的不满意度高达 60%，其中哥伦比亚和巴西的不满意度均高达 70% 以上，阿根廷、秘鲁和墨西哥等国则在 60% 左右，拉美已成为世界上民众

---

① TerrenceMcCoy, “Calls to Impeach Bolsonaro Are Rising, But His Grip on Brazil Remains Strong,” https：//www. washingtonpost. com/world/2021/04/14/brazil - coronavirus - pandemic - bolsonaro - impeachment/. （上网时间：2021 年 10 月 13 日）

② Amal Benotman, “Crisis en Argentina：Alberto Fernández Pide Unidad, Cristina Fernández Reclama Cambios,” https：//www. france24. com/es/am% C3% A9rica - latina/20210917 - crisis - argentina - alberto - fernandez - unidad - cristina - cambios. （上网时间：2021 年 10 月 29 日）

对民主制度最不满意的地区之一。[①] 新冠肺炎疫情之下，拉美仍时有抗议示威发生。2021 年 4 月，哥伦比亚爆发反税改抗议活动，随后其逐渐演变为反对总统杜克领导的右翼政府的更大规模政治运动。10 月，智利在 2019 年大抗议两周年后，再次爆发大规模反政府游行示威。拉美地区有发生新一轮政治动荡的风险。在此背景下，各国政府普遍面临巨大压力。巴西、智利、阿根廷、墨西哥、哥伦比亚等主要国家领导人声望均有不同程度下滑，其中，对巴西总统博索纳罗的不满意率升至 51%，[②] 智利总统皮涅拉反对率高达 79%，[③] 均创其执政以来新高。继多米尼加、苏里南、圭亚那、玻利维亚等多国执政党在 2020 年大选中下台后，厄瓜多尔原莫雷诺政府所在党派因支持率过低，甚至未参加 2021 年大选，再次凸显政党加速轮替趋势。墨西哥总统洛佩斯受抗疫不力、经济衰退、毒品暴力犯罪等困扰，加之 2021 年 5 月墨西哥城地铁坍塌事故的影响，支持率较当选时下滑 10 个百分点，[④] 执政党在随后被称为“对墨西哥总统公投”的中期选举中未能保持国会众议院 2/3 多数席位，推行改革难度进一步

---

① Felipe Estefan, Gabriela Hadid y Rafael Georges, “Midiendo Percepciones Sobre Democracia en América Latina Durante la Pandemia de COVID – 19,” https://luminate-group.com/posts/blog.（上网时间：2021 年 10 月 20 日）

② Aurora Ellis, David Gregorio, “Brazil’s Bolsonaro Disapproval Rating Rises to All – Time High, Two PollsShow,” https://www.reuters.com/world/americas/brazils – bolsonaro – disapproval – rating – rises – all – time – high – poll – 2021 – 07 – 08/（上网时间：2021 年 10 月 12 日）

③ El Comercio, “Encuesta Elecciones en Chile: Mira aquí los Resultados del último Sondeo de CADEM,” https://elcomercio.pe/mundo/encuesta – para – elecciones – en – chile – resultados – del – ultimo – sondeo – de – cadem – gabriel – boric – kast – cl – tdex – noticia/.（上网时间：2021 年 10 月 26 日）

④ Carin Zissis, “Approval Tracker: Mexico’s President AMLO,” https://www.as – coa.org/articles/approval – tracker – mexicos – president – amlo.（上网时间：2021 年 10 月 23 日）

加大。2021 年 10 月曝光的“潘多拉文件”，披露包括智利、厄瓜多尔和多米尼加三国现任总统在内的拉美 18 国政要有“不法行为”，智利总统皮涅拉因此被调查，并遭到反对派弹劾，拉美敏感政治局势被进一步搅动。[①]

（二）新兴政治力量加速崛起

近年来，面对严重的政治、经济、社会问题，传统政治力量束手无策，民众对制度变革的要求和对现有政党的不信任，助推边缘政党、新组建政党以及政治素人等新兴政治力量崛起。墨西哥现任总统洛佩斯通过组建国家复兴党，有效整合传统左翼力量，促成左翼在 2018 年上台，一举打破墨三党鼎立的传统政治格局。巴西政治边缘人博索纳罗在 2018 年以名不见经传的社会自由党候选人身份一举赢得大选，如今又转投巴西自由党，继续搅动巴西 2022 年大选走势。2021 年厄瓜多尔大选中，印第安人领袖雅库·佩雷斯以鲜明激进的保护土著社群权益、反对性别歧视和环保政策赢得大量支持，虽未进入大选次轮，但一跃成为厄政坛不可小觑的新兴政治力量。智利制宪会议选举结果显示，新成立的左翼赞成尊严党和独立人士等非传统执政力量占据制宪会议半壁江山；智利地方选举中，共产党员伊拉奇当选首都圣地亚哥市市长，成为智历史上首位出任该职位的共产党员。

（三）左右博弈进入复杂新常态

2019 年以来，左翼开始明显复苏，打破了右翼主导政坛的格局。特别是 2019 年阿根廷正义党带领左翼联盟击败右翼执政党，被视为左翼力量回归的标志。2020 年，玻利维亚的争取社会运动在遭遇政变下台后重掌政权，振奋了地区左翼声势。新冠

---

① John Bartlett, “Chile President Piñera Faces Impeachment after Pandora Papers Leak,” https://www.theguardian.com/world/2021/oct/13/chile-sebastian-pinera-impeachment-proceedings-pandora-papers.（上网时间：2021 年 10 月 25 日）

肺炎疫情暴发以来，掌权的右翼政府普遍面临执政危机，在野的左翼趁势卷土重来，复苏势头进一步增强。在2021年秘鲁大选的左右对决中，左翼候选人卡斯蒂略胜出，尼加拉瓜左翼领导人奥尔特加在大选中获得连任。洪都拉斯和智利2021年11月底即将举行大选，左翼反对党在民调中领先，凸显左翼力量上升势头。尽管目前拉美政坛呈现“左进右退”的新动向，但左翼一统江山的“粉红浪潮”难以再现，左右拉锯、互有攻防、交替执政恐成为新常态。秘鲁中左翼执政党自由秘鲁党仅占国会130席中的37席，施政受到右翼强力牵制，左右斗争激烈。智利大选关乎该国发展方向，被称为“智利自1989年以来分化对立最严重的大选”。[①] 民调显示，尽管中左翼社会融合党候选人、前国会众议员博里克呼声较高，但右翼候选人卡斯特支持率在冲刺阶段不断上升，甚至有反超趋势，显示左右力量旗鼓相当相当，两派均有胜选机会。2019年上台执政的阿根廷左翼也面临严峻挑战，在2021年中期选举中，中左翼执政联盟仅赢得31%的选票，而前总统马克里所属的中右翼联盟赢得40%选票，并在最大选区、执政党重要票仓布宜诺斯艾利斯省大有斩获，两年后很可能重新掌权。2022年巴西、哥伦比亚等主要国家将举行大选，左右博弈仍将是选举的主旋律，甚至不排除再度上演2019年多国出现的持续政治动荡。

在新冠肺炎疫情未得到根本控制的情况下，不少拉美国家政府都面临支持率低和反对派的掣肘，推进改革计划遇阻，执政乱象恐将持续。拉美要想走出乱局和困境，必须进行深层次的结构性变革，提升政府治理能力，为持续稳定发展提供坚实基础。

---

① Luisa Horwitz，Holly K. Sonneland，“Poll Tracker：Chile’s 2021 Presidential Race，”https：//www. as - coa. org/articles/poll - tracker - chiles - 2021 - presidential - race.（上网时间：2021年10月12日）

三、外交合作调整重启

困境下，拉美国家普遍意识到，唯有加强国际合作，努力争取外部援助，才能早日走出危机。在地区层面，团结合作重新成为主基调，一体化进程有所复苏。在国际层面，对外关系呈现多元化，尤其美拉关系在拜登上台后正经历新一轮调整。

（一）一体化呈现新的积极动向

一是拉共体结束“反思期”再出发。拉共体成立于 2011 年，是唯一涵盖拉美和加勒比地区所有 33 国的政治组织，被视为地区联合自强的象征与一体化进程的里程碑。它自成立开始连续主办 5 届峰会，成果显著。但由于前几年地区左退右进，国家间矛盾激化，尤其围绕委内瑞拉问题对立加剧，2018 年拉共体宣布进入“反思期”并暂停活动。2020 年新冠肺炎疫情暴发后，拉美各国挑战增多，地区团结合作呼声增强。加之地区左翼复苏，阿根廷、秘鲁等国放弃反委立场，右翼地区组织利马集团名存实亡，地区矛盾有所消减。在此背景下，墨西哥作为拉共体轮值主席国扛起复苏拉共体大旗，积极推动一体化，并取得新进展。2021 年 7 月，墨西哥召开拉共体第 21 次外长会议，宣布拉共体结束“反思期”，重启地区政治对话和协调机制。9 月，墨西哥在时隔 4 年后重新召开拉共体首脑峰会，地区 31 国代表出席会议，包括 18 位国家元首或政府首脑。峰会发表《墨西哥城宣言》，通过了联合国拉美经委会提出的地区卫生合作计划，包括建立地区疫苗与药物购买机制，成立疫苗生产开发及临床试验合作平台，推动卫生领域知识产权合作等，还就成立拉美和加勒比航天局、建立自然灾害应对基金等达成一致。[①] 拉共体重启反映地区一体化发展新的积极动向，但也应看到，拉美国家仍存不少分歧。巴西作为地区最大经济体，缺席拉共体活动，少数国家在峰会上就委内瑞拉问题发难，影响地区团结发声。

二是太平洋联盟稳步前进。2011 年哥伦比亚、智利、墨西哥和秘鲁四国成立太平洋联盟（太盟）。该盟一直遵循多边主义和自由贸易理念，以“面向亚太”为宗旨，通过降低关税、互认检验检疫证书、为企业提供财政支持等方式推动贸易便利化和经贸一体化，成效显著，已成为地区最具活力的一体化组织。2021 年 4 月，太盟举行线上会议，在庆祝该组织成立 10 周年同时，就应对疫情、恢复经济、制定“数字市场一体化路线图”等达成共识。[②] 7 月，太盟宣布与新加坡完成自贸协定谈判，并将在 12 月的太盟元首峰会上正式签署，届时有望进一步拉近该组织与亚太国家的贸易、投资与制度性合作关系。[③]

但是，美洲玻利瓦尔联盟和南方共同市场发展遇阻。美洲玻利瓦尔联盟于 2004 年正式成立，由委内瑞拉、古巴、玻利维亚等拉美左翼国家和加勒比小国组成，成立初衷是为了抗衡美国提出的“美洲自贸区”。2021 年以来，该组织先后就合作抗疫、支

① EFE, “López Obrador ve ‘positiva’ la cumbre de la Celac pese ‘a las diferencias’,” https://www.efe.com/efe/america/politica/lopez-obrador-ve-positiva-la-cumbre-de-celac-pese-a-las-diferencias/20000035-4633713.（上网时间：2021 年 10 月 14 日）

② Gobierno de Mexico, “Alianza del Pacífico 9° Aniversario, Comunicado conjunto RELACIONES EXTERIORES - ECONOMÍA,” https://embamex.sre.gob.mx/singapur/index.php/comunicados-2016/197-28-04-2020-alianza-del-pacifico-9-aniversario.（上网时间：2021 年 10 月 18 日）

③ REDACCIÓN EL TIEMPO, “Alianza del Pacífico y Singapur firmarán su TLC en diciembre del 2021,” https://www.eltiempo.com/economia/sectores/asi-sera-el-tlc-de-la-alianza-del-pacifico-con-singapur-604954.（上网时间：2021 年 11 月 10 日）

持尼加拉瓜和委内瑞拉选举进程，支持古巴反干涉、制裁等举行会议、发布声明，[①] 但由于该组织主要领导国委内瑞拉深陷危机，无力继续对其他成员国提供大规模援助，联盟各类决议仅限政治声援性质，务实合作推进困难，空心化问题浮现。南方共同市场（简称南共市）作为南美洲最大的经济一体化组织，近年来内外发展均遭遇困难。从内部协调看，巴西和乌拉圭支持开放成员国单独与域外经济体开展自贸谈判，阿根廷和巴拉圭则强调“集体一致”原则，反对单个成员国对外签署贸易协定。[②] 2021年3月和7月南共市分别以视频方式举办纪念成立30周年峰会和元首会议，但由于阿根廷与乌拉圭、巴西在是否降低对外统一关税、放宽成员国与域外经济体建立自贸关系限制等问题上出现严重分歧，导致两次会议均未能发表联合公报。从拓展对外关系看，2019年6月与欧盟结束自贸谈判后，因法国、奥地利、荷兰等国不满巴西在环境问题上的立场，协定一直处于法律审查状态，迟迟未能正式生效。

（二）美拉关系加快重塑

拜登政府对拉美新政初现雏形。拜登政府上台后，对拉美政策出现一些新动向、新思路，相较特朗普政府更看重价值观外交，手段更加灵活隐蔽，在针对中国议题上更注重项目落地。一是“疫苗外交”不断加码，以稳住后院。拜登政府成立跨部门工作组，对拉制定疫苗援助和出口计划，推动与拉美疫苗全产业

---

① SWI, “La ALBA respalda en su cumbre próximas elecciones en Nicaragua y Venezuela,” https://www.swissinfo.ch/spa/alba-cumbre_la-alba-respalda-en-su-cumbre-pr%C3%B3ximas-elecciones-en-nicaragua-y-venezuela/46734738.（上网时间：2021年11月10日）

② Deutsche Welle, “Cumbre del Mercosur: Argentina llama a no romper la ‘regla del consenso’,” https://www.dw.com/es/cumbre-del-mercosur-argentina-llama-a-no-romper-la-regla-del-consenso/a-58210345.（上网时间：2021年10月15日）

链合作。截至2021年10月底，美分别同巴西签署4.01亿剂、墨西哥0.95亿剂、秘鲁0.93亿剂、阿根廷0.93亿剂出口订单，成为地区主要国家第一大疫苗进口来源国。二是聚焦移民、反毒等攸关美国内政的重要议题，加大合作力度。墨西哥和中美洲国家毗邻美国，是美国非法移民和毒品的主要来源。拜登上台后着手放宽移民政策，招致大规模非法移民涌入美墨边境，被逮捕的非法越境人数屡创新高，令拜登政府忧心忡忡。6月，美国国务卿布林肯访问哥斯达黎加，副总统哈里斯访问危地马拉和墨西哥，均聚焦移民问题，敦促相关国家有效遏制移民潮，承诺将向北三角国家（洪都拉斯、危地马拉、萨尔瓦多）提供40亿美元援助，用于改善民生。[①] 三是打拉结合，更注重包装。美高层频繁访问拉美，敦促拉美国家捍卫民主、尊重人权、打击腐败，企图通过价值观外交，加大对后院的控制。对古巴、委内瑞拉等左翼反美国家，拜登政府未从根本上改变特朗普政府的打压和颠覆政策，只是手段更加隐蔽、更具有欺骗性。拜登政府不仅未解除特朗普出台的对古巴制裁措施，还大搞网络战和舆论战，图谋在古发动“颜色革命”。对地区右翼国家，拜登政府以合作为诱饵，加大拉拢。2021年9月，拜登总统的副国家安全顾问辛格访问巴拿马、哥伦比亚、厄瓜多尔；10月，国务卿布林肯访问哥伦比亚、厄瓜多尔，就经贸、抗疫等达成一系列合作协议。四是破坏中拉合作，剑指“一带一路”。2021年以来，美国高层访问拉美必攻击中国，称拉美国家要注意中国的“有害活动”，大肆兜售“疫情源自中国”“中国疫苗重商主义”，散布“中国威胁论”。同时，美力推其牵头炮制的“重建美好世界”基建计

① Tracy Wilkinson, “Secretary of State Blinken in Central America to Target Corruption, Immigration,” https://www.latimes.com/politics/story/2021-06-01/blinken-central-america-corruption-immigration.（上网时间：2021年10月15日）

划，将哥伦比亚、厄瓜多尔列为重点合作对象，企图通过打“规则牌”、修“标准墙”，阻挠中企进入拉美，对冲中拉“一带一路”合作。[①]

拉美国家对美外交自主性增强。尽管拜登政府通过加大经贸合作和疫苗援助力度，一定程度上缓和了与拉美国家关系，但总体看，其对拉政策仍秉持“美国优先”，对拉美“摊派责任大于利益输送”。因此，拉美多数国家在与美合作同时，强调反对外国干涉，并致力于推动对外关系多元化。墨西哥一方面务实推动与美经贸关系，另一方面坚持独立自主原则，公开谴责美资助墨国内反政府组织的干涉行径，还与欧盟完成自贸协议升级谈判，努力实现外贸多元化。[②] 智利与新加坡、新西兰共同创立并签署《数字经济伙伴关系协定》，成为全球数字经济制度建设领头羊。[③] 阿根廷则在引进美国疫苗同时，抵制美抹黑中国言论，持续推进中阿疫苗、5G 建设合作。值得关注的是，随着左翼力量复苏，拉美国家反对美控制干涉的意识正不断增强。在拉共体第六届领导人峰会上，墨西哥、玻利维亚等多国领导人纷纷表达对美国主导的美洲国家组织的不满，提出要用拉共体取而代之。

---

① Deutsche Welle, "US President Biden Persuades G7 to Be More Competitive towards China," https://www.dw.com/en/us-president-biden-persuades-g7-to-be-more-competitive-towards-china/a-57868619.（上网时间：2021 年 10 月 15 日）

② Gerlach, "EU-Mexico Free Trade Agreement Modernised," https://gerlach-customs.com/news/eu-mexico-free-trade-agreement-modernised/.（上网时间：2021 年 11 月 11 日）

③ Chile Reports, "Digital Economy Partnership Agreement (DEPA) Is Approved by Congress," https://chilereports.cl/en/news/2021/05/20/digital-economy-partnership-agreement-(depa)-is-approved-by-congress.（上网时间：2021 年 11 月 11 日）

四、中拉关系蓄势再发

2021 年，中拉双方主动回应时代之变、世界之变，共克时艰，共促发展，推动中拉关系进入更高水平、更高质量的新发展阶段。

（一）中拉关系逆境中展现强劲发展势头

一是元首外交领航中拉关系。新冠肺炎疫情暴发以来，习近平主席以大国领袖的全球视野和使命担当密集展开对拉元首外交，先后同智利、多米尼克、玻利维亚、哥伦比亚、圭亚那、特立尼达和多巴哥、古巴、多米尼加、巴巴多斯、厄瓜多尔、秘鲁等拉美多国领导人互致函电，深化政治互信，共同谋划百年变局和世纪疫情背景下的中拉关系发展。2021 年 9 月，习主席在拉美和加勒比国家共同体第六届峰会上视频致辞，高度评价拉共体在维护地区和平稳定、促进共同发展方面发挥的重要作用，作出了“中拉关系已进入平等、互利、创新、开放、惠民的新时代”的重要论述，明确了中拉关系历史方位，指明了“携手共建中拉命运共同体”的前进方向，成为新时代中拉关系发展的根本遵循。[①] 目前，中拉论坛第三届部长级会议已提上日程，中拉整体合作有望再上新台阶。[②]

二是疫苗合作加速推进成最大亮点。面对拉美“高烧不退”的新冠肺炎疫情，中国始终秉持人类卫生健康共同体理念，同拉美守望相助，积极开展全方位抗疫合作，并在前期援助医疗物资

---

① “习近平向拉美和加勒比国家共同体第六届峰会作视频致辞”，https://www.fmprc.gov.cn/web/zyxw/t1908241.shtml。（上网时间：2021 年 11 月 1 日）

② “王毅同智利外长阿拉芒通电话”，https://www.fmprc.gov.cn/web/wjbzhd/t1914091.shtml。（上网时间：2021 年 11 月 1 日）

设备、分享技术方案、组织经验交流视频会议、派遣医疗队的基础上，通过在拉美展开疫苗临床试验、为拉美国家提供疫苗等方式，切实推进中拉疫苗合作。据泛美卫生组织数据，截至2021年11月初，中国疫苗占智利、厄瓜多尔、玻利维亚、乌拉圭四国接种比例分别达61%、57%、48%和49%。[①] 中国还积极推动疫苗本地化生产，帮助拉美打造更具韧性的疫苗产品生产、供应和分发链条。2021年8月，中国科兴公司宣布将投资超6000万美元在智利开设一家研发中心和一家疫苗生产工厂，预计2022年4月投产，年产能达6000万剂。拉美各界普遍认为，中拉疫苗合作不仅有力帮助拉美国家构筑免疫屏障、跨越"免疫鸿沟"，在恢复社会生活、推动经济复苏等方面也发挥了至关重要的作用，成为拉美抗疫脱困的利器。[②]

三是经贸合作显示强大韧性与活力。面对疫情冲击下的经济社会困境，拉美国家更加意识到中国市场、资金和技术的重要性。联合国拉美经委会在《2021年度外国直接投资报告》中指出，中国可为拉美带来急需的资金、技术和商业模式支持，有利于改善拉美基建和营商环境，创造更多就业岗位，是拉美实现经济伙伴多元化、追赶世界科技发展大潮所必须倚靠的力量。[③] 在贸易方面，拉美紧紧抓住中国企业从复工复产迈向满工达产的窗口期，乘势而上加大对华铁矿石、石油、铜等初级产品出口。与此同时，中国积极发挥产能优势，利用拉美国家抗疫和经济复苏

① PAHO, "Vaccines Administered by the Country," https://ais.paho.org/imm/IM_DosisAdmin-Vacunacion.asp.（上网时间：2021年11月1日）

② "中国疫苗，拉美抗疫的利器"，http://www.news.cn/world/2021-10/08/c_1127937803.htm。（上网时间：2021年11月1日）

③ ECLAC, *Foreign Direct Investment in Latin America and the Caribbean* 2021, pp. 80-85.

需求，出口包括防疫和医疗设备在内的紧缺物资。[①] 继2020年中拉贸易额达到3166亿美元，连续三年超过3000亿美元后，2021年中拉经贸关系再上新台阶。1～8月，中拉贸易额达到2897亿美元，其中，中国向拉美出口1423亿美元，进口1473亿美元，分别增长46.8%、59.5%和36.4%，高于中国对外贸易总额增幅，均创历史新高。在投资方面，拉美作为中国第二大海外投资目的地和第三大承包工程市场，对中国投资继续保持旺盛需求。2020年中国在拉美新增24个基础设施项目，项目总值178亿美元，为该地区创造21万个就业岗位。2021年1～8月，中国对拉直接投资150.9亿美元。[②] 工程承包合作最为亮眼，截至目前，中国企业在拉美累计签署承包工程合同额突破2200亿美元，完成营业额接近1500亿美元。2021年1～5月，中国企业努力克服疫情影响，在拉美新签合同额同比增长52.4%。[③] 值得一提的是，据联合国拉美经委会统计，中国对拉美数字产业投资项目数占对拉投资项目总数24%，资金占比14%，覆盖信息通信、互联网、高端制造等多个领域，数字经济正成为中拉创新合作的"新蓝海"。[④] 中拉经贸合作逆势上扬，成为拉美经济复苏的主要动能。联合国拉美经委会执行秘书巴尔塞纳认为，中国经济形势的改善和进口需求的增长为拉美地区改善外部环境、实现出口复苏提供重要动力。牙买加前总理布鲁斯·戈尔丁认为，中国是拉

① "中拉经贸'半年报'透出双边合作活力与潜力"，http：//world.people.com.cn/n1/2021/0727/c1002－32171698.html。（上网时间：2021年11月1日）

② "中拉合作帮助拉美补齐基础设施短板"，http：//www.gov.cn/xinwen/2021－06/20/content_5619702.html。（上网时间：2021年11月1日）

③ "中拉经贸合作纽带拉得更紧"，https：//m.gmw.cn/2021－08/10/content_1302474822.html。（上网时间：2021年11月1日）

④ ECLAC, *Foreign Direct Investment in Latin America and the Caribbean* 2021, pp. 101－104.

美经济复苏和可持续发展的最大动力。[①]

（二）新时代中拉合作大有可为

中国进入新发展阶段的关键期，拉美作为中国的重要合作伙伴，在构建新发展格局进程中展现出更多、更新的时代价值。即使面临经济全球化遭遇挫折、全球保护主义加剧、疫情冲击蔓延等不利因素，中拉合作仍保持强大的韧性和旺盛生命力，其根本原因在于中拉双方发展理念相同、需求互补、动力强劲。当前，中拉关系进入新的发展阶段，双方应把握前所未有的有利时机，聚焦发展战略对接，创新推动双边关系高质量发展。

一方面，对接需求，谋划发展。中国立足中华民族伟大复兴战略全局和百年未有之大变局、着眼“十四五”规划作出了“双循环”新发展格局的战略部署，拉美也正经历政治生态、经济结构和社会发展的重大变革，双方面临共同的发展机遇和挑战。在此关键节点，中拉应加强发展互鉴，对接发展需求，增进共同利益，谋划设计好未来发展的战略目标和路线图。

另一方面，坚持创新，探索新动能。中拉应以高质量共建“一带一路”为抓手，巩固“数字丝绸之路”和“健康丝绸之路”的已有建设成果，把握后疫情时代涌现的发展新机遇、投资新热点，挖掘中拉在数字经济、绿色经济、公共卫生等领域的合作潜力，尤其要引导企业关注信息基础设施、融合基础设施和创新基础设施等新基建热土，为中拉务实合作提供全新发展动能。

（审定：王鸿刚）

① “‘第二届中国—拉共体高级别学术论坛暨第六届中国—拉美和加勒比智库论坛’会议综述”，https：//www. mfa. gov. cn/zlgtlt/chn/ltdt/t1918524. htm。（上网时间：2021 年 11 月 1 日）

第十六章 大洋洲在变局中进一步分化*

2021年世纪疫情加速百年变局，大洋洲各国内外环境发生深刻变化。为因应形势，地区各国调整内政外交政策，澳大利亚、新西兰与太平洋岛国间的分化愈发明显。

一、疫情加剧地区发展失衡

2021年疫情阴云仍笼罩在大洋洲各国上空。地区发达国家澳大利亚、新西兰乘全球经济持续复苏之“东风”，经济强劲反弹；而本就贫弱的太平洋岛国却因疫情深陷经济社会困境。

（一）澳、新经济触底反弹

受德尔塔变异毒株蔓延影响，澳大利亚新南威尔士州、维多利亚州等经济重镇6月以来日增病例屡创新高，封锁一再延长，澳经济复苏势头遇阻。尽管如此，作为“坐在矿车上的国家”，澳大利亚却因大宗商品价格暴涨赚得盆满钵满。铁矿石价格5月份一度飚至史上最高的233美元/吨，紧随其后的液化天然气、煤炭也因全球资源紧缺潮价格暴涨，资源出口大国澳大利亚2021年贸易顺差势将创纪录。① 经历第二波疫情后，澳国内疫苗接种明显加速，11月份即达到80%的接种率。随着新南威尔士

---

* 本章撰稿人：郭春梅、田京灵、孙畅、李锴。

① Perry Williams and David Rogers, “LNG Exports, Prices Surge to Record Levels as Iron Slumps,” *The Australian*, September 7, 2021.

州、维多利亚州等逐步解封，11 月 1 日重新开放国际边境，澳第四季度经济料将出现强劲反弹。国际货币基金组织（IMF）最新预测，澳 2021 年经济增速将达 3.5%，2022 年增长 4.1%。[①] 2020 年疫情暴发后，澳基准利率三连降，至历史最低点 0.1%。买房成本降低加之政府财政刺激，澳自 2020 年下半年起房价一路高歌猛进。房地产数据分析公司 CoreLogic 数据显示，2021 年前三季度，澳房价上涨 17.8%，为 1989 年以来的最快增速，预计 2021 年全年将上涨 20.3%。[②] IMF 对澳疯涨的房价敲响警钟，呼吁其采取宏观审慎政策给楼市降温。[③] 伴随澳各地陆续解封，长期封锁所压抑的消费和投资需求将进一步释放，加之近期澳商业银行纷纷下调房贷利率，预计未来几个月房价还将持续上涨。住房成本上升叠加全球供应链断裂、能源价格上扬等因素，澳通胀水平持续攀升。据澳统计局数据，澳第三季度消费者价格指数（CPI）同比上升 3%。尽管澳央行仍坚持其货币政策，但通胀升温明显增加了外界对澳提前加息（早于 2024 年）的预期。[④]

新西兰作为防疫措施最为严格的西方国家之一，2021 年初疫情即得到较好控制，经济在疫情清零、对外出口量价齐增的拉动下迅速复苏。尽管 8 月新一轮疫情暴发、最大城市奥克兰被迫"封锁"，一定程度上给新西兰经济蒙上阴影，但因疫情防控得力，其经济增长继续领跑发达国家。IMF 最新预测，2021 年新

---

① *World Economic Outlook*, IMF, October 12, 2021.

② CoreLogic, *Hedonic Home Value Index*, October 1, 2021.

③ Ronald Mizen, "IMF Calls for Crackdown on Growing House Prices," *Australian Financial Review*, September 24, 2021.

④ Michael Janda and Rachel Pupazzoni, "Inflation Climbs on Fuel and Houses, Pushing above the Bottom of Reserve Bank Target Range," https: //www. abc. net. au/news/2021 - 10 - 27/inflation - australia - cpi - abs - september - quarter/100572046. （上网时间：2021 年 10 月 27 日）

西兰 GDP 增长 5.1%，与 2020 年 GDP 萎缩 2.1% 形成鲜明对比，成为 OECD 经济体中为数不多的恢复到疫情前水平的国家。[①] 由于经济快速回升，政府支出显著减少，新西兰财政赤字大幅缩减，2020～2021 财年为 46 亿新元，远低于 5 月份预测的 151 亿新元。[②] 与此同时，高通胀和楼市过热也给新西兰经济带来挑战。2021 年第三季度新西兰 CPI 同比增长 4.9%，创十年来通胀最高涨幅。[③] 据新西兰房地产协会（REINZ）数据显示，新西兰第三季度房价指数（HPI）同比上涨 30.4%，2021 年房价涨幅料将破纪录。[④] 为抑制通胀和过热的楼市，在经济增长快于预期的情况下，新西兰央行于 2021 年 10 月进行疫情后首次加息，利率从疫情初期的历史低点 0.25% 升至 0.5%，[⑤] 新西兰也因此成为继挪威之后全球第二个在新冠肺炎疫情后加息的发达国家。

（二）岛国经济社会困难加大

疫情反复导致太平洋岛国政经压力与社会矛盾持续积聚，稳局难度加大。截至 11 月初，斐济确诊病例已超 5 万，巴新确诊病例超 3 万，两国医疗系统几近瘫痪。其他岛国因地处偏远且从 2020 年初便严锁边境，疫情形势稍缓，但封锁的负面效应也在

---

① *World Economic Outlook*, International Monetary Fund, October 12, 2021.

② The Treasury, "Financial Statements of the Government of New Zealand for the Year Ended 30 June 2021," https://www.treasury.govt.nz/system/files/2021-10/fsgnz-2021.pdf.（上网时间：2021 年 10 月 12 日）

③ New Zealand Stats, "Consumers Price Index (CPI)," https://www.stats.govt.nz/indicators/consumers-price-index-cpi.（上网时间：2021 年 10 月 18 日）

④ The Real Estate Institute of New Zealand, "Monthly Property Report," https://www.reinz.co.nz/Media/Default/Statistic%20Documents/2021/Residential/September/REINZ%20Monthly%20Property%20Report%20-%20September%202021.pdf.（上网时间：2021 年 10 月 14 日）

⑤ "Monetary Stimulus Further Reduced - Official Cash Rate Raised to 0.50 percent," https://www.rbnz.govt.nz/news/2021/10/monetary-stimulus-further-reduced-official-cash-rate-raised-to-050-percent.（上网时间：2021 年 10 月 6 日）

加速显现。岛国支柱产业旅游业在疫情中遭受毁灭性打击，收入锐减，库克群岛、帕劳、萨摩亚的 GDP 分别萎缩 26%、10.8%、9.2%。[①] 边境封锁亦造成劳动力流动停滞、国内就业压力增大，部分依赖海外劳动力输出的岛国经济受到显著影响。亚洲开发银行预测，2021 年岛国 GDP 将整体萎缩 0.6%。在此形势下，岛国纷纷加大政府支出和对外举债，部分岛国赤字创新高。据《经济学人》预估，2021 年巴新财政赤字将占到 GDP 的 10.2%。[②]

疫情之下，部分长期稳定的岛国亦现政局动荡。执政萨摩亚长达 40 年的人权保护党（HRPP）在 2021 年 4 月的大选中与反对党信仰统一党（FAST）势均力敌。经过长达 3 个多月的博弈，萨摩亚最高法庭最终判定 HRPP 败选，在任 23 年的前总理图伊拉埃帕下台；前副总理菲娅梅率新成立的信仰统一党上台执政，成为萨摩亚史上首位女总理。[③]

布干维尔和新喀里多尼亚独立进程仍在持续。2021 年布干维尔自治区政府与巴新中央政府开展了多次磋商，双方在联合声明中表示将“不早于 2025 年、不迟于 2027 年确定政治解决方案”。[④] 尽管如此，巴新总理马拉佩仍视布干维尔独立为巴新“最大挑战”，双方围绕“布干维尔独立是否需要全国磋商”也

---

① *GDP Growth in Asia and the Pacific*, *Asian Development Outlook*, Asian Development Bank, September 2021.

② *Papua New Guinea Country Report*, Economist Intelligence Unit, October 18, 2021.

③ Lagipoiva Cherelle Jackson and Kate Lyons, “Samoa’s Political Crisis Ends and First Female Prime Minister Installed after Court Ruling,” *The Guardian*, July 23, 2021.

④ “Joint Statement on the Second Joint Inter – Government Consultations,” https://www.abg.gov.pg/index.php/news/read/joint – statement – on – the – second – joint – inter – government – consultations – wabag – en.（上网时间：2021 年 7 月 7 日）

有分歧。[1] 根据《努美阿协议》，（法属）新喀里多尼亚（新喀）将在2022年前举行3次独立公投，决定是否脱离法国，而2018年、2020年的2次公投均以“留在法国”告终。在2021年选举中新喀独立派首次占优，一定程度改变了力量平衡，经与效忠派、法国政府再次谈判，拟于2021年12月举行第三次公投，但9月疫情加剧给公投能否如期举行带来不确定性。[2]

二、地区主义出现裂痕

在全球化遭遇逆流、地区主义纷纷回归的当下，大洋洲地区合作却因国家间历史文化、发展程度、利益诉求差异过大遭受严峻考验。

（一）太平洋岛国论坛遭遇“退群”危机

太平洋岛国论坛（PIF）成立于1971年，为大洋洲主要地区组织，成员覆盖澳大利亚、新西兰以及密克罗尼西亚、美拉尼西亚、波利尼西亚三大岛群的16个岛国和地区。2021年因论坛秘书长人选分歧，PIF遭遇半个世纪以来最大挑战。2021年2月，波利尼西亚岛群提名的前库克群岛领导人亨利·普纳以1票的微弱优势击败密克罗尼西亚岛群提名的马绍尔群岛候选人扎基奥斯，当选PIF新一届秘书长。根据非正式的轮值协议，此次秘书长人选应在密克罗西亚国家中产生。瑙鲁总统安吉米亚表示，

① “PNG Consultations over Bougainville Independence out of Order - Miriki,” https://www.rnz.co.nz/international/pacific-news/451137/png-consultations-over-bougainville-independence-out-of-order-miriki.（上网时间：2021年9月9日）

② “New Caledonia Politicians Warn against Changing Referendum Date,” https://www.rnz.co.nz/international/pacific-news/455220/new-caledonia-politicians-warn-against-changing-referendum-date.（上网时间：2021年11月8日）

PIF“完全无视”密克罗尼西亚国家的权利，已明显“背离初衷”。[①] 在投票结果公示后，密克罗尼西亚五国（密克罗尼西亚联邦、帕劳、马绍尔群岛、基里巴斯和瑙鲁）联合宣布退出PIF，并将于一年后正式生效。在8月举行的年度太平洋岛国论坛领导人会议上，除瑙鲁总统安吉米亚外，其余密克罗尼西亚四国领导人也未与会。[②] 随着正式退出时间临近，密克罗尼西亚五国迄今仍未有和解与妥协的迹象。

团结是太平洋岛国力量之源。PIF成立50年来，之所以能在气候变化、核不扩散、渔业管理和区域安全等领域取得显著成就，很大程度上有赖于其“内部协商一致，对外集体发声”的“太平洋方式”。密克罗尼西亚国家虽然只占地区总人口的3%，但却有论坛近1/3的成员。若五国“集体退群”，PIF将不再有赤道以北的任何国家，区域代表性也将随之大幅下降，恐将大大影响其国际影响力。[③]

（二）气候变化、无核化议题引发对立

海拔低、四面环海的太平洋岛国是全球受气候变化影响最大的地区之一，也是在国际舞台就气候治理发声最为积极的群体之一。但在大洋洲国家内部，由于国家规模、发展阶段和资源禀赋不同，岛国与地区大国澳大利亚围绕气候变化的分歧不断，澳大

① “Micronesian Nations to Quit Pacific's Peak Regional Body, Leaving it in Disarray,” https://www.abc.net.au/news/2021-02-09/five-micronesian-nations-set-to-quit-pacific-islands-forum/13133600.（上网时间：2021年2月10日）

② “Maritime Boundaries and Covid in the Pacific Forum Spotlight,” https://www.rnz.co.nz/international/pacific-news/448798/maritime-boundaries-and-covid-in-the-pacific-forum-spotlight.（上网时间：2021年8月16日）

③ “Pacific Islands Forum in Crisis as One Third Members Quit,” *The Guardian*, February 9, 2021.

利亚也因其“不作为”“慢作为”，而被岛国称为“坏邻居”。[①] 2021年对岛国来说是“关键的一年”，PIF秘书长普纳明确表示，格拉斯哥气候峰会（COP26）可能为应对气候变化的“最后机会”和“转折点”。[②] 峰会前，岛国即通过各种平台强调气候变化形势已迫在眉睫，“新冠肺炎疫情也不能拖延全球气候行动”；敦促全球主要排放国采取更有力行动，固定“1.5℃目标”，作出2050年净零排放承诺；并将其通过的《关于气候变化引起海平面上升情况下保护海区的宣言》提交联合国大会和COP26。邻国新西兰对岛国的气候关切予以一如既往的支持，除已有的净零排放承诺外，格拉斯哥峰会前夕，新西兰又宣布了最新的国家自主贡献（NDC），即到2030年净排放量将比2005年的总水平减少50%。新西兰总理阿德恩表示，“气候变化是政府的首要任务……增加国家自主贡献是确保新西兰尽其所能帮助应对全球气候变化的一大步”。[③] 与之形成鲜明对比的是，澳大利亚直至最后一刻才作出2050年净零排放的承诺，且仍维持其2015年提出的2030年减排目标。[④] 在澳大利亚看来，减排依旧与“气候危机”无关，更多是出于发展本国新能源、新产业的考虑；其“技术而非税收”“不关闭煤炭或天然气生产的前提下

① “‘Bad Neighbours’: Australia at Risk of Becoming ‘Global Pariah’,” https://pina.com.fj/2021/08/12/bad-neighbours-australia-at-risk-of-becoming-global-pariah/.（上网时间：2021年11月5日）

② Henry Puna, “We Can Turn This around, If We Act Now,” https://www.forumsec.org/2021/08/10/sgipcc0821/.（上网时间：2021年8月16日）

③ “Govt Increases Contribution to Global Climate Target,” https://www.beehive.govt.nz/release/govt-increases-contribution-global-climate-target.（上网时间：2021年11月8日）

④ “Australia's Plan to Reach Our Net Zero Target by 2050,” https://www.minister.industry.gov.au/ministers/taylor/media-releases/australias-plan-reach-our-net-zero-target-2050.（上网时间：2021年11月5日）

减排”的路径也饱受诟病。

2021 年岛国与澳大利亚围绕无核化问题的分歧愈发凸显。太平洋岛国作为历史上美、英、法等国的核试验场，迄今仍“谈核色变”，几十年来持续对核污染遗留问题表示强烈关切，曾发起建立南太平洋无核区，抵制区域内任何可能的核污染。2021 年 4 月，日本宣布将福岛核电站核废水排入太平洋的计划后，太平洋岛国论坛第一时间表示抗议，谴责日本未采取足够措施解决核污染对岛国人民健康、环境以及经济发展的威胁，呼吁日本推迟该决定。① 马绍尔群岛、密克罗尼西亚联邦等更直指日本只考虑本国利益，无视“蓝色太平洋”国家安危。② 但“太平洋大家庭”成员、地区最大国家澳大利亚出于政治需要，在此问题上却采取了“高高挂起”的态度，引发地区国家不满。③ 就在岛国仍在忧心日本核废水问题之际，澳大利亚又突然宣布将在美英帮助下发展自己的核动力潜艇，堂而皇之违背南太无核区的承诺。邻国新西兰第一时间“划清界限”，强调新西兰禁止核动力潜艇进入该国水域的立场不会改变。④ 基里巴斯总统马茂等岛国政要则直接向澳提出抗议，指责澳无视岛国的“痛苦记忆”，

---

① “Statement by Dame Meg Taylor, Secretary General of the Pacific Islands Forum, Regarding the Japan Decision to Release ALPS Treated Water into the Pacific Ocean,” https: //www. forumsec. org/2021/04/13/statement – by – dame – meg – taylor – secretary – general – of – the – pacific – islands – forum – regarding – the – japan – decision – to – release – alps – treated – water – into – the – pacific – ocean/. （上网时间：2021 年 4 月 14 日）

② “Pacific Islanders, UN Experts Urge Japan to Halt Fukushima Nuclear Discharge,” https: //theyappie. com/pacific – islanders – un – experts – urge – japan – to – halt – fukushima – nuclear – discharge/. （上网时间：2021 年 5 月 9 日）

③ “Australian Government Quiet over Japan’s Nuclear Waste Condemnation,” https: //independentaustralia. net/politics/politics – display/australian – government – quiet – over – japans – nuclear – waste – condemnation, 15015. （上网时间：2021 年 4 月 24 日）

④ Tess McClure, “AUKUS Submarines Banned from New Zealand as Pact Exposes Divide with Western Allies,” *The Guardian*, September 16, 2021.

“不尊重”岛国，将令整个地区面临风险。①

三、大国竞争环境下各显本色

随着地缘政治博弈加剧，大洋洲国家长期坚持的“战略模糊”已难以为继。在大国竞相争夺下，大洋洲各国纷纷显出自己的“战略本色”。

（一）澳大利亚绑定美国战车

2021 年在拜登政府重塑盟友关系、重回“多边主义”的政策鼓舞下，澳大利亚作为美最忠诚盟友，与美互动更趋紧密、深入。

在安全上，澳大利亚甘做美前沿基地、军事大后方，积极为美在澳军事存在提供便利。澳大利亚视美国在澳本土更大规模、更经常的军事存在为澳“威慑可能对手的最好、最直接的选择”，② 力邀美军在澳本土开展更多训练和演习。除既定港口、空军基地建设外，澳大利亚未来五年还将投入 7.47 亿澳元升级北领地的四个关键军事训练区，以确保美国等盟友伙伴可在澳本土开展“世界级”的联合训练。③ 为配合美“印太战略”部署，继与美联合研制高超音速导弹之后，2021 年 9 月澳又获美国核潜艇技术“加持”，远程攻击能力将进一步增强。在地区层面，

① Stan Grant, “Kiribati President Says AUKUS Nuclear Submarine Deal Puts Pacific at Risk,” https://www.abc.net.au/news/2021-09-28/kiribati-president-criticises-australia-defence-submarine-deal/100495894.（上网时间：2021 年 9 月 28 日）

② Ben Packham, “US Forces Give Nod to Closer Ties,” *The Australian*, July 21, 2021.

③ “Major Investment in Northern Territory Defence Bases,” https://www.pm.gov.au/media/major-investment-northern-territory-defence-bases.（上网时间：2021 年 4 月 28 日）

澳大利亚则力推以美、日、印、澳四边安全机制（QUAD）为核心的防务合作，公开欢迎日本加入“五眼联盟”，邀请印度加入2023年在澳举行的“护身军刀”演习等，以增强军事协同，共同助美维霸。[①]

在经济上，澳大利亚积极跟随美国构建排华产业链、供应链。在2021年3月首次（QUAD）峰会上，四国商定将设立疫苗生产工作组、关键与新兴技术工作组、气候变化工作组，[②] 旨在从更广领域构建“摆脱中国依赖”的产业链、供应链与创新链。澳则寄望于依托自身资源优势，在关键矿产领域发挥独一无二的作用。与此同时，在与最大贸易伙伴中国的经贸关系受挫、盟友美国急切重构对华产业链的背景下，澳还力推所谓“中国+”战略，加速推进贸易多样化，以实现“中国替代”。[③]

在政治上，拜登政府上台后，澳大利亚莫里森政府“投其所好”，明显加大以意识形态划线的力度，积极充当美反华马前卒。如，莫里森盛赞（QUAD）首次峰会为四个“伟大的自由民主国家”齐聚一堂，是“印太地区的‘新曙光’”；宣称G7已经成为“打造‘志同道合的自由民主国家联盟’的不可或缺的力量”。[④] 2021年9月，值美澳结盟70周年之际，澳大利亚与美国又迈出“历史性的一步”，宣布与英国共同缔结新的三边安全

---

① Ben Packham, “Push to Recruit India for Aussie Wargames,” *The Australian*, August 2, 2021.

② “Quad Summit Fact Sheet,” https://www.pm.gov.au/sites/default/files/files/quad-summit-fact%20Sheet.pdf.（上网时间：2021年3月12日）

③ Jacob Greber, “Frydenberg Pushes Business to Adopt ‘China-plus’ Plan,” *Australian Financial Review*, September 6, 2021.

④ Geoff Chambers, “Allies Rally to PM’s Call on China,” *The Australian*, June 14, 2021.

联盟（AUKUS）。[①] 美澳两国首脑峰会、外长与防长的“2＋2”对话等也“跨越疫情障碍”如期在美举行。在涉疫情、涉港、涉疆、涉台、南海等敏感议题上，澳大利亚则全力附和美国，渲染“中国威胁”，肆意抹黑中国形象。

（二）新西兰继续摸索战略自主

随着美国“拉帮结派”、构筑“排华小圈子”的动作持续升级，新西兰外交空间不断受到挤压。面对传统伙伴的诱压甚至敲打，新西兰对外不但没有“一边倒”，反而愈发显现出其平衡务实、独立自主的外交特色。[②]

新西兰尽管在西方所谓的民主、人权等议题上也有自己的关切，但更希望独立、理性地发声。在新冠肺炎病毒溯源问题上，美澳欧日等国联合对华施压，新西兰则选择“完全支持”世卫组织领导的新冠肺炎病毒溯源调查，强调“溯源方法必须以证据为基础，以科学为依据”，反对将疫情政治化。面对邻国澳大利亚对中澳关系交恶、中新关系反而向好的不满，新西兰总理阿德恩一方面重申澳大利亚是新西兰“非常亲密的朋友”，跨塔斯曼海的关系“非常牢固”，[③] 另一方面也冷静地指出“每个国家都有自己独立的看法”，中澳紧张局势“不会改变新西兰的行为

---

① “Joint Leaders Statement on AUKUS,” https://www.pm.gov.au/media/joint-leaders-statement-aukus.（上网时间：2021年9月16日）

② 田京灵：“变局之下，新西兰坚守着‘独立外交’传统”，http://www.china.com.cn/opinion2020/2021-06/25/content_77586314.shtml。（上网时间：2021年9月16日）

③ “Joint Statement: Prime Ministers Jacinda Ardern and Scott Morrison,” https://www.pm.gov.au/media/joint-statement-prime-ministers-jacinda-ardern-and-scott-morrison.（上网时间：2021年11月9日）

方式”。[①] 针对“五眼联盟”近年频频插手军事外交事务，新西兰外长马胡塔强调，新西兰非常珍视拥有共同价值取向的“五眼盟友”[②]，但也毫不掩饰对“五眼联盟”将触角伸到情报合作之外的“不适”，甚至一度引发外界“‘五眼’变‘四眼’”猜测。[③] 对于美英联合武装澳大利亚核潜艇一事，阿德恩对外表态“欢迎英美加强在该地区的活动”，同时不忘重申新西兰无核区禁令的原则，强调“未来澳核潜艇必须远离新西兰水域”。[④]

在保护主义、封闭式小圈子盛行的当下，新西兰继续本着开放、务实的态度有条不紊地推动着贸易自由化。2021 年新西兰先后与中国签署了自贸协定升级议定书、与英国达成了自贸协定，并正式批准了《区域全面经济伙伴关系协定》（RCEP）。对于包括中国在内的许多国家有意加入《全面与进步跨太平洋伙伴关系协定》问题，新西兰也持开放态度，反对将其与政治挂钩，强调“欢迎任何愿意满足这些标准的国家加入”。[⑤] 作为 2021 年亚太经合组织（APEC）的主席国，新西兰以 APEC 系列

---

① “Jacinda Ardern Says China Should be Allowed to Join 11 – Nation Trading Pact,” https：//www. theaustralian. com. au/world/jacinda – ardern – says – china – should – be – allowed – to – join – 11nation – trading – pact/news – story/84ed37e5e929f75648ae920de6d48fca.（上网时间：2021 年 11 月 9 日）

② “New Zealand Criticized for ‘Five Eyes’ Alliance Stance on China,” https：//www. voanews. com/a/east – asia – pacific_new – zealand – criticized – five – eyes – alliance – stance – china/6205205. html.（上网时间：2021 年 4 月 30 日）

③ “New Zealand ‘Uncomfortable’ with Expanding Five Eyes’ Remit, Says Foreign Minister,” https：//www. theguardian. com/world/2021/apr/19/new – zealand – uncomfortable – with – expanding – five – eyes – remit – says – foreign – minister.（上网时间：2021 年 4 月 20 日）

④ “NZ Says Australia’s New Nuclear Submarines must Stay out of Its Waters,” https：//www. reuters. com/world/china/nz – says – australias – new – nuclear – submarines – must – stay – out – its – waters – 2021 – 09 – 16/.（上网时间：2021 年 9 月 17 日）

⑤ “Jacinda Ardern Says China Should be Allowed to Join 11 – Nation Trading Pact,” *The Australian*, November 8, 2021.

会议为契机力推成员国携手应对疫情、复苏经济，在新冠疫苗的全球可及性、应对气候变化等议题上达成系列成果，[①] 充分展现了小国的“大作为”。

（三）岛国“广交友，不树敌”

疫情之下，地缘政治格局加速演变，在南太平洋地区大国博弈也日益加剧。2021 年初以来，美、澳、新、欧、日等域内外大国纷纷以抗疫援助、经济支持等为抓手展开对岛国的外交争夺。作为南太地区最大援助国的澳大利亚承诺将确保 2022 年疫苗在岛国“全覆盖”，[②] 并通过开展疫苗认证推进岛国劳工入澳，以更好支持岛国经济复苏。日本借第九届“日本—太平洋岛国领导人会议”（PALM9）之机，宣布了“太平洋纽带政策”，未来三年将聚焦与岛国在疫情应对与复苏、气候变化与灾后复原、人文交流等五大方面的合作。[③] 拜登在纪念太平洋岛国论坛成立 50 周年的领导人视频峰会上致辞，成为首位在该论坛会议上发表讲话的美国总统。拜登强调美国对太平洋岛国的支持，承诺将在应对气候危机上发挥带头作用。[④] 与此同时，视岛国为其“后院”的澳大利亚也加紧与美国联手，排挤中国在南太的存在。如，以停止对巴新的基建援助为要挟阻挠中国疫苗进入巴新；加

① “Prime Minister Jacinda Ardern to Chair APEC Economic Leader’s Meeting,” https: //apec2021nz. org/media/prime – minister – to – chair – apec – leaders – meeting. （上网时间：2021 年 11 月 8 日）

② “Australia Commits 20 Million Doses to G7 Vaccine Initiative,” https: //www. pm. gov. au/media/australia – commits – 20 – million – doses – g7 – vaccine – initiative. （上网时间：2021 年 6 月 11 日）

③ “Joint Action Plan for Strengthening Pacific Bonds and for Mutual Prosperity,” https: //www. mofa. go. jp/mofaj/files/100208113. pdf. （上网时间：2021 年 7 月 20 日）

④ “President Joe Biden Promises Pacific Islands Forum US will ‘dramatically’ Cut Emissions,” https: //www. abc. net. au/news/2021 – 08 – 06/joe – biden – pacific – islands – forum – emissions – cuts – cliamte – change/100357094. （上网时间：2021 年 8 月 8 日）

紧推进在岛国的基建投资计划，抗衡“一带一路”倡议；以地区安全为由，阻止中资竞标世界银行牵头的东密克罗尼西亚电缆项目，鼓动并资助澳电信公司 Telstra 与中资竞购跨国电信公司 Digicel 在岛国的电信资产等。[①]

处于大国争夺漩涡的太平洋岛国也清醒地意识到当今世界的“动荡不安”，力求在大国拉拢中谨慎平衡，以实现利益最大化。在疫情应对上，岛国通过不同渠道“欢迎”各国疫苗，“感激”各方援助；[②] 在其视为地区最大安全挑战的气候变化问题上，岛国则对各主要国家更大的减排承诺公开称赞，并呼吁中、美、澳、新等国在 COP26 上发挥更积极的作用。斐济总理姆拜尼马拉马曾一语道破岛国“广交友，不树敌”的“智慧”。他表示，在“气候危机失控、新冠肺炎疫情肆虐、社会经济危机日益恶化”所构成的“完美风暴”中，“称职的船长知道如何规划航向，而卓越的船长知道如何读懂风向、适应暴风雨中的海洋”。[③]

四、对华关系“温差”明显

在美国全方位、成体系打压中国的全球战略牵引与鼓动下，大洋洲地区对华态度出现明显分化。澳大利亚成为地区乃至全球倚美制华的“旗手”，新西兰在理性务实的外交战略指引下对华

---

① “Telstra’s Pacific Step – Up,” https://www.australianforeignaffairs.com/afaweekly/telstras – pacific – step – up.（上网时间：2021 年 7 月 21 日）

② “Dialogue, Consensus, Solidarity – Tuvalu PM Natano Reflects on Highlights as Forum Chair at 51st Opening,” https://www.forumsec.org/2021/08/06/fcfinalforum51/.（上网时间：2021 年 11 月 5 日）

③ “2050 Strategy for Our Blue Pacific Continent Will be Our North Star,” https://www.forumsec.org/2021/07/30/remarks – by – the – secretary – general – of – the – pif – at – the – forum – dialogue – partners – briefing/.（上网时间：2021 年 8 月 16 日）

关系取得新进展，岛国与中国则“患难见真情”。

（一）澳大利亚甘当反华“急先锋”

在中美博弈持续加剧、澳国内保守势力当道的背景下，莫里森政府选择对美“一边倒”，涉华议题被普遍政治化、安全化，中澳关系“跌跌不休”。

一是抹黑中国“政治干预”，阻挠中澳正常往来。继“反外国干预法”之后，2020 年底，澳又火速推出了“对外关系法”，赋予澳联邦政府对州、领地和地方政府以及高校与外国达成协议的否决权。[①] 该法自酝酿之日起就被视为为中国“量身打造”。2021 年 4 月，澳外长佩恩不出意外地撕毁了维多利亚州政府与中国国家发改委签署的两项“一带一路”合作协议。[②] 中国民企岚桥集团与北领地政府签署的达尔文港租赁协议也因该法岌岌可危，两国高校交流、孔子学院等亦面临更大不确定性。[③]

二是炒作中国“经济胁迫”，煽动他国“撑腰”。2020 年以来，澳在国际舞台频频扮作遭受中国“经济霸凌”的“受害者”。面对中国对澳输华商品采取的正当贸易措施，澳不但不反省自身，反而在高呼中国“以大欺小”“经济胁迫”，在博取国际社会同情的同时，[④] 就中国对澳大麦、红酒加征关税向 WTO

① “Commencement of the Foreign Arrangements Scheme,” https：//www. dfat. gov. au/news/media – release/commencement – foreign – arrangements – scheme.（上网时间：2020 年 12 月 10 日）

② “Decisions under Australia’s Foreign Arrangements Scheme,” https：//www. foreignminister. gov. au/minister/marise – payne/media – release/decisions – under – australias – foreign – arrangements – scheme.（上网时间：2021 年 4 月 21 日）

③ “China’s Grip on Darwin Port Looks Shaky as Australia Grapples with Regional Security Changes,” https：//www. abc. net. au/news/2021 – 05 – 04/port – of – darwin – chinese – lease – us – army – peter – dutton/100112788.（上网时间：2021 年 5 月 4 日）

④ Geoff Chambers, “Allies Rally to PM’s Call on China,” *The Australian*, June 14, 2021.

提起申诉，以彰显澳“坚决不会妥协自己的价值观”。澳种种“卖惨”伎俩，旨在“炒作”而不是“解决问题”，也如愿得到了盟友美国的“力挺”，美方宣称“不会让亲密盟友独自面对中国的经济胁迫”，[①] 但澳在中国丢失的市场恰恰正被美企迅速填补。[②]

三是鼓吹中国“安全威胁”，全方位反华、遏华。疫情期间，澳大利亚进行了近半个世纪以来最大的外资法改革，以国家安全之名大力收紧外资审查。[③] 修正案通过不久，澳国库部长弗莱登伯格就以国家安全为由否决了中国建筑集团以 3 亿澳元收购总部位于澳大利亚的南非建筑公司 Probuild。[④] 在网络安全议题上，澳大利亚无视其盟友美国才是全球最大的网络攻击来源国的事实，屡屡附和美国污蔑中国搞“网络窃密”。[⑤] 在南海、东海等地区敏感议题上，澳大利亚则对美国亦步亦趋，更就台海问题

---

① Andrew Tillett, Matthew Cranston and Michael Smith, “National Interest Comes First in Business with China, Says Frydenberg,” *Australian Financial Review*, July 7, 2021.

② Su - Lin Tan, “US Exports to China Grow at ‘Expense’ of Australia after Beijing's Trade Ban,” https://www.scmp.com/economy/global - economy/article/3133952/us - exports - china - grow - expense - australia - after - beijings - trade.（上网时间：2021 年 5 月 19 日）

③ “Major Reforms to Australia's Foreign Investment Framework Pass the Parliament,” https://ministers.treasury.gov.au/ministers/josh - frydenberg - 2018/media - releases/major - reforms - australias - foreign - investment - 0.（上网时间：2020 年 12 月 9 日）

④ “Chinese Company Withdraws Bid for Australian Builder after Government Flags Risk,” https://www.abc.net.au/news/2021 - 01 - 12/chinese - company - withdraws - bid - for - australian - builder - probuild/13050908.（上网时间：2021 年 1 月 12 日）

⑤ “Australia Joins International Partners in Attribution of Malicious Cyber Activity to China,” https://www.foreignminister.gov.au/minister/marise - payne/media - release/australia - joins - international - partners - attribution - malicious - cyber - activity - china.（上网时间：2021 年 7 月 19 日）

发表不负责任的“战鼓论”，声称“澳军要做好战斗准备”。[①] 在被其视为“势力范围”的南太地区，澳大利亚则是竭力排挤中国存在，敲打邻国新西兰，促其疏远中国；[②] 拉美、日、法等联合围堵“一带一路”；罔顾岛国人民的生命安全，横加阻挠中国与巴新等国的疫苗合作。[③]

（二）新西兰谋建“成熟”对华关系

2021 年新西兰对华交往亮点颇多，中新双方对双边关系都有较高评价和更“成熟”的认识。在 11 月 5 日中国国家主席习近平同新西兰总理阿德恩的通话中，双方高度评价中新全面战略合作伙伴关系。习近平主席表示，“中新双方共同努力，跨越政治、历史、文化差异，两国合作创造了多项‘第一’”。阿德恩总理也认为，“新中关系是最重要的双边关系之一，双方合作广泛深入、互补互惠”。[④]

疫情之下，中新经贸合作仍保持高位运行，双方合作潜力不断释放、韧性不断增强。自 2008 年双边自贸协定生效以来，两国贸易年均增长 12.5%，2021 年前 7 个月，双边贸易同比增长

---

① “Home Affairs Secretary Mike Pezzullo Warns Drums of War are Beating in a Message to Staff,” https://www.abc.net.au/news/2021-04-26/mike-pezzullo-home-affairs-war-defence-force/100096418.（上网时间：2021 年 4 月 26 日）

② “Arden and Morrison face Tough Questions over Trans-Tasman Relationship and China,” https://www.rnz.co.nz/news/political/443708/ardern-and-morrison-face-tough-questions-over-trans-tasman-relationship-and-china.（上网时间：2021 年 5 月 31 日）

③ Will Glasgow, “Australia Rescues Pacific in Jabs Plan,” *The Australian*, July 7, 2021.

④ 外交部：“习近平同新西兰总理阿德恩通电话”，https://www.fmprc.gov.cn/web/zyxw/t1918785.shtml。（上网时间：2021 年 11 月 6 日）

40.7%。[①] 年初，双方正式签署中新双边自贸协定升级议定书，大幅提高贸易互惠，还新增了电商、政府采购、竞争政策、环境与贸易等领域，有望在《区域全面经济伙伴关系协定》基础上进一步挖掘经贸合作潜力，深化各领域务实合作，推动国家经济复苏和发展。

面对美西方联合遏华之势，新西兰在坚持其“价值观”和“独立外交”的同时，亦寻求与中国建立更加“成熟”的双边关系。2021 年 4 月，马胡塔在对华政策讲话中，将中国与新西兰比作“龙与塔尼瓦（毛利神话中的水中猛兽）”，以此象征双方特殊的传统习俗和价值观，并主张“这些习俗和价值观必然会有不同之处，但都应予以维护和尊重”。[②] 6 月 22 日，在与中国国务委员、外交部长王毅的视频会晤中，马胡塔进一步提出，中新有很多共同点，应“在有共识的领域加深合作、在有分歧的领域加强沟通”[③]。阿德恩总理也曾坦言，基于不同国情，中国与新西兰在一些问题上“没有、不能也不会达成一致”，但两国关系不能“以分歧来定义”。[④] 中国和新西兰在世界大变局中务实稳步推进双边关系，充分向世界证明：“两个有能力的政府，

---

① 中国驻新西兰大使馆：“吴玺大使出席第 31 届中国—新西兰经贸联委会并致辞”，http：//nz. china - embassy. org/chn/zxgx/202109/t20210930_9574188. htm。（上网时间：2021 年 9 月 30 日）

② “He Taniwha He Tipua, He Tipua He Taniwha – The Dragon and the Taniwha,” https：//www. beehive. govt. nz/speech/% E2% 80% 9Che – taniwha – he – tipua – he – tipua – he – taniwha – dragon – and – taniwha% E2% 80% 9D.（上网时间：2021 年 11 月 5 日）

③ 外交部：“王毅同新西兰外长马胡塔举行视频会晤”，https：//www. fmprc. gov. cn/web/wjbzhd/t1885798. shtml。（上网时间：2021 年 11 月 1 日）

④ Rt Hon Jacinda Ardern, “Speech to China Business Summit,” https：//www. beehive. govt. nz/speech/speech – china – business – summit.（上网时间：2021 年 5 月 3 日）

完全可以摆脱意识形态和哗众取宠，为相互利益共同努力”。[①]

（三）岛国与中国“共克时艰”

疫情之下，2021 年中国与太平洋岛国通力合作、共克时艰，全面战略伙伴关系持续走向深入。

一是加强政治往来，深化政策沟通。双方高度重视高层引领作用，2021 年习近平主席同巴新、斐济、汤加、所罗门群岛等多国领导人通话，就抗疫、减贫、发展合作等进行深入交流。为持续增进相互了解和互信，双方举行首次外长会，并建立了中国—太平洋岛国外长定期会晤机制。双方还举行了中国—太平洋岛国政党对话会，以加强治国理政经验交流。[②] 在中国共产党成立 100 周年之际，太平洋岛国予以热烈祝贺，并高度评价中国共产党领导中国人民在发展建设中所取得的伟大成就。[③] 岛国还重申坚定奉行一个中国原则，在国际关系中坚持不干涉内政原则。

二是推动务实合作，助力经济复苏。太平洋岛国多为脆弱的低收入发展中国家，疫情更加重了其经济困难。为帮助岛国加快复苏，双方将举办中国—太平洋岛国渔业合作发展论坛，并将成立中国—太平洋岛国减贫与发展合作中心。岛国还积极响应并支持习近平主席提出的“全球发展倡议”，希望继续在“一带一路”框架内精诚合作，并有志于将“蓝色太平洋 2050 战略”与中方倡议对接，以发挥发展合力，尽快实现自主可持续发展。

---

① Sarah Zheng, “Five Eyes: Why New Zealand Wants to Go Its Own, Quieter Way on China,” https://www.scmp.com/news/china/dipomacy/article/3134923/five-eyes-why-new-zealand-wants-go-its-own-quieter-way-china.（上网时间：2021 年 6 月 3 日）

② “中国—太平洋岛国政党对话会举行”，http://www.xinhuanet.com/world/2021-05/28/c_1127505737.htm。（上网时间：2021 年 6 月 1 日）

③ 外交部：“王毅同巴布亚新几内亚外交与国际贸易部长埃奥举行会谈”，https://www.fmprc.gov.cn/web/wjbzhd/t1881073.shtml。（上网时间：2021 年 6 月 5 日）

三是深化抗疫合作，共建卫生健康共同体。为助力岛国防控疫情，中方在积极提供医疗物资、疫苗和资金的基础上，2021年外长会期间又宣布将为中国—太平洋岛国抗疫合作基金追加注资，并建立中国—太平洋岛国应急物资储备库，以帮助岛国及时快速应对各种应急灾害。[①]

四是加强沟通协作，携手应对全球性挑战。中方“急岛国之所急”，宣布成立中国—太平洋岛国应对气候变化合作中心，以支持岛国最为关切的气候变化议题。中方还公开呼吁日本审慎处理核污染水排海问题，并谴责美英澳核潜艇合作带来的核扩散风险，在维护海洋环境保护和南太平洋无核区议题上，坚定同岛国站在一起。[②]

（审定：胡继平）

① 外交部：“中国—太平洋岛国外长会联合声明”，https：//www. fmprc. gov. cn/web/ziliao_674904/1179_674909/t1915961. shtml。（上网时间：2021年10月21日）

② 外交部：“王毅主持首次中国—太平洋岛国外长会”，https：//www. fmprc. gov. cn/web/wjbzhd/t1915820. shtml。（上网时间：2021年10月22日）

第四篇
国际安全与全球治理

第十七章　大国竞争加剧国际安全风险*

2021 年，美国着眼大国冲突运筹军事布局，借助盟友体系维护军事优势，追求在“灰色地带”的主动地位，其他大国因时而变、各显手段，大国军事竞争更趋激烈，国际军备竞赛显著升温，摩擦冲突风险有所增加。在非传统安全领域，多种风险跨域叠加共振，但片面强调竞争的国际政治气氛在很大程度上严重阻碍国际治理合作，进一步放大非传统安全隐患。

一、大国摩擦冲突风险上升

总体上看，大国之间爆发大规模冲突的可能性仍然很低。然而，由于主要大国尤其是美国把应对大国冲突作为军力建设和军事战略的重点，大国低烈度对抗的风险进一步上升，直接冲突的风险也不容忽视。长远而言，新兴战略力量发展可能弱化全球战略稳定，大国危机管控面临更多挑战。

（一）大国军事摩擦对抗的可能性增大

近年来，“灰色地带”表述日益成为美指责他国的话语工具，并成为美国维护霸权、打压对手的主要行动样式。灰色地带一词最早出现在 2010 年美《四年防务评估报告》中，2018 年，美《国防战略》对“灰色地带”行动作了进一步定义。2021 年

---

* 本章撰稿人：刘冲、陈庆鸿、郭晓兵、邓门佳、巩小豪。

美参院通过的《创新与竞争法》草案提出，要阻止其他大国在武装冲突程度以下使用灰色地带战术。随着大国竞争日益激化，“灰色地带”行动被不少国家视为“在战争门槛下的一种审慎竞争策略”，试图起到压缩竞争成本、规避武装冲突及创造利己国际环境的目的，这增加了大国低烈度对抗的可能性，互不退让、擦枪走火的风险进一步上升。

在南海，由于中国和东盟国家的共同努力，局势总体稳定。但一些域外国家频频派遣军机军舰，打着“航行自由”的名义加强在南海的军事行动，成为搅动南海局势的祸源。尤其值得警惕的是，除鼓噪把南海的所谓“航行自由”常态化外，部分美国政客和军事专家已开始研究在南海进行所谓“灰色战事”的可行性。美国传统基金会研究员布伦特·桑德尔透露，美国军事研究机构正在研究所谓“南海灰色战事”选项。桑德尔解释宣称：“美国应该为这些在‘灰色海域’行动的舰队指挥官提供更多的选项和办法，多采取非致命性的手段，并开展如何对抗南海海域中国海警与民兵的训练。”① 桑德尔表示，强化美国海军的电磁武器是一种潜在选择，因为它们可以瞄向对方的船舶，导致对方船员在短时间内失明或者失去行动能力，但不会造成永久性的伤害。美国加强所谓“自由航行”行动，谋划“灰色战事”策略，实质是美国在南海相对实力优势日益削弱情况下的冒进选择，反映了其对中国军事力量发展的焦虑感。但美方的危险政策和行动，无疑将加剧地区冲突与对抗的风险。美国核潜艇 10 月在南海撞山，从侧面凸显了频繁开展“灰色地带”行动的危

---

① Justin Katz, “After South China Sea Incidents, US Needs ‘Sustained’ Pacific Presence, Lawmaker Says,” https://breakingdefense.com/2021/09/after-south-china-sea-incidents-us-needs-sustained-pacific-presence-lawmaker-says/.（上网时间：2021 年 11 月 6 日）

险性。

印度也高度重视“灰色地带”行动。不仅有组织地通过假新闻网络误导国际舆论，还在中印边境整军备战，不断扩充“灰色地带”工具箱，为中印边境危机管控注入新风险。一是加快推进边境地区基建工作。10 月 14 日，《印度时报》报道称，印度边境道路组织（BRO）当日对中印边境所谓的“阿鲁纳恰尔邦”（即中国藏南地区）的一条隧道进行了“突破性”爆破，这将帮助印度快速移动军队，有着重大“战略意义”。① 香港《南华早报》此前一篇报道亦提到，印度甚至在当地村庄民居附近增加军事存在。二是加强在边境地区的火力部署。美媒披露，在中印边境东段附近的印度军队，已经装备了美制“支奴干”直升机、超轻型牵引榴弹炮和步枪，以及印度国产超音速巡航导弹和现代化监视系统。印度在中印边境集结大量装备，目的是为下一步对峙谋求更多筹码。三是为边界长期对峙做准备。10 月 18 日，《今日印度》报道称，印度军队特别定制一批“非致命武器”，包括三叉戟、金属棍、电击手套、电棒与特制盾牌等，将在中印边境的印军用于“应对中国军队”。② 印军装备所谓“非致命武器”，目的是在与中国边境对峙时方便其边境士兵“近身格斗”，确保杀伤的“可控性”，不至于造成重大人员伤亡，引发事态严重扩大。上述举措暴露了印度在边境问题上弄险

① “India's Strategic Sela Tunnel near China Border: All You Need to Know,” https: //timesofindia. indiatimes. com/india/indias – strategic – sela – tunnel – near – china – border – all – you – need – to – know/articleshow/87015341. cms. （上网时间：2021 年 11 月 4 日）

② “From Trishul to Bhadra: Non – lethal Weapons Ready for Indian Forces to Tackle Chinese Troops,” https: //www. indiatoday. in/india/story/trishul – vajra – dand – sapper – punch – bhadra – non – lethal – weapons – indian – forces – chinese – troops – 1866156 – 2021 – 10 – 18. （上网时间：2021 年 11 月 6 日）

谋利的倾向，随时可能诱发中印边境新的军事摩擦。

（二）大国直接冲突风险不容忽视

美把中俄视为首要安全威胁，试图“从实力优势地位”出发采取危险冒进的军事政策，使大国直接军事冲突的风险成为不容忽视的国际安全隐患。

台海冲突风险令人忧虑。拜登政府上台后，美国大打“台湾牌”，台湾民进党当局亦随风起舞，渲染“大陆攻台时间表”，公然“证实”美军人员驻台，谋求“以武拒统”。中国为维护台海局势安宁，捍卫国家主权和领土完整，采取坚决有力措施震慑“台独”分子和外部势力。一时间，“大陆将武力攻台”成为美国部分政客大肆炒作的话题，鼓吹美国应放弃“战略模糊”立场，明确向中方宣示美将“协防台湾”。10 月 21 日，美国总统拜登在接受美媒采访时公开扬言美国将“保卫台湾”，随后在东亚峰会上再次宣称“美国对台承诺坚如磐石”①；美国国务卿布林肯发声鼓动“台湾有意义地参与联合国系统”。除政客外，美军方人士亦参与其中。11 月 3 日，美军参谋长联席会议主席米利表示，他不认为中国大陆会在未来 24 个月内对台湾采取行动，但“倘若这种事情真的发生，美军绝对有能力保卫台湾”。② 次日，美国新任海军部长卡洛斯·德尔·托罗在参加阿斯彭安全论坛时数度宣称中国是美国的“最大威胁”，妄称大陆以和平方式或军事手段接管台湾的意图会对美国的经济安全以及全球经济造

① “Biden Vows to Protect Taiwan in Event of Chinese Attack,” https：//edition. cnn. com/2021/10/21/politics/taiwan – china – biden – town – hall/index. html.（上网时间：2021 年 11 月 3 日）

② “Milley：US ‘Absolutely’ Could Defend Taiwan from China,” https：//thehill. com/policy/defense/579869 – milley – us – absolutely – could – defend – taiwan – from – china.（上网时间：2021 年 11 月 3 日）

成最严重影响。[①]

美国屡屡在台湾问题上“玩火”，挑衅“一个中国”底线，使台海局势陷入近年来最危险的境地。《纽约时报》援引前美国助理国务卿拉塞尔的话称，“（美中）关系中的电线绝缘保护层已所剩无几，某些电线交错导致起火的事件并不遥远”[②]。台湾事关中国核心利益和14亿中国人民民族感情，如果美国执意弄险，中美在台海冲突的可能性切实存在。

美俄冲突风险同样引人瞩目。2021年10月下旬以来，有关俄军在临近乌克兰的边境地区“大规模集结”的新闻被美媒热炒，美中情局局长伯恩斯在与俄罗斯总统普京通话时还表达了美方的“严重”关切。该则新闻由《华盛顿邮报》率先披露，而后又有媒体更拿出卫星图片“佐证”。但乌克兰国防部和总统新闻秘书第一时间辟谣；俄方对此亦予以猛烈抨击，称这些报道为“假新闻”。

无论真相如何，美国关注俄军在俄乌边境再度集结，反映出美国对俄可能武装干涉乌克兰东部局势的“神经紧绷”，也体现出目前俄乌边境局势升温背景下，美对爆发军事冲突可能性高度担忧。

（三）战略新疆域危机管控面临更大挑战

近年来，战略新兴力量的发展，对全球核战略稳定构成新挑战。2021年，大国在太空、军事智能领域的博弈更趋激烈，危

① Jason Lemon, “China State Media: ‘Military Showdown Will Come’ if Taiwan, U. S. Don't Change Course,” https: //www. newsweek. com/china - state - media - military - showdown - will - come - if - taiwan - us - dont - change - course - 1646694.（上网时间：2021年11月6日）

② “US and China Enter Dangerous Territory over Taiwan,” https: //www. nytimes. com/2021/10/09/world/asia/united - states - china - taiwan. html.（上网时间：2021年11月3日）

机管控面临更大挑战。

在太空领域，美国坚决抵制中俄提出的防止外空武器化条约草案，宣扬“太空和陆地、海洋和天空一样是战区”，加紧推动太空作战能力建设。2021 年 8 月 24 日，美国太空司令部司令詹姆斯·迪金森公开表示，美太空司令部已具备初步作战能力，建设成熟且具有战略效应，未来几年内将具备完全作战能力，不久还将重点围绕太空战开展军事演习。① 2021 年 6 月，北约峰会同意将第五条集体防御条款的适用范围扩大到太空，此举成为美国构建太空军事同盟体系的重要一步。美媒还披露，美卫星曾多次对中国卫星进行抵近侦察。其他国家如法国 2021 年 3 月举行了首次太空军事演习，以测试其保护卫星的能力；② 据称日本也正在考虑建造一艘无人太空巡逻船，以用于监视其他国家的太空活动和修复运行中的日本卫星。③ 可以预见，未来太空领域的军事竞争将愈演愈烈。主要大国纷纷推出着眼于太空对抗的战略战术，加剧了太空武器化、战场化风险，在太空制造新的冲突点，严重威胁太空和平利用。

在军事智能领域，各大国都抓紧抢占人工智能全面赋能军事作战能力的先机。美国 2022 财年防务预算中，把用于人工智能、

---

① “Dickinson：US Space Command is on ‘Good Glide Path’to Full Operational Capability，” https：//www. defensenews. com/digital – show – dailies/smd/2021/08/19/dickinson – us – space – command – is – on – good – glide – path – to – full – operational – capability/.（上网时间：2021 年 11 月 7 日）

② “France：The Air Force Launches Aster X to Protect Its Satellites，” https：//www. tellerreport. com/news/2021 – 03 – 12 – %0A – – – france – – the – air – force – launches – aster – x – to – protect – its – satellites% 0A – – . Hylg73ftmu. html.（上网时间：2021 年 11 月 5 日）

③ “Japan Looks at Building Unmanned Space Patrol Ship，” https：//www. japantimes. co. jp/news/2021/10/17/national/science – health/space – patrol – ship/.（上网时间：2021 年 11 月 5 日）

超高音速和远程武器、网络和太空能力、下一代战车等作为美国未来数十年防务战略的核心项目。其中，在人工智能研发方面，2022 财年防务预算开支为 8.74 亿美元，比上一财年增加了约 50%。美防长奥斯汀表示，美国需在人工智能等新技术领域进行大规模创新和投资，确保技术优势，以应对所谓的“大国竞争”；未来五年美将投入约 15 亿美元用于人工智能相关技术的研发。①

俄罗斯在智能武器装备方面，也取得显著进展。俄媒称，未来 7～10 年，俄军将建立全域覆盖的机器人作战平台体系，并结合战争形态和行动样式的变化，组建规模化的机器人建制部队。俄海军计划建设 3～5 个水下潜航器大队，与潜艇和水面舰艇等传统力量协同作战，提升海上作战整体效能。② 据俄《军工信使》6 月 16 日报道，俄国防部长绍伊古日前称，俄罗斯已经开始批量生产战斗机器人和其他人工智能武器装备。

长远来看，人工智能军事化可能大大加剧大国战略误判和危机管控难度。由于人工智能可望革命性提升军事感知、决策和行动速度，可能使先发制人摧毁对手全部进攻能力成为可能，因担心己方丧失还手之力，可能促使一个国家实施先发制人的打击。军事智能化可能使军事行动的速度大大加快，使冲突方决策者来不及做出有效决策，从而失去管控危机升级的可能性。不仅如此，人工智能算法往往是决策黑箱，可能遭对手攻击破坏而不自知，增大冲突升级风险。2021 年 6 月，美国参联会负责指挥控

---

① “Defense Secretary Says JAIC to Get $1.5B in Next Five Years,” https://potomacofficersclub.com/news/defense-secretary-says-jaic-to-get-1-5b-in-next-five-years/.（上网时间：2021 年 11 月 6 日）

② “俄罗斯拟于 2025 年前组建战斗机器人部队”，http://www.xinhuanet.com/2019-11/24/c_1125267021.htm。（上网时间：2021 年 11 月 6 日）

制通信计算机（C4）的丹尼斯·克拉尔中将表示，人工智能大大缩短军事决策和行动时间，可能使行动更快从过去的军事优势转化为作战必要性。[①] 在未来的智能化战争时代，如何管控相关战略风险，是大国必须通力协作、消除误判、寻求出路的重要问题。

二、美英澳联盟激化新一轮军备竞赛

2021 年 9 月，美英澳三国宣布建立“三边安全伙伴关系”（AUKUS），宣布将由美英向澳转让技术，助澳建造至少 8 艘核潜艇，将愈演愈烈的大国军事角力推向新高，可能催生新一轮军备竞赛。尤其是美国千方百计巩固军事霸权，不断搅动全球和地区军事局势，成为国际军备竞赛的最大推手。

（一）大国军事竞争激化

拜登政府延续特朗普的大国竞争战略，渲染中俄威胁，宣称将“遏制和防止对手直接威胁美及盟友”，扬言将“禁止它们进入全球公域或控制关键区域”[②]，不断强化相关领域军事建设与布局。

一是重点加强高新军事能力建设，维护军事优势。2021 年以来，美高官极力渲染中俄军事“威胁”，炒作美军作战能力现代化步伐迟缓，在核武现代化、人工智能、太空、高超音速武器开发等领域落后，渲染再次面临所谓“斯普特尼克时刻”，烘托

① “Pentagon Press Secretary John F. Kirby Holds a Press Briefing,” https://www.defense.gov/News/Transcripts/Transcript/Article/2647056/pentagon-press-secretary-john-f-kirby-holds-a-press-briefing/.（上网时间：2021 年 11 月 5 日）

② “Interim National Security Strategic Guidance,” https://www.whitehouse.gov/briefing-room/statements-releases/2021/03/03/interim-national-security-strategic-guidance/.（上网时间：2021 年 11 月 5 日）

军备竞赛氛围，呼吁加大投入。5 月 28 日，美总统拜登公布高达 7150 亿美元的 2022 财年国防预算，其中用于“研发、开发、试验与鉴定的预算”就高达 1120 亿美元，比 2021 财年获批的预算多了 5.1%，被称为“史上规模最大”。[①] 在此背景下，美军加快多领域军力升级步伐。例如，美已准备好为其最新式的“朱姆沃尔特”级驱逐舰装备高超音速导弹等先进打击武器；加速研发可无人航行参与作战的舰艇，推进“幽灵舰队”计划；在海军潜艇搭载的导弹上安装先进传感器，据称可确定和设置最佳引爆高度，将大幅增强核弹头破坏力；成功进行多次高超音速武器飞行试验，扬言将在 2025 年前部署这类新武器；加紧生产测试“B－21”隐形远程战略轰炸机，叫嚣可在 24 小时内在全球投放大规模杀伤性武器弹药。

二是以中俄为目标，加大军事前沿部署。5 月 19 日，美总统拜登叫嚣，美必须“捍卫”北极和南海开放与安全的海上航道。在亚太地区，美“印太”司令部续推所谓“太平洋威慑计划”，2022 财年国防预算为此开列 51 亿美元经费，并计划沿着第一岛链构建射程 500 公里以上的陆基导弹网。[②] 同时，美还强化在西太平洋地区的海空力量，包括增派航母、部署远征移动基地舰、轰炸机等。美还着力推进第二岛链军力构筑，尤其是强化在太平洋岛国的军事存在。2021 年美国与密克罗尼西亚联邦、帕劳等军事往来密切。美防务专家塞耶斯和登马克撰文称，为威慑中国，美必须在“关键的太平洋岛屿”修建设施，包括北马

① “拜登宣布 7150 亿美元国防预算计划旨在遏制中国”，https：//cn. reuters. com/article/biden－defence－budget－china－0529－idCNKCS2DA021。（上网时间：2021 年 11 月 5 日）

② “US to Build Anti－China Missile Network along First Island Chain,” https：//asia. nikkei. com/Politics/International－relations/Indo－Pacific/US－to－build－anti－China－missile－network－along－first－island－chain.（上网时间：2021 年 11 月 5 日）

里亚纳群岛的天宁岛、帕劳和密克罗尼西亚联邦最西端的雅浦岛等。[①] 在北极地区，继美海军和海军陆战队1月联合推出《蓝色北极——北极战略蓝图》后，美陆军在3月也推出"重夺北极主导权"战略；而拜登政府一上台也加紧与加拿大商讨合作升级北美防空司令部，并与挪威缔结协定，获允在挪4个军事基地建造设施。此外，美还将B-2隐形轰炸机部署到冰岛的凯夫拉维克海军航空站，并计划在北极地区部署能够自主飞行40多个小时的MQ-9A无人机。美还加强了在东欧地区的军事存在，包括将斥资1.52亿美元升级位于罗马尼亚坎皮亚—图尔齐市的空军基地等。

与美对应，俄也加紧相关军事部署，包括部署防空系统、改造北极航线附近的军用机场、充实太平洋舰队、加快研发和部署高超音速导弹等先进武器等。2021年5月，俄防长绍伊古曾表示，俄将在西部军区组建约20支新部队，以应对北约在俄西部战略方向的行动。

此外，大国核军备竞赛苗头显现。为谋求军事优势，美西方一些国家逆国际核军控与防扩散潮流而动，大肆渲染中国核武"扩张"，企图为自身扩充核武库、推动核武现代化寻找借口。2021年3月，英国政府发布《竞争时代的全球英国——安全、国防、发展与外交政策的整体评估》报告，抛出将提高所拥有核弹头数量上限的决定，大幅扩充核武库，结束了30年来逐步核裁军的进程，引起国际哗然。争取核裁军运动（CND）秘书长凯特·哈德孙警告称："在全世界努力对付新冠肺炎疫情之

① Eric Sayers and Abraham M. Denmark, "Countering China's Military Challenge, Today," https://www.defenseone.com/ideas/2021/04/countering-chinas-military-challenge-today/173494/.（上网时间：2021年11月5日）

际，英国却试图挑起新一轮核军备竞赛”。[①]

（二）地区军备竞赛升温

为优化成本，美国力推“一体化威慑”，意在充分发挥盟友军事潜力强化自身优势，或松绑对盟友军事限制，或扶持盟友军事建设，加剧亚太、欧洲等地区安全困境，催动军备竞赛。

在亚太地区，日本不断加大军事投入，升级改造直升机护卫舰为可配备固定翼飞机的真正航母，加强西南诸岛军事存在，并公开研制高超音速导弹系统。2022 年度，日防卫预算高达 500 亿美元，若获批将是史上数额最大。[②] 刚上台的岸田文雄政府还计划修订《国家安全保障战略》，企图谋求所谓的“对敌基地攻击能力”。[③] 韩国在美终止《韩美导弹指南》，解除对韩导弹最大射程和弹头重量的限制后，导弹能力取得突破性进展。9 月 15 日，韩国总统府青瓦台宣布，韩当天成功进行自主研发的潜射弹道导弹水中试射。随后，朝鲜也成功试验新型潜射弹道导弹和铁路机动导弹。朝鲜半岛军备竞赛急剧升温。在南海地区，菲、越、印尼等国也加紧扩充军备。6 月，美批准向菲出售 12 架 F-16 战机、24 枚“响尾蛇”导弹及 12 枚“鱼叉”反舰导弹，被

① “Cap on Trident Nuclear Warhead Stockpile to Rise by more than 40%,” https://www.theguardian.com/uk-news/2021/mar/15/cap-on-trident-nuclear-warhead-stockpile-to-rise-by-more-than-40.（上网时间：2021 年 11 月 5 日）

② “Japan Seeks Record $50 Billion Defense Budget With Eye on China,” https://www.bloomberg.com/news/articles/2021-08-31/japan-eyes-china-with-fastest-defense-spending-hike-since-2014.（上网时间：2021 年 11 月 5 日）

③ “Japan's Prime Minister: Attack Capability on Enemy Bases an Option,” https://www.stripes.com/theaters/asia_pacific/2021-10-20/japan-prime-minister-north-korea-missiles-attack-capabilities-enemy-bases-3312814.html.（上网时间：2021 年 11 月 5 日）

称为是“两国史上达成的最大规模军售协议”。[①] 印度亦大力强化军事力量，包括进行战区体制改革、扩充潜艇舰队、增购美式武器装备并部署至中印边境等。10 月，印国防部宣布成功发射“烈火 -5”型弹道导弹，据称能够击中 3100 英里（约合 4989 公里）以外目标，炒作其对华威慑能力。[②] 澳大利亚在美支持下大肆扩建军力，宣布未来十年将大幅增加在国防和国家安全等领域投资，2021 年以来已斥资着手升级北领地 4 个军事基地、整编特种部队、向美采购军备并宣布与美合作研制导弹以及邀美增加在澳军事存在。9 月，澳还与美英组建三国联盟，企图借美英之力谋建核潜艇舰队，深度拓展军事合作。印尼、马来西亚等地区国家发表严重关切，警告此举将在东南亚引发新的军备竞赛。[③]

在欧洲地区，欧盟委员会正式启动欧洲防务基金，计划在 2021 ~2027 年间拨款近 80 亿欧元，以资助能够促进技术革新的国防合作项目，提升欧洲“战略自主”。[④] 10 月，法国发射了一颗第四代军事通信卫星，据称可让世界各地的法军能够进行高速安全通讯。10 月 12 日，法国防长弗洛朗斯·帕尔丽还表态，法将将基于“协调的欧洲海上存在”（CMP）概念推动欧洲力量在

① “US - Philippines Arms Deal Aims at South China Sea,” https://asiatimes.com/2021/06/us - philippines - arms - deal - aims - at - south - china - sea/.（上网时间：2021 年 11 月 5 日）

② “In Stern Signal to China, India Tests 5000 - km Range Agni - V,” https://timesofindia.indiatimes.com/india/india - successfully - test - fires - surface - to - surface - ballistic - missile - agni - 5/articleshow/87315237.cms.（上网时间：2021 年 11 月 5 日）

③ “Indonesia, Malaysia ‘Worried, Concerned’ over Aukus Nuclear Submarine Plan,” https://www.scmp.com/news/asia/southeast - asia/article/3152794/indonesia - malaysia - worried - concerned - over - aukus - nuclear.（上网时间：2021 年 11 月 5 日）

④ “EU Touts ‘Paradigm Shift’ in Defence as It Inaugurates New Fund,” https://www.euractiv.com/section/defence - and - security/news/eu - touts - paradigm - shift - in - defence - as - it - inaugurates - new - fund/.（上网时间：2021 年 11 月 5 日）

"印太"地区存在，反映其还有意参与"印太"地区军事竞赛。德国则在 2021 年 6 月与澳大利亚升级为"强化战略伙伴关系"，其中包括将"敲定一份关于军事太空伙伴关系的意向声明"。[①]在北极，北约成员国挪威宣布将于 2022 年举行"冷战结束以来北极最大规模的军演"，这场名为"寒冷反应 2022"的大规模军演据称将在距离俄罗斯科拉半岛仅 600 公里的地方开演，加剧北极地区日趋激烈的军备竞赛。

（三）核扩散风险增大

美英联手向澳提供核潜艇技术，企图以打"擦边球"方式逃避《不扩散核武器条约》等国际条约的规制，严重违背国际军控与核不扩散条约精神，还可能引发其他国家跟风效仿，加大核扩散风险。

一是可能使武器级核材料失控。核潜艇所用高浓铀为军用，在艇上期间国际原子能机构无权监督，客观上使澳可利用监管漏洞积攒武器级核材料。

二是造成大规模杀伤性武器运载工具扩散。尽管核潜艇不是核武器，也不是核爆炸装置，但核潜艇与核武器有着千丝万缕的联系，属于重要的大规模杀伤性武器运载平台。目前世界上仅有 6 国拥有核潜艇，即中、美、俄、英、法、印，这些国家同时也都拥有核武器。澳拥有核潜艇，将助长澳大利亚的核武潜力。历史上澳大利亚曾有过原子弹制造计划，而英国第一次核试验是在澳大利亚进行的。

三是为国际核不扩散机制再开恶例。既然澳大利亚这个无核

---

① "Enhanced Strategic Partnership between Australia and the Federal Republic of Germany," https://www.dfat.gov.au/about-us/publications/international-relations/enhanced-strategic-partnership-between-australia-and-federal-republic-germany.（上网时间：2021 年 11 月 5 日）

武器国家可以堂而皇之地借发展核潜艇获取核材料，其他无核武器国家也可能起而效仿，由此带来的扩散风险后患无穷。国际军控界普遍认为这是一个可怕的先例。

三、国际安全治理矛盾凸显

在大国竞争背景下，国际安全治理面临更加复杂的政治障碍，一些本可取得进展的领域，因为互不信任而裹足不前，一些本该共同商议的问题，一些国家因一己之私而不管不顾，一些本应精诚合作的内容，反而成为一些国家抹黑对手的筹码。国际安全尤其是非传统安全治理困难重重，突出体现在核安全和生物安全领域。

（一）美俄核军控缺乏实质进展

备受冲击的国际核军控进程有回暖迹象，其中美俄续签核裁军条约和恢复战略稳定对话具有指标性意义。2 月，美俄同意将新《削减战略武器条约》延长 5 年。6 月 16 日，美总统拜登与俄总统普京日内瓦会晤期间发表关于战略稳定的联合声明，明确了维护战略稳定的目标，即确保战略领域的可预测性，减少武装冲突的风险和核战争威胁，重申核战争打不赢也不能打，并承诺启动双边战略稳定对话。7 月 28 日和 9 月 30 日，双方举行两轮战略稳定对话，并于第二次对话后成立两个专家组，一个讨论未来军控原则和目标，另一个讨论具有战略影响的能力和行动。

战略稳定是美苏/俄军控的核心概念，美俄双边核军控条约均以维持战略稳定为基本原则。但特朗普政府认为战略稳定是一个过时的名词，力图将其从核战略中剔除出去，借以摆脱原有军控条约体系的束缚，转而在战略安全对话框架内与俄中讨论核、天、网等战略问题，并基于“美国优先”原则构建新的军控规则。推崇传统军控理念的拜登政府对前任废约“退群”的做法多有抨击，其恢复战略稳定对话及相关表述，有一定积极意义。

但美俄核军控取得实质进展仍困难重重。一方面，美俄对话只是对话，而非军控谈判。美俄首脑关于战略稳定的联合声明明确对话目的是“为未来的军备控制和降低风险措施奠定基础”。由于拜登政府尚未完成核态势审议报告，对核力量结构和规模的需求尚不完全明朗，双方近期难以进入实质性谈判阶段，更谈不上取得什么实质性的军控成果。另一方面，美苏/俄军控条约主要集中于战略核武器、陆基中程导弹、导弹防御等领域的裁减与控制。而随着天、网、人工智能、高超声速武器等新型作战力量的发展，影响战略稳定的因素不断增加。美国务院高级官员披露，在会谈中，双方除核问题外，还谈及太空、人工智能、网络问题。北约原副秘书长、奥巴马政府时期负责军控事务的副国务卿罗斯·戈特莫勒认为，导弹防御、高超声速武器以及《新削减战略武器条约》的后续条约问题成为双方议题。未来能否将战略稳定概念与新的国际安全形势结合起来，美俄还在摸着石头过河，并没有成熟的理论思考和明确的前进路径。

（二）日本排废潜藏生态风险

日本排废入海的决定引发各方高度关注。在 2011 年福岛核事故中，福岛第一核电站堆芯熔毁。用以冷却堆芯的放射性污水现已有 125 万吨，且每天新增 140 吨。日本称到 2022 年秋现有储水罐将全部装满，且无更多空地用于大量建设储水罐。为摆脱负担，4 月日本政府决定将福岛第一核电站上百万吨核污水经过滤并稀释后排入太平洋，排放将于 2023 年春季开始。

日本排废入海的决定论证不足，评估不充分，方法不正确，侵害全世界人民，特别是环太平洋地区人民的生态权益。首先，关于核废水总放射剂量的关键信息不透明。日本片面强调福岛核废水通过稀释达到了排放标准，但却未提供放射性总剂量。核废水中不仅含氚，而且还含62种金属放射性同位素，它们存在时间长，有化学毒性。历史上从未有如此大量的放射性核素排放到海洋里去，对海洋环境及生物链造成的影响难以预料。废水中的大量“碳-14”还可能影响考古鉴定准确性。

其次，对废水是否达到排放标准的评估不充分。日本宣称福岛废水排放办法得到了国际原子能机构专家小组的评估确认。实际上，国际原子能机构专家小组是在2020年疫情期间仅仅根据日本处理小组提供的资料在2个月内匆忙完成评估的。它没有充分征求更多专家的意见，特别是没有征求在国际原子能机构中可能受损害国家的专家意见，更没有征求海洋、环境、生物和健康方面专家的意见。绝大多数环太平洋国家对日本排废入海的决定表示强烈关切和反对。在西太平洋，中韩朝俄菲外交部门或发表讲话，或召见日本大使，或酝酿法律诉讼，纷纷表达不满。就连一向媚日的台湾当局也呼吁日方“重视台湾权益并严守国际标准”。在南太平洋，由澳大利亚、新西兰、斐济、汤加等18个成员组成的太平洋岛国论坛秘书长发表声明，指责日本排废入海危及渔业，影响太平洋地区民生。在东太平洋，中美洲8国与韩国一道发表声明，对日本此举深表担忧。

最后，将核废水稀释排放入海的方法不正确。日本处理过的核废水仍有大量放射性元素，简单地稀释后向海洋直接排放的办法极不合规范。它违反了《联合国海洋法公约》要求成员国不得转移损害或危险的规定，违反了《伦敦倾废公约》1996年议定书的风险预防原则，违反了《南太平洋无核武器区条约》关于禁止向南太平洋地区倾倒放射性废料和其他放射性物质的规定，违反了《巴塞尔公约》和《瓦伊加尼公约》关于禁止越境转运废物的规定。一旦开此恶例，全世界都可把放射性废水稀释后径直排到海里，贻害无穷。

（三）生物安全治理面临政治障碍

在中国积极推动下，2021 年全球生物安全多边合作取得一定积极进展。一是《天津指南》达成弥补了全球生物安全治理短板。随着人工智能、大数据、基因编辑、合成生物等技术发展，生物科技的“双刃剑效应”日益凸显。规范生物科学行为，促进生物科技发展显得愈发迫切。8 月，国际科学院组织发布声明，核可中国天津大学和美国约翰斯·霍普金斯大学牵头、多国科学家共同研讨达成的《科学家生物安全行为准则天津指南》（简称《天津指南》）。[①] 这是全球生物安全治理领域首个以中国地名命名、以中国倡议为主要内容的国际倡议，对推进全球生物安全治理及相关国际规则制定影响深远。国际科学院组织表示，各个国家和地区可以在此基础上补充、更新，以完善现有的生物安全守则，填补国家和机构层面生物安全治理的空白。[②]

二是中俄联合声明为国际生物军控注入新动力。10 月 7 日，中国常驻联合国副代表耿爽在联大裁军与国际安全委员会一般性辩论上宣读中俄两国外长关于加强《禁止生物武器公约》的联合声明，呼吁联合国确保美国遵守《生物武器公约》，建议在公约中增加一项具有法律约束力的议定书，并在监测机制的支持下，部署“流动生物医学团队”调查生物制剂的使用情况，帮

① “天津大学牵头达成《科学家生物安全行为准则天津指南》”，http://news.tju.edu.cn/info/1003/57897.html。（上网时间：2021 年 11 月 3 日）

② “全球生物安全治理领域的中国倡议得到广泛支持”，http://world.people.com.cn/n1/2021/0913/c1002-32224690.html。（上网时间：2021 年 11 月 3 日）

助抗击各种来源的流行病。[①] 中俄联合声明为破解生物军控困局、摆脱生物安全治理赤字、构筑起维护国际生物安全的“免疫屏障”展现了大国担当。

三是《生物多样性条约》取得里程碑式进展。10 月 11 ~ 15 日，《生物多样性公约》缔约方大会第十五次会议在中国云南昆明举行。会议通过《昆明宣言》，为 2022 年 1 月正式进行“2020 年后全球生物多样性框架”谈判提供了明确的政治方向。该公约共有 196 个缔约方，已成缔约国数量最多的国际环境公约之一。中国宣布投资 15 亿元人民币设立昆明生物多样性基金。全球环境基金与联合国开发计划署以及联合国环境规划署承诺为发展中国家政府提供快速的财政和技术支持。欧盟宣布外部生物多样性资金翻倍。英法等国也承诺将更多气候资金用于生物多样性保护。[②]

尽管国际生物安全合作取得一定成绩，但美国在新冠肺炎病毒溯源问题上针对中国炮制了各种谎言、谣言，严重干扰国际抗疫合作，破坏公共卫生安全和国际秩序，更毒化了全球生物安全治理环境，遭到世界多国的坚决反对与批评。

一是纠集盟友企图推翻世卫组织第一阶段溯源结论。3 月 30 日，世卫组织发布关于新冠肺炎病毒溯源的调查报告，认为新冠肺炎病毒“比较可能”通过自然宿主引入人类，而实验室泄漏

① “Beijing, Moscow Urge UN Make ‘Mobile Biomedical Teams’, Probe US Biolabs for BWC Treaty Compliance,” https：//sputniknews. com/20211009/beijing – moscow – urge – un – make – mobile – biomedical – teams – probe – us – biolabs – for – bwc – treaty – compliance – 1089782976. html. （上网时间：2021 年 11 月 3 日）

② “《昆明宣言》为制定新的全球生物多样性框架注入更强动力”，https：//news. un. org/zh/story/2021/10/1092712。（上网时间：2021 年 11 月 3 日）

的可能性“极低”。[①] 随后，美纠集澳、加、日、韩、英等13个盟友公开质疑和反对报告结论，大肆渲染所谓“武汉实验室泄漏论”，不断借题发挥，对中国发起一轮又一轮的舆论攻势。

二是下令情报机构调查新冠肺炎病毒起源。当德尔塔变异毒株肆虐全球，世界经济恢复前景再遇波折之际，拜登政府和国会个别政客持续炒作溯源调查。5月，美国总统拜登要求情报部门加大力度调查新冠肺炎病毒源头，并于90天内提交调查报告。6月20日，美白宫国家安全顾问沙利文威胁称，美将继续强化与盟国及伙伴合作彻查病毒来源，中国拒绝配合将面临国际社会的孤立。[②] 参议院情报委员会副主席、来自佛罗里达州的共和党联邦参议员鲁比奥等提出《2021年新冠肺炎病毒法》，要求中国向国际调查团队提供有关的实验室和医院纪录、允许调查团队针对武汉多地展开全面的鉴证调查。[③] 8月27日，美国国家情报总监办公室发布所谓“新冠肺炎病毒溯源调查报告”要点，认为新冠肺炎病毒源自自然界和实验室泄漏的两种可能性都不能排除，污蔑中方阻挠国际调查、拒绝共享信息。

三是施压世卫组织启动二次溯源。美重返世卫组织后，加大对其施压和利用，迫使世卫组织总干事谭德塞7月违背事实进行表态，称“不能排除实验室事故的可能性”，认为世卫中国考察

① “WHO - convened Global Study of Origins of SARS - CoV - 2: China Part,” https: //www. who. int/publications/i/item/who - convened - global - study - of - origins - of - sars - cov - 2 - china - part.（上网时间：2021年11月3日）

② “China Risks Isolation in Quest for Virus Origin, Biden Aide Says,” https: //www. bloombergquint. com/politics/china - risks - isolation - in - quest - for - virus - origin - biden - aide - says.（上网时间：2021年11月3日）

③ “Rubio Introduces Bill to Sanction China for Failure to Allow an Investigation Into COVID - 19 Origins,” https: //www. rubio. senate. gov/public/index. cfm/2021/6/rubio - introduces - bill - to - sanction - china - for - failure - to - allow - an - investigation - into - covid - 19 - origins.（上网时间：2021年11月3日）

组否认实验室泄漏病毒的结论“过早”，诬称“中国在调查初期缺乏数据和透明度”。[①] 对此，世卫组织宣布成立新病原体起源国际科学咨询小组（SAGO），并于10月13日公布26名拟议成员名单，涵盖流行病学、动物健康、生态学、临床医学、病毒学、基因组学、生物安全等领域。[②]

四是拒绝重启《禁止生物武器公约》谈判。美无视国际社会共识，把国际社会对美国生物军事化活动的合理关切称为“散布虚假信息”。美参议员甚至提出《生物武器政策法案》，倒打一耙，试图遏制中俄生物科技发展。[③]

“天下之治不进则退”，在新兴战略技术蓬勃发展的今天，全球战略稳定日益弱化，国际安全主体更趋多元，安全治理空白不断扩大。任何一国都难以独立解决自身面临的安全威胁，片面强调自身竞争优势、不择手段削弱对手的短视政策，只会进一步恶化国际安全形势，并最终损及自身安全。世界各国尤其是主要大国必须负起时代责任，管控分歧、消除误解、避免冲突、良性竞争，塑造共同利益、引领国际规则，确保世界和平稳定。

（审定：傅小强）

---

① “G7 Summit：Leaders Discussed Chinese Lab Leak Theory for Covid Origin，Says WHO Chief，” https：//www.independent.co.uk/news/uk/politics/g7 – coronavirus – china – who – tedros – b1864824.html.（上网时间：2021年11月4日）

② “Public Notice of Proposed New Scientific Advisory Group for the Origins of Novel Pathogens（SAGO）Members，” https：//www.who.int/news – room/articles – detail/public – notice – and – comment – on – proposed – new – scientific – advisory – group – for – the – origins – of – novel – pathogens –（sago）– members.（上网时间：2021年11月4日）

③ “Biological Weapons Policy Act Seeks Crackdown on Bioweapons，Countries of Concern，” https：//homelandprepnews.com/stories/74054 – biological – weapons – policy – act – seeks – crackdown – on – bioweapons – countries – of – concern/.（上网时间：2021年11月4日）

第十八章　国际反恐进入“后战争时代”*

2021年8月，美军及北约驻阿富汗联军完成从阿富汗撤军，标志着长达20年的国际反恐战争正式落幕，国际反恐进入“后战争时代”。南亚、非洲、中东等地区恐患乱象丛生，暴恐威胁演进升级，国际反恐前路漫漫。

一、阿富汗战争终结

8月30日，美宣布完成从阿富汗的完全撤军，长达20年的阿富汗战争宣告终结。随后，阿富汗塔利班（阿塔）迅速重新夺权并于9月宣布成立临时政府。为因应阿局势剧变及新的暴恐威胁，美力推“超视距”反恐战略继续插手地区事务。

（一）美国在阿反恐战争落幕

2001年“9·11”事件发生后，美小布什政府于10月军事入侵阿富汗，誓要将幕后黑手“基地”组织绳之以法，并推翻阿塔政权，由此开启长达20年的反恐战争。但20年来，阿塔并未被击垮，而是回到农村山地打游击，实力缓慢复苏，一直对美军和阿政府构成重大威胁。“基地”组织等也未消亡，在阿富汗、巴基斯坦藏匿蛰伏期间，还不时试图对美本土再搞袭击，美面临的恐怖主义威胁仍然严峻。小布什政府之后，奥巴马政府和

---

* 本章撰稿人：严帅、李伟、孙冉、陈庆鸿、林梦婷。

特朗普政府都曾一度向阿增兵，但始终无法缔造一个和平稳定的阿富汗。2020 年 2 月 29 日，特朗普政府与阿塔签订和平协议，如果阿塔能够确保阿不会被国际恐怖组织或个人用来袭击美及盟友，以及阿塔与阿富汗政府达成政治和解等，美军及北约驻阿部队将于 2021 年 5 月 1 日前全面撤出。20 年来，美深陷阿战泥潭难以自拔，遭至大量人员伤亡和巨大的经济损失。美军参谋长联席会议主席米利 2021 年 8 月 18 日称，已有 2448 名美军在阿战中身亡，20722 人受伤，还有更多美军留下了战争的心理创伤。美国布朗大学发布的研究报告指出，20 年来美在阿战中共投入约 2. 26 万亿美元，相当于每天花费超过 3 亿美元。[①]

2021 年 4 月，美拜登总统宣布将遵守美与阿塔达成的协议，但把撤军完成日期改为 2021 年 9 月 11 日。2021 年 7 月 8 日，拜登又宣布称，阿战将于 2021 年 8 月 31 日正式结束。2021 年 8 月 30 日，美国防部宣布美完成从阿撤军行动。8 月 31 日，美总统拜登就阿战结束发表讲话称，美已实现发动阿战的目标——成功剿灭“基地”组织并确保阿不再成为袭击美本土的策源地，并称此次撤离行动取得“非凡成功”。[②] 美奥巴马政府时期便着手从阿撤军，此番美终于完成撤军，标志其国家安全战略已完全由反恐转向应对大国竞争。

（二）美调整在阿反恐策略

阿恐情未消美就仓皇撤军，以因应“后战争时代”反恐需求，美欲在阿搞所谓的“超视距”反恐战略，拟用少量资源遏

---

① 新华网：“‘9 · 11’20 年，美国的霸权梦该醒醒了”，http：//www. news. cn/world/2021 –09/11/c_1211365874. htm。（上网时间：2021 年 10 月 26 日）

② “Remarks by President Biden on the End of the War in Afghanistan,” https：//www. whitehouse. gov/briefing – room/speeches – remarks/2021/08/31/remarks – by – president – biden – on – the – end – of – the – war – in – afghanistan/. （上网时间：2021 年 11 月 10 日）

制对美威胁，并继续保有干涉阿事务的抓手。与“9·11”事件后美在阿长期实施的反恐战略相比，新战略特点鲜明。首先，美将在阿境内无驻军、无军事基地情况下，通过部署在阿周边的无人机、导弹等远程手段打击威胁美的恐怖分子。美空军和中情局将是“超视距”反恐行动的主要执行者，前者已向美国会申请了 2022 财年专项经费。其次，更聚焦打击对美威胁。美总统拜登 7 月表示，“超视距”反恐战略将“紧盯南亚任何对美的直接威胁，并适时采取迅速果断的打击行动”。[①] 再次，更加倚重美国家安全局通过电子窃听等技术手段获取涉恐情报，并提供给行动执行者。

“超视距”反恐战略仓促出炉，存在明显的不足。该战略基于阿富汗加尼政府不会迅速倒台而设计，因此一经出台便有先天缺陷，但是美已经没有时间和资源进行大幅修正，只能“赶鸭子上架”。首先，缺乏情报支撑。长期以来，美在阿获取的涉恐情报依赖于美军情力量及阿军情机构的密切配合，但目前美已经完全撤军且阿原亲美政府垮台，导致美获取涉恐情报大大受限，难以及时掌握阿暴恐活动新动向。其次，缺乏就近军事基地，行动能力受限。8 月 26 日，喀布尔机场遭“伊斯兰国呼罗珊分支”突袭，造成美军 13 人在内的 100 多人死亡，成美军在阿近十年遭遇的最严重伤亡事件。针对喀布尔机场袭击案，美情报机构虽提前截获袭击预谋却无力阻止袭击发生。8 月以来，美在阿 3 次打击行动均由卡塔尔等国的美军基地或游弋在阿拉伯海上的航母发动，但因距离远，无人机或导弹飞行时间长，打击时效不足，

---

① “Remarks by President Biden on the Drawdown of U. S. Forces in Afghanistan,” https：//www. whitehouse. gov/briefing - room/speeches - remarks/2021/07/08/remarks - by - president - biden - on - the - drawdown - of - u - s - forces - in - afghanistan/.（上网时间：2021 年 11 月 10 日）

打击效果不彰。此外，远程奔袭存在非法飞越相关国家领空问题，可能引发外交争端。针对美无人机袭击行动，阿塔已公开谴责美侵犯主权。再次，打击精确性大幅下降。因为缺乏精确的情报及精准的打击能力，8 月 29 日美在喀布尔发动的无人机袭击发生严重事故，误将普通平民使用的车辆当成是“伊斯兰国呼罗珊分支”成员发动恐怖袭击的工具，最终导致 10 名无辜民众死亡，其中包括 7 名儿童，引发国际舆论强烈谴责。

美在阿反恐能力已难以应对日益上升的暴恐威胁。未来，美将继续修补提升在阿反恐能力。美总统拜登此前虽多次强调，“美完全有能力打击任何威胁美的阿恐怖势力”[①]，但阿变局大大超出美预料，迅速提升在阿反恐能力是美当务之急。首先，维持甚至加强中情局在阿活动。《纽约时报》称，中情局虽将工作重点转向大国竞争，但阿近期恐情恶化使其难以脱身。[②] 阿变天重创中情局在阿情报网，迫其投入更多资源重建新的情报网络。同时，拜登政府高度担忧未来一旦阿恐怖势力再度袭美将对其造成致命重创，因此下令中情局必须高度聚焦阿暴恐动向。喀布尔机场袭击案发生后，拜登向“伊斯兰国呼罗珊分支”发出警告，称“我们不会原谅，我们不会忘记，我们将追捕你们，让你们付出代价”，并命令制定“打击伊斯兰国呼罗珊分支资产、领导

---

① “Remarks by President Biden on the Drawdown of U. S. Forces in Afghanistan,” https://www.whitehouse.gov/briefing-room/speeches-remarks/2021/07/08/remarks-by-president-biden-on-the-drawdown-of-u-s-forces-in-afghanistan/.（上网时间：2021 年 11 月 10 日）

② “Amid Afghan Chaos, a C. I. A. Mission that Will Persist for Years,” https://www.nytimes.com/2021/08/27/us/politics/cia-afghanistan.html.（上网时间：2021 年 11 月 10 日）

层和设施的行动计划”。[①] 其次，寻求强化与阿塔等阿国内势力合作。8 月 23 日，中情局局长伯恩斯赴阿与阿塔高层密谈反恐等议题。再次，力求在中亚地区设立反恐基地。目前，虽俄罗斯总统普京明确反对美在中亚设基地，但乌兹别克斯坦政府正着力提升对美关系，未来可能成美突破口。最后，推动盟友加大对阿反恐问题的投入。8 月 30 日，美国国务院发布“全球打击伊斯兰国联盟的声明”，称“我们将基于已有的反恐经验和行动打击伊斯兰国呼罗珊分支”。[②]

二、国际恐患乱象丛生

南亚、非洲、中东等地区暴恐活动依然猖獗，“伊斯兰国”和“基地”组织等暴恐势力趁乱扩充实力、扩大活动范围，加剧地区动荡与安全风险。

（一）阿富汗暴恐形势复杂严峻

一方面，国际暴恐势力在阿生存空间发生重大变化。阿塔掌权后，承诺不会让阿成为暴恐组织袭击域外国家的策源地，但其实际上很难与外籍“圣战”分子完全切割。6 月，联合国安理会发布的报告称，目前在阿外籍“圣战”分子约 1 万人，主要来

① “Remarks by President Biden on the Terror Attack at Hamid Karzai International Airport,” https://www.whitehouse.gov/briefing-room/speeches-remarks/2021/08/26/remarks-by-president-biden-on-the-terror-attack-at-hamid-karzai-international-airport/.（上网时间：2021 年 11 月 10 日）

② “Statement by the Global Coalition to Defeat Daesh/ISIS,” https://www.state.gov/statement-by-the-global-coalition-to-defeat-daesh-isis/.（上网时间：2021 年 11 月 10 日）

自中亚、北高加索地区、巴基斯坦和中东等地。[①]“基地”组织、乌伊运、东伊运、巴塔等国际恐怖组织长期受阿塔庇护，与阿塔共建营地、合搞恐袭，在此次阿塔夺取各大城市过程中，巴塔等还参与其中。阿塔现在应对上述组织上面临两难，若放任这些组织发展，将面临国际社会的巨大压力，若为争取国际合法性对“基地”组织等暴恐组织采取严打行动，可能面临暴恐势力的强烈反弹，甚至反戈与阿塔为敌，这显然是阿塔不愿看到和承担的后果。因此，短期内，阿塔为塑造开明温和的外界形象及争取国际援助，将会加大对“基地”组织等的约束力度。目前，阿塔已对这些恐怖分子进行登记，集中管理。但长期看，阿塔管控力度到底有多强，以及阿局势走向都有不确定性，这些人员仍将是难以根除的暴恐隐患。

另一方面，“伊斯兰国呼罗珊分支”威胁攀升，加大恐袭力度，渐成阿最大暴恐威胁源。“伊斯兰国呼罗珊分支”在现任头目沙哈卜·穆哈吉尔领导下重整旗鼓，暴恐实力持续提升。首先，袭击频次增多、活动范围扩大。2021 年前 8 个月，“伊斯兰国呼罗珊分支”已经实施 200 次暴恐袭击，尤其 6 月发动的袭击次数是 2020 年同期的 19 倍。袭击大多发生在阿东部地区，其中 111 起发生在楠格哈尔省，38 起发生在喀布尔及周边地区。同时，4 月底以来，“伊斯兰国呼罗珊分支”活动范围显著扩大，不断染指阿北部及西部地区。[②] 其次，袭击以小规模、低强度城市战为主。类似 8 月喀布尔机场爆炸的大规模暴恐袭击并非

① “Letter Dated 20 May 2021 from the Chair of the Security Council Committee Established Pursuant to Resolution 1988（2011）Addressed to the President of the Security Council,” https：//www. undocs. org/pdf? symbol = en/S/2021/486.（上网时间：2021 年 11 月 2 日）

② ExTrac, “ISKP：A Threat Assessment,” https：//public - assets. extrac. io/reports/ExTrac_ISKP_0920. pdf.（上网时间：2021 年 11 月 11 日）

“伊斯兰国呼罗珊分支”的主要恐袭策略。该组织目前主要实施持续不断、强度较低的城市战袭击，从而制造尽可能大的不安全感，破坏民众对阿塔政权的信心。2021 年以来，“伊斯兰国呼罗珊分支”64% 的袭击采用简易爆炸装置，28% 的袭击是以轻武器实施的暗杀。再次，袭击以平民为主要目标。在 2021 年的 200 次袭击中，有一半以上是针对平民、政府官员和当地基础设施，其次是针对阿政府军和警察。“伊斯兰国呼罗珊分支”认为平民是社会正常运作的细胞，但作为“叛教者”和“异教徒”比武装人员“更有罪”。①

近期，“伊斯兰国呼罗珊分支”显著加大对抗阿塔力度。该组织与阿塔一直以来都处敌对状态。这源于宗教和意识形态分歧，也有政治、资源上的竞争因素。“伊斯兰国呼罗珊分支”将阿塔视为“叛教者”、狭隘的民族主义者，痛斥阿塔与美媾和、访问中国寻求支持等行为。在美撤军、阿塔接管喀布尔后，“伊斯兰国呼罗珊分支”迅速调整策略，以期掀起新一轮暴恐活动，喀布尔机场袭击便是其吹响的“冲锋号”。同时，阿塔掌权后，为争取国际承认及“适度包容”已过惯世俗生活的市民，一定程度上会实施世俗化政策，“伊斯兰国呼罗珊分支”势必趁机对其口诛笔伐并加大袭击力度。“伊斯兰国呼罗珊分支”将阿塔上台后的几个月视为“战略机遇期”，图谋通过发动持续的恐袭，搅乱阿安全形势，向尚未站稳脚跟的阿塔政权施压，凸显其无力保护国民，并刺激阿塔内部强硬派和温和派的内讧。例如，10 月 8 日，“伊斯兰国呼罗珊分支”在阿北部昆都士省针对一什叶派清真寺发动自杀式炸弹袭击，造成 100 多人死伤。同时，“伊

① ExTrac, “ISKP: A Threat Assessment,” https://public-assets.extrac.io/reports/ExTrac_ISKP_0920.pdf.（上网时间：2021 年 11 月 11 日）

斯兰国呼罗珊分支”有意通过频繁的袭击证明其是阿乱局中的重要角色。未来其将重点袭击阿塔、什叶派穆斯林、印度教徒、锡克教徒、记者、人权活动家和人道主义团体等目标，袭击重点地区仍会放在喀布尔和楠格哈尔省，但也会扩大到其他地区。

（二）非洲恐情愈演愈烈

2021 年以来，非洲多地疫情、选情和恐情交织叠加，暴恐势力趁乱搅动地区安全，扩张势力范围。据联合国 8 月发布的报告显示，2021 年上半年非洲已成为全球恐怖活动最猖獗地区，且暴恐活动多发于撒哈拉以南非洲，尤其是萨赫勒地区、乍得湖盆地和东非地区最为严重。①

一是“伊斯兰国”分支组织迅速扩张。2021 年 6 月，“伊斯兰国”向国际“圣战”分子宣传撒哈拉以南非洲的重要性，强调该地区可弥补“伊斯兰国”在其他地区的损失。② 近期，“伊斯兰国”西非分支“伊斯兰国西非省”、中非分支“伊斯兰国中非省”等恐怖组织在布基纳法索、马里和尼日尔等地异常活跃，并寻求向南部非洲扩张势力范围。2021 年 6 ~ 7 月，“伊斯兰国”分支组织多次在莫桑比克北部德尔加杜角地区发动袭击，导致该地商店、银行、军营与政府设施连遭损坏。截至 2021 年 9 月，“伊斯兰国”已在非洲建立 6 个分支，包括利比亚、阿尔及利亚、埃及西奈半岛、西非、索马里和中非。“伊斯兰国”还在尼

① “Islamic State Threat Moves Online, Expands across Africa: Senior Counter – terrorism Expert,” https://news.un.org/en/story/2021/08/1098112.（上网时间：2021 年 10 月 30 日）

② “Isis – linked Groups Open up New Fronts across Sub – Saharan Africa,” https://www.theguardian.com/world/2021/jun/25/isis – linked – groups – open – up – new – fronts – across – sub – saharan – africa.（上网时间：2021 年 10 月 28 日）

日利亚、莫桑比克、刚果建立了据点。[1]“伊斯兰国”位于中东的总部为其在非洲的各分支提供资金、武器和战术培训。这些分支之间相互勾结，实力较强的分支负责监督其他分支，联手搞暴恐袭击的能力不断增强。[2]

二是“基地”组织的关联组织在萨赫勒和东非地区持续活跃。美国西点军校反恐中心报告称，近两年“基地”组织为其在非洲正式或非正式附属组织提供战略和战术指导、物资和武器援助，导致非洲暴恐活动激增。“基地”组织在东非的分支青年党是非洲发动恐袭最多的暴恐组织，其频繁在索马里及其周边国家发动炸弹袭击，并在控制区设立检查站收取交通费，从事勒索、绑架等犯罪活动。“基地”组织在西非的盟友支持伊斯兰教和穆斯林组织（JNIM）利用萨赫勒地区的部族矛盾，挑起暴力冲突，扩大控制范围。[3]

三是暴恐组织趁地区乱局造势。近两年，非洲疫情肆虐，社会脆弱性日益凸显。暴恐组织利用该地区政府应对疫情不力而导致的经济衰退、部族矛盾、政府服务缺失和青年失业等问题，趁机扩大影响。据英国《卫报》称，乍得湖地区的“伊斯兰国”西非分支向当地居民征收低于政府的税费，并为民众创造更好的商贸环境，大肆收买民心，扩充实力；“伊斯兰国”大撒哈拉分支利用西非地区的富拉尼人和图阿雷格人间的矛盾，挑动马里、尼日尔边境冲突；支持伊斯兰教和穆斯林组织插手马里中部富拉

---

① “Isis – linked Groups Open up New Fronts Across Sub – Saharan Africa,” https://www.theguardian.com/world/2021/jun/25/isis – linked – groups – open – up – new – fronts – across – sub – saharan – africa.（上网时间：2021 年 10 月 28 日）

② “Twenty Years after 9/11: The Threat in Africa—The New Epicenter of Global Jihadi Terror,” https://ctc.usma.edu/ctc – sentinel/（上网时间：2021 年 10 月 29 日）

③ “Twenty Years after 9/11: The Threat in Africa—The New Epicenter of Global Jihadi Terror,” https://ctc.usma.edu/ctc – sentinel/.（上网时间：2021 年 10 月 29 日）

尼牧民和多贡农民间的矛盾，以增强影响力；尼日利亚博科圣地利用该国疫情导致的青年失业等问题，以“就业承诺和归属感吸引员工”为幌子，招募大量“圣战”分子。①

（三）中东暴恐势力死灰复燃

近两年间，美军陆续撤离伊拉克，并减少对中东地区反恐投入。“伊斯兰国”和“基地”组织等恐怖势力利用政府管控缺失、民族、宗教矛盾等问题伺机卷土重来。盘踞在伊拉克、叙利亚两国的“伊斯兰国”势力持续复苏，频繁发动恐袭。联合国安理会2021年7月发布的报告显示，“伊斯兰国”手握2500～5000万美元资金，支撑起该组织不断扩大的活动势头。② 同时，美官方评估认为，“伊斯兰国”作战实力虽遭削弱，但仍佣兵近万人，并持续吸纳新兵入伙。③ 在伊拉克，“伊斯兰国”残余力量企图重建“大本营”，将伊北部、中部山区作为依托，渐续向伊首都巴格达、东部主要省份及北部边境拓展，不断发动“消耗战”“游击战”。一方面，该组织暴恐能力持续恢复，频繁针对伊基础设施、安全部队等关键目标发动破坏性攻击。1月21日，2名“伊斯兰国”自杀袭击者在首都巴格达一个拥挤的集市发动袭击，导致30多人死亡。2021年7月，“伊斯兰国”破坏伊东部迪亚拉省的高压输电线，导致该省自伊朗进口电力中断，

---

① “Isis – linked Groups Open up New Fronts across Sub – Saharan Africa,” https：//www. theguardian. com/world/2021/jun/25/isis – linked – groups – open – up – new – fronts – across – sub – saharan – africa.（上网时间：2021年11月1日）

② “Thirteenth Report of the Secretary – General on the Threat Posed by ISIL（Da’esh）to International Peace and Security and the Range of United Nations Efforts in Support of Member States in Countering the Threat,” https：//undocs. org/en/S/2021/682.（上网时间：2021年11月9日）

③ “Islamic State Resilient as Ever in Iraq, Syria,” https：//www. voanews. com/a/middle – east_islamic – state – resilient – ever – iraq – syria/6208747. html.（上网时间：2021年11月4日）

民众生活受到严重影响。另一方面，该组织企图攫取伊北部石油资源，恢复北部势力范围。2021 年以来，伊政府军加大对北部库尔德人的打压力度，“伊斯兰国”利用双方矛盾激化，挑动伊北部民众极端反抗情绪，多次袭击北部基尔库克省的油田区，大肆对该地军警机构和安全人员发动恐袭，造成严重的人员伤亡。[①]

在叙利亚，“伊斯兰国”继续滋扰首都大马士革和代尔祖尔、拉卡等能源要地，破坏能源设施、政府机构和军队武装等。该组织还不断在叙东北部库尔德自治区扩张活动范围。因新冠肺炎疫情影响及资源短缺，叙库尔德自治政府 2021 年多次特赦并释放“伊斯兰国”囚犯，其中部分人员重新被“伊斯兰国”招募，以充实其暴恐力量。该组织还利用库尔德自治区经济困境和民众不满情绪，诱使当地居民加入“伊斯兰国”换取经济报酬，并大肆袭击自治区政府机构、军事力量等，扰乱当地安全局势。此外，“基地”组织在叙利亚的分支“宗教捍卫组织”借乱生事，在叙西北部伊德利卜省招兵买马，活动频繁，并图谋在美欧策动袭击。2021 年 9 ~ 10 月，美军分别在伊德利卜省和北部拉卡省发动无人机打击，打死该组织组织两名高级头目，捣毁了其部分据点。

此外，中东暴恐外溢风险突出。2021 年 3 月，埃及《金字塔报》网站发表评论称，由于叙利亚、伊拉克等国内乱不断，政府疏于管控，极端分子向西奈半岛、北非及南亚多地渗透，从而加剧了地区安全风险。同时，“伊斯兰国”在北非地区的分支在阿尔及利亚北部山区、利比亚和西奈半岛活动猖獗，它们在这

① “ISIS Claims Responsibility for Iraq Suicide Attack that Left Dozens Dead,” https://edition.cnn.com/2021/07/20/middleeast/isis-claims-responsibility-iraq-blast-intl-hnk/index.html.（上网时间：2021 年 10 月 31 日）

些地区增设活动站，招募和培训非洲多国极端分子，袭击当地反恐部队士兵，导致大量平民伤亡，并诱发严重人道主义危机。此外，自2020年底任命新头目后，“基地”组织北非分支也加紧扩散渗透，在突尼斯、利比亚等地制造多起地雷爆炸事件。① 部分极端组织还从中东越境进入阿富汗、巴基斯坦等地发动恐袭，并与南亚地区恐怖组织勾结生乱。2021年以来，伊、叙的部分“伊斯兰国”极端分子设法前往阿富汗、巴基斯坦等国，并与当地的“伊斯兰国呼罗珊分支”等组织勾连会合，加剧恐患风险。②

（四）东南亚地区恐患难消

东南亚地区疫情久控不止，经济复苏乏力，民众不满情绪不断增加，为恐患发酵提供机会。3月28日，印尼南苏拉威西省望加锡市的一座天主教堂遭自杀式炸弹袭击，导致2人死亡，20人受伤。此次袭击由一对新婚夫妇发动，这是东南亚地区最新一起有女性参与的暴恐事件，反映东南亚地区近年来暴恐活动新特点，凸显了女性从事暴恐活动的隐蔽性与危害性。警方调查显示，这对新婚夫妇来自已向“伊斯兰国”宣誓效忠的神权游击队。印尼反恐部队在事发后开展一系列突击搜查，在印尼多个城市逮捕极端分子13人，查获5.5公斤爆炸物和数种炸弹制作原料。印尼激进主义和反激进主义研究中心（PAKAR）评估称，仅望加锡市就有至少70名神权游击队成员，印尼恐怖威胁不容忽视。马来西亚暴恐事件也时有发生。5月17日，该国警方在

① “Will the War on Terror Move to Africa?” https://foreignpolicy.com/2021/08/25/afghanistan-war-on-terror-africa-boko-haram-al-shabab-nigeria-buhari-mozambique/.（上网时间：2021年10月29日）

② “Examining Extremism: Islamic State Khorasan Province (ISKP),” https://www.csis.org/blogs/examining-extremism/examining-extremism-islamic-state-khorasan-province-iskp.（上网时间：2021年11月1日）

沙巴州与阿布沙耶夫恐怖分子交火，击毙5人，现场查获2把手枪、2个弹匣等暴恐物资。[①]

三、“后战争时代”国际反恐面临新难题

受阿塔建政复国刺激，“后战争时代”的国际暴恐活动出现进一步本土化趋势，恐怖势力妄图通过“圣战”搞“武装割据”。同时，新兴技术与暴恐活动结合趋升，暴恐活动威胁升级。

（一）“圣战”本土化趋势加剧反恐挑战

一是暴恐分子“士气”高涨。2021年阿塔击退美国这个超级大国，由反叛武装变身为主导阿富汗的政治力量，其成功极大刺激了国际暴恐势力。“圣战”分子在社交媒体上叫嚣称，阿塔“打败强大的美国并接管阿富汗是真主对采取圣战道路驱逐异教徒、推翻世俗国家的认可”。[②] 除长期敌视阿塔的“伊斯兰国”外，全球各大暴恐组织几乎都在庆祝阿塔取得的“成功”。“基地”组织在最后一批美军撤离阿富汗首都喀布尔的几个小时后即发表书面声明，祝贺阿塔和整个穆斯林世界取得“历史性胜利”，称只有武装“圣战”才是正确的道路。[③] “基地”组织阿拉伯半岛分支赞扬阿塔坚持“圣战”道路、拒绝妥协，扬言这

① “报告：马卡萨尔发生恐怖袭击后，马来西亚、印度尼西亚‘伊斯兰国’的支持者呼吁采取更多暴力行动——马来邮件”，https：//malaysia. txos. cc/ 2021/03/31/报告：马卡萨尔发生恐怖袭击后，马来西亚，印度/。（上网时间：2021年10月29日）

② “After Afghanistan, Where Next for Global Jihad?” https：//www. economist. com/leaders/2021/08/28/after - afghanistan - where - next - for - global - jihad.（上网时间：2021年10月28日）

③ Thomas Joscelyn,“Al Qaeda Praises Taliban's ‘Historic Victory’ in Afghanistan,” https：//www. longwarjournal. org/archives/2021/08/al - qaeda - praises - talibans - historic - victory - in - afghanistan. php.（上网时间：2021年10月27日）

是“世界关键转变的开始”。[①]“基地”组织伊斯兰马格里布分支鼓吹，“阿塔的成功证明了恢复乌玛荣耀的唯一途径是通过圣战”[②]。巴塔头目努尔·瓦利·马哈苏德在接受美国有线电视新闻网采访时妄言，“阿塔的胜利是全体穆斯林的胜利”。[③]叙利亚沙姆解放组织高调庆祝阿塔重新掌权，宣称“阿塔的胜利是逊尼派的胜利以及所有被压迫者的胜利”。[④]

二是“圣战”割据逆流涌动。阿塔“圣战”模式日益成为国际暴恐势力争相效尤的“典范”。多个地区的暴恐组织图谋以更大力度在各自主要活动区塑造政治合法性，建立割据统治。沙姆解放组织控制着叙利亚伊德利卜省大部分地区，强调聚焦地方事务，宣称要提供高效、廉洁的治理，意在建立广泛公信力，尤其是在新冠肺炎疫情期间着力向控制区民众提供公共卫生服务。2021 年，沙姆解放组织还加强了与伊德利卜省部落和氏族委员会的协调，强化社会支持基础，同时还不断寻求国际社会将其从恐怖组织名单中除名，图谋洗白暴恐身份，谋取国际合法性。该组织头目朱拉尼 1 年来多次宣称，将放弃跨境“圣战”的理念，集中精力治理已经控制的地区，其不会威胁美欧等国的任何安全和经济利益。而美官员也不止一次表示，美不再把沙姆解放组织视为恐怖组织，可在一定条件下与其对话。索马里青年党则日渐

① Rita Katz，“Future of Al Qaeda，ISIS &Jihadism，” https：//www. wilson-center. org/article/future – al – qaeda – isis – jihadism.（上网时间：2021 年 10 月 28 日）

② Rita Katz，“Future of Al Qaeda，ISIS &Jihadism，” https：//www. wilson-center. org/article/future – al – qaeda – isis – jihadism.（上网时间：2021 年 10 月 28 日）

③ CNN，“Pakistani Taliban Leader Reacts to Afghan Gains after US Withdrawal，” https：//edition. cnn. com/videos/world/2021/07/26/pakistan – taliban – leader – robertson – pkg – intl – vpx. cnn.（上网时间：2021 年 10 月 28 日）

④ Aaron Y. Zelin，“Return of the Islamic Emirate of Afghanistan：The Jihadist State of Play，” https：//www. washingtoninstitute. org/policy – analysis/return – islamic – emirate – afghanistan – jihadist – state – play.（上网时间：2021 年 10 月 28 日）

放弃搞全球“圣战”的目标，转而关注当地问题，谴责索马里当局、批评其缺乏治理能力。该组织在索马里南部建立影子政府，向当地民众提供优于政府的社会服务。巴塔近期活动重点也日趋本土化，其肆意指责巴政府对普什图人的镇压，妄图在巴北部地区获得更大控制权甚至实现独立。为了拉拢民众，该组织一改针对平民不分青红皂白的攻击策略，将袭击目标主要集中于巴安全部队和执法机构。

三是地区国家反恐压力增大。“圣战”本土化趋势将使暴恐活动重灾国面临更大安全威胁。一方面，多国暴恐组织一方面指责政府无能，并为其控制区的民众提供公共服务，填补治理漏洞，特别是疫情期间提供公共卫生服务，这将大幅提升其自身影响和吸引力。本土化后的暴恐组织与当地社会深度融合，韧性增强，更难打击。另一方面，谋求“圣战”割据的暴恐组织势必加剧与各国安全力量的对抗，扰乱地区国家安全局势。

（二）新兴技术与暴恐结合风险上升

随着科技的迅速发展和大规模商业化，新兴技术使用门槛不断降低，逐渐成为暴恐组织的“制胜法宝”。新兴技术的使用能够缩小暴恐组织与国家之间不对称的实力差距，增强暴恐活动的杀伤力和破坏性以及暴恐组织的情报搜集能力。此外，新兴技术还能够助力暴恐组织的募集资金、宣传煽动等活动。

一是增强暴恐活动的杀伤力和破坏性。3D 打印技术可用于武器制造，可高效、快速、低廉地自制枪支、炸药等，恐怖组织可以轻易在互联网上获取打印枪支的图纸，制造出不受管制、无法溯源的枪支的可能性大大增加。恐怖组织利用武器化无人机和自动技术发动袭击，能够大幅扩大行动范围，降低自身伤亡，增加追踪难度，实现以更小代价、更大杀伤力实施暴恐活动。目前，无人机已成为各大暴恐组织的标配，“伊斯兰国”甚至成立了

“圣战者无人机”小组，专门负责获取无人机并策动恐怖袭击。此外，随着生物技术的发展与扩散，细菌或病毒可以更经济、快速地被武器化。当前，暴恐组织图谋通过制造病毒、传播疾病等手段实施袭击的苗头愈发凸显。值得警惕的是，未来暴恐组织会复合使用上述技术，暴恐活动的破坏性将呈指数级增长。比如，当前暴恐组织实施的无人机袭击主要是投掷传统爆炸物，而在不久的将来暴恐分子使用无人机群投掷自制生物炸弹的风险日益增大。

二是提升暴恐组织情报获取能力。暴恐组织可以利用无人机以鸟瞰的方式直观地了解对手防御体系中的薄弱环节，及整个区域的现实状况，且不容易被防御力量发现，能够极大提高暴恐组织情报获取能力。此外，恐怖组织还可以利用人工智能绘制社会网络关系以识别出更具袭击价值的目标，提升其袭击的影响力。①

三是以更加隐秘的方式实施恐怖活动。一方面，“基地”组织、“伊斯兰国”等暴恐组织越来越多地使用加密货币技术转移资金，逃避各国执法部门的监管。国际社会防范打击暴恐组织利用虚拟货币技术进行多元化融资的难度加大。另一方面，暴恐组织使用加密通讯技术增强互相之间联系的隐匿性，使其进行袭击策划时难以被监测到，这将大大增加反恐难度。此外，未来暴恐组织可能结合使用互联网与人工智能技术，采用污染数据、语音合成、自动黑客攻击、在深度学习时插入恶意样本、破解生物特征数据、在人工智能系统中安装后门程序等方式发动新型的网络攻击。②

（审定：傅小强）

---

① 谢磊：“人工智能时代的恐怖主义：挑战与应对”，《和平与发展》，2021 年第 2 期，第 121 ~ 122 页。

② 谢磊：“人工智能时代的恐怖主义：挑战与应对”，《和平与发展》，2021 年第 2 期，第 123 页。

第十九章 技术与政治重塑网络安全*

2021 年，新一轮科技革命持续推进，全球范围内信息技术、大数据、算力、人工智能、生命科学以及区块链技术应用出现多点式、集群性爆炸发展态势，以信通技术（ICT）为基础支撑的网络空间成为这场爆炸的源点和辐射点。这些新技术与应用带来发展新动力，同时亦不断带来安全新风险与隐患，网络安全生态随之发生新变化。与此同时，在当前国际格局与形势下，网络空间作为现实空间的延伸，其稳定与发展深受地缘政治与大国博弈的影响，新一轮科技革命业已成为地缘博弈的前沿与重地。大国间围绕科技的战略竞争加剧，网络争端频发，围绕国际规则话语权争夺激烈，国际合作受到抑制，机制建设呈现一定程度碎片化。鉴于此，技术与政治双重因素前所未有地迭加交织与同频共振，正在深刻重塑网络安全及其治理。

一、“无尽前沿”深化科技战略竞争

2021 年，新科技革命与产业变革在融合中加速演进，并与世界大变局相互叠加引发深刻演变，大国围绕科技创新的“无尽前沿”竞赛不断升级，国际战略竞争引发的意识形态冲突也向科技安全领域蔓延，一些西方国家在高技术领域体系化地展开

* 本章撰稿人：李艳、魏亮、唐新华、谭笑间、周宁南。

技术联盟布局，技术治理与规则博弈也进入安全与权力竞争的核心区，以《2021 年美国创新与竞争法案》为标志，美国对华科技竞争的战略、体系、模式等逐渐成型，以技术权力竞争为核心的国际政治博弈正进入“技术政治时代”。

（一）“无尽前沿”的科技创新竞赛升级

新一轮科技革命正在多点群发，“无尽前沿”的新兴技术与应用不断涌现，占据新技术先发优势的国家将掌握发展主动权，特别是涉及战略性的关键技术领域创新更决定着一个国家发展的未来。因此，各国积极布局新科技革命的高地，押注战略性技术领域，加大投入寻求创新优势。

一是积极完善战略布局。拜登政府上台以来，美国向科技“无尽前沿”发起冲刺。美国发布《临时国家安全战略指南》，[①]高度重视新兴技术、太空、网络、健康、气候等领域。在拜登政府的基建计划中，约 1800 亿美元用于发展量子计算、人工智能、微电子等新兴技术。[②] 2021 年 6 月，美国参议院通过了总投资额达 2500 亿美元的《2021 美国创新与竞争法案》（USICA），[③] 确立了人工智能、高性能计算、量子信息科技、机器人、灾害防范、通信技术、生物技术、数据存储、能源技术、材料科学等

① The White House, “Interim National Security Strategic Guidance,” https://www.whitehouse.gov/briefing－room/statements－releases/2021/03/03/interim－national－security－strategic－guidance/.（上网时间：2021 年 3 月 3 日）

② The White House, “President Biden Announces Support for the Bipartisan Infrastructure Framework,” https://www.whitehouse.gov/briefing－room/statements－releases/2021/06/24/fact－sheet－president－biden－announces－support－for－the－bipartisan－infrastructure－framework/.（上网时间：2021 年 6 月 24 日）

③ The White House, “Statement of President Joe Biden on Senate Passage of the U.S. Innovation and Competition Act,” https://www.whitehouse.gov/briefing－room/statements－releases/2021/06/08/statement－of－president－joe－biden－on－senate－passage－of－the－u－s－innovation－and－competition－act/.（上网时间：2021 年 6 月 8 日）

10 项关键技术领域。欧盟也加紧推动“数字欧洲”战略，[①] 计划在 2021 ~ 2027 年加大投入以提高竞争力并实现技术主权。2021 年 3 月，欧盟委员会以《欧洲数字战略》为基础发布《2030 年数字指南针》政策文件，提出 2030 年欧洲实现数字化转型的 4 项要点和 11 个具体目标。[②] 为此，欧盟还创立欧洲创新理事会（EIC），拟在 2021 ~ 2027 年期间投资逾 100 亿欧元，用于发展突破性创新。[③] 另外，俄罗斯、英国、日本、韩国、以色列等也在推动各自创新战略。

二是加紧战略性关键技术突破。美国为增强在无线通信领域的领导地位，成立“下一代 G 联盟”（Next G Alliance），还力图在 3GPP 中主导 Open – RAN 标准（开放接口标准）以降低对中国 5G 设备的依赖，利用抵制中国 5G 产品的窗口期，加快对基于 Open – RAN 的 5G 技术扶持并向其他国家推广，以逐渐替代中国的 5G 技术和产品优势。在人工智能领域，美国国家人工智能安全委员会（NSCAI）发布报告认为，中美人工智能实力差距在缩小，为赢得 AI 竞赛美国需在 2022 财年至 2032 财年持续投入 2000 亿美元。[④] 美国还加大人工智能军事化部署，美国防部宣称正进行 600 多个人工智能项目。美国众议院筹划推出军事人工

① European Commission, “Digital Europe Programme,” https: //ec. europa. eu/info/funding – tenders/find – funding/eu – funding – programmes/digital – europe – programme_en. （上网时间：2020 年 12 月 10 日）

② European Commission Council, “2030 Digital Compass: the European Way for the Digital Decade,” https: //ec. europa. eu/info/sites/default/files/communication – digital – compass – 2030_en. pdf. （上网时间：2021 年 3 月 9 日）

③ European Commission Council, “Commission Launches European Innovation Council to Help Turn Scientific Ideas into Breakthrough Innovations,” https: //ec. europa. eu/commission/presscorner/detail/en/ip_21_1185. （上网时间：2021 年 3 月 18 日）

④ NSCAI, “The National Security Commission on Artificial Intelligence,” https: //www. nscai. gov/. （上网时间：2021 年 4 月）

智能“曼哈顿计划”。为加快绿色转型，美国拜登政府加大对清洁能源和绿色基础设施的投资，美国能源部2021年6月8日启动了“能源地球计划”。美国还大力投入研发新一代核能研发规划，推进太空核动力技术研发，计划在2027年底前在月球表面建立核电站。量子技术的高地争夺也趋激烈，2021年4月，美国参议院提出两项法案以加强量子技术的领导力，6月21日，美英等7国联合开发基于卫星的量子加密网络。新冠肺炎疫情也加剧了生物技术的竞争，美国在mRNA疫苗技术方面优势显著，拜登政府已于2021年6月让美国国立卫生研究院效仿国防高级计划研究局（DARPA）新设立卫生高级研究计划署（ARPA-H），[①] 以打造生物卫生领域的创新优势。总之，在关键技术领域的研发升级、迭代的竞争进入白热化。

（二）“技术民主联盟”加速在全球布局

在科技创新能力比较优势缩小的情况下，霸权国家通常会寻求通过主导技术规则来实现技术领导权。美国等一些国家认为“世界具有领先技术的民主国家应率先为全球技术政策建立新的多边框架”，即所谓的“技术多边主义”框架下的技术联盟。[②] 拜登称，防止中国主导未来技术最好的方法是形成民主国家同盟；与特朗普政府不同，拜登政府更侧重于推进关键技术领域技术联盟体系布局，建立基于规则的同盟争夺国际科技治理体系的主导权。[③]

---

① National Institutes of Health, "Proposed Advanced Research Projects Agency for Health (ARPA-H)," https://www.nih.gov/arpa-h.

② CNAS, "Common Code - An Alliance Framework for Democratic Technology Policy," https://www.cnas.org/publications/reports/common-code.（上网时间：2020年10月21日）

③ 唐新华：“西方‘技术联盟’：构建新科技霸权的战略路径”，《现代国际关系》，2021年第1期，第38~46、64页。

一是塑造跨大西洋数字伙伴关系。美欧为压制中俄等国在5G、AI、先进制造及数字金融领域的国际标准，加紧推进战略协调。2021 年 6 月 15 日，欧美成立贸易与技术委员会（TTC），① 下设技术标准合作、供应链安全、气候与清洁技术、出口管制、投资审查等 10 个工作组，为双方在全球技术等领域提供协商平台。9 月 29 日，TTC 召开了首次正式会议，提出要增强基于“民主价值观”的伙伴关系来加强多边出口管控以及投资审查、供应链安全等机制。② TTC 是西方国家继 T－12、D10、GPAI、QUAD 后构建技术联盟体系版图的重心，也是美国拉拢欧洲国家联合对华的重要战略举措。为增强中东欧国家加入技术联盟的意愿，2021 年 7 月，美国主导的“三海倡议峰会”（3SI）积极推进区域数字战略协同，③ 以增强美在跨大西洋数字伙伴关系中的发言权。

二是打造印太地区数字秩序。美国在“印太”地区积极推进数字技术投资和标准制定，以替代中国的技术基础设施，并塑造“印太”地区的数字秩序。④ 2021 年 9 月 24 日，美日印澳四

---

① European Commission, “EU－US Launch Trade and Technology Council to Lead Values－based Global Digital Transformation,” https://ec.europa.eu/commission/presscorner/detail/en/IP_21_2990.（上网时间：2021 年 6 月 15 日）

② The White House, “U.S.－EU Trade and Technology Council Inaugural Joint Statement,” https://www.whitehouse.gov/briefing－room/statements－releases/2021/09/29/u－s－eu－trade－and－technology－council－inaugural－joint－statement/.（上网时间：2021 年 9 月 29 日）

③ “Three Seas Initiative: Scenarios for 2025,” https://vsquare.org/three－seas－initiative－four－scenarios－for－2025/.（上网时间：2021 年 7 月 5 日）

④ CNAS, “Advancing a Liberal Digital Order in the Indo－Pacific,” https://www.cnas.org/publications/reports/advancing－a－liberal－digital－order－in－the－indo－pacific.（上网时间：2021 年 5 月 27 日）

方联盟（QUAD）召开首脑峰会，[①] 启动 QUAD 基础设施协调小组，建立清洁氢合作伙伴关系、技术标准联络组，启动半导体供应链计划，成立 QUAD 高级网络小组等加强四国技术政策协调；为增强对东盟地区的技术介入，美国利用东盟峰会契机与相关国家发布了美国—东盟数字发展计划，[②] 推动美国—东盟智能城市伙伴关系计划、东盟—新加坡网络安全卓越中心（ASCCE）和东盟—日本网络安全能力建设中心（AJCCBC）、东盟数字连接和网络安全伙伴关系（DCCP）等进一步强化与东盟国家的技术合作。

美国主导的技术联盟体系不仅向高技术领域渗透，还将向数字金融、数字贸易等领域扩展，并形成具有共同防御协议的战略联盟。通过技术联盟体系，美国试图填补技术与地缘政治竞争中的真空地带，确立基于技术的新科技霸权体系。

（三）技术安全信任体系重塑技术治理规则

美国国家安全顾问沙利文称，美欧贸易与技术委员会（TTC）的成立意味着将由民主国家而非中国将制定 21 世纪的技术规则。一些国家试图在新兴技术研发、治理、使用等方面嵌入所谓的“民主价值观”，将科技产品供应链中打上不同政治标签来划分“安全信任等级”，构建起“可信”标准下的技术生态体系。

美国等西方国家笼络“民主国家”主导高科技国际标准规则，TTC 的目标之一促进数字治理的“民主模式”，第一工作组

---

① The White House, “Quad Leaders’ Summit,” https://www.whitehouse.gov/briefing-room/statements-releases/2021/09/24/fact-sheet-quad-leaders-summit/.（上网时间：2021 年 9 月 24 日）

② The White House, “ASEAN-U.S. Leaders’ Statement on Digital Development,” https://www.whitehouse.gov/briefing-room/statements-releases/2021/10/27/asean-u-s-leaders-statement-on-digital-development/.（上网时间：2021 年 10 月 27 日）

计划在人工智能、物联网等新技术风险评估中嵌入“可信”标准，并将中国塑造为“技术威权主义”。2021 年 6 月 3 日，美国总统拜登签署行政令修改投资禁令，将 59 家中国企业列入制裁名单。美国政府还以安全、人权等名义修订针对中国军工企业的投资禁令。2021 年 7 月 13 日，美国国务院更新了新疆供应链业务公告，打压我国光伏等新能源技术与产品。[①] 9 月举行的 QUAD 四方对话中，提出要建立技术“设计、开发、治理和使用”四原则，[②] 建立在“信任、完整性和弹性”基础上技术生态系统。通过建立“技术安全信任体系”，可增强 5G、6G、量子互联网等新技术全流程规则塑造，借助技术联盟打造“分层金字塔结构”[③] 供应链，从而约束创新要素流动来垄断创新优势，争夺国际科技发展与规则体系主导权，打造新科技霸权体系和权力体系。由此可见，全球技术领域意识形态对立正不断加剧，数字空间中安全信任鸿沟进一步扩大。

二、网络安全事件不断搅动大国政治

2021 年，全球重大网络安全事件不断上演，美俄继“操纵大选”争端后开启新一轮网络攻击争端。面对全球网络安全局势恶化，美西方国家以所谓“负责任国家”为名，推动重点针

---

① The U. S. Department of State, “Issuance of the Updated Xinjiang Supply Chain Business Advisory,” https: //www. state. gov/issuance - of - the - updated - xinjiang - supply - chain - business - advisory/. （上网时间：2021 年 7 月 13 日）

② The White House, “Quad Principles on Technology Design, Development, Governance, and Use,” https: //www. whitehouse. gov/briefing - room/statements - releases/2021/09/24/quad - principles - on - technology - design - development - governance - and - use/. （上网时间：2021 年 9 月 24 日）

③ 唐新华：“技术政治时代的权力与战略”，《国际政治科学》，2021 年第 2 期，第 59 ~ 89 页。

对中俄等国的“集体溯源”。与此同时，美继续施行大规模网络监控行动。这些态势不断破坏网络空间信任基础，加剧网络安全议题泛政治化态势，极大阻碍了国际社会合力应对全球性网络攻击的意愿与实效。

（一）关键基础设施成为网络安全“重灾区”

关键基础设施之所以成为网络安全的重灾区，主要原因有二：一是重要关键基础设施对于信息与操作系统的依赖度不断加剧，在提升运营效率的同时，也增加了设施的脆弱性，任何一个节点受到攻击都可能带来系统性整体失灵；二是较高的成本收益比使得关键基础设施成为网络攻击的首选目标。对于国家主体而言，在战略竞争与军事冲突中，由于网络攻击溯源难和规则缺失的问题，对关键基础设施发动攻击，不仅损害后果大还不用承担相应的责任。对于非国家主体（犯罪分子与恐怖分子）而言更是如此，攻击关键基础设施门槛低，攻击与勒索成功率较高。这也是为什么近年来利用勒索软件对重要关键基础设施实施攻击的案例显著增加。正是鉴于此形势，瑞典国防部长彼得·胡尔特奎斯（Peter Hultqvist）称，针对关键基础设施的网络攻击能够改变国家安全态势。①

2021 年以来，国际上针对关键基础设施的重大网络攻击事件频发，相关国家的能源、医疗、交通、食品等关键基础设施均遭不同程度的攻击与破坏。其中美国首当其冲，集中遭受系列勒索病毒攻击。5 月 7 日，美国最大输油企业科洛尼尔管道运输公司遭遇勒索病毒攻击，令美东海岸 45% 的汽柴油、航空燃油等

---

① Johan Ahlander et al, “Major Ransomware Attack against U. S. Tech Provider Forces Swedish Store Closures,” https://www.reuters.com/technology/cyber-attack-against-us-it-provider-forces-swedish-chain-close-800-stores-2021-07-03/.（上网时间：2021 年 11 月 4 日）

供应中断近一周。[①] 美媒《政治家》评论称，美管道系统命脉中断，能源基础设施面临有史以来最严重的网络攻击。[②] 紧接着5月31日，美全球最大肉类供应商JBS遭到勒索攻击，供应美1/4牛肉和1/5猪肉的美国分部被迫关闭，美肉类价格创月内最大涨幅。在接下来的几个月里，美又陆续发生医疗系统、广播系统等系列勒索攻击事件。攻击发生后，美政府高度重视，美国家安全委员会副顾问安妮·纽伯格称，美关键基础设施遭遇的勒索攻击越来越严重。[③] 美司法部甚至认为此类攻击堪比“9·11”恐怖袭击，[④] 因此上调处置此类事件的紧迫性，加大对关键基础设施遭勒索攻击的调查。此外，欧洲、俄罗斯、中东等其他国家和地区亦发生多起关键基础设施遭受严重网络攻击事件。俄罗斯称，2021年前6个月，俄罗斯关键基础设施遭到的网络攻击次数比去年增加了150%。

（二）美俄深陷网络攻击争端

美对所谓的俄“网攻事件”开展调查。2020年12月，美网络安全公司“火眼”率先发现美太阳风公司的网络管理工具Onion遭到恶意篡改，可能影响美多个政府部门和关键企业。美随

---

① Ellen Nakashima et al, “Ransomware Attack Leads to Shutdown of Major U. S. Pipeline System,” https://www.washingtonpost.com/business/2021/05/08/cyber-attack-colonial-pipeline/.（上网时间：2021年11月4日）

② Gloria Gonzalez et al, “Jugular of the U. S. Fuel Pipeline System Shuts down after Cyberattack,” https://www.politico.com/news/2021/05/08/colonial-pipeline-cyber-attack-485984.（上网时间：2021年11月4日）

③ Amanda Macias et al, “Business Leaders Must Take Urgent Action to Counter Ransomware Threat, White House Warns in Memo,” https://www.cnbc.com/2021/06/03/ransomware-attacks-white-house-memo-urges-immediate-action-by-business.html.（上网时间：2021年11月4日）

④ Christopher Bing, “U. S. to Give Ransomware Hacks Similar Priority as Terrorism,” https://www.reuters.com/technology/exclusive-us-give-ransomware-hacks-similar-priority-terrorism-official-says-2021-06-03/.（上网时间：2021年11月4日）

后确认国务院、国防部、国土安全部等9个联邦部门和200余家大型企业遭到网络侵入，并第一时间认为攻击可能由俄发动。拜登在2021年1月和4月两度与俄总统普京通话，表示美将坚定回应俄网络攻击，保卫国家利益。[①] 4月15日，美正式对俄制裁，发布公告称“高度确信”网络攻击事件由俄对外情报局实施。同日，拜登签署行政令，宣布对俄官员、企业等实施制裁。5月27日，微软等企业发动对俄罗斯的第二轮网络溯源，称俄对外情报局针对24国政府机构和人权组织进行网络攻击。7月6日，美共和党全国委员会称俄对外情报局渗透其信息网络。[②] 同时，美在国际层面向俄施压。美以勒索攻击是全球威胁为由，拉拢盟友，就勒索攻击及犯罪问题展开对话。6月，在G7、美欧、北约峰会上，美与盟友讨论勒索攻击治理问题，并达成共识，认为所有国家有义务破坏在其境内运作的勒索犯罪网络。[③] 10月，美提出“打击勒索攻击倡议”，北约、欧盟等30余国加盟，联合声明强调，在某些国家不愿履行破坏境内勒索犯罪网络时，将使用网络力量打击勒索犯罪网络，并动用外交资源施压。[④] 虽然这些声明未明着向俄施压，但在美指责俄实施攻击的情况下，选

① Shannon Vavra, “U. S. Intelligence Community Details Destructive Cyber Capabilities, Growing Influence Threats,” https://www.cyberscoop.com/us – intelligence – community – threat – assessment – destructive – cyber – influence/.（上网时间：2021年11月4日）

② Maggie Miller, “RNC Says Contractor Breached in Hack, GOP Data Secure,” https://thehill.com/policy/cybersecurity/561761 – rnc – says – contractor – breached – in – hack – gop – data – secure.（上网时间：2021年11月4日）

③ The White House, “Carbis Bay G7 Summit Communique,” https://www.whitehouse.gov/briefing – room/statements – releases/2021/06/13/carbis – bay – g7 – summit – communique/.（上网时间：2021年11月4日）

④ David Sanger, “U. S. Holds Global Meeting to Fight Ransomware, Minus the World’s No. 1 Culprit,” https://www.nytimes.com/2021/10/14/us/politics/global – ransomware – meeting.html.（上网时间：2021年11月4日）

择此时间节点与探讨议题，剑指何方不言而喻。

俄对此采取强硬立场，积极对美展开博弈。一方面，俄对美指控坚决反对，并指责美对俄进行网络攻击。5 月 18 日，俄对外情报局局长否认参与太阳风公司网络攻击事件。28 日，俄克里姆林宫发言人否认发动网络攻击，并要求美企出示证据。[①] 12 日，俄联邦安全局发布报告，称俄罗斯政府机构遭到规模上史无前例的网络攻击，俄关键部位使用的防护系统遭顶级水平国家渗透。[②] 9 月，俄又称多个国家针对俄金融机构发动了世界上对金融业最强大的网络攻击。[③] 另一方面，俄积极利用双边外交渠道进一步表明立场。早在 2020 年 8 月，俄总统普京就曾提议与美签订网络互不攻击条约，当时未获美响应。美科洛尼尔管道公司遭受网络攻击后，拜登于 6 月 15 日与普京会面，提出禁止通过网络或任何其他方式攻击 16 个关键基础设施的主张。[④] 面对拜登要求俄积极配合引渡勒索攻击罪犯的要求，普京表示，俄罗斯和美国都必须“承担平等的承诺”，俄向美引渡勒索攻击罪犯的

① BBC, “Russian Hackers Target Aid Groups in New Cyber - attack, Says Microsoft,” https: //www. bbc. com/news/world - us - canada - 57280510. （上网时间：2021 年 11 月 4 日）

② Reuters, “Russia's FSB Reports ‘Unprecedented’ Hacking Campaign Aimed at Government Agencies,” https: //www. reuters. com/technology/russias - fsb - reports - unprecedented - hacking - campaign - aimed - government - agencies - 2021 - 05 - 26/. （上网时间：2021 年 11 月 4 日）

③ Eastern Economic Forum, “Sber Fought off Huge Cyber Attack on Russian Banking System Last Week,” https: //tass. com/economy/1333083. （上网时间：2021 年 11 月 4 日）

④ The White House, “Remarks by President Biden in Press Conference,” https: //www. whitehouse. gov/briefing - room/speeches - remarks/2021/06/16/remarks - by - president - biden - in - press - conference - 4/. （上网时间：2021 年 11 月 4 日）

前提是美国同样向俄罗斯引渡相应的罪犯。[1]

（三）“集体溯源”激化国家间网络冲突

2021 年，美西方发动了两起“集体溯源”行动。4 月 15 日，美国、欧盟、北约、英国、澳大利亚、加拿大等国就太阳风公司网络攻击事件对俄罗斯集体溯源。7 月 19 日，美政府发起所谓制止中国黑客网攻“三连击”，各种操作令人目不暇接，一边是白宫联合所谓国际盟友与合作伙伴发布共同声明，就微软邮件服务器网络攻击事件对中国进行所谓“集体溯源”，[2] 一边是美国政企联手发布所谓重磅中国黑客报告。当然，美国司法部更不会闲着，同时起诉 4 名所谓“中国黑客”。一方面，两次所谓“集体溯源”极大破坏了中俄与美西方的网络安全信任关系。尽管拜登事前与俄总统电话沟通，表示“集体溯源”无意造成与俄冲突升级，事发当日，俄外交部称美西方“集体溯源”是“危险地升高对抗火药味的敌对举措”，并召见美驻俄大使，表示俄将果断反制。[3] 5 月 27 日，美国会称遭到俄大规模网络攻击，众议院情报委员会主席亚当·希夫称，集体溯源并未吓到

---

① Olga Pavlova, “Putin Says Russia Prepared to Extradite Cyber Criminals to US on Reciprocal Basis,” https: //edition. cnn. com/2021/06/13/europe/putin – russia – cyber – criminals – intl/index. html. （上网时间：2021 年 11 月 4 日）

② The White House, “The United States, Joined by Allies and Partners, Attributes Malicious Cyber Activity and Irresponsible State Behavior to the People’s Republic of China,” https: //www. whitehouse. gov/briefing – room/statements – releases/2021/07/19/the – united – states – joined – by – allies – and – partners – attributes – malicious – cyber – activity – and – irresponsible – state – behavior – to – the – peoples – republic – of – china/. （上网时间：2021 年 11 月 4 日）

③ BBC, “US Imposes Sanctions on Russia over Cyber – attacks,” https: //www. bbc. com/news/technology – 56755484. （上网时间：2021 年 11 月 4 日）

俄，反而带来了网络冲突。[①] 中国外交部则表示所谓“集体溯源”毫无根据，充满了臆测和无端指责，中方对此强烈不满和坚决反对，并指出渗透中国境内网络设备最多的三个国家均是参与“集体溯源”的国家。[②] 7 月 27 日，美总统拜登面对与中俄网络安全信任危机，表示担忧与中俄因网络而产生战争。[③]

（四）美大规模网络监控行为侵蚀网络空间信任基础

2021 年以来，德法等欧洲国家主流媒体密集披露，美国家安全局借助丹麦国防情报局窃听欧海底光缆，监控德总理默克尔手机等。[④] 法总统马克龙表示，监控盟友不可接受，美国须向盟友解释。[⑤] 之后法德等国主流媒体又披露称，美长期资助的以色列 NSO 集团涉嫌监控法总统马克龙等多名欧方政要。马克龙、默克尔、冯德莱恩都表示监控盟友不可接受。8 月，法等国在联合国信息安全专家组和开放式工作组提出加快讨论《推进网络空间负责任国家行为纲领》，力图打造不再依附美国盟友，由欧方主导的维护网络安全新平台。

---

① David Sanger, “Russia Appears to Carry out Hack Through System Used by U. S. Aid Agency,” https: //www. nytimes. com/2021/05/28/us/politics/russia – hack – us-aid. html. （上网时间：2021 年 11 月 4 日）

② 新华网：“中国驻英使馆：英方对中国有关网络攻击的指责是蓄意污蔑”，http: //www. xinhuanet. com/2021 – 07/20/c_1127675573. htm。（上网时间：2021 年 11 月 4 日）

③ The White House, “Remarks by President Biden at the Office of the Director of National Intelligence,” https: //www. whitehouse. gov/briefing – room/speeches – remarks/2021/07/27/remarks – by – president – biden – at – the – office – of – the – director – of – national – intelligence/. （上网时间：2021 年 11 月 4 日）

④ Pierre – Paul Bermingham, “Danish Secret Service Helped NSA Spy on Merkel, EU Officials: Report,” https: //www. politico. eu/article/press – report – merkel – and – eu – leaders – spied – on – by – nsa – via – denmark/. （上网时间：2021 年 11 月 4 日）

⑤ 环球网：“美监听盟友丑闻爆惊人内幕，马克龙、默克尔要求美国和丹麦做出解释”，https: //world. huanqiu. com/article/43M38mioKJ5。（上网时间：2021 年 11 月 4 日）

其实，早在2013年夏斯诺登事件曝光以来，国际社会就对美大规模网络监控事件有所警觉，但现在看来，当时虽然包括美盟友在内的国家均表示强烈反对，却没有后续动作去有效地解决这一问题。究其原因十分复杂，其中一个重要原因是国际社会没有真正深刻认识到此种行径的深远影响。事实上大规模监控事件本身给当事国带来的影响或许只是有限的和暂时的，但更为重要的是这种行为对网络空间安全与稳定的长远影响。大规模网络监控行为让国际社会深刻认识到网络安全面临的巨大风险与挑战，各国对自身的安全关切远超对共同安全的追求，直接导致网络空间竞争加剧，合作难达。从这个意义上讲，不断曝光的美大规模网络监听事件，正在不断破坏网络空间信任。

三、国际社会高度关注数据安全与治理

当今世界已进入数据时代。随着信息社会的持续推进，社会各领域对数据价值的倚重日深，数据的重要性“性命攸关”(Life - Critical)。从某种意义上讲，数据正在不断催生新的社会形态：“未来社会发展在很大程度上将用数据说话”。一方面，各国将数据视为事关发展的战略资源；另一方面，由于依赖性越强则脆弱性越大，在数据如此重要的背景下，数据安全成为安全软肋。近年来，针对数据的攻击、窃取、滥用、劫持等手段不断推陈出新，甚至形成地下数据产业链，给经济、政治、社会等各领域均带来巨大风险。与此同时，国家间围绕数据展开的战略竞争与博弈亦在不断强化。

（一）美欧数据流动博弈暗流涌动

自2020年7月欧盟法院判定美欧之间的隐私盾协议无效之后，美欧数据跨境流动即陷入困境。2021年6月，欧盟发布的

新版“将个人数据从欧盟转移到第三国的标准合同条款”（SCCs）在一定程度上缓解了美欧之间数据跨境流动的困境，但依然难以掩盖美欧在数据领域各怀心思、暗流涌动的现实。

一方面，美欧有和解的政治意愿。拜登在当选美国总统之前，即释放出希望在数据流动领域与欧盟修好的信号。欧盟方面也显示出希望恢复对话与谈判的意愿。2021 年 3 月，拜登与欧委会主席冯德莱恩通话时，就建立包括数据问题在内的跨大西洋技术与贸易平台达成初步共识。6 月，拜登赴欧参加七国集团峰会并会见欧盟领导人，双方进一步达成重修隐私协议、促进跨大西洋数据流动的政治共识。

但另一方面，双方亦有各自打算，战略竞争实际上仍在加剧。欧盟努力放大数据流动规则上的“布鲁赛尔效应”。2021 年，欧盟继续深化其在数据方面的规则构建与外化。无论是为落实欧盟数字战略而草拟的《数字服务法》《数字市场法》草案，还是用来遏制美国科技巨头垄断扩张的数字税方案，都体现出欧盟要在数字时代继续用规则影响世界尤其是牵制美国、成为数字经济特殊一极的战略意图。这些动作在欧美数据流通博弈当中，都化作了以隐私为表象的核心利益之争。这种用欧盟标准实现国际影响的现象即所谓的“布鲁塞尔效应”，目前欧盟正娴熟地运用这一手法，在跨大西洋数据流动上获取更多利益，并试图通过与美博弈获得全球数据流动规则的更大话语权。相应地，美在全球最低税率、更积极主动推动《隐私盾》之后的跨大西洋数据流动规则等方面频频向欧盟示好，实则也意在尽快打通跨大西洋数据流动渠道，联通其业已建立的美墨加、日美，以及实际跨太平洋的数字贸易体系，以实（经济实践）带虚（规则构建），形成以美国模式为主导的国际数据流动规则。

（二）全球数据权属之争日趋激烈

无论是数据流动还是数据监控，归根结底都是为谋取利益而在不同领域、合法与非法之间争夺数据权属。联合国贸易和发展会议发布《2021 年数字经济报告》称，数据本身是一种无形的、非竞争性的特殊资源，但数据获取可能受技术或法律手段的限制，从而使数据产生不同程度的排他性。此外，数据还具有多维度的属性：从经济角度看，数据不仅可以为收集者和控制者提供私人价值，还可以为整个经济提供社会价值；从非经济层面考虑，数据与隐私和人权、国家安全等密切相关。这反映出不同国家不同利益群体出于自身利益考虑对于数据权属作出的不同诠释。

由此可见，当数据日益真正成为一种重要的生产要素之后，解决数据的权属问题将日益迫切，它是数字时代生产关系的重要基础，同时亦是主要国家和非国家行为体间博弈的主战场。一方面，国家主体之间有不同诉求，比如欧盟更重视数据权属中的隐私权等人格权以及数据主权，在其《通用数据保护条例》以及尚在酝酿当中的《数据服务法案》《数字市场法案》等法律草稿中，构建维护数据隐私权与主权为核心的欧系权属体系。而美国则将数据权属建立在使用的基础之上，强调重要的不是确定谁拥有数据，而是确定谁有权访问、控制和使用数据。另一方面，非国家行为体亦有着强大的影响力。为数据运维的最大持有人，运营电子商务和社交媒体等平台的科技巨头则刻意忽视数据权属，甚至有意混淆权属、权益等概念，夸大数据权属识别、划分的难度，它们对于数据的占有与权属的立场会在很大程度上影响数据权属规则的走向。

（三）各国不断强化数据安全治理

2021 年是数据安全治理领域的“大年”。最引人瞩目的是中国颁布实施了《数据安全法》。在全球，主要国家关于数据安全的治理举措也纷纷跟进。一方面，主要国家更加注重在国家层面全面治理数据安全。在继续治理技术层面隐患的同时，主要国家也更注重从国家安全的视角来看待数据安全问题，建立机构、优化政策、加强监管，围绕数据资源控制权展开政企之间和国际博弈。包括欧美在内的主要数字经济体，正基于战略考虑限制重要数据出境，并试图塑造国际数据安全治理政策同盟。为全面维护数据安全，各国亦同步加强个人信息保护。除中国实施《个人信息保护法》外，据不完全统计，美国、欧盟、加拿大、澳大利亚等近10个经济体或修订个人信息相关法律保护范围，或设立新法保护个人信息。另一方面，政府正与科技巨头争夺数据安全的主导权。在整顿市场秩序上，主要国家和地区对大型互联网企业、大型产品和服务提供商展开有针对性的监管，聚焦与新冠肺炎疫情相关的公共卫生、生物识别等数据的共享、使用。

四、新兴技术与应用领域热点频出

新兴技术与应用永远会带来安全与治理新议题，2021年以来，各种热点频出，其中最引人注目的无疑是芯片恐慌、社交平台治理与太空互联网带来的治理挑战。

（一）芯片恐慌加剧半导体技术竞争

2020年末，福特、大众、丰田等全球车企由于车用芯片持续紧缺，被迫降低产量、关停部分生产线。芯片短缺还向电子产品蔓延，苹果等电子产品制造商均动用供应链关系囤积芯片。高盛警告称，芯片是美众多经济活动的核心，芯片短缺导致的减产和涨价可导致美GDP缩水1%，并推升通胀率0.4%，严重冲击美经济。[1] 拜登称，芯片支撑现代经济和国防，战略地位堪称21世纪的“马蹄铁”。[2] 德经济部长彼得·阿尔特迈尔表示，芯片短缺影响德经济复苏。[3]

美欧政府面对芯片危机，展开多层次外交行动，通过各种渠道向台湾当局和在台芯片制造企业施压，要求优先保障其芯片供应，并发动各地使馆出马挖掘芯片产能。国家安全顾问沙利文在美日韩三方国家安全官员会谈中讨论保护半导体等敏感供应链问题。4月，美总统拜登召开白宫半导体总裁峰会，台积电、三星等重要半导体制造商和美对半导体有需求的各类企业代表出席，讨论如何缓解当前美企半导体供应不足态势并确保未来半导体不再短缺。10月，拜登政府更进一步，以确保供应链安全为由，要求包括台积电、三星等在内的芯片制造企业限期“自愿”向美商务部提供芯片制造的上游供货方和下游客户信息等商业机密，以帮助美企渡过芯片短缺。[4] 美商务部长雷蒙多甚至以动用美《国防安全法》相威胁，称美有许多政策工具能够迫使相关

① Nicolas Rivero, “The Global Semiconductor Shortage Can Be Explained by the Bullwhip Effect,” https://qz.com/2004569/the-global-semiconductor-shortage-can-be-explained-by-the-bullwhip-effect/.（上网时间：2021年11月5日）

② The White House, “Remarks by President Biden at Signing of an Executive Order on Supply Chains,” https://www.whitehouse.gov/briefing-room/speeches-remarks/2021/02/24/remarks-by-president-biden-at-signing-of-an-executive-order-on-supply-chains/.（上网时间：2021年11月5日）

③ “German Economy Minister Slashes 2021 Growth Forecast,” https://www.dw.com/en/german-economy-minister-slashes-2021-growth-forecast/a-59636414.（上网时间：2021年11月5日）

④ U.S. Department of Commerce, “Commerce Department, Biden Administration Take Action on Semiconductor Chip Shortage,” https://www.commerce.gov/news/press-releases/2021/10/commerce-department-biden-administration-take-action-semiconductor-chip.（上网时间：2021年11月5日）

企业交出信息。[①] 此举在全球半导体行业引发轩然大波，包括台积电、三星等公司都不同程度表示反对，称将自主运营保护客户机密。台积电创始人张忠谋亦表示相关政策明显偏向英特尔等美企，将破坏商业竞争。[②]

然而，受全球疫情、东南亚工厂着火等客观因素制约，半导体短缺局面并未在短期内扭转。更为重要的是，为将恐慌与压力外移，并达到遏制中国的目的，美欧等国借此轮芯片恐慌再次炒作所谓中国威胁论。美 60 多位两院议员趁机炒作中国半导体快速发展，称中国将统治半导体供应链。欧半导体巨头阿斯麦和意法半导体总裁亦认为，欧半导体行业前有美对华出口许可限制，后有中国发力追赶，面临被排挤而一蹶不振的风险。[③] 欧委会内部市场专员布雷东表示，芯片产业是欧众多战略价值链的起点，产能自主事关欧盟数字主权和数字转型的成败。[④] 由此可见，芯片恐慌进一步蔓延演变为核心技术产业竞争。

（二）新兴社交网络不断冲击主流平台

新兴社交网络，主要指除谷歌、脸书、推特、照片墙等主流社交媒体之外的新兴社交网络平台，大部分诞生于 2010 年以后。

---

① Jenny Leonard and Bloomberg, "White House Weighs Invoking Defense Law to Get Chip Data," https://fortune.com/2021/09/23/white-house-defense-chip-shortage-data/.（上网时间：2021 年 11 月 5 日）

② 中時新聞網："5 年前這傢伙就不客氣！張忠謀大爆料英特爾新 CEO 內幕"，https://www.chinatimes.com/realtimenews/20211026005649-260410?chdtv。（上网时间：2021 年 11 月 5 日）

③ Yuan Yang, "European Tech Accuses US of Using Sanctions to Shut It out of China," https://www.ft.com/content/7baa8caf-ca3f-4d95-967c-e315a3ee348f.（上网时间：2021 年 11 月 5 日）

④ Thierry Breton, "How a European Chips Act Will Put Europe back in the Tech Race," https://ec.europa.eu/commission/commissioners/2019-2024/breton/blog/how-european-chips-act-will-put-europe-back-tech-race_en.（上网时间：2021 年 11 月 5 日）

相比于主流平台，新兴社交网络大多标榜隐私技术与言论自由。疫情冲击下，大量欧美民众失业，许多网民开始转向新兴社交平台，通过极端言论和行为博取关注和流量，出现极端平台、极端政客、极端网民“共生共荣”现象，加剧了欧美网络舆论极端化风潮。

新兴社交网络的种类多种多样，功能定位各不相同。如电报（Telegram）和信号（Signal）主打“加密社交”，通过端到端加密手段和全球分布的专属加密服务器来对其社交网络中流动的信息进行加密以维护“隐私”。Parler、MeWe 则主打“言论自由”，以宽松的言论监管吸引西方主流平台上观点极端但订阅数多的政治网红加入，使其能够更无顾忌地将其作为进一步发展壮大的“大本营”。而 Clubhouse 则主打“私密对话”，通过线上“房间”打造虚拟空间“面对面”沉浸式体验，造成使用者更高的依赖性。又如信号曾得到“棱镜”计划揭露者斯诺登的称赞，曾被用于埃及的街头抗议，还曾助推美“黑人命贵”运动。[①] MeWe、Clubhouse 则分别被“港独”和“台独”分子用作召集同伙、渗透内陆、传播分裂言论的巢穴。[②] 2021 年 1 月 6 日，美爆发了震惊世界的占领国会事件，Parler 被认为起到了关键助推作用。在事件发生仅 7 天后，便被脸书、推特与亚马逊联手封杀，特朗普本人亦遭禁言，至今仍未解禁。随着对 1 月美国会暴

① Amelia Nierenberg, “Signal Downloads Are Way up Since the Protests Began,” https: //www. nytimes. com/2020/06/11/style/signal - messaging - app - encryption - protests. html.（上网时间：2021 年 11 月 5 日）

② Ryan Yip：“新世代社交平台！香港人集體棄用 Facebook 投入 MeWe 懷抱?”, https: //tech - potato. com/限時免費資訊/apps - 資訊/新世代社交平台！香港人集體棄用 facebook 投入 mewe 懷抱? /; Amy Chang Chien, Amy Qin：“短暂的自由与关上的窗口：中国封禁 Clubhouse”, https: //cn. nytimes. com/china/20210209/china - clubhouse - blocked/。（上网时间：2021 年 11 月 5 日）

动调查的逐渐深入，越来越多的媒体开始报道脸书在该事件中实际起到了更为重要的作用，并对其纵容特朗普支持者传播阴谋论的行为表示担忧。

为了应对社交媒体对国内政治产生的负面效果，近年来不同国家都不约而同地开始采取平台治理措施。美国通过平台自我约束进行社交媒体监管，主要社交媒体平台通过仇恨言论和虚假信息的处理标准进行平台内容的自动识别和删除。如 YouTube 在全球范围内雇佣了 10000 名员工负责删帖，脸书在全世界拥有 3.5 万名员工从事删除内容的工作。德国的《NetzDG》法于 2018 年初生效，要求其国内注册用户超过 200 万的公司必须在 24 小时内删除与该法律相违背的内容，违者最高处 5000 万欧元罚款。澳大利亚于 2019 年通过了《分享仇恨暴力内容法》，可对违法公司实施刑事处罚，最高判处 3 年监禁并处全球营业额 10% 的罚款。[①] 2021 年以来，美政府和民间组织联手配合，对社交网络采取了进一步的治理行动。3 月 17 日，美国会通过了《平台责任与消费者透明度》法案（简称 PACT 法案），阻止互联网平台利用头条竞价等机制不正当限制商业竞争的行为，并对消费者的个人隐私数据负责。7 月 22 日，美国会又通过了《健康虚假信息法案》，阻止社交网络在传播涉疫虚假信息时起到“扩音器”的作用。

（三）太空互联网安全问题值得警惕

近年来，全球卫星互联网建设提速，各国竞相宣布搭建计划，其中美国进展最快。2021 年 10 月，SpaceX 总裁马斯克在推特上宣布星链的公测将于月底结束，标志着其第一阶段部署已告

① BBC News, “Social Media: How Do Other Governments Regulate It?” https://www.bbc.com/news/technology-47135058.（上网时间：2021 年 11 月 5 日）

一段落。特别是在实际应用网速上也有所突破，2021 年 5 月德国用户反馈其链接速度达到了惊人的每秒 560 兆比特。

目前来看，太空互联网发展带来的风险主要集中在以下两方面：一是给太空本身安全带来的影响。随着地球轨道上卫星数量的增加，卫星之间发生碰撞的概率也随之增加。卫星碰撞会产生轨道碎片，每增加一个碎片都会进一步增加碰撞概率，进而导致新的碎片产生。这一连锁反应的过程被称为“凯斯勒综合症”，其最坏的情况将会导致整个临近空间都被细小却足以致命的太空碎片所覆盖，使太空成为全人类的禁区。如，2019 年 5 月发射的星链卫星就曾险些与欧洲航天局的一颗卫星相撞，而原本应该采取避让行为的星链卫星疑似出现故障，并没有进行避让。① 截至目前，星链共发射了 1791 颗卫星，其中 1646 颗成功进入轨道并工作正常，另有 145 颗卫星未能入轨或没有响应，它们中的大部分已经成为太空垃圾。未来随着星链卫星达到工作寿命，将有数千颗卫星随之报废，若无法及时进行太空垃圾的回收，发生“凯斯勒综合症”将不可避免。二是加大监管难度。太空互联网从太空直接发射网络信号至地表，中间不经过任何中介设备，大大降低了一般民众连接互联网的难度。其地面天线已实现小型化，可以轻易放置于车顶、阳台上、树木或建筑顶端，甚至已经出现能够直接与手机连接的超微型天线。这就意味着一旦应用，网络监管难度较大，数据信息的传输将变得更加不受约束。

因此，虽然目前太空互联网还处在布局与发展初期，不仅需要进一步的技术突破也需要市场助推，能发展到何种程度还有待

---

① Jon Brodkin, “SpaceX Satellite Was on ‘Collision Course’ until ESA Satellite Was Re – routed,” https：//arstechnica. com/information – technology/2019/09/spacex – satellite – was – on – collision – course – until – esa – satellite – was – re – routed/. （上网时间：2021 年 11 月 5 日）

后续进一步观察。但根据目前发展趋势看，作为一项信息基础设施，它的确有着巨大的发展潜力，一旦建成将改变全球互联网格局。国际社会各方应未雨绸缪，重视其可能带来的安全风险，提前谋篇，为进一步有效治理做好准备。

综上所述，当前网络空间的安全与发展整体上面临着极大的不确定性。但令人欣慰的是，国际社会各方并没有因此停下努力的步伐，仍然在积极推进网络空间规范的建立与秩序的构建。2021 年最具代表性的进展就是联合国框架下“双机制”取得阶段性成果。3 月份，开放性工作组（OEWG）公布了关于网络安全讨论的最终实质性报告，[①] 报告由 68 个国家以协商一致的形式达成。这是自 2015 年联合国信息安全政府专家组（UNGGE）报告（UN GA Res/70/237）通过以来，再一次在全球层面达成新的共识性报告，旨在建立有关网络空间规则的共识，促进国际和平、安全、合作和信任。5 月，第六届 UNGGE 共识报告反映了政府专家组对“在国际安全背景下促进网络空间负责任的国家行为”的讨论，小组工作的一个关键部分是在新冠肺炎病毒（COVID－19）大流行期间进行的，肆虐的疫情突出了数字技术的巨大潜力，同时加速了世界对数字技术的依赖，从而进一步强调了在国际安全范围内使用信息和技术方面负责任的行为的重要性。同时，仍然要看到，各国虽然达成了一些共识，但在一些关键议题上仍有较大分歧，比如主权是否可以作为一项国际法规则、各国是否负有审慎义务、是否需要制定新的条约、自助行为以及国家责任的归因等方面，仍然体现了网络空间西方相关国家与新兴国家间的激烈博弈。这种博弈实际上折射在网络空间的各

---

① “Final Substantive Report,” https：//front. un－arm. org/wp－content/uploads/2021/03/Final－report－A－AC. 290－2021－CRP. 2. pdf.（上网时间：2021 年 9 月 14 日）

个领域。总而言之，技术与政治双重因素塑造下的网络空间，能否实现和平、安全与发展，对于国际社会各方而言，都不仅仅是现实的挑战，更是未来的选择。

（审定：张力）

第二十章　国际海洋安全酝酿新变局*

2021 年，大国战略调整牵动海域力量格局变化，传统与非传统挑战共同塑造全球海上安全新图景。海洋霸权国家着眼于海上力量对比加快战略调整，以兵种、资源、手段整合为重点，在岛链内外落实“综合威慑”新理念。中国周边海域安全形势更趋复杂，域外势力介入成为新变数。俄罗斯接掌北极理事会为治理议程注入雄心，地区合作进入“莫斯科时间”，北极国际博弈进入新阶段。全球海上通道、航运、环境危机多发频发，凸显海洋治理新需要。

一、美国加紧重塑海上威慑能力

2021 年 7 月，美国国防部长奥斯汀在新加坡出席第 40 届富勒顿讲座并发表演讲，提出将“综合威慑”概念作为指导美国区域军事行动的“21 世纪新愿景”，指明美国“最高战略优先事项”是团结各方应对“印太”地区“当前和新兴的挑战”。①“综合威慑”概念主要基于两个基本判断：一是中国是“印太”

---

* 本章撰稿人：王力、王旭、刘兰芬、陈子楠。

① Lloyd J. Austin III, “Secretary of Defense Remarks at the 40th International Institute for Strategic Studies Fullerton Lecture (As Prepared),” https://www.defense.gov/News/Speeches/Speech/Article/2708192/secretary-of-defense-remarks-at-the-40th-international-institute-for-strategic/.（上网时间：2021 年 11 月 11 日）

地区“主要威胁”；二是威慑是美国在“印太”地区安全政策的基础。奥斯汀在多个场合强调，新威胁和新技术正在改变战争面貌，但“威慑仍是美国安全的基石”。[①] 美国在印太地区领导地位主要通过外交手段实现，国防部旨在为外交官提供决心和保证，帮助将冲突遏制在萌芽阶段。为此，美必须在该地区维持必备的能力、存在和关系。从现阶段美军官员表态和行动来看，“综合威慑”概念已成为美国“印太”地区安全战略的基本思想。在该概念指导下，美军未来在中国周边海上安全方面或将有五个重点举措。

（一）推动海上力量融合发展

2020 年底以来，美国已发布多份海上军事力量战略文件，突出强调海上力量、先进技术、武器平台和作战概念相互融合，突出强调构建覆盖平时和战时的对华海上优势和军事威慑能力。2020 年 12 月中旬，美国海军、海军陆战队、海岸警卫队联合发布名为《海上优势：以综合多域海上力量取胜》的新海上战略，提出必须充分利用海军、海军陆战队、海岸警卫队等海上军种互补的权限和能力构建综合全域海上力量，以确保不受限制地进入海洋的能力、扭转海上军事优势削弱的势头。具体目标包括：维持可靠威慑和海上优势；在海上竞争中果断行动并取得胜利，维护“基于规则的秩序”、慑止对手武装入侵企图；在海上冲突中夺取制海权，阻止和击败敌方军队、保卫美国本土和协防盟友。[②] 2021 年 10 月，美国海军发布《海军部长战略指南》将中

① “为确保技术优势 美军新战略瞄准‘大国竞争’”，新华网，2021 年 8 月 6 日，http：//www. xinhuanet. com/mil/2021 – 08/06/c _ 1211320280. htm。（上网时间：2021 年 11 月 11 日）

② The Department of Defense，“Advantage at Sea，” https：//media. defense. gov/2020/Dec/16/2002553074/ – 1/ – 1/0/TRISERVICESTRATEGY. PDF. （上网时间：2021 年 11 月 11 日）

国、军队文化、气候变化与新冠肺炎疫情列为美国海军面对的四大挑战，首次承认“中美海军实力旗鼓相当”，提出“中国海军规模和能力取得实质提升，成为全球规模最大舰队，由此带来的长期挑战对五角大楼而言最为重要。”该报告认为，保持美国海军力量优势的首要任务是发展作战能力，扩大对华作战优势。未来，美国海军一方面将强化战备，投资现代化装备和设施，如人工智能、网络安全、无人操作平台、定向能量武器和超音速武器；另一方面将强化全球范围内盟友和伙伴关系，为澳大利亚、印度、菲律宾、印度尼西亚等“印太”地区国家提供必要武器和技术。美国智库哈德逊研究所高级研究员克拉克认为，将发展作战概念和能力纳入新版《战略指南》可以推动美国海军在海上、水下和网络等所有领域“与中国进行近乎对等的竞争”。[①]

（二）加速军事资源网络化部署

美国防部认为，威慑不再依赖特定的武器平台、军种或技术，而是需通过可靠、灵活和坚强的网络，将美军技术、战术和能力编织起来。为此，美国需要重塑在“印太”地区的军事力量，重点是发展尖端技术和更新作战理念。奥斯汀明确提出美军发展的目标是“更密切地协同、更紧密地网络和更迅速地创新”，以维持对华“不对称优势”。[②] 美军参谋长联席会议主席马克·米利也透露，新国防预算将“略微倾向未来而非当前”，着重推进高超音速武器、弹道导弹潜艇、无人舰艇等发展，强化海

① “美国发布新战略指南 首次承认中美海军军力旗鼓相当”，联合早报网站，2021 年 10 月 10 日，https：//www. zaobao. com/news/world/story20211010 - 1201849。（上网时间：2021 年 11 月 11 日）

② Lloyd J. Austin III，“Secretary of Defense Remarks at the 40th International Institute for Strategic Studies Fullerton Lecture（As Prepared），” https：//www. defense. gov/News/Speeches/Speech/Article/2708192/secretary - of - defense - remarks - at - the - 40th - international - institute - for - strategic/.（上网时间：2021 年 11 月 11 日）

军实力，威慑中俄。[①] 与此同时，奥斯汀提出以“针对某个地区安全形势量身定制的新方式”部署力量。[②] 这与美国国安会官员强调利用各类军事合作协议，而不是设置永久军事基地，促进美国在东南亚和印度洋军力部署多样化的思路较为一致。

（三）实现威慑领域全覆盖

“综合威慑”既涵盖传统意义上的军事冲突，也包括所谓的“灰色区域”等胁迫行动；既涵盖海陆空等传统军事领域，又包括太空和网络等战略新疆域，尤其强调穷尽工具箱中所有军事和非军事手段，灵活应对不同威胁。“维护国际法赋予的捕鱼权和能源资源”已经成为奥斯汀、美军印太司令部司令阿奎利诺等人的高频论调。8 月，奥斯汀访问越南和菲律宾期间均提及海上安全合作问题，承诺美国将帮助越南提升海上安全能力，支持菲律宾实现军队现代化。[③] 以国际法和双边同盟条约为据，结合军事与经济、外交手段，充分调动情报和信息渠道，促动南海沿岸国共同应对“灰色地带”行动或将成为美军下一步介入区域安全事务的重要切入点。

（四）放大水下非对称优势

美国智库大西洋理事会高级副主席巴里·帕威尔认为，水下

---

① “美防长听证会上为 7150 亿美元军费辩护，共和党议员认为不足”，法国国际广播电台，2021 年 5 月 28 日，https：//www. rfi. fr/cn/政治/20210528 – 美防长听证会上为 7150 亿美元军费辩护 – 共和党议员认为不够。（上网时间：2021 年 11 月 11 日）

② Lloyd J. Austin III, “Secretary of Defense Remarks at the 40th International Institute for Strategic Studies Fullerton Lecture（As Prepared）,” https：//www. defense. gov/News/Speeches/Speech/Article/2708192/secretary – of – defense – remarks – at – the – 40th – international – institute – for – strategic/.（上网时间：2021 年 11 月 11 日）

③ The Embassy of Viet Nam in U. S. , “US Secretary of Defence Pays Official Visit to Vietnam,” https：//vietnamembassy – usa. org/news/2021/07/us – secretary – defence – pays – official – visit – vietnam；“Philippines Cancels Termination of VFA with U. S. ,” http：//www. xinhuanet. com/english/asiapacific/2021 – 07/30/c _1310097015. htm.（上网时间：2021 年 11 月 11 日）

能力对在区域重大突发事件中阻止中国军队实现作战目标至关重要，美国与欧洲、“印太”盟友共同开发水下能力并使用最敏感作战力量巡逻太平洋海域，有助于美国与盟友构建网络化全球防御态势，强化对华军事威慑能力。特朗普政府副国家安全顾问马特·波廷杰认为，水下作战能力一直是中国的阿喀琉斯之踵。[1]根据美国国防部2020年《中国军事与安全发展报告》评估，当前中美两军水面舰艇实力迅速接近，但美国在战略核潜艇方面质与量优势明显，是“非对称优势”关键一环。[2] 2021年2月，美国海军“俄亥俄”号巡航导弹核潜艇与美国海军陆战队在冲绳附近海域开展“联合远征概念”战术演练，由核潜艇搭载陆战队员执行渗透侦察任务。日本媒体分析认为，奥库斯（AUKUS）将根本改变南海战略动态，澳大利亚可派遣核动力潜艇在南海开展秘密巡逻，探测、跟踪并瞄准中国部署在海南榆林基地的核潜艇。[3]

（五）重视海上危机管控

“综合威慑”最终目的不是触发中美冲突，而是管控中美安全领域竞争。美军参谋长联席会议主席马克·米利作证时称，中美战争并非不可避免，需要将中美关系维持在竞争状态，而不是冲突，“综合威慑”是最佳实现途径。美国防部高层认为，中美将建立更具竞争，有时甚至是敌对的关系，但这并不意味着中美

---

① “弄巧成拙？港媒：‘奥库斯’联盟防务协议，很可能促使中国加大力度提升反潜能力”，《环球时报》，2021年9月27日。

② The Department of Defense, “2020 China Military Power Report,” https://media.defense.gov/2020/Sep/01/2002488689/-1/-1/1/2020-DOD-CHINA-MILITARY-POWER-REPORT-FINAL.PDF.（上网时间：2021年11月11日）

③ “AUKUS and the South China Sea,” *Asia Times*, September 22, 2021.

将不可避免地陷入冲突。[①] 美国海军部长卡洛斯·德尔·托罗在美国海军学院演讲时也表示，“坦率讲，理想目标并非与中国交战。没有人希望爆发冲突……阻止中国实现目标才是我们的最终责任。”[②] 美军未来或在与中方建立更稳定的两军关系，包括强化双方就东南亚地区海空安全危机的沟通和管控水平等方面释放更多积极信号。

二、更多域外势力介入周边海域

中国周边大多数沿海国能够正确认识领土主权争端的复杂性和长期性，海域形势基本保持趋稳向好的发展方向。但是，更多势力介入周边海域，成为2021年周边海域情势的重要变量。

（一）欧洲国家介入态势突出

欧洲国家和欧盟在我周边海域的行动意愿更为积极。有随美的一面，如高举所谓“价值观”大旗，强调“航飞自由”，欲以海上军事存在这一便利手段增加在本地区能见度；也有“战略自主”的一面，各国立场和介入烈度有差别。

以海洋议题牵引战略设计。2021年4月，欧盟理事会通过欧盟“印太合作战略”文件，称成员国海军存驻“印太”意义重大。英、德、法等欧洲大国纷纷发布“印太战略”。法自称是

① The Department of Defense, “Official Talks DOD Policy Role in Chinese Pacing Threat, Integrated Deterrence,” https://www.defense.gov/News/News－Stories/Article/Article/2641068/official－talks－dod－policy－role－in－chinese－pacing－threat－integrated－deterrence/.（上网时间：2021年11月11日）

② “Navy Secretary's New Strategic Guidance Focuses on Deterring China from Invading Taiwan,” https://www.defensenews.com/naval/2021/10/05/navy－secretarys－new－strategic－guidance－focuses－on－deterring－china－from－invading－taiwan/.（上网时间：2021年11月11日）

"印太地区主权国家"，其"印太战略"指出"海洋问题是区域紧张局势的核心，"印太"地区的特点是其海洋层面"。德则强调，在"印太"地区有着重要的航运安全利益。英在《竞争时代中的全球英国》中30余次提及"印太"，宣称将参与海洋治理、海上安全与规则规范塑造、地缘政治竞争。

寻求建立"印太"锚点。欧洲国家纷纷深化与"印太"沿岸国的合作机制安排。4月，德、日建立外长防长2+2会谈机制，涉海军事合作是重点领域，协商德舰艇参与监控朝鲜走私问题。5月七国集团伦敦外长会期间，法、印、澳举行首次三方外长会并发表联合声明，提出"推进共同的价值观""在尊重主权和国际法的基础上促进基于规则的海洋秩序"。[①] 七国集团领导人峰会期间，英首相约翰逊积极游说，希望联手澳大利亚，以"印太"地区可信盟友的身份推动"全球化英国"。[②]

频繁在海上"秀肌肉"。"南海战略态势感知"披露，4月中旬，法国海军"雷电"号两栖攻击舰编队一直在南海活动，并出现在西沙群岛东南领海基线外12.2海里处。5月，英国派遣"伊丽莎白女王"号航母战斗群启程赴"印太"，并计划在东亚永驻两艘军舰。8月，德国向"印太"派遣海军护卫舰"巴伐利亚"号，该舰航经澳大利亚、关岛后停靠东京。德国防部长克兰普—卡伦鲍尔称，"在印太持久展现德国存在很重要"。日本共同社评论，法、英向"印太"派遣海军舰船有意与拜登政府步调一致，德迄今对参与持谨慎态度，但此次在美国及欧盟

---

① 孙海潮："法国'印太战略'凑啥热闹"，《环球时报》，2021年8月10日。

② "美英将帮助澳大利亚部署核动力潜艇，抗衡中国"，https：//cn. nytimes. com/usa/20210916/biden – australia – britain – china/。（上网时间：2021年10月30日）

采取行动的背景下向前迈出一步。[①] 10 月，美国、日本、英国、荷兰、加拿大、新西兰六国军舰在南海展开联合演习，美英三艘航母参加。

（二）美日澳印妄图实现海上合围

在议题上，四国持续关注海上法律、供应链、基础设施与安全。2021 年，美推动四边机制走实，两度召开首脑峰会，渲染“国际秩序面临挑战”，“反对东海、南海被单方面改变现状”和“携手应对威胁、应对对海洋秩序的挑战”。特别是印度，公开表达对“南海担忧”，意欲对美投桃报李补齐“四边脆弱一角”。在首次线下首脑峰会上，美日澳印提出海洋规则法制、减碳绿色航运、涉海基础设施等合作发力的具体领域。美日战略界还鼓吹将防长会纳入常态化四边机制。目前，除美日、美澳同盟之外，美印已缔结后勤、通讯、共享地理空间多个协定，合作向准同盟升级，日印澳任意两方之间均有海上安全行动机制安排。2021 年 10 月，四方联合完成第二次“马拉巴尔”海上联合演习，今后参与规模可能再有扩大。

在方向上，加大对南海沿岸国家拉拢力度。面对轻视东盟的质疑，美国一边重返东盟峰会，密集开启东南亚外交，一边否定中国南海主权权利主张，污蔑中国“不愿和平解决争端，不尊重国际法”；鼓吹“美面对威胁不会退缩，将采取综合威慑手段与盟友和伙伴共同应对”，“与国际社会一道维护国际法”；对中国渔船在牛轭礁的正常作业和低风险行为进行毫无根据的渲染，人为制造地区紧张。与此同时，澳北上、印东进姿态更加积极。8 月，印度派 4 艘军舰到南海巡航，并与越南、菲律宾、文莱等

---

① “德国护卫舰计划 11 月停靠日本”，https：//china. kyodonews. net/news/2021/08/d23c1e4a99cc. html。（上网时间：2021 年 10 月 30 日）

国举行双边军演。日本则延续在东南亚“战略靠港”、联演联训、监视机巡逻船和能力援助的手法，策应美加大对湄公河地区关注，日本—湄公河国家首脑会议提出“百人培训计划”，并大力向越南、缅甸推销日版“海域态势感知计划”（MDA）。[①]

在架构上，妄图扩充海上围遏小圈子。美宣称对“印太地区民主国家”开放 QUAD，新西兰、韩国、越南是主要拉拢对象。一年来，美对韩施压加大。文在寅访美期间美韩发表首脑联合声明，首次提及台湾、南海等问题。10 月，美海军部长卡洛斯·德尔·托罗访韩与韩防长徐旭会谈时表示，韩已成为能在地区乃至国际社会发挥重大影响力的强国，敦促韩与美就维护东北亚繁荣稳定、“印太”地区秩序开展更加密切的合作，期待韩美海军和海军陆战队之间的紧密合作。[②]

（三）东海问题国际化苗头借势蹿升

中日两国领导人就“将东海建成和平、友好、合作之海”有共识，但日执意将钓鱼岛及其附属岛屿的领土主权争议放在两国关系中的不恰当位置，极力推销“中国海上威胁论”，妄图引入域外势力将东海问题国际化。日错误的做法挑动民众感情对立，使中日海洋争端的解决更加复杂，也将压缩日本外部空间、反噬日本政治。

当事国主动煽风点火。日深知海上实力对比令其难以在海上对华逞强、冒险，便故意将中国塑造成“不守法的海上霸权形象”，为自身增加安保预算、大搞军事和海保力量建设找借口，

① 日本『海洋状况及海洋の状况及び海洋に関して講じた施策』（2021 年版），https：//www8. cao. go. jp/ocean/info/annual/r3_annual/pdf/r3annual_3_4. pdf。（上网时间：2021 年 10 月 30 日）

② “韩国防长徐旭会见美国海军部长托罗”，https：//cn. yna. co. kr/view/ACK20211028002700881？section = search。（上网时间：2021 年 10 月 30 日）

为与域外勾连找谈资。在力量整备上，日在西南方向持续推进导弹部署，妄图形成鹿儿岛、奄美大岛、冲绳本岛、宫古岛环环相扣威慑链。升级“尖阁诸岛（即我钓鱼岛及其附属岛屿）24 小时警戒监视体制”，打造快艇、大型舰船与无人机、监视机配合的海空综合应对体系。新首相岸田文雄上台后，鼓吹修改《国家安保战略》，妄称“发展对敌基地攻击能力应对中国威胁”。在国际话语上，菅义伟、岸田文雄上台之初便向美方索要“尖阁诸岛适用《美日安保条约》”之承诺；在双多边外交中，极力抹黑中国《海警法》“不符合国际法”和“中国东海、南海海上强权”，欲以所谓“拥有共同价值观的盟友、伙伴”的海上力量为其在东海挑衅壮胆。

域外国家“助拳”“站台”掀波涛。拜登上台后重新重视盟友体系，日以“站在中美对立最前线”的决心随美起舞。[①] 日美以搁置军费分担协议谈判掩盖分歧，深化军事和执法合作一体化。6～7 月，美日举行一年一次的“东方之盾”联合军演，规模达到 36 年来之最；在东海方向联演联训频次、深度激增，包括在冲绳训练场的夺岛登陆演习、海空战术演习等；美海警与日海保在东海、小笠原群岛等进行至少 5 次联合执法演习。2 月、5 月，美日法两度在东海进行联合军演，美日澳英联演联训增多，“美日 + X”模式可能不断复制。英印与日在东海的合作再进一步。6 月，日印在东海实施海上补给训练；9 月，日英潜艇

① 「对中国政策『覚悟が必要』安倍前首相、日本は最前線」，https：//news. yahoo. co. jp/articles/5e559a50a4be9f80c4c244109e32388df5be017d。（上网时间：2021 年 10 月 30 日）

在日周边海域进行反潜作战训练，共同社评论称实属罕见。[①]

三、北极大国博弈进入新阶段

2021 年 5 月，第 12 届北极理事会部长级会议在冰岛举行。北极理事会 8 个成员国外长通过《雷克雅未克共同宣言》和《2021～2030 年北极理事会战略计划》，就北极环境保护、经济社会可持续发展、强化北极理事会机制等议题达成一系列共识，可谓成果丰硕，一改特朗普政府时期北极治理失序乱象。同时，俄罗斯顺利接棒北极理事会轮值主席国，提出在任内将可持续发展作为地区优先事项，平衡经济发展与资源开发，计划主办多场地区气候议题会议，同北极国家商讨制定和执行地区政策，欢迎更多观察员国积极参与地区活动。[②] 但面子上的一团和气盖不住骨子里的勾心斗角。从 2021 年北极地区形势来看，美国和俄罗斯作为该区域主要大国的共识仍仅停留在宏观层面，在具体事务合作方面互信不足、分歧明显，将深刻影响地区局势未来走向。

（一）美欲借气候变化牵引区域合作，遏制俄罗斯北极经济开发

将安全议题或气变议题作为北极理事会的优先事项，实则反应的是美俄对北极治理的路线之争和主导权之争。拜登政府有意

① 「海自が東シナ海でインドと訓練 対中国で連携強化」，https：//news. yahoo. co. jp/articles/2ab22a0c428db683b5f5c1588aa9e2289741628c；“日本海自首次与英国潜艇进行联合训练”，https：//china. kyodonews. net/news/2021/09/651d56268dcb. html？phrase =% E6% B5% B7&words =% E6% B5% B7。（上网时间：2021 年 10 月 30 日）

② Russian Arctic Council Chairmanship，“Will Welcome More Active Engagement of the Observer States，” https：//www. highnorthnews. com/en/russian – arctic – council – chairmanship – will – welcome – more – active – engagement – observer – states. （上网时间：2021 年 11 月 11 日）

利用气候变化议题争取北极国家在区域治理问题上的最大公约数，进而拔高北极理事会在区域治理体系中的地位，以厘定理事会制度架构和议事机制为抓手，实现北极国家“主体责任”和北极地区“闭门治理”的战略意图。正如布林肯所言，“拜登政府重新关注环境，重新承诺和努力就解决相关问题采取实际行动”，进而从环境保护和气候变化角度出发提出“北冰洋开放要符合一定标准”。整个政策逻辑的落脚点就是美国要主导制定和监督执行这个“标准”，达到一石二鸟之效，即一方面可施压中国等域外国家参与北极活动必须“遵守规则和作出的承诺”，另一方面也有意利用气候变化议题限制俄罗斯等域内国家经济开发步伐。相关苗头已经引起俄方高度警觉。7 月，俄罗斯总统普京签署新版俄罗斯国家安全战略，系 2015 年以来俄安全战略重大更新。该文件 4 次提及北极，9 次提及气候变化，强调气候变化是国际合作领域；同时警告别国勿以气候变化为借口，“限制俄企业进入出口市场，遏制俄工业发展，制定航线控制机制，阻碍俄北极发展。”[①]

（二）美国拒绝俄罗斯改革北极理事会提议，对区域治理机制走向坚持美国方案

在将北极理事会发展成为区域关键治理机制方面，美国和俄罗斯具有较大共识。美国驻挪威大使馆临时代办表示，美国在北极地区政策重点是积极参与北极理事会。[②] 俄罗斯联邦安全委员会副主席梅德韦杰夫也表示，与北极理事会成员国和观察员发展

---

① “Climate Change Finds a Place in Russia’s New National Security Strategy,” *Barents Observer*, July 06, 2021.

② “The Arctic is Getting Well – Deserved Attention in Washington,” https：//www. highnorthnews. com/en/arctic – getting – well – deserved – attention – washington.（上网时间：2021 年 11 月 11 日）

建设性双边关系，将该组织作为北极战略决策的关键国际平台。但是，双方在北极理事会治理机制具体发展方向上存在较大分歧。俄罗斯外长拉夫罗夫在北极理事会发言中明确提出，将北极理事会合作关系向军事安全领域延伸，以缓和地区局势，俄罗斯担任轮值主席国期间将把恢复北极国家武装力量总参谋长定期会晤机制列为优先事项，并提议首先举办军事专家级别会议。但美国国务卿布林肯直接否定俄方提议，称《渥太华宣言》规定北极理事会不处理军事安全问题，理事会应继续将重点放在环境保护、海上安全和原住民福祉等方面的和平合作，坚持应对气候变化是优先议题。

（三）美酝酿以海上行动确立区域规则，北极海上矛盾仍有进一步加剧的风险

拜登政府一直将“基于规则的国际秩序”作为口头禅，此次布林肯更是将在北极地区“立规矩”的矛头直接指向俄罗斯，点名俄罗斯对北极提出“非法的海上主张”，俄罗斯有关北方海航线的管理规定“不符合国际法”，直言美国将敦促俄罗斯在内的所有国家“基于规则、规定和现有承诺”行事，有意以此打压俄罗斯近年在北极的快速发展势头。梅德韦杰夫在主持召开关于确保俄联邦在北极国家利益的跨部门会议时也提到，不少国家继续试图大幅限制俄北极活动，争夺对北冰洋自然资源的使用权和对北极战略海空交通的控制权，无端指责俄无法确保运输、油气和工业综合体安全运行，威胁实施制裁，目的是使俄落实北极国家计划和基础设施项目面临复杂环境，减少俄北极地区产品出口；此类政策直接威胁俄国家安全并可能导致北极局势恶化，俄绝不接受。值得注意的是，美国总统拜登在海岸警卫队学院讲话中称，美国海岸警卫队要在制定行为规范方面发挥重要作用，捍卫北极和南海“开放和安全的海上航道”。鉴此，阻碍“航行自由”或许将成为俄罗斯继推动地区“军事化”后的第二大“罪状”。美海岸警卫队司令卡尔·舒尔茨6月威胁称，美国对俄罗斯在北极地区行动、“基于规则的国际秩序”和当代海洋治理机制表示担忧；如果俄罗斯不是负责任的参与方，北极未来或成为“航行自由行动”潜在的地区。① 未来不排除美国复制在南海地区相关海上行动的成熟模式，派遣海岸警卫队破冰船等舰艇，在北方海航线再次上演“航行自由行动”。

（四）美在军事安全问题上秉持“双标”，一边渲染俄罗斯军事威胁，一边强化盟友军事部署

北极国家在区域安全问题上龃龉不断的背后，是美国利用各方关切和矛盾，强化自身主导地位的惯用伎俩在作祟。一方面，美国有意借北极“军事化”问题划分美俄阵营，将俄罗斯军事威胁作为美国加快海空军事力量重返北极，以及深化与挪威、丹麦、冰岛等北欧北极国家同盟关系的正当性与合理性的基础。布林肯在冰岛和丹麦访问期间，不断指责俄罗斯搞北极“军事化”，抬升地区安全风险，可能引发意外事件和误判，一再重复“北极是没有冲突的地区”的愿景。美国海军部长肯尼斯·布雷思韦特也曾扬言，美国海军将在俄罗斯北极沿岸周边开展定期巡逻，以“阻止俄政府在北极地区的攻势”；未来几年，美国将在北极“采取更坚定的行动”，以对抗俄中野心。② 另一方面，布林肯特意造访美军在冰岛凯夫拉维克和格陵兰岛图勒的两处重要军事基地，美国国防部长奥斯汀访问阿拉斯加军事基地等活动，

---

① “US Coast Guard Considering Arctic ‘FONOPS’ to Counter Russian Presence at North Pole,” *Sputnik News*, June 29, 2021, https://sputniknews.com/20210629/us-coast-guard-considering-arctic-fonops-to-counter-russian-presence-at-north-pole-1083269415.html.（上网时间：2021年11月11日）

② “俄媒：美海军谋求夺取北极控制权”，http://m.cankaoxiaoxi.com/mil/20210118/2432391.shtml。（上网时间：2021年11月11日）

不断释放美国军事力量重返北极的强烈信号。布林肯明确称，“拜登打心眼里是大西洋主义者”，进而阐释拜登政府将以北约机制为基础，履行对北极地区盟友和伙伴的政治支持和安全承诺，以共同应对俄罗斯在北极的“军事扩张”。同时，美国也可利用当前北极安全困境引发的域内小国对美国的安全依赖和俄罗斯对美国的对话需求，巩固自身在区域治理问题上的领导力和话语权。

四、海上危机频发呼唤治理变革

2021 年，苏伊士断航引发对海上通道安全的担忧，疫情反复、港口拥堵、运费飙升、海员换班等危机对海上供应链造成冲击；日本一意孤行向海洋排放核废水，对海洋生态影响不可估量。不断呈现的海上危机已成为海洋安全最直接、最主要的威胁，现有海洋治理机制和治理能力都难以应对。

（一）断航引发通道安全担忧

2021 年 3 月 21 日，“长赐号”巨型货轮在埃及苏伊士运河搁浅，横卡河道，阻断往来交通。这是苏伊士运河历史上最严重的货轮搁浅阻断航道事故之一，有媒体称之为又一次“苏伊士运河危机”，货轮航程延误造成的直接和间接经济损失估计每小时数亿美元。

“长赐号”事件引发和平时期对全球航道通畅的担忧。苏伊士运河连接红海和地中海，地理位置极具战略意义，全长超过 193 公里，是目前连接欧亚的最短线路，也是全球少数可以通行大型商船的无船闸运河。苏伊士运河货运量逐年增长，从 2011

年的6.92亿吨增长到2020年的11.7亿吨。[①] 据苏伊士运河管理局统计，每年通过苏伊士运河的船只将近2万艘。

船舶大型化在争议中前行。受全球消费需求和供应链的迅猛发展推动，各大航运公司都在制造越来越大的集装箱船。世界上首艘集装箱船的航行是在1956年。据Alphaliner统计，全球货轮中包含可以搭载1.8～2.4万标准箱的巨型集装箱船至少有133艘，另有53艘正在订购中。[②] 世界最大的两家集装箱集团AP Moller - Maersk和Hapag - Lloyd的首席执行官都表示，最新的集装箱船的尺寸适合处理全球货运需求。据世界航运理事会数据，当代巨型的集装箱船能效是铁路的2.5倍，公路的7倍。[③] 但大型船舶的深度和周长给运河航行带来额外的负担。航运保险公司AGCS高级海洋顾问安德鲁·金赛也表示，虽然苏伊士运河在正常情况下足够宽，但船越大，容许出错的余地就越小。堵住苏伊士运河的“长赐号”正是上述全球最大的集装箱船之一，可以搭载2万个标准箱，长达400米，最宽处59米，水线以下有16米深。尤其值得注意的是，超大型船通常都挂靠在亚洲、北欧和地中海地区的港口。

（二）航运供应链再现困境

一是美国港口大拥堵。新冠肺炎疫情扰乱全球航运。集装箱贸易统计数据显示，与2019年疫情前的同期相比，2021年前8个月从亚洲运往美国的货物增加约25%，亚洲和欧洲之间的贸易量基本保持不变。在包揽美国40%进口集装箱货物的洛杉矶

---

① “长赐号脱困 苏伊士运河堵塞的经济损失和关键看点”，https：//www.bbc.com/zhongwen/simp/world - 56563579。（上网时间：2021年11月1日）

② “苏伊士运河堵塞背后：货轮为什么越来越大?” https：//www.jiemian.com/article/5891127.html。（上网时间：2021年11月1日）

③ “Too Big to Sail? The Debate over Huge Container Ships,” https：//www.ft.com/content/3dc797d0 - 7268 - 49a4 - b0b5 - 3d11479cbe7f.（上网时间：2021年11月1日）

和长滩港口,[①] 货物堆积成山，集装箱起重机运转困难。全球第二大集装箱航运集团地中海航运（MSC）的首席执行官表示，港口设施老旧与容量限制的状况在疫情期间被凸显出来。而这种大规模拥堵导致船舶排队停靠和船期延误，挤占主要贸易航线上的大量运力，严重拖累了航运效率。据高盛估计，仅洛杉矶、长滩这两个港口，就积压了240亿美元货物，拥堵可能会持续到至少2022年年中。

美国动作频频，期望缓解港口拥堵。10月13日，美国总统拜登发表讲话，宣布美国最大的两个港口洛杉矶港和长滩港将实行每天24小时、每周7天的工作制，以解决港口货物拥堵问题。[②] 白宫甚至考虑动用国民警卫队协助运输货物，缓解导致短缺和消费者成本上升的供应延迟问题。[③] 10月31日，在意大利罗马参加G20峰会期间，拜登召开“全球供应链弹性峰会”，讨论应对当前供应链危机和其他影响全球商业的问题。拜登和与会14国领导人以及欧盟领导人一致同意，就近期供应链中断问题促成更大范围的国际合作。[④]

---

① “White House Plan Aims to Help Key West Coast Ports Stay Open 24/7 to Ease Supply Chain Bottlenecks,” https://www.cnbc.com/2021/10/13/supply-chain-biden-backs-running-west-coast-ports-24-7-to-ease-bottlenecks.html.（上网时间：2021年11月1日）

② “White House Plan Aims to Help Key West Coast Ports Stay Open 24/7 to Ease Supply Chain Bottlenecks,” https://www.cnbc.com/2021/10/13/supply-chain-biden-backs-running-west-coast-ports-24-7-to-ease-bottlenecks.html.（上网时间：2021年11月1日）

③ “Biden Says He’s Considering Deploying the National Guard to Ease Supply Chain Crisis,” https://edition.cnn.com/2021/10/21/politics/supply-chain-national-guard-trucking-joe-biden/index.html.（上网时间：2021年11月1日）

④ “Biden Rallies World Leaders at G-20 to Help Address Global Supply Chain Issues,” https://www.cnbc.com/2021/10/31/biden-calls-on-g-20-to-help-address-global-supply-chain-issues.html? &qsearchterm=Global%20Summit%20on%20Supply%20Chain%20Resilience.（上网时间：2021年11月1日）

二是运费飙升，一箱难求。8月13日公布的代表即期价格的上海出口集装箱运价指数创出历史新高，收录于4281.53点，相比去年大涨400%以上。从全世界范围来看，国际航运咨询机构德鲁里“世界集装箱指数”显示，每40英尺集装箱在2020年1月初的价格接近2000美元，而到2021年9月9日，这一价格已超过1万美元，涨幅近5倍。其中，跨太平洋航运成本领涨。[①] 波罗的海全球集装箱运价指数显示，中国到美东航线海运价格突破2万美元每40英尺集装箱，同比去年上涨500%。[②]

三是船员危机仍是供应链最大不稳定因素。疫情使世界各地的海员处于危险境地，数十万海员随时可能滞留海上，引发海上人道主义危机。国际海事组织（IMO）表示，被困海上不能换班下船的海员人数较2020年高峰时已有所下降，但仍处于较高水平。截至2021年7月，因疫情相关的旅行限制，估计有25万名海员在原始合同到期后滞留在船上，无法遣返。[③] 印度疫情失控对全球海运物流冲击尤甚。印度是全球海员主要来源国之一，尤其是高级海员。据国际航运公会相关数据，全球国际贸易商船上共有约164.7万名海员（高级海员和普通海员），其中有约24万来自印度。印度提供了全球15%左右的航海人员，在为航运

① “World Container Index,” https：//www.drewry.co.uk/supply-chain-advisors/supply-chain-expertise/world-container-index-assessed-by-drewry.（上网时间：2021年11月1日）

② “China-U.S. Container Shipping Rates Sail Past $20,000 to Record,” https：//www.reuters.com/business/china-us-container-shipping-rates-sail-past-20000-record-2021-08-05/.（上网时间：2021年11月1日）

③ “Supporting Seafarers on the Frontline of COVID-19,” https：//www.imo.org/en/MediaCentre/HotTopics/Pages/Support-for-seafarers-during-COVID-19.aspx.（上网时间：2021年11月1日）

业提供海员的国家中排名第三。[①]

IMO 呼吁正式把海员列为“关键工作者”，并建立系统性程序以确保海员能够换班。如，建立安全走廊和病毒检测机制；确保海员在船上时间不应超过法定上限的 11 个月，并对不得不延期的船员合同加以限制；敦促船东公司尤其是较为活跃的船东公司，灵活处理航运公司申请提出改变航线的要求，以便于更换船员，并考虑为船员归国提供资金支持等。

（三）日本核废水排放遭抵制

4 月，日本政府召开内阁会议正式决定，将福岛第一核电站的核污水排入大海。根据该会议决定，计划将 123 万吨核污水排入太平洋，排放时间将达 30 年。[②] 德国海洋科学研究机构预测，一旦日本将核废水排入大海之中，从排放起不到两个月的时间之内，放射性物质就会扩散至整个太平洋。[③] 除此之外，国际绿色和平组织相关研究表示，污水中的放射性物质放入大海极有可能会损害到人类的基因，影响到全人类的生死存亡。在渔业和环保组织的抗议下，韩国总统下令官员们就日本决定将福岛核电站的受污染水排放入海一事向国际法院请愿。[④] 10 月 18 日，日本新

---

① “全球 15% 海员来自印度，印度疫情失控冲击全球海运物流”，http：//www.portcontainer.com/newsAction.do? command = viewData&rootCategoryId = 8a9287fa300b0b0001300b6de1e1002f&categoryId = 8a9287fa300b0b0001300b6e00b40030&dataId = e563d284790cabb4017958e41e860043。（上网时间：2021 年 11 月 1 日）

② “福岛核电站灾难 10 年后争议再起”，https：//www.bbc.com/zhongwen/simp/science - 56728949。（上网时间：2021 年 11 月 1 日）

③ “Fukushima：How the Ocean Became a Dumping Ground for Radioactive Waste,” https：//www.dw.com/en/fukushima - how - the - ocean - became - a - dumping - ground - for - radioactive - waste/a - 52710277.（上网时间：2021 年 11 月 1 日）

④ “S. Korea Aims to Fight Japan’s Fukushima Decision at World Tribunal,” https：//www.reuters.com/world/asia - pacific/skoreas - moon - seeks - international - litigation - over - japans - fukushima - water - decision - 2021 - 04 - 14/.（上网时间：2021 年 11 月 1 日）

首相岸田文雄表示，尽管当地居民存在顾虑，但福岛核电站废水排放计划不能推迟。① 同月，韩国政府表示，针对日本核污染水排放入海计划，韩国在国际海事组织会议上呼吁国际社会发起讨论，同时敦促日本提高核污染水排放入海过程的客观性、透明性和安全性。②

日本向海洋排放核污水的决定违背了其应该担当的国际法义务，对其避免、减少、控制域外环境生态损害以及开展跨境环评未适当履行通知与协商义务，对本国及周边国家与民众等利益密切相关方以及国际环境生态是极不负责任的。③ 需要对核污水排放对海洋环境的影响进行研究，建立一套完整的放射性污染物质扩散的监测系统，同时形成界定当事国责任的法律制度。

（审定：王鸿刚）

① "日本首相称不推迟福岛核废水排放计划", https://www.dw.com/zh/日本首相称不推迟福岛核废水排放计划/a-59536873。（上网时间：2021年11月1日）

② "S. Korea to Raise Need for Int'l Discussions on Japan's Fukushima Plan in IMO Meeting," http://www.koreaherald.com/view.php?ud=20211025000656.（上网时间：2021年11月1日）

③ 那力："日本向海洋排放核污水决定与国际法：应尽未尽的环保、环评、通知与协商义务"，《太平洋学报》，2021年第10期，第1页。

第二十一章 全球治理乍暖还寒蕴新机*

2021 年，全球携手度过应对疫情的第二个年头。虽然病毒变异仍然制约着世界经济和社会发展重回正轨，但全球治理体系逐步修复、世界经济触底反弹和国家间有序开放，不断增强国际社会最终战胜疫情的信心。疫情造成的分隔终将消散，但意识形态与地缘政治造成的对立和割裂或把人们重新隔离，从而推迟“后疫情时代”的到来。国际社会应创新全球治理，践行真正的多边主义，统筹发展与安全，推动构建人类命运共同体，共同建设更加美好的世界。

一、多边合作初现转机

2021 年，全球治理在经历百年疫情叠加百年变局“大考”后，逐渐稳住阵脚，于危机中孕育转机、变局中开创新局，但各种问题仍然扎堆，挑战依然严峻。

（一）全球治理体系逐步修复

如果说 2020 年面对百年疫情和百年变局“双重冲击”，以联合国为核心的全球治理体系表现得手足无措、失常失灵的话，那么 2021 年这一体系逐渐恢复正常。首先，在防疫抗疫方面，联合国协助了约 160 个国家应对疫情造成的卫生、人道、社会和

* 本章撰稿人：倪建军、吴洪英、姚琨、徐飞彪。

经济影响，帮助逾2.6亿儿童获得远程教育。尤其是世卫组织（WHO）牵头实施“新冠肺炎疫苗实施计划”（COVAX）、“获取抗击新冠肺炎工具加速计划”（ACT－A）和“非洲疫苗获取信托基金”（AVAT）等机制，在各国疫情防控、疫苗分配、药物研发以及人道主义援助等方面发挥了重要作用。10月7日，WHO启动《到2022年中期实现新冠疫苗全球接种战略》，提出到2021年年底全球约40%、2022年年中70%人口接种疫苗的目标，努力缩小国家及地区间“疫苗鸿沟”。其次，在社会发展方面，联合国协助28国约500万人获得工作、13国约120万弱势人口获得土地所有权、22国2400万人获得金融服务，还为逾2.4亿人获得基本服务提供支持。[①] 再次，在气候变化方面，联合国通过气候报告、公开倡议、非公开谈判等方式，努力动员各成员国采取应对行动。如，在10月31日至11月13日于英国格拉斯哥举行的《联合国气候变化框架公约》第二十六次缔约方大会上，联合国相关机构努力协调各方，加快实现《巴黎协定》和《联合国气候变化框架公约》设定的目标。10月11日至15日，联合国《生物多样性公约》缔约方大会第十五次会议第一阶段会议在云南昆明召开。该次会议以“生态文明：共建地球生命共同体”为主题，有力推动国际社会就保护地球环境达成共识，并积极落实于行动。最后，在打击犯罪方面，联合国通过推动成员国改善监狱条件、加强拘留中心疫情防控工作等“确保所有人都能获得司法救助”，还协助各国加大打击网络犯罪的力度。[②]

---

① 联合国新闻：“联合国年度工作报告展示了一个经受‘极限’考验的世界”，https：//news. un. org/zh/story/2021/09/1091162。（上网时间：2021年11月5日）

② 联合国新闻：“联合国年度工作报告展示了一个经受‘极限’考验的世界”，https：//news. un. org/zh/story/2021/09/1091162。（上网时间：2021年11月5日）

（二）新兴多边治理机制渐显活力

2021 年，除联合国体系外，二十国集团（G20）、金砖国家合作机制、亚洲基础设施投资银行等新兴多边治理机制也表现抢眼。尤其 G20 和金砖国家合作机制成为以联合国为核心的全球治理体系的重要补充。在中、美、俄、欧等主要成员共同支持下，G20 先后举办了 160 余场会议和活动。尤其 2021 年 10 月 30 ~ 31 日在意大利罗马举行的 G20 领导人第十六次峰会，以“人、地球与繁荣”为主题，通过了《G20 领导人罗马峰会宣言》。宣言批准《统一国际税协议》，同意对跨国公司征收最低 15% 的企业税率；承诺向发展中国家提供 1000 亿美元援助，并将对发展中国家的援助纳入国际货币基金组织（IMF）发行的总计 6500 亿美元的特别提款权（SDR）之中；承诺“继续维持经济复苏”，“避免过早退出支持措施”；承诺要高度关注通货膨胀。2021 年 9 月 9 日，金砖国家领导人第十三次会议以“金砖 15 周年：开展金砖合作，促进延续、巩固与共识”为主题，加强政治安全、经贸财金、人文交流“三轮驱动”合作。应该说，G20 和金砖国家的这些努力与行动使 2021 年全球治理形势出现若干新气象。

（三）全球治理领导力有所恢复

特朗普上台后，奉行“美国优先”，先后退出 WHO、联合国人权理事会、《巴黎协定》等。美国的“不作为”与“胡作为”，一度让全球治理陷入无序状态。2021 年 1 月拜登上台后，提出“美国回来了”的口号，开始各种“返群”活动，企图凭借美国的价值观、力量以及同盟体系重新领导世界。然而，美国国内抗疫失败、种族撕裂、经济复苏未达预期，加之与中俄双线博弈，使拜登心有余而力不足，难以发挥世界领袖作用。与美形成鲜明对比的是，中国用实际行动支持全球抗疫，引领世界经济复苏。2021 年，中国宣布未来三年将再提供 30 亿美元国际援助，用于支持发展中国家抗疫和恢复经济。联合国秘书长古特雷斯称赞，“中国已成为联合国工作日益重要的贡献者和国际合作的一大支柱”。[①] 最近，美军参谋长联席会议主席马克·米利甚至不得不承认，由美、中、俄构成三极世界的时代已经来临。[②]

（四）逆全球化浪潮出现回调

近年，迅猛发展的经济全球化在保护主义、民族主义、民粹主义和单边主义的反扑下，一度遭遇逆转。然而，抗击百年疫情的现实需要，迫使全球产业链和供应链在短暂的局部中断后重新“带疫连接”。世界经济格局仍为“你中有我，我中有你”。经济全球化呈现区域一体化走强、临时“搭伴”流行的新特征。尤其随着 11 月 2 日澳大利亚和新西兰分别完成核准程序，《区域全面经济伙伴关系协定》（RCEP）已获 10 个成员批准，达到生效门槛。这意味着经过 8 年谈判，由东盟十国和中、日、韩、澳、新等五国组成的亚太自由贸易区（不包括美国和印度）将于 2022 年 1 月 1 日正式开始运行。RCEP 覆盖人口 22.7 亿，国内生产总值（GDP）总量达 26 万亿美元，出口总额 5.2 万亿美元，分别占全球的 30%、29% 和 27%，被誉为“世界最大的自由贸易区”。它不仅将极大推动亚太地区自由贸易、改变世界贸易格局，还标志着近年来逆全球化的浪潮出现重大逆转。

（五）多边合作共识增强

近年来，出于地缘政治和意识形态考虑，美国大搞“单边

---

① 联合国新闻：“中国已成为联合国工作日益重要的贡献者和国际合作的一大支柱”，https：//news. un. org/zh/story/2021/10/1093252。（上网时间：2021 年 11 月 8 日）

② “俄媒文章：美国‘三极世界论’非常荒谬”，https：//news. sina. com. cn/o/2021 – 11 – 08/doc – iktzscyy4400214. shtml。（上网时间：2021 年 11 月 9 日）

主义”，故意“垒小院”“筑高墙”，推行歧视性伪多边主义，导致世界政治“马赛克化”“山头化”。然而，随着新冠肺炎疫情持续近两年仍未见结束迹象，极端异常天气日益频发，越来越多国家认识到，面对新冠肺炎疫情和气候变化这类全球性挑战，无一国能独自应对，唯有有效的多边主义合作才能确保和维护人类的生存、安全与发展。联合国秘书长古特雷斯也指出，“多边主义是在新冠肺炎疫情后重建一个可持续世界的最佳工具，是当今世界唯一正确的前进道路。”[①] 中国国家主席习近平在第七十六届联合国大会（以下简称联大）一般性辩论上强调，“世界只有一个体系，就是以联合国为核心的国际体系。只有一个秩序，就是以国际法为基础的国际秩序。只有一套规则，就是以联合国宪章宗旨和原则为基础的国际关系基本准则。”他建议，“必须完善全球治理，践行真正的多边主义。”[②] 显然，维护联合国权威，加强国际合作，共同应对全球性挑战，越来越成为国际社会的共识。

（六）全球治理挑战仍然严峻

一是新冠肺炎疫情仍是全球治理面临的最大现实挑战。近期，美国、欧洲以及亚洲多国新冠肺炎疫情出现急剧反弹。与此同时，非洲 90% 人口尚未接种疫苗，不同国家、地区和人群间存在巨大“疫苗鸿沟”。这一切凸显全球抗疫斗争的复杂性、艰巨性和长期性。

二是气候变化是全球治理面临的最严峻长期挑战。全球升温

---

① 联合国新闻：“专访：联合国秘书长古特雷斯呼吁世界领导人：‘保持清醒，改变方向，团结起来’”，https：//news. un. org/zh/story/2021/09/1091272。（上网时间：2021 年 11 月 6 日）

② “习近平在第七十六届联合国大会一般性辩论上的讲话（全文）”，https：//www. fmprc. gov. cn/web/zyxw/t1908642. shtml。（上网时间：2021 年 11 月 10 日）

屡创新高，洪水、干旱、野火、飓风等极端天气事件更趋频繁，气候变化越来越成为威胁人类生存和发展的重大挑战。

三是经济复苏仍是全球治理面临的重要任务。根据 IMF 最新预测，全球经济继 2020 年萎缩 3.1% 后，2021 年和 2022 年增长率分别为 5.9% 和 4.9%。[①] 目前，全球复苏势头减弱，不确定性增加。

四是地区冲突仍是影响全球治理的不利因素。中东、中亚和非洲局部地区仍然冲突不断。正如联大主席沙希德所指出的那样，“当今世界面临脆弱性、冲突、疫情和气候变化四大挑战。”[②] 此外，大国博弈、东西矛盾、南北互不信任乃至科技竞争，都是直接影响全球治理成效的重要因素。

二、规则博弈明争暗斗

当前，世界经济复苏脆弱，新冠疫苗分配冷热不均，气候变化挑战突出，数字鸿沟日益显现，各大国借机抢抓规则主导权，全球气候治理、卫生治理等领域规则竞争集中凸显，以联合国为代表的多边机制也加快调整转型。

（一）全球气候治理聚焦碳规则博弈，“脱碳”和绿色发展成为潮流

首先，主要大国纷纷聚焦“脱碳”和绿色发展，以抢占复苏先机。美国拜登政府抢抓全球气候治理主导权。一方面，发布《2021 贸易议程》，拟在钢铁、铝材、光纤、太阳能等产业与盟友加强联合，在美日印澳四国机制框架下推进“脱碳”技术合

---

① *World Economic Outlook*, October 12, 2021, IMF, p. 111.

② 联合国新闻：“联大主席沙希德：人类能够集体解决当今四大挑战”，https://news.un.org/zh/story/2021/09/1091392。（上网时间：2021 年 11 月 8 日）

作，意图主导未来绿色技术发展及产业规则；另一方面，主持召开全球气候峰会，与欧盟建立“跨大西洋绿色伙伴关系”。在格拉斯哥联合国气候大会上，美欧携手启动《格拉斯哥突破议程》，承诺十年内大幅加快清洁技术的开发和部署，以便更快、更低成本、更轻松地向清洁经济过渡。欧盟力推高标准气候立法，欲向全球推广《欧洲气候公约》和《欧洲气候法》，替代《联合国气候变化框架公约》，从而占据规则制高点。法德等国也纷纷推出“绿色复苏”举措。如，法计划拨款 300 亿欧元用于推动生态转型和经济去碳化；日本将绿色投资视为疫后重塑经济的重点，以“绿色增长战略”积极开发清洁能源产品及零排技术，鼓励 14 个行业的技术创新和潜在增长，包括海上风电、氢燃料、核能、汽车、碳循环等。①

其次，发达国家力推碳边境调节税，意图借环保名义抬高市场准入门槛，以保护其普遍萎缩的制造业。欧盟委员会拟在世界贸易组织（WTO）规则框架下启动碳边境调节机制，迫使非欧盟企业参与欧洲碳排放交易体系。美国《2021 贸易议程》提出，也考虑征收碳边境调节税。美、欧等发达国家或在环境领域组成“议题联盟”，对高碳国家的产品征收碳关税，并通过议题外溢效应重塑国际经贸规则。中国目前每百万美元 GDP 能耗是美国的 3 倍，德国的 5 倍，日本的近 6 倍。一旦美欧正式开征碳关税，中国将首当其冲。

再次，气候变化和绿色发展已成为影响多边议程的关键要素。气候变化，特别是与气候相关的全球资金标准制定、金融机构投资准则等具体规则，已成为联合国、G20、WTO 等多边治理

① “能源白皮书强调支援去碳化技术迈向实用”，https：//china. kyodonews. net/news/2021/05/7d5ee3f8eb34. html。（上网时间：2021 年 11 月 8 日）

平台的重要议题。绿色金融是绿色产业发展和传统产业转型的重要支撑，通过从源头上引导资金配置，为解决环境问题提供重要保障。各种绿色金融产品近年发展迅速，如绿色债券以及环境、社会和公司治理（ESG）基金等纷纷涌现，在金融市场掀起绿色潮流。Wind 数据库显示，从 2016～2020 年，中国共发行了 711 只绿色债券，累计规模已超 1.1 万亿元。国际能源署预测，未来十年全球可再生能源投资将达 3.4 万亿美元。鉴此，如何引导、促进绿色金融发展，助力全球绿色转型，已成为全球多边治理的重要议题。各国围绕绿色金融评价机制、绿色金融标准体系和绿色金融监管体系的博弈日趋激烈。

（二）疫苗分配和认证规则成为全球卫生治理博弈焦点

当前，全球抗疫进入疫苗竞争阶段，疫苗分配和接种严重不均，“疫苗鸿沟”日益加剧。

一是部分发达国家囤积疫苗。2021 年 2 月，美国拜登政府援引《国防生产法》帮助境内疫苗厂商优先获得原材料供应，并强调疫苗将优先供应美国民众使用。早在 3 月，美国政府就锁定了辉瑞、莫德纳和强生共 8 亿剂疫苗，远超其 3.3 亿人口总数，实现了超饱和供应。同样，英国人口不到 7000 万，但英国政府却预订了逾 5 亿剂新冠疫苗。目前全球疫苗分配仍加速向发达国家集中。已经上市的疫苗中，很大一部分被中高收入经济体以采购协议圈定，远超这些经济体的人口所需。

二是全球疫苗接种冷热不均。据 WHO 统计，2021 年前 100 天，全球共接种 7 亿剂新冠疫苗，其中逾 87% 的接种集中在高收入或中等偏上收入国家，低收入国家仅占 0.2%，未开始接种的国家仍有 26 个。英国经济学人智库预测，发展中国家要到 2022 年末或 2023 年初、贫困国家要到 2024 年才能完成接种。WHO 总干事谭德塞直言，“世界面临道德和经济双重灾难”。

2021 年 10 月，IMF 发布《世界经济展望》报告称，“疫苗鸿沟”加剧经济前景的危险分化，低收入国家高达 96% 的人口尚未接种疫苗，这些国家将面临更长期的低增长和愈发严重的贫困问题。[①]

三是疫苗认证出现选择性认可。目前，世界各国竞相推出自己的疫苗证明，但具体执行不尽如人意。关于何种疫苗应获承认、不同地区的疫苗护照如何辨识、疫苗证明的真伪如何鉴定等等，都缺乏统一标准。尽管 WHO 多次呼吁成员国不要区别对待获得认证的疫苗，但是疫苗认证权掌握在各主要国家手中，其选择有技术层面的考虑，也受地缘政治甚至种族主义等非技术因素的影响。[②] 如欧盟 7 月 1 日启用新冠数字旅行证书，因未将印度生产的阿斯利康疫苗纳入其认证疫苗列表，引发印度强烈不满。印方称，欧盟药品监管机构的决定“涉嫌违反非歧视原则”，或导致“疫苗歧视”。

（三）联合国转型和改革提速，加剧多边规则竞争

联合国现有机制与架构已难以应对日益增多的全球性挑战，疫情加速其全面转型和改革进程。9 月下旬，联合国秘书长古特雷斯向联大提交《我们的共同议程》报告，在和平与安全、发展、人权、卫生、气候、环境等多领域提出改革建议。[③] 其结果很可能一石击起千层浪”，加剧各国对国际治理规则、国际秩序范式和国际话语主导权的博弈。

提出联合国主要机构改革设想。一是改革安全理事会。包括

---

① *World Economic Outlook*, IMF, October 12, 2021, p. xiii.

② “国际关系学者：中国疫苗受欢迎，对‘以国别整体发展阶段论疫苗高下’观点是一种冲击”，https：//news. sina. com. cn/c/2021 – 08 – 18/doc – ikqcfncc3472295. shtml。（上网时间：2021 年 11 月 8 日）

③ “联合国秘书长的报告：‘我们的共同议程’”，https：//www. un. org/zh/content/common – agenda – report/#download。（上网时间：2021 年 11 月 8 日）

扩大安全理事会，改善非洲的代表性；增强包容性和合法性，与包括区域组织在内的更广泛行为体进行协商，克制行使否决权；更多使用阿里亚模式会议等非正式机制，推进敏感问题解决。二是强化经社理事会。包括与 G20 及其进程建立更密切的关系，如举办双年度峰会。三是更新托管理事会。重新确立该理事会的使命，将其作为多利益攸关方机构，就全球公域长期治理和全球公共风险管控等提供建议。

建议提升非国家行为体作用。各国仍是应对全球挑战的核心，但私营部门和非国家行为体的作用日益凸显，应践行更具包容性的多边主义。未来，在教育转型、网络治理、危机应对等领域，都应更重视区域机构、民间社会、私营部门等作用。非国家行为体作用的增强将对以主权国家为核心的现有体系产生重大影响，如何处理与非国家行为体之间的关系将成为各国政府面临的难题。

呼吁更关注非传统安全议题。建立应对复杂全球性危机的应急平台，成立由前国家元首和政府首脑组成的全球公域治理高级咨询委员会。此外，古特雷斯还提出确立全球疫苗接种计划、商定全球数字契约、制定促进公共信息诚实度的全球行为守则、商定未来外层空间活动的治理原则等多项新倡议。

三、发展与安全统筹艰难

进入 21 世纪的第三个十年，病毒变异、气候变化、供应链危机、金融安全、能源安全、粮食安全等挑战与意识形态、地缘政治相互交织，不断暴露出全球治理体系的短板。面对世纪挑战，要汲取 20 世纪 20～30 年代全球治理与大国协调失效引发冲突甚至战争的教训，以系统思维谋划大安全格局，统筹发展与安全，兼顾效率与公平，创新全球治理模式，共同构建发展共同体和安全共同体，在应变过程中努力实现更可持续、更为安全的发展。

一是中国等新兴经济体不仅运用发展成果积极维护自身安全，还通过全球治理为发展中国家的共同发展和共同安全争取更多有利条件。防范和化解各类风险和隐患，归根到底还是要靠发展。一段时期以来，以中国为代表的新兴经济体通过走符合自身特点的发展道路，持续积累经济实力和影响力，拥有了有效维护自身安全的实力和基础，推动世界经济政治格局东升西降，多极化格局不断演进。

2021 年以来，在中国等国的积极努力下，维护发展中国家权益的议题设置和规则制定加快出台，包括疫苗分配、最贫困国家债务暂缓、SDR 分配、全球最低企业税率等取得了积极进展，助力了发展中国家的疫情应对和经济复苏。

4 月，G20 财长和央行行长同意延长“暂缓最贫困国家债务偿付倡议”（DSSI）到 2021 年底，同时欢迎根据具体情况继续落实缓债倡议后续债务处理共同框架。据初步估计，从 2020 年 5 月至 2021 年 12 月，该倡议暂缓偿付的债务总计 127 亿美元，令 50 个国家获益。中国全面落实 G20 缓债倡议。以非洲为例，中国同 16 个非洲国家签署了缓债协议或达成缓债共识，在中非合作论坛框架内免除了 15 个非洲国家 2020 年底到期的无息贷款。

8 月，IMF 新一轮 6500 亿美元的 SDR 普遍分配方案生效，这是该组织历史上规模最大的一次 SDR 分配。其中，新兴市场和发展中经济体将获得约 2750 亿美元支持，低收入经济体将获得约 210 亿美元。本轮 SDR 分配将为全球经济体系提供额外流动性，补充各成员外汇储备，帮助成员加大应对危机的力度。

10 月，经济合作与发展组织宣布，136 个国家和司法管辖区已同意进行国际税收制度改革，将从 2023 年起向大型跨国企业征收至少 15% 的企业税。G20 财长和央行行长在 10 月中旬的会议上对全球企业税改表示支持。此举将提高各国疫后复苏所需的财政能力，展现多边主义活力。

二是发展共同体与安全共同体双轮齐驱，方能推动世界经济和社会平衡发展，但中美博弈日趋激烈的大背景下，各国主动或被动进行政策调整，进一步加剧了全球治理复杂局面。“面对越来越多的全球性问题，任何国家都不可能独善其身，任何国家要想自己发展，必须让别人发展；要想自己安全，必须让别人安全；要想自己活得好，必须让别人活得好。”[①] 当前，疫情仍在持续。随着美欧等发达经济体收紧货币政策，发展中经济体的外部发展环境整体转差，通胀上升、资金外流、经济放缓。面对这种情况，各国更需要加强政策协调，在开放中创造机遇，在合作中破解难题。然而，高调回归多边舞台的美国拜登政府强调主导权，使得保障安全的有效手段似又回归冷战式的“同盟加威慑”，这不仅影响全球治理成效，还挤压了发展中国家的发展空间。

供应链危机是美式安全思维破坏全球经济发展的典型例子。全球产业链和供应链稳定，需要主要经济体以开放心态相互信任和包容，共同维护世界经济和政治秩序，但从特朗普政府粗暴与中国“脱钩”开始，到拜登政府以意识形态等为由鼓动盟友分散供应链、减少对华依赖，美国一系列举动最终导致市场混乱，如今不得不强调与中国“再挂钩”。美国政策的反复和不连贯，不仅在阿富汗等问题上加剧地区安全秩序混乱，在世界经济领域

① 曲星：“人类命运共同体的价值观基础”，《求是》，2013 年第 4 期，第 54 页。

也不断引发危机。

此外，美国与欧盟成立贸易和科技委员会（TTC），加强贸易和技术领域的战略协调，并推动“印太经济框架”，拟于2022年初落实“重建更好世界”倡议，以对冲中国“一带一路”倡议，中美在发展与安全领域的博弈或更趋复杂和激烈。当前“国际格局转变及全球治理体系变革是在没有发生全球性或者大规模战争的情况下进行的，必然伴随着外交、法律、政治、军事等领域的长期斗争与磨合，因此，还需充分认识到这一过程的艰巨性、复杂性和反复性”。[①]

三是因应内外风险，各国加快国内政策调整，努力平衡效率与公平，让民众分享经济复苏和发展成果。“经济全球化的推进如果不同一国国内政策相协调，必然导致国内发展不平衡和全球发展不平衡，这种不平衡如不加以重视或者没有结构性改革去修补，对内会导致社会矛盾加剧，对外则助推保护主义、民粹主义、孤立主义、冒险主义。”[②] 当前，世界经济虽触底反弹，但受益面还有待扩充，如绿色经济和数字经济部门恢复较快，但旅游业、服务业等迟迟难有起色。气候变化应对以及新兴技术的加速应用，正加剧复苏过程中行业分化和贫富差距等挑战，催生新的不平等，形成安全隐患。因此，中低收入阶层困境受到各国政府重视。

据牛津经济研究院测算，2020年3月至2021年1月，美国收入排名前20%的富人资产增加了约2万亿美元，排名后20%人口的资产却减少了1800多亿美元。美国贫富差距拉大，一定

---

① 杨洁勉：“当前国际格局变化特点与全球治理体系建设方向”，《中国社会科学报》，2021年10月19日。

② 袁鹏：“新冠疫情与百年变局”，《现代国际关系》，2020年第5期，第1~6页。

程度上表明在其偏重资本利益的分配体制下，量化宽松增加的金融资源并未进入实体经济，而是流入证券等金融市场，利好富裕阶层。

为缓解社会矛盾，美国拜登政府强调通过为中低收入家庭提供税收抵免、提高富裕阶层工资税和资本利得税，逐步改善教育、幼保和医保问题。德国新政府讨论增加最低工资，征收财富税和上调高收入者的税率。日本新首相岸田文雄提出重视分配的新思路，有意改变日本目前侧重资本分配的现状，通过提高劳动分配率，实现增长与分配的良性循环。此外，岸田还提出“令和版收入倍增计划”，拟以财政政策为工具，通过调节税收鼓励企业增加工资性分配，促进国民收入提高，扩大中产阶层。印尼也决定提高富人所得税率，并取消了拟议中的企业减税计划。

中国的共同富裕政策已成为国家和社会治理理念的重要组成部分，并在国际上产生了广泛影响力。如，英国媒体注意到，该政策承诺建立一个更公平的社会——规模更大、更富裕的中等收入群体，以及能回馈社会而非一味索取的企业——缩小日益扩大的贫富差距。

四、中国引领作用凸显

面对全球政经乱象和治理乱局，中国不仅多次公开宣示坚定捍卫多边主义的立场和决心，为世界提供中方倡议、理念和方案，更主动作为，在合作抗疫、环境生态、经贸投资、可持续发展等领域起而行之，以实际行动展现大国担当，引领全球治理。

（一）理念引领，坚守真正的多边主义

中国向来奉行独立自主的和平外交政策。党的十八大以后，中国进一步提出推动建设新型国际关系、推动构建人类命运共同

体等主张。这是中国基于自身历史文化以及当前国际现实，回应各国人民普遍诉求而提出的新构想新方案，是全球治理的重大理论创新和全新实践探索。中国不仅是新型国际关系和多边主义的倡导者，更是践行者。在外交上，截至目前，中国已同世界各国建立 110 余对各种形式的伙伴关系，构建起遍布全球的伙伴关系网络，坚持走对话而不对抗、结伴而不结盟的国与国交往新路。在安全上，中国带头践行共同、综合、合作、可持续的安全观，积极参与朝核、伊核、阿富汗、缅甸、中东等重大国际和地区问题的解决，参与联合国维和行动，累计派出维和人员 4 万余人次，稳居安理会五个常任理事国之首。在经济上，中国提出并坚持共商共建共享的理念，并以“一带一路”共建为样板，促进共同发展。

反观美国，拜登政府虽扬言回归多边主义，但对华采取“该竞争时竞争，能合作时合作，须对抗时对抗”的政策，其实质是特朗普“美国优先”政策的变种，是有选择、排他性的伪多边主义。对此，中国领导人多次在重大国际场合重申，中国坚定捍卫以联合国为核心的多边体系，是现有国际秩序的维护者、建设者和推动者。2021 年 9 月，中国国家主席习近平在金砖国家领导人第十三次会晤上发表讲话，再次承诺中国将团结金砖国家，推动践行真正的多边主义，恪守联合国宪章宗旨和原则，维护以联合国为核心的国际体系和以国际法为基础的国际秩序。[①]

（二）行动为先，促推全球抗疫合作

当前，全球抗疫呈现明显滞后与分化：高收入国家逾七成居民至少接种过一剂疫苗；相较之下，发展中国家总体接种比例不

① “习近平在金砖国家领导人第十三次会晤上的讲话（全文）”，http：//news. cri. cn/20210909/c18e6698 - 809c - 6c22 - e433 - e80eb4e7e17f. html。（上网时间：2021 年 11 月 11 日）

及30%，最贫困国家接种率仅2%。对此，中方积极行动，推动全球抗疫。

在倡议层面，中国率先提出疫苗应作为全球公共产品。[①] 2021年10月，中方进一步提出全球疫苗合作行动倡议，呼吁各国在疫苗研发生产、技术转让、经贸畅通、疫苗互认及金融支持等方面积极作为。[②]

在行动层面，截至2021年11月，中国已向世界110多个国家和国际组织提供了逾17亿剂疫苗，2021年全年将努力对外提供20亿剂。这个数量遥遥领先于其他大国。[③] 不仅如此，中国还帮助发展中国家提升疫苗本地化生产能力，目前已同19国开展疫苗联合生产，初步形成7亿剂的年产能。2021年8月，中国举办新冠疫苗国际合作论坛，与会各国达成了全年逾15亿剂的合作意向。此外，中国还同30余国一道发起“一带一路”疫苗合作伙伴关系倡议，为构筑全球疫苗防线作出积极贡献。中国已成为对外提供新冠肺炎疫苗最多的国家，发展中国家迄今获得的疫苗多来自中国。

（三）样板示范，推动世界绿色发展

中国正以自身的行动，推动全球绿色发展与治理。在生态保护与建设方面，中国一直重视改善生态环境，重视保护森林资源，积极治理荒漠化。联合国粮农组织报告显示，1990年至今，

① “习近平在第73届世界卫生大会视频会议开幕式上的致辞（全文）”，http://www.mofcom.gov.cn/article/i/jyjl/l/202005/20200502966664.shtml。（上网时间：2021年11月11日）

② “习近平在二十国集团领导人第十六次峰会第一阶段会议上的讲话”，http://news.cnr.cn/dj/20211030/t20211030_525646969.shtml。（上网时间：2021年11月11日）

③ “外交部：中国2021年将对外提供20亿剂疫苗”，https://new.qq.com/omn/20211112/20211112A074XX00.html。（上网时间：2021年11月15日）

全球遭毁森林面积达4.2亿公顷，而中国的森林草地面积却增长3300万公顷。在维护生物多样性方面，2020年9月，英国《自然》杂志发表社论称，中国在全球生物多样性治理中发挥着关键作用，对维护全球生态平衡的贡献日益上升，中国经验值得全球学习。[①] 2021年10月，中国成功举办联合国《生物多样性公约》缔约方大会第十五次会议第一阶段会议，并宣布成立昆明生物多样性基金，支持发展中国家生物多样性保护事业。在绿色能源与交通方面，为推进绿色能源转型，过去十年中国淘汰了1.2亿千瓦煤电落后装机，首批装机约1亿千瓦的大型风电光伏基地项目已于2021年有序开工。中国是全球可再生能源技术的最大投资国、生产国和消费国。目前，全世界1/3的太阳能发电厂和风力涡轮机来自中国；中国可再生能源装机容量大幅领先美欧；中国电动汽车存量高于美欧之和。英国《卫报》指出，世界上所有的乘用电动汽车中有一半行驶在中国的公路上。在气候变化方面，在2020年联大第75届会议上，中国国家主席习近平郑重承诺，中国将努力实现“2030年前二氧化碳排放达到峰值、2060年前碳中和的目标。2021年10月27日，《中国应对气候变化的政策与行动》白皮书发布，介绍中国应对气候变化的最新政策与行动，展现中国在气候问题上的决心与担当。

（四）互利共赢，逆势推动扩大开放

在国内层面，提出更高水平开放。近年来，中国通过建设自由贸易试验区、自由贸易港、进口示范区和举办进口博览会、扩大金融开放等举措，加大推进双向开放和制度型开放，将对外开放的深度、广度推升至全新水平。党的十九届五中全会进一步提

① “China’s Researchers Have Valuable Experiences that the World Needs to Hear about,” *Nature*, Vol. 585, September 24, 2020, pp. 481–482.

出，要推动实现更大范围、更宽领域、更深层次的对外开放。

在区域层面，积极促进区域经济一体化。2021 年 9 月 16 日，中国向《全面与进步跨太平洋伙伴关系协定》（CPTPP）保存方新西兰提交了正式申请加入的书面信函。10 月 30 日至 31 日，在 G20 领导人第十六次峰会上，中国宣布申请加入《数字经济伙伴关系协定》。

在多边层面，坚定维护多边贸易体制。中国积极参与并推动 WTO 改革，推动 G20 等发挥国际经济合作功能，建设性参与亚太经合组织等经济治理合作，提出多项中国倡议、中国方案。中国秉持开放包容与合作共赢精神，推动共建“一带一路”高质量发展，打造国际发展合作新平台，拓展完善现有多边合作体系。

（五）开拓创新，引领可持续发展

疫情以来，全球可持续发展遭遇前所未有的挑战，过去数十年间国际社会在扶贫减贫等方面取得的成果面临严重冲击。对此，中国积极行动，展现智慧与责任，推动包容与可持续发展。

一是提出新倡议。2021 年 9 月 21 日，中国国家主席习近平在第 76 届联大上提出“全球发展倡议”，呼吁各国坚持发展优先，坚持以人民为中心，坚持普惠包容，坚持创新驱动，坚持人与自然和谐共生，坚持行动导向。

二是展示新模式。2021 年中国宣布实现全面脱贫、全面建成小康社会，对世界减贫贡献率逾 70%。同时，中国正式启动构建共同富裕社会，开启人类历史新征程。中国以亲身实践，向全球展示了包容与可持续发展的中国经验。

三是注入新动力。面对新一轮科技产业革命浪潮，中国一直把科技创新作为发展的首要支撑。经过多年努力，中国在科技创新领域取得进展，全球创新指数排名从 2012 年的第 35 位上升至

2021 年的第 12 位。[1] 除自身发展外，中国还致力于推动国际交流合作与共享。如，北斗系统已开放给全球 120 余个国家和地区使用；嫦娥四号探月工程包含了多个国家和组织参与的科学探测任务；500 米口径球面射电望远镜、全超导托卡马克核聚变装置等重大科研基础设施平台也都向国际同行开放使用。中国致力于推动成果共享，促进各国共赢，推动人类社会朝构建人类命运体的伟大目标不断前进。

（审定：张健）

① World Intellectual Property Organization, *Global Innovation Index* 2021: *Tracking Innovation through the COVID-19 Crisis*, September 2021.

第五篇
全球趋势评估

第二十二章　2022 全球十大趋势*

回首 2021 年，百年变局加速演进，世纪疫情持续延宕，大国竞争加剧，全球挑战增多，中国担当凸显。展望 2022 年，“后疫情时代”有望拉开序幕，疫后发展竞争激烈，国际形势动荡多变，中国将为世界注入更多稳定性与确定性，以下十大趋势值得关注。

一、全球疫情趋缓多艰，带疫发展竞争凸显

2021 年新冠疫情此起彼伏，先是德尔塔毒株肆虐全球，后有奥密克戎新毒株冲击多国，疫情防控任重道远。截至 12 月 13 日，全球报告确诊病例超过 2.6 亿，死亡人数超过 530 万。[①] 特别是新毒株奥密克戎充满变数，导致原本趋缓的疫情再度吃紧，部分解封的国家再度闭关，本已复苏的经济再度震荡。世界卫生组织强调，新毒株预计将继续扩散并对全球疫情产生显著影响。新毒株传播力、致病力、二次感染风险、免疫逃逸概率等系统研究数据仍在研究中，未有最终定论。总体看，虽然人类与新冠病

* 本章撰稿人：陈向阳、韩立群、董春岭、邓门佳、倪建军、唐岚、郭晓兵、李峥。

① WHO, “Weekly epidemiological update on COVID – 19 – 2 November 2021,” https: //www. who. int/publications/m/item/weekly – epidemiological – update – on – covid – 19 – – – 2 – november – 2021.（上网时间：2021 年 12 月 10 日）

毒之间的较量趋于长期化，但各国对抗疫情的手段和经验更加丰富，疫情可能呈现长期趋缓、间歇震荡态势。一是疫苗供需和分配矛盾相对缓解。截至2021年12月13日，全球疫苗接种总剂数已达84.7亿，56%的全球人口已接种疫苗。[①] 世卫计划到2022年中实现各国70%以上的人口完成接种。[②] 国际制药商协会联合会预测，全球疫苗产量明年中将达到240亿剂，足以覆盖所有国家的人口需求。二是各国救治手段和医护经验更加成熟。多国已具备快速检测、应对和防控能力，科学界不断解码病毒致病原理、传播模式、演化规律，对病毒变异的跟踪监测更加准确及时。各国加快疫苗接种并扩大覆盖群体，加上特效药投入临床使用，重症和死亡病例逐步下降。但部分国家过早放开管控政策，加之疫苗保护力下降、民众滋生“厌战”情绪等，或导致疫情反弹常态化，并周期性、区域性、规模性暴发。有科学家对此指出：“未来人类与病毒将达到不稳定的均势，人类永远不能消灭它，它不会变成熊熊大火但会一直缓慢燃烧。”

尽管新毒株出现后多国升级管控举措，但谋划疫后解封重启仍然牵动各方，全球疫苗接种赛、复工赛你追我赶，发展先机之争加剧。一是中外抗疫模式和路径之争升温。中国坚持疫苗接种与防控并重，战疫成效举世瞩目但也代价不菲。美、英、欧等采取疫苗为主、防控为辅策略，寄望于加速疫苗接种以实现“群体免疫”，却屡遭病例激增的反复阵痛。不同抗疫模式的背后是制度、文化、科技、政治、经济的综合较量，多数国家难以复制

---

① Our Wold in Data, “Coronarinus (COVID - 19) Vaccinations,” https: //ourworldindata. org/covid - vaccinations? country = OWID_WRL. （上网时间：2021年12月13日）

② “世卫组织和联合国制定措施，争取实现全世界COVID疫苗接种目标”，世界卫生组织网，https: //www. who. int/zh/news/item/07 - 10 - 2021 - who - un - set - out - steps - to - meet - world - covid - vaccination - targets。（上网时间：2021年12月13日）

中国严格高效的封锁和隔离措施，“防不住”“不愿防”“不用防”的心态凸显，国外“与病毒共存”呼声高涨。二是各国从“免疫落差”转向“开放落差”之争。美欧等接种比例相对高的国家率先开放，经济复苏呈“后来居上”之势，恐将重塑世界经济增长及全球经济治理格局。据世卫统计，截至 10 月非洲 54 国之中仅有 15 个达到接种率 10% 的目标，一半国家疫苗完成接种数不到本国人口的 2%。南北国家疫苗不平等现象持续越久，病毒传播演变及其引发的社会经济乱局也就越长。三是“新冠特效药外交”或成全球战疫“后半场”的主要看点。特效药可降低高危病患住院及死亡风险，有助各国开放，备受各方期待。11 月，默沙东、辉瑞等相继公布在研新冠特效药进展，英国成为全球首个批准默沙东新冠口服药上市的国家。据默沙东透露，一旦获得美国食品药品管理局紧急使用授权，2022 年将获得 50 亿 ~ 70 亿美元销售额，未来将向 105 个低收入和中等收入国家供货。[①]

二、世界经济复苏多舛，新兴市场处境堪忧

2021 年世界经济触底反弹，2022 年全球复苏将进入波动下行的新阶段。受疫情反复、美欧货币政策转向、供应链困局和通胀蔓延等多因素影响，世界经济复苏面临挑战，局部经济金融动荡风险攀升。

带“疫”复苏的世界经济不仅面临再度被疫情打断的不确定性，还呈现复苏路径受阻等新特征。以往发达国家和主要新兴

---

① “辉瑞新冠口服药效果亮眼 但价格依然是推广普及最大障碍”，中国经济网，http：//www. ce. cn/cysc/yy/hydt/202111/08/t20211108_ 37068221. shtml。（上网时间：2021 年 11 月 8 日）

经济体率先复苏，进而通过增加商品和服务需求，带动其他新兴经济体和发展中国家跟进。但目前96%的低收入发展中国家民众还未接种疫苗，经济合作与发展组织指出在疫苗接种率低的新兴市场和发展中经济体，广泛存在出口需求回升和就业不足之间的矛盾，外部拉动传导效应转差。同时，供应链危机、能源和粮食等的短缺还将加剧发展中国家的发展困境。IMF 预测 2022 年世界经济增速将回落到 4.9%，新兴和发展中经济体增速将降至 5.1%，与发达经济体增速 4.5% 的差距进一步收窄。受印度和东盟增长前景恶化影响，IMF 预计 2022 年亚太地区经济增长将降至 5.7%。

2022 年美联储货币政策转向态势渐明，或引领主要发达经济体货币政策调整，溢出效应扩散可能引发国际金融市场动荡，增大部分新兴经济体资本流出和汇率贬值压力，导致其债务偿付和再融资风险上升。2022 年美国股市深度回调风险加大，叠加部分国家房地产市场调整引发的波动，两大风险源共振的影响亦不容小觑。

供应链危机和能源等大宗商品价格攀升加重通胀压力，成为制约 2022 年世界经济复苏的另一主线。由于供应恢复速度远慢于需求，多国因供应链危机出现的局部和阶段性“短缺经济”问题，可能持续到 2023 年。国际能源署预计，能源价格持续走高将加剧通胀，叠加部分国家停电等因素，将抑制工业活动并减缓经济复苏。

新兴市场和发展中经济体发展环境更趋复杂，结构性矛盾新旧交织。世纪大疫情虽然改变了世界经济发展轨迹，但随着疫情影响因素逐渐退潮，包括技术进步放缓、人口老龄化加剧以及全球化减速等在内，疫情前世界经济面临的结构性问题并未改善，有的还进一步恶化。随着美国强势回归多边舞台抢夺主导权，世界经济新的结构性矛盾不断凸显。美国通过重建价值观联盟，以意识形态、地缘政治等因素泛化国家安全，推动其他国家降低对中国的产业链依赖，实施供应链多元化策略，造成供应链紊乱和供求扭曲。美国还联合盟友高筑贸易技术壁垒、组建基础设施“民主联盟”对冲“一带一路”、搞排他性区域合作等。大国互信缺失和“小院高墙”林立，致使世界市场更趋分裂和破碎，外部大循环不畅，经济复苏成本增大。

总体看，2022 年世界将处于应对疫情和经济复苏的关键时期，国际社会需践行真正的多边主义，积极响应中国提出的“全球发展倡议”，方能实现强劲、绿色、健康的复苏。

三、大国竞合阴晴多变，中美博弈进入相持

百年变局叠加世纪疫情，世界多极化明显加快，中美综合国力差距不断缩小，俄罗斯与欧盟各有优势。面对力量对比新变化，“一超”对中国的战略焦虑感持续增强，千方百计组建遏华大联盟，中美战略博弈牵动大国关系格局调整。

美西方加大“抱团取暖”，并更多以三国同盟（美澳英）、四边机制（美日印澳）、五眼联盟（美英加澳新）、七国集团、“民主同盟”等网络化的排华“小圈子”呈现。美国试图利用盟友对华加强“一体化威慑”能力，欧日亦试图借助美国“平衡”中国，彼此利用国际经济组织改革等强化对华“规制”，提升自身在国际贸易、高科技、供应链的标准制定权。美强推“印太战略”，不断加大经济、外交、军事投入，大力拉拢印度，通过频繁出访诱压东盟国家选边站队，但东盟对被卷入美国挑起的对华“新冷战”保持警觉。欧洲委员会出台“新版印太战略”，与拜登政府“印太战略”遥相呼应，明确也要加大地区存在，“印

太”成为大国博弈竞技场。

面对不断深化的中俄全方位战略协作伙伴关系，拜登总统试图通过高频度高层会晤以稳住甚至拉拢俄罗斯，但美对俄制裁持续加码，结构性矛盾难以逾越。俄罗斯发布新版《国家安全战略》，强调“敌对的西方”给俄带来的军事冲突风险，明确“向东看”的战略选择，在世界秩序愿景和意识形态领域与美欧分歧难以调和。

面对美国从阿富汗仓促撤军的极端自私和借重返全球治理竭力谋利，面对拜登版的“美国优先”，法国、德国等开始重新思考未来与美国合作的限度，谋求欧盟“战略自主”的动力进一步增强；日本新政府也试图寻求调适在中美之间的外交距离。面对自身在国内支持率的不断下滑、严重的通胀和供应链危机、全球治理赤字的日益增大，拜登政府也被迫思考“中美关系如何搞好”这道必答题。美国贸易代表戴琪表示中美经贸不仅无法“脱钩”，还需要“再挂钩”；美国国家安全事务助理沙利文近期在接受 CNN 采访时坦承，“事实证明，试图通过美国的政策改变中国是无效的”，“美国需要寻求同中国长期共存”，“出于美国自身的利益考虑，美国也需要同中国在国际体系中进行合作”。上述动向表明，美国政府正在探索新时期中美关系的新框架，2022 年的中美关系有望呈现出相互试探、互有攻防、既竞争又合作的“战略相持”特征。

四、阿战后患持续显现，地区冲突危机潜伏

2021 年 8 月美国自阿富汗仓皇撤军引发的混乱持续，其他地区热点亦恐再度升温，潜在冲突风险不容忽视。

美国自阿富汗撤军后续影响持续发酵，地区恐怖主义威胁显

著上升，地缘政治博弈更加错综复杂，阿乱局一时难以消解，随时可能产生严重外溢效应。阿塔再度掌权大大刺激了本地区其他极端组织，阿境内的恐怖主义势力再度壮大。这些组织加紧争夺美西方撤出后留下的空白，反对塔利班掌权，导致阿富汗安全形势严峻。各方势力鱼龙混杂，阿塔控局能力有限，阿境内乱局恐将延续。而美虽从阿撤军，但并未放弃对阿及地区影响，伺机对阿进行深度干预，企图在国际上孤立阿塔、在内部削弱阿塔，通过压制阿塔活动空间以保持对阿及地区问题的话语权，保留搅局"后手"。印度、巴基斯坦围绕阿变天后的地区局势加紧布局，俄罗斯、伊朗及与阿毗邻的中亚国家高度关注阿乱局风险输入。未来一个时期，美、俄、印、巴等各方将围绕阿问题展开密集互动，其结果将直接影响地区安全格局走向。此外，阿富汗国内还面临严峻的经济社会形势，联合国开发计划署预计 2022 年阿富汗经济可能面临最高 13 个百分点的衰退，贫困率可能升至 98%。[①] 如经济困局进一步加剧，不排除阿出现难民危机并向周边扩散。

其他地区热点方面，伊核问题、俄乌关系、伊拉克及利比亚等局势存在较大不确定性，缅甸动荡局面或将延续，部分面临大选的拉美、非洲国家内乱概率增大。拜登上台后虽有意重返伊核协议，但双方在释放和谈信号的同时仍保持对抗姿态，若美与盟友一再采取对伊朗高压和刺激政策，伊或采取激进措施回应。2021 年 10 月伊拉克议会选举后，伊拉克国内局势呈现复杂混乱局面，亲美派、亲伊朗派与萨德尔派之间的争斗日益白热化。11 月 7 日，总理卡迪米官邸遭三架无人机袭击，部分地区的教派冲

---

① UNDP, "97 percent of Afghans could plunge into poverty by mid 2022," https://www.undp.org/press-releases/97-percent-afghans-could-plunge-poverty-mid-2022-says-undp.（上网时间：2021 年 11 月 2 日）

突也有抬头之势。随着派系争斗加深，叠加外部因素干预，伊拉克局势不确定性增大。利比亚定于2021年底举行总统和议会选举，目前国内分歧严重，且有逢选必乱的历史，不排除此次大选也会导致乱局。美西方持续加大对俄战略施压，黑海地区对峙形势再度加剧，美媒“披露”俄在俄乌边境部署大量军力，乌则使用无人机打击东部地区民间力量，美俄欧围绕乌克兰局势的新一轮地缘博弈加剧，不排除俄乌再度爆发冲突的可能。2021年2月缅甸军政府取得政权以来，缅国内冲突不断，由于美欧干预高压不减，叠加国内武装冲突和经济民生困局，2022年缅或延续乱局动荡。南美玻利维亚、哥伦比亚等国有因大选发生街头政治动荡乃至冲突的可能。

五、气候变化危害增大，减排博弈形势复杂

2021年以来，全球气候变化导致世界多地频繁发生极端天气事件。从2月开始，美国连遭寒潮、热浪、飓风，德克萨斯州出现自1989年以来最低温，加利福尼亚州创20世纪30年代以来有记录最高温，飓风“艾达”对墨西哥湾地区油气生产造成严重打击。4月春寒袭击欧洲多国，到夏季俄罗斯东西伯利亚戈尔尼区又创北极圈内最高温。亚洲、欧洲、美洲、非洲均出现超纪录的大规模降水，不少地区洪灾严重。7月20日郑州一小时降雨量达到201.9毫米，创新中国大陆小时降雨量极值。7月中旬，德国西部和比利时东部降雨量达100～150毫米，引发的洪水和滑坡导致200多人死亡。亚马逊河流域北部地区持续降雨导致严重洪灾，东非部分地区也发生了洪水，南苏丹受灾尤为严重。2021年，寒潮、高温、暴雨、洪水、飓风、山火等各种灾害频繁袭来、贯穿全年，世界多国损失严重。

世界气象组织《全球气候状况临时报告2021》测算，地球正经历有记录以来最温暖的七年，预计2021年全球平均温度比1850～1900年的平均温度高出约1.09℃。[①] 不少科学家认为，由于不同地区气温上升存在差异，导致全球气候系统失衡，引发更频繁的降水或更严重的干旱，最近一系列极端天气事件就是全球气候系统进入危险状态的信号。根据《中国气候变化蓝皮书（2021）》评估，中国是全球气候变化的敏感区和影响显著区，升温速率明显高于同期全球平均水平。[②] 导致极端天气多发的原因与全球气温升高带来的气候系统变化不无关系，国际社会更加关注气候变化，围绕气候变化应对的全球博弈更趋激烈。

联合国气候变化大会第二十六次会议于2021年10月31日在英国格拉斯哥召开，此次会议被认为是全球履行《巴黎协定》、实现1.5℃升温目标的“最后一次机会”，各方展开激烈博弈。一是减排承诺。联合国环境规划署认为，以目前各国提交的自主贡献目标计算，到2030年全球仅能减排7.5%，距离控温2℃减排30%、1.5℃减排55%的目标相差甚远。[③] 发达国家加大施压发展中国家提升减排目标，但发展中国家坚持统筹环保和经济社会发展，反对发达国家借口减排剥夺其发展权。此前召开的G20罗马峰会经过艰难谈判，亦未就减排目标达成一致。二是减排融资和援助。巴黎气候大会上各方达成一致，2020年之后发达国家向发展中国家每年至少提供1000亿美元的资金支

---

① WMO, “State of the Global Climate 2021: WMO Provisional report,” https://library.wmo.int/index.php?lvl=notice_display&id=21982#.YYCWdJ5ByHu.（上网时间：2021年11月2日）

② 中国气候变化蓝皮书，http://www.xinhuanet.com/2021-08/04/c_1127729497.htm。（上网时间：2021年11月1日）

③ UNEP, “Emissions Gap Report 2021,” https://www.unep.org/resources/emissions-gap-report-2021.（上网时间：2021年11月2日）

持，以帮助后者开展减排工作，但发达国家未履行承诺，以至大大削弱了发展中国家减排能力。不少发达国家也面临应对气候变化的资金不足问题，而疫情又加剧了资金短缺。三是气候问题政治化倾向加剧。随着全球碳中和进程持续推进，多数国家认识到气候变化话语权事关国家发展大计，致使全球气候治理竞争加剧。减排问题不断向经济、贸易、外交等领域扩散，甚至成为国际政治博弈的新工具。欧盟打着应对气变的旗号实施所谓“碳关税”，很可能成为新的贸易壁垒，严重影响国际贸易公平。

六、科技革命加速演进，前沿竞争更趋激烈

展望“后疫情时代”，全球科技创新将围绕绿色与数字“双轨转型”、民生科技等突出需求展开，人工智能、量子信息、集成电路、先进计算、先进能源、生命健康、脑科学、生物育种、空天科技、深地深海等前沿领域酝酿新突破。新一代信息基础设施有望实现空、天、海、地万物互联；以可再生能源、先进核能、氢能、储能技术为代表的碳零排和低碳产业转型等关键技术，将有力驱动碳中和进程；基因编辑、合成生物、生物重编程、脑机接口等拓展人类生命与智能；空天技术、深钻深潜技术助推深空深海等新疆域探索。“工业4.0”“农业4.0”加快重塑传统产业，先进制造、智能工厂、新育种技术及新型生物制造产品蓬勃发展。学科交叉融合展现巨大潜力，人工智能与材料、生物、能源、航空等学科和技术交融，加速创新应用，新的科学范式呼之欲出。

世界主要大国加紧战略科技力量布局，期望通过科技创新破解经济增长困境，率先迈入技术新阶段，更欲在事关国家安全与大国竞争的关键领域抢占先机、拔得头筹。美国企图维持“科

技霸权”，中国加快“科技自立自强”，欧盟追求“技术自主”，日本强化“科技立国”，科技创新成为大国竞争的主战场。一方面，各方竞争焦点趋同、“赛道拥挤”。主要国家均欲抢滩合成生物、先进材料、光子学和电子学、量子和人工智能、6G 等前沿领域，而具备了“换道竞争”实力，或率先在类似互联网那样改变世界的“深度技术”上取得突破、成功闯入“无人区”的国家将成为赢家。另一方面，新一轮科技与产业革命体现为资金密集、数据密集和智力密集。现阶段能以更快速度利用数据进行创新的国家获得了巨大优势，下阶段具备更强算力的国家则将引领变革。大国在硬核技术领域争先恐后的同时，在以解决滥用和误用、伦理规范等为焦点的技术治理领域亦较量激烈。美西方有意加速形成以价值观划线的两种技术生态和两套治理模式，全方位体系化展开科技竞争，致使全球科创环境复杂动荡。美国欧盟贸易与技术委员会以“为 21 世纪制定标准和规则”为目标，力推尖端技术研发、科技标准、数据治理、供应链安全、防止科技滥用等领域的国际准则。美日澳印四国倡导通过所谓“共同民主价值观”和“尊重人权”来塑造设计、研发、治理和使用技术的路径。2021 年底召开的所谓“民主峰会”等将进一步给新兴技术发展和治理打上意识形态烙印。欧盟围绕数字市场、数字服务、数据治理和人工智能等加快谋划规制，欲引领理念和助力自身发展。2022 年，全球性数据管理框架或标准、算法伦理、大型科技公司监管等科技治理问题将进入“深水区”，进展如何取决于大国间的竞争与合作。

七、印太军备竞赛升温，国际军控较量复杂

美军战争机器战罢中东，从阿富汗泥潭仓皇脱身之后，全力

转向大国竞争，战略重心聚焦印太，战略目标聚焦中国，为此精研利器、调整部署、重构联盟。正如此前30年间中东不得安宁，印太现已步入多事之秋，区域关系军事化色彩加重，军备竞赛加剧，潜在矛盾发酵，冲突风险增大。

印太军备竞赛呈现三个新特点：一是“深”，水下争夺格外激烈。美英澳“奥库斯”安全联盟打开“潘多拉魔盒”，美英欲助澳获取8艘核潜艇，2022年将是制订具体方案的关键阶段。俄太平洋舰队近期将有4艘核潜艇入列。印度推进“阿尔法75计划”，拟将核潜艇数量增至6艘。日韩朝亦有意发展核潜艇。向来深藏不露的水下杀器更多登上新闻头条，搅动印太波澜。二是“远”，中远程导弹发展争先恐后。美国实施“太平洋威慑计划”，筹划沿西太第一岛链部署陆基中导网，在海空优势之外再谋求陆基中导的所谓“平衡”。日本推进研发高超声速导弹，企图用其先发制人打击对手基地。澳大利亚获取“战斧”巡航导弹，还联合美国研发高超导弹，欲在远距离攻击对手。朝鲜半岛难以安宁，核弹技术初步成熟的朝鲜谋求枪弹俱佳、威慑强敌，韩国摆脱导弹射程限制后相关研发亦将有所突破。三是“高”，太空竞争日新月异。美国将太空视为作战领域，完善“天军”建制，研发太空武器，筹划天基反导，构筑太空联盟。日、印纷纷跟进，太空非武器化的红线岌岌可危。印太主要国家虽都无意卷入大战，有心管控危机，但大战多出于计划之外，祸端常生于摩擦之中，2022年印太地区冲突风险上升。

国际军控或有进展、挑战仍多。核裁军方面，美国《核态势评估》2022年初出台，底定本国核武战略，美俄战略稳定对话或能为军控谈判创造条件，尝试管控核与非核战略武器。但双方分歧不少，在导弹防御、太空军控、战术核武器等问题上难以形成共识；防扩散方面，核不扩散审议会议旧障碍已除，新矛盾难解。《不扩散核武器条约》是国际核不扩散体系的重要基石，第十次审议大会暂定 2022 年初举行。本次大会面临的形势喜忧参半，喜的是导致上一次大会失败的拦路石已被搬开，首届中东无大规模杀伤性武器区会议已召开，并通过政治宣言和最后报告，为成功举办《不扩散核武器条约》审议大会扫除了障碍。忧的是美英奉行防扩散双重标准，扩散军用核技术，英国提升核弹头上限，势将引发无核武器国家不满，进一步刺激核扩散。生物军控方面，第九次《生物武器公约》审议大会即将举行，但由于美国阻挠，各方瞩目的核查机制难有实质突破。

八、多国选举轮番登场，内顾加重外溢加大

2021 年下半年举行的几场大国选举余波荡漾。9 月俄罗斯国家杜马选举中，统一俄罗斯党获得 49.83% 的选票，普京执政地位进一步巩固。9 月加拿大联邦大选中，自由党胜出后继续组建少数政府，特鲁多连任总理。10 月 4 日，日本前外相、自民党前政调会长岸田文雄当选总裁，正式就任日本新首相，自民党在 10 月底举行的议会选举中取得大胜。9 月 26 日举行的德国议会下院选举中，社民党以 25.7% 的得票率获胜，副总理兼财长朔尔茨将联合绿党和自民党组阁，执政长达 16 年的默克尔总理已于 10 月 26 日结束任期。各国选后内外政策调整陆续展开。

2022 年世界政治将遭遇又一个“选举年”。5 月之前澳大利亚将进行联邦选举，现任总理莫里森连任可能性较大，其对外战略将延续“对美追随”路线。法国将在 4 月举行大选，民粹势力跃跃欲试，马克龙总统连任面临考验。韩国选战早已拉开帷幕，李在明成为执政党共同民主党总统候选人，尹锡悦则是最大在野党国民力量党总统候选人，目前两人势均力敌，3 月 9 日举

行的大选充满悬念。菲律宾迎来“后杜特尔特时代”，大选结果将在 5 月 9 日揭晓，不仅影响菲国内走向，还将影响东南亚地区局势。

美国将于 11 月举行中期选举，当前美已进入“选举时间”，拜登政府开始将工作重心聚焦于这场重要选战。不久前结束的弗吉尼亚和新泽西州州长选举结果给民主党敲响了警钟，民主党在这两个自己的“铁票仓”竟然丢掉了弗吉尼亚，在新泽西也只是惊险胜出，不仅暴露了美国政治撕裂的现状，也反映出民众对拜登政府一年来执政成绩的不满。根据最新选区划分和议员任期情况，共和党在众院赢得多数的可能性较大，民主党或可巩固在参院的优势。而一旦在众院失守，民主党将面对共和党更猛烈的政治攻势和政策掣肘，更难推动该党政治议程。若果真如此，拜登执政地位将日趋弱化，不排除提前成为“跛脚鸭”。2022 年的中期选举对拜登而言可谓“大考”，不仅决定选后两年其执政地位如何，还关乎 2024 年总统大选共和党会否卷土重来，亦将深刻影响大国关系与地区形势。

九、美国加紧拉帮结伙，秩序规则角逐加剧

美国加紧拉拢盟友，竭力布局构筑数字经济、前沿技术、供应链、气候变化、卫生医疗等领域的国际规则霸权，致使全球治理体系面临侵蚀。

发展中国家成为美国拉拢的主要目标，拉拢力度显著加大。在拉拢传统盟友和发达国家取得一定进展后，美国将打压拉拢重点移向广大发展中国家，位于其周边的拉美国家成为重点对象。美国可能以在拉美扩大投资、拉动相关国家数字经济和新能源为许诺，要求其接受美式标准。美国也将加大利用世行、亚开行、

美洲开发银行等国际金融机构，推行有条件、有选择的融资项目，借以推广其规则体系。

价值观与规则谈判捆绑更加明显，相关国家面临更大“选边站”压力。美国将把所谓“民主价值观”推广与双多边规则谈判进行整合，强调经济、安全、科技的“价值观”属性。美国或采取“价值观”竞争的方式，重点、优先与在该议题上向其靠拢的国家、地区及企业合作，进而将“价值观”与市场准入、产业链合作等议题捆绑。相关国家及企业由此面临的两难处境加剧，“保持中立”则需付出高昂成本。

国际规则秩序的阵营化、部落化趋势更加显现。受美国加大角逐全球规则秩序的驱动，主要国家、主要地区的抱团和分叉将更加明显，全球化面临更大挑战和更多变数。主要大国均将加大对国际规则与秩序竞争的投入力度，将更多外交资源、合作选项提供给需要拉拢的国家。广大发展中国家和中间力量两边渔利的空间将逐步缩小，乃至被迫作出中长期选择。国际社会可能形成多个阵营化、部落化的规则群，群与群之间的竞争将更趋激烈，地缘政治、利益捆绑和文化联系将是一国选择入群的主要考量。

“第三条路线”成为潜在选项。美国推动全球规则秩序角逐并不符合多数国家和非国家行为体的利益，并且存在重大变数与风险，这给提出有别于美国主张的规则倡议提供了机会窗口。除了其他大国提出替代性、对冲性规则外，由非国家行为体或中间国家提出的“第三条路线”可能成为美式规则的重要竞争者。在新一轮国际规则博弈的数字经济、前沿技术、气候变化等领域，非国家行为体成为重要参与者与利益相关方，其自发形成的规范和互信能够发挥更直接的作用。非国家行为体可能通过其他组织形式率先采用这些规则，并在国际社会中游说各国政府接受。

十、中国崛起承前启后，大国担当引领世界

面对不稳定不确定的外部环境，中国锚定复兴目标稳健前行，继续扮演世界百年大变局中的稳定锚、定盘星。

2021 年是中国共产党成立 100 周年和“十四五规划”开局之年，面对世纪大疫情的反复与百年大变局的加速，中国稳稳站在两个一百年的历史交汇点上，内外兼修、苦练内功、开拓外交，如期实现全面建成小康社会的第一个百年目标，开启全面建设社会主义现代化国家新征程，民族复兴不可逆转，强国崛起更上层楼。

2021 年初，全国人大通过《十四五与 2035 年远景目标规划纲要》，系统谋划未来 5 ~ 15 年中国的经济与社会发展，强调统筹发展和安全。2021 年 7 月 1 日，习近平总书记在庆祝中国共产党成立 100 周年大会上发表重要讲话，深刻阐释总结历史经验和指引民族复兴新征程的“九个必须”，“九个必须”堪称“中共成功学”，包括：坚持中国共产党坚强领导、团结带领中国人民不断为美好生活而奋斗、继续推进马克思主义中国化、坚持和发展中国特色社会主义、加快国防和军队现代化、不断推动构建人类命运共同体、进行具有许多新的历史特点的伟大斗争、加强中华儿女大团结、不断推进党的建设新的伟大工程。“九个必须”也是新征程上中国对外工作与国家安全事业的根本遵循。

在“十四五规划”和习近平总书记“七一讲话”指引下，中国统筹中华民族伟大复兴战略全局与世界百年未有之大变局，统筹疫情防控与经济社会发展，践行以人民为中心的发展思想，贯彻以人民安全为宗旨的总体国家安全观，人民健康与生命安全得到强有力保障，抗疫成效举世公认，同时加快构建“新发展

格局”和“大安全格局”，着力推进科技与制度创新，2021 年前三季度 GDP 增速 9.8%，继续引领世界经济复苏。外交上，习近平主席统筹塑造外部环境与维护国家安全，积极开展包括线上外交、电话外交在内的元首外交，在多个多边峰会发表重要讲话，力主真正的多边主义，力推全人类共同价值，力促全球卫生与气候治理，“世界和平建设者、全球发展贡献者、国际秩序维护者”的中国形象进一步彰显。面对美国持续对华抹黑打压与围堵排挤，中国敢于斗争、善于斗争，注重以斗促合、斗而不破，有力维护了国家主权、安全、发展利益。

2022 年注定将是中国政治与外交的又一个“大年”，年初主办冬奥会，下半年召开党的二十大，中国的国际正能量还将不断凸显，中外互动亦将更加紧密、更为复杂，中国需统筹两个大局，统筹发展和安全，强化风险管控与战略运筹，趋利避害、再接再厉、引领担当。一方面，中国将牢牢把握百年未有之大变局中的机遇，顺应并促进世界地缘格局“东升西降”和国际战略格局多极多元大势，努力引领新科技革命，积极维护多边主义和全球治理；另一方面，中国将直面“后疫情时代”世界动荡变革期的诸多挑战，与国际社会一道破解“疫后综合症”与全球性挑战，开展多极外交，加大周边塑造，行稳致远、持续推动构建人类命运共同体。

（审定：傅小强）

图书在版编目（CIP）数据

国际战略与安全形势评估. 2021—2022/中国现代国际关系研究院编著.
—北京：时事出版社，2021.12（2022.4 重印）
ISBN 978-7-5195-0457-1

Ⅰ.①国… Ⅱ.①中… Ⅲ.①国际形势—研究报告—2021－2022
②国家安全—研究报告—世界—2021－2022 Ⅳ.①D5②D815.5

中国版本图书馆 CIP 数据核字（2021）第 205197 号

出版发行：时事出版社
地　　址：北京市海淀区彰化路 138 号西荣阁 B 座 G2 层
邮　　编：100097
发行热线：（010）88869831　88869832
传　　真：（010）88869875
电子邮箱：shishichubanshe@ sina. com
网　　址：www. shishishe. com
印　　刷：北京良义印刷科技有限公司

开本：787×1092　1/16　印张：28.5　字数：350 千字
2021 年 12 月第 1 版　2022 年 4 月第 2 次印刷
定价：98.00 元
（如有印装质量问题，请与本社发行部联系调换）